일라나, 엘리, 레이첼리에게
루이, 엘리자베스, 이사벨라에게

To Ilana, Eli, and Racheli
Rui, Elizabeth, and Isabella

THE END OF ACCOUNTING
Copyright © 2016 by Baruch Lev and Feng Gu.
All rights reserved.

Korean translation copyrights © 2017 by HANS MEDIA
This translation published under license with the original publisher John Wiley & Sons, Inc., through EYA(Eric Yang Agency).

이 책의 한국어판 저작권은 EYA(Eric Yang Agency)를 통한 John Wiley & Sons, Inc., 사와의 독점계약으로 '한즈미디어(주)'가 소유합니다. 저작권법에 의해 한국 내에서 보호를 받는 저작물이므로 무단전재와 무단복제를 금합니다.

회계는 필요없다

재무보고서에 가려진 기업의 진짜 가치를 찾는 법
회계는 필요 없다
The End of Accounting

바루크 레브, 펭 구 지음 | 신지현 옮김

한스미디어

• 감사의 말 •

지난 수십 년 동안 점점 더 두꺼워지고 복잡해지는 기업 분기보고서와 연차보고서에 담긴 회계정보는 정보의 주 이용자인 투자자의 관점에서 그 유용성이 크게 저하되어 왔으며, 이에 회계제도의 개선과 개편이 시급한 실정이다. 우리 저자들은 이 책을 통해 회계정보의 유용성 저하에 대해 실증적으로 검증하고, 21세기 투자환경에 걸맞은 새로운 기업정보 패러다임을 제안하고자 한다.

이 책을 집필하는 과정에서 우리에게 크나큰 도움을 준 많은 동료와 전문가 여러분들에게 큰 감사의 마음을 표한다. 먼저, 귀한 조언과 인사이트를 제공해 준 〈배런스〉의 경제부 편집장 진 엡스타인Gene Epstein에게 감사드린다. 회계와 통계학 분야에서 많은 의견과 제안을 들려준 동료 스티븐 라이언Stephen Ryan에게도 감사드린다. 해리스 어소시에이츠Harris Associates의 윈 머리Win Murray 리서치 이사, 스위스리 아메리카Swiss Re Americas의 필립 라이언Philip Ryan 회장, 언스트앤영Ernst&Young의 글로벌 감사 파트너 앨리스터 윌슨Allister Wilson도 이 책을 위해 소중한 조언을 제공해 주었다. 즈비카 젤리코비치Zvika Zelikovitch와 아얄라 레브Ayala Lev는 예술가다운 창의력과 애정으로 이 책의 표지 디자인에 많은 제안을 해 주었다. 또한 우리의 동료 메리 빌링스Mary Billings, 마시밀리아노

보나치Massimiliano Bonacchi, 매튜 세더그렌Matthew Cedergren, 징 챈Jing Chen, 저스틴 뎅Justin Deng, 일리아 디체프Ilia Dichev, 댄 고드Dan Gode, 윌리엄 그린William Greene, 존 핸드John Hand, 도런 니심Doron Nissim, 수레쉬 라다크리슈난Suresh Radhakrishnan, 폴 재로윈Paul Zarowin은 우리에게 수많은 조언과 인사이트를 제공해 주었다.

프로답고 꼼꼼한 셔번 에스트윅Shevon Estwick 비서는 우리가 이 책을 집필하는 과정에서 행정적인 업무에 많은 도움을 주었다. 낸시 클라인락Nancy Kleinrock은 이 책을 훌륭하게 편집해 주었을 뿐만 아니라 우리에게 건설적인 조언과 제안을 아끼지 않았다. 뉴욕대학교 스턴 경영대학원NYU's Stern School of Business의 제시카 네빌Jessica Neville 홍보담당 이사는 마케팅에 대해 조언해 주었고, 와일리 파이낸스Wiley Finance의 윌리엄 펄룬William Falloon 편집장은 큰 원고 수정 없이 이 책이 순탄하게 출간될 수 있도록 많은 도움과 조언을 아끼지 않았다. 우리는 펄룬 편집장과 함께한 편집팀과 제작팀의 도움에도 크나큰 감사를 전한다.

마지막으로 우리를 도와준 모든 이들, 특히 우리 가족들에게 감사드린다.

• 이 책을 읽기 전에 •

회계와 재무,
그리고 투자의 신세계

갈수록 저하되는 회계정보의 유용성

기업의 재무보고서(재무상태표, 손익계산서, 현금흐름표, 분기 및 연차보고서에 포함된 수많은 각주, 기업공개 계획서 등)은 투자와 대출을 결정하는 데 있어 가장 대표적으로 사용되는 정보이다. 개인과 기관을 불문하고 많은 주식투자자, 채권투자자, 기업대출 기관들이 재무보고서의 정보를 통해 적절한 투자대상과 투자시기를 물색한다. 뿐만 아니라 재무보고서에 나타난 수익성과 재무건전성 지표는 구조조정이나 인수합병 같은 기업의 주요한 의사결정 기반이 되기도 한다.

이렇게 재무보고서에 대한 수요가 워낙 광범위하다 보니, 기업이 공시하는 재무정보는 점점 그 규모와 복잡성이 증가하고 있으며 전 세계적으로 엄격한 규제를 받고 있다. 기업이 어떤 제품을 판매할 때 언제 수익을 인식해야 되는지에 관한 회계규정이 무려 700페이지가 넘으리라고 누가 상상이나 했을까?[1] 이런 회계정보의 복잡성에도 불구하고, 사람들은 회계정보가 시장과 기업을 움직이는 원동력이라고 생각한다. 그런데 정말 그럴까?

이 책은 〈컨슈머 리포트Consumer Reports(미국 소비자협회에서 발간하는 월간지로 소비자 제품의 성능, 가격 등을 비교 평가함 – 옮긴이)〉의 제품 평가처럼 1부에서는 먼저 회계정보의 유용성에 대한 진단 결과를 소개한다. 안타깝게도, 우리의 진단 결과 회계정보의 유용성은 (아무리 좋게 표현해도) 만족스럽지 못한 것으로 드러났다. 광범위한 표본 자료를 실증적으로 분석한 우리 연구에 따르면 지난 반세기 동안 투자자의 의사결정에 미치는 회계정보의 유용성과 적합성은 지속적으로 저하되었음이 밝혀졌다. 뿐만 아니라 이러한 유용성의 저하는 지난 20년간 가속화된 것으로 나타났다. 여러 규제기관에서 회계제도와 기업의 정보 투명성을 개선하기 위해 많은 노력을 기울였음에도 불구하고, 기업이 공시하는 재무정보만으로는 기업 가치와 지속적 경쟁우위를 창출하는 원동력(투자자들에게 가장 중요한 정보)을 확인하는 것이 더 이상 어려운 실정이다. 실제로 우리의 실증분석 결과 투자자들이 오늘날 재무보고서를 통해 얻을 수 있는 유용한 정보는 고작 5%에 불과하다는 것이 밝혀졌다(관련 내용은 4장 참고).

이어 책의 2부에서는 회계정보의 유용성이 저하된 주요 원인 세 가지에 대해 실증적인 관점에서 검토하여 3부에서 제시할 주장에 대한 논리적인 토대를 마련한다. 이 책의 핵심이라 할 수 있는 3부는 보다 나은 투자 의사결정을 위해 투자자들이 어떤 정보를 필요로 하는지 상세한 사례를 제시한다. 우리가 제안하는 공시체계는 비재무적 정보공시를 골자로 하며, 현행 재무보고서상의 이익이나 자산 같은 전통적인 회계정보가 아닌 기업의 전략(비즈니스 모델)과 전략 실행 등 투자 의사결정에 보다 유용하고 미래지향적인 지표에 초점이 맞춰져 있다. 예를 들면 인터넷 서비스나 통신회사는 신규 고객 수나 고객 이탈율, 자동차 손해보험사는 사고의 심도, 빈도, 보험 갱신율, 제약사나 바이오테크 기업은 임상시험 결과, 정유회사는 자원의 확인 매장량, 반도체 기업은 출하/수주 비율(BB율) 등이 기업의 이해에 필수적인 비재무적 정보라 할 수 있다. 게다가 성장 속도가 빠른 IT, 과학기반 기업처럼 혁신 활동이 활발하고 성장 잠재력이 높은 기업의 사업 활동을 기존 회계정보로만 나타낼 경우 투자자들은 자산이 부족한 손실 기업이라고 오해할 공산이 크다.

요컨대, 이 책은 회계정보의 유용성 저하로 인해 현행 재무보고서가 21세기의 투자와 대여 의사결정에 적합하지 않다는 점을 실증적으로 증명하고, 이처럼 회계정보의 유용성이 저하된 원인에 대해 분석하며, 마지막으로 이러한 문제점을 해결할 수 있는 대책을 강구하는 순서로 구성되어 있다. 하지만 그전에 먼저 짚어볼 사항이 하나 있다.

누구를 위한 책인가

최근 수십 년간 회계정보의 유용성이 저하되었다 한들 그래서 뭐가 문제라는 걸까? 우리 저자들 같은 회계학자나 회계사를 제외하고 이런 문제를 심각하게 여기는 사람들이 또 있을까? 오늘날처럼 기술이 발달하고, 블룸버그^{Bloomberg}나 팩트세트^{FactSet} 같은 정보공시 업체들이 무수히 존재하며, 금융관련 소셜 미디어가 범람하는 환경에서는 재무보고서의 유용성이 떨어진다 한들 이를 대체할 수 있는 좋은 정보들이 얼마든지 많이 존재한다. 그렇다면 회계정보의 유용성 저하를 우리가 걱정해야 하는 이유는 무엇일까? 여러분에게 이 책이 필요한 이유는 무엇일까?

위의 질문부터 간단히 대답하자면, 기업이 공시하는 회계정보를 대신할 수 있는 양질의 대체재는 지금도 없고 앞으로도 없을 것이다. 외부인이 기업 경영진보다 기업 정보를 더 많이 알고 있기가 애당초 불가능하기 때문이다. 예를 들면 경영진은 외부인이 쉽게 알 수 없는 기업의 최근 매출 현황이나 비용 추세, 신약이나 소프트웨어의 개발진행 현황, 고객 이탈율, 신규계약 체결, 신흥시장 진입율 같은 주요 사업 현황에 대해 속속들이 파악하고 있다. 외부의 정보공시 업체, 인터넷 카페는 물론 제아무리 실력 있는 애널리스트도 기업의 '내부' 정보까지 다 알지는 못한다. 기술이 진보하고 에드가, XBRL 같은 선진화된 재무분석 시스템이 등장했지만 자본시장에 내재적으로 존재하는 정보 비대칭 현상(경영자가 투자자보다 더 많은 정보를 알고 있는 현상)을 극복하기에는 여전히 부족하다. 독자 여러분에게 실망스러운 이야기일 수 있어도, 이는 불가피한 현상이다.

우리는 이 책을 통해 기업공시 정보의 전반적인 수준이 꾸준히 하락했으며, 기업의 주가가 기업 가치와 잠재력을 적절히 반영하지 못하고 있음을 실증적으로 제시한다. 근거 없는 주장이나 인터넷에서 떠도는 풍문이 아니라, 투자자의 의사결정에 필요한 정보의 유용성이 하락했음을 확실한 증거를 통해 증명한 것이다. 그렇다면 이 같은 현상에 관심을 가져야 할 사람들은 누구일까? 투자자, 정책 입안가, 기업 경영진 모두 우리의 연구 결과에 마땅히 주목하고 관심을 기울여야 한다.

물론 우리는 암담한 현실을 보여주는 데서 그치지 않는다. 오히려 그와는 정반대다. 이 책의 가장 핵심이라 할 수 있는 3부에서는 21세기 투자환경에 걸맞은 종합적인 기업정보 패러다임인 전략적 보고서가 소개된다. 참고로, 우리가 소개하는 전략적 보고서는 미디어/엔터테인먼트, 손해보험, 제약/바이오테크, 정유산업 등 네 가지 분야의 산업을 사례로 삼았다. 기존 재무상태표에는 건물, 기계장치, 재고자산과 같은 유형자산이 중요하게 나타나 있는 반면, 전략적 보고서는 특허, 브랜드, IT 역량, 자연자원, 사업 인허가, 고객 명단, 비즈니스 플랫폼, 사업 제휴관계 등 기업 가치 창출에 중요한 전략적 자원이 주된 보고사항이다.

이러한 전략적 보고서의 주된 목적은 투자자와 대여자, 기업 경영진들에게 오늘날 투자의사결정에 필요한 실질적이고 최신의 기업정보를 제공하는 것이다. 전략적 보고서는 규제기관이 아닌 투자자와 대여자가 주체가 되어 기업으로부터 투자활동에 필수적인 정보를 요구하도록 만든다. 고로 이 책은 기존 회계정보의 유용성이 하락했음을 보여주는 실증적인 증거에서 시작해 유용성이 하락한 구체적인 원인을 설명하고, 나아가 기업의 경영성과와 잠재력을 파악하는 데 필요한 기업 정보체계를 제안하는 일종의 패키지 솔루션이라 할 수 있다.

마지막으로 이 책의 4부는 새로운 기업정보 패러다임을 도입하기 위한 방법(16장), 21세기에 적합한 회계제도와 재무보고 방식을 만들기 위한 개정 방향(17장), 전략적 보고서를 활용한 투자자와 애널리스트의 새로운 투자분석 방식(18장)에 대한 내용으로 구성되어 있다.

요컨대, 이 책은 직감적으로나마 기존 회계정보의 심각한 문제점을 인식하고 보다 나은 정보공시 방법을 궁리해 온 많은 투자자와 대여자, 기업 경영진을 성공적인 투자와 대여 의사결정으로 이끄는 운영 지침과도 같다. 중요한 것은, 이 책의 중간 중간 복잡한 회계정보와 실증적 분석 결과가 언급되는 부분이 있으나, 반드시 회계사나 통계학 전문가여야만 이 책을 이해할 수 있는 것은 아니라는 점이다. 특별한 선행 지식이 요구되지도 않는다. 상식, 직감을 갖춘 분, 투자성과를 개선하고자 하는 강한 열망이 있는 분이라면 이 책의 내용을 소화하는 데 전혀 무리가 없을 것이다. 다시 한 번 말하지만, 이 책은 모든 독자들에게 열려 있다(이 책의 메시지가 불편한 일부 보수적인 회계사라면 예외일 것이다).

이 책의 시사점

우리가 의도한 주요 독자층은 기업의 투자자와 대여자이다. 그러나 시기성과 유용성이 떨어지는 회계정보가 투자와 대여 의사결정에 사용되는 것을 경계하는 많은 사람들 즉 기업 경영진, 회계사, 자본시장 규제기관 역시 이 책이 전달하는 메시지에 상당한 관심을 보일 것으로 우리는 기대한다. 우리의 연구 결과가 여러 이해 관계자들에게 시사하는 바가 큰 이유는 바로 기업 회계와 재무보고가 우리 경제사회에서 독특한 역할을 수행하기 때문이다.[2] 회계의 역할이 무엇인지, 우리의 연구 결과가 어떤 시사점을 갖는지 독자 여러분 모두 충분히 이해할 수 있도록 지금부터 회계정보가 경제 성장에 미치는 영향과 회계 규제의 독특성에 대해 살펴보도록 하겠다. 경영대학원에 가도 배울 수 없는 내용이니 집중해서 잘 읽어보자.

경제 성장의 원동력

많은 사람들이 소문이나 경험을 통해 회계는 따분한 것이라는 선입견을 갖고 있지만, 그럼에도 불구하고 회계가 대단히 중요한 기능을 한다는 것은 사실이다. 개인투자자와 기관투자자의 저축을 민간 기업의 생산적인 투자로 연결해주는 자본시장의 활발한 개입 없이는 그 어떤 경제도 성장하거나 번영할 수 없기 때문이다.[3] 잠재력 있는 바이오테크 기업, 소프트웨어 제조회사, 에너지 스타트업, 헬스케어 기업들은 자본적 지출과 연구개발 활동에 자금을 조달하고자 주식과 채권을 발행하고, 능력 있는 인재들에게 주식이나 스톡옵션 형식의 보상을 제공한다. 자본 시장에서 투자자의 자본은 성장 잠재력이 높은 기업에 몰리고 동시에 성장 잠재력이 높은 기업은 투자자의 자본을 물색한다. 부실기업은 투자자들로부터 선택받지 못한다. 이처럼 복잡한 자본 조달과 배분 '기제'를 주도하는 '원동력'은 다름 아닌 정보이다.

투자자와 대여자는 기업의 성장 가능성에 대한 정보를 입수해 투자 활동의 리스크와 효익을 판단하고 가장 생산적인 투자처에 자금을 투입한다. 그러나 기업 정보가 부실하면 투자자의 의사결정이 왜곡되어 부실기업에 자금이 흘러들어가고 우량기업은 자금부족을 겪는 부작용이 발생한다. 질 낮은 정보의 공급으로 경제의 '성장 기제'가 흔들리는 것이다.

엔론Enron과 월드컴WorldCom이 수년 동안 공시한 분식회계 자료는 경영 실패를 겉으로 좋아보이게 숨김으로써 수십억 달러의 자본을 유치하는 데 성공했다. 하지만 투자자들은 결국 손실을 입었을 뿐만 아니라, 투자금을 절실히 필요로 하는 훌륭한 기업들이 기회를 얻지 못하는 중대한 문제마저 발생했다.[4] 중요한 것은, 투자와 기업 성장을 저해하는 것이 그릇된 분식 회계정보만이 아니라는 것이다. 오늘날 널리 사용되는 기업의 회계기준에 따라 '정직하게' 공시된 회계정보마저도 정보로서의 품질이 낮기 때문에 투자 자본 배분과 경제성장에 심각한 왜곡을 가한다. 다음 사례를 살펴보자.

새로운 의약품과 의료 기구를 개발하는 바이오테크 기업, 최첨단 IT 기업, 인터넷 스타트업 같은 회사들은 대개 회계상 손실을 기록하는 경우가 많다. 현행 회계기준상으로 연구/개발, 브랜드 개발, 신규고객 유치에 발생하는 지출이 미래 경제적 효익을 창출하는 자산으로 계상되기보다 당기 비용으로 처리되기 때문이다. 이런 기업들은 성장 잠재력이 높음에도 불구하고 투자자들이 손실 기업으로 인식하는 경우가 많아 상장에 필요한 자본을 조달하는 데 어려움을 겪고, 상장 이후에도 증자나 채권을 추가 발행할 시 또 한 번 난관에 봉착한다.[5] 또 성숙한 기업의 경우라도, 중요한 기업의 사건들(가령 통신회사나 인터넷기업, 보험사의 고객 이탈율처럼 사업운영의 심각성을 나타내는 선행지표 정보)이 전혀 공시되지 않고 있다. 뿐만 아니라 제약사 임상시험의 성공·실패 여부에 대해서도 충분한 양의 정보가 시기적절하게 공시되지 않고 있다.

기존 재무보고서에 공시되는 회계정보는 회계의 보수적 원칙에 따라 미래 효익을 반영하지 못하거나(구조조정 비용 등), 주관적이고 때로는 신뢰적이지 않은 추정과 예측에 의존해 지나치게 편향된 정보를 제시하곤 한다. 이러한 회계정보의 문제점에 대해서는 2부에서 더 자세하게 언급할 것이다. 요점은 투자자들이 참고할 수 있는 정보가 크게 부족한 실정이라는 것이다. 잘못된 정보로 인한 투자 왜곡이 일어나지 않는 비상장기업이 상장기업보다 투자 활동 규모가 크고 성장 속도도 빠른 것은 어찌 보면 당연한 일이다.[6]

　미시적으로는 기업의 성장, 거시적으로는 경제 성장의 원동력이 되는 회계의 중요성을 감안한다면, 우리가 지금부터 설명할 회계정보의 유용성 저하는 정보의 주요 이용자인 투자자는 물론 기업 경영진, 회계사, 정책 입안가들이 많은 관심을 갖고 살펴봐야 할 사안임이 분명하다. 특히 불투명한 기업정보 공시로 인해 투자자의 투자 리스크와 기업의 자기자본비용, 기업 가치가 저하되고 있는 현실을 고려하면, 기업 경영진이 특히 회계정보의 유용성 문제에 관심을 보여야 할 것이다.[7] 휘발유의 품질관리에 문제가 발생하면 사람들은 이에 불만을 표시하고 규제기관은 규제조치에 나선다. 마찬가지로, 자본시장의 '원동력'인 기업정보의 품질에도 사람들의 관심과 조치가 필요하다.

회계기준의 독특한 문제

회계정보의 유용성 문제에 중대한 관심이 필요한 것은 단지 회계정보가 경제에 중요한 역할을 하기 때문만은 아니다. 사람들에게 잘 알려져 있지는 않지만, 회계기준의 독특한 특성에도 바로 그 원인이 숨어 있다. 여러분은 재무보고서를 작성할 때 따라야 하는 복잡한 회계기준과 절차가 국법에 준하는 규정이라는 것을 알고 있었는가? 실제로 회계기준은 법적인 지위를 갖고 있기 때문에 모든 상장기업은 재무보고서 작성에 있어 회계기준을 철저하게 준수해야 한다.[8]

　이러한 회계기준이 다른 규범과 차별화되는 동시에 경제에 큰 부담으로 작용하는 이유는 바로 모든 상장기업에 강제적으로 적용된다는 점, 전 세계적으로 통일된 기준이 사용된다는 점, 기준이 점점 확대되고 있다는 점 등을 꼽을 수 있다.

먼저 회계기준의 통일성 문제부터 살펴보자. 회계처리기준은 전 세계적으로 거의 비슷한 내용이 통용되고 있다. 자유시장 경제 국가에서 상장기업들이 정기적으로 공시해야 하는 재무상태표, 손익계산서, 현금흐름표의 구조, 형식, 내용은 거의 대부분이 일치한다.[9] 또한 모든 상장기업의 재무보고서는 외부 감사인(공인회계사)으로부터 감사를 받아야 하며, 미국의 경우 증권거래위원회(SEC) 같은 국가 규제기관의 감독을 받는다. 회계기준 말고 이렇게 많은 자유시장 국가들이 통일된 규정을 사용하는 것은 다른 사례를 찾아보기 어려울 정도다. 문화적 차이, 경제 구조, 역사적 발달 과정은 국가 규범 형성에 많은 영향을 미친다(가령 유럽에서는 유전자 조작 식품 판매가 금지되어 있지만 미국에서는 판매가 허용되어 있고, 사형제도의 존폐 여부도 국가마다 다르다). 그런데 회계기준과 재무보고 체계는 다양성을 거부하고 있다.[10]

다양성이 존재하는 것이 좋지 않느냐고 반문하는 사람들이 있을지도 모르겠다. 전 세계 기업들이 통일된 회계기준을 적용하는 것은 다국적 기업의 정보생성과 처리비용 절감에 도움이 될 수는 있으나, 문제는 이러한 통일성의 의도치 않은 부작용이 만만치 않다는 데 있다. 특히 다양성이 존재하는 환경에서는 새로운 변화를 시도해볼 수 있으나, 회계기준이 통일되어 있으면 개선과 변화를 꾀하기가 어렵다. 규제란 모름지기 시행착오를 통해 발전하기 마련이다.

공공장소 흡연 규제에 대한 법률만 살펴보더라도, 초반에는 천천히 그리고 산발적으로 규제가 도입되다가(미국의 공공장소 흡연규제는 1975년 미네소타^{Minnesota} 주에서 처음 도입되었다) 각종 시행착오를 거친 후에야 전 세계적으로 확대되기 시작했다. 지금도 흡연규제의 정도는 각 국가마다 차이가 존재한다. 환경규제 역시 국가마다 그 내용에 차이가 있다. 이에 반해 모든 국가와 지역에서 통일된 회계기준이 사용되는 바람에 새로운 정보공시 구조나 공시형식을 시도할 수 있는 가능성은 사라졌고, 이는 회계기준의 정체와 정보 유용성 저하라는 현상으로 이어졌다. 이는 비효율적인 회계기준이 폐지되지는 않고 점점 적체되는 현실만 봐도 잘 알 수 있다. 회계기준은 시행착오 없이 그저 똑같이 유지되고 있을 뿐이다.

미국의 주별 규제기관이나 전 세계 증권거래소의 규제 경쟁으로 인해 많은 규제와 제도에 개선이 이뤄지고 있으나(미국 내 셰일가스 프래킹 금지 법안의 발달 과정을 생각해보라), 회계기준과 재무보고 방식에는 어떤 경쟁의 움직임도 관찰된 적이 없다. 심지어 미국의 기업회계기준^{GAAP}과 유럽 및 기타 국가에서 사용하는 회계기준^{IFRS}을 하나로 통일하려는 압력으로 인해 그나마 있던 작은 차이점들마저도 전부 사라질 위기에 처해 있다. 이렇게 회계기준이 통일되면 회계정보의 유용성은 더욱 저하될 것이다. 반면, 우리가 3부에서 제안하는 새로운 기업정보 공시체계는 완전히 새로운 변화와 실험적인 노력을 요구한다.

회계기준이 독특한 또 다른 이유는 기준의 규모가 점점 확대되며 사회적 부담을 야기한다는 점이다. 회계부정 사건이 발생하거나 금융위기가 한 차례 발발하고 나면 지난 과오를 바로잡기 위해 회계기준과 재무보고의 새로운 체계가 제정되고, 경제와 기업이 새롭게 발전하면서 기존 회계기준에 많은 변화를 불러일으킨다. 하지만 연구개발비 비용처리 규정처럼 시대에 뒤떨어진 회계기준은 죽지도 않고 사라지지도 않으며 (맥아더 장군의 말처럼 노병은 죽지 않고 사라질 뿐이라지만) 오히려 점점 늘어나기만 한다. 그나마 환경관련 규제와 회계기준이 범위, 규제비용, 규모의 확대 측면에서 가장 유사하다고 볼 수 있으나 둘 사이에는 큰 차이점이 하나 있다. 바로 환경규제는 사람들의 지속적인 관심과 논란의 대상이라는 점이다. 미국의 탄소세 법안, 신재생에너지 보조금 정책, 셰일가스 프래킹 금지 법안 등이 이에 해당하는 사례들이다. 이는 미국뿐만이 아니다. 2014년 7월, 호주는 많은 논란을 야기했던 탄소세를 도입 2년 만에 전격 폐지했다. 이렇게 환경규제는 대중들의 철저한 관심을 통해 규제비용을 완화하며 발전해 나가고 있으나, 회계기준의 변화를 요구하는 사람들은 좀처럼 찾아보기 어려운 실정이다. 씨티은행Citibank, AIG, 메릴린치Merrill Lynch, 리먼 브라더스Lehman Bros, 컨트리와이드 파이낸셜Countrywide Financial 등 경영난에 몰린 기업의 잘못된 정보공시로 2007~2008년 금융위기가 발발하고 그 외에도 여러 차례 위기 사태가 발생했지만, 투자자와 규제기관은 이러한 위기를 야기한 금융 자산의 리스크와 불완전한 공시의 심각성을 깨닫지 못했다.[11]

이처럼 실험적인 시도와 관심의 부재, 회계기준 준수에 따르는 사회적 비용의 증가는 우리가 중요한 임무를 검토해야 할 충분한 당위성을 제시한다. 그 임무란 바로 투자자를 위해 회계정보의 유용성을 회복하는 것으로, 지금부터 이 책에서 설명할 주요 내용이다.

이 책의 특징

우리 저자들은 회계와 재무에 오랜 이력을 보유한 학자이자 교육자로 공공회계, 기업회계, 컨설팅에 방대한 경력을 갖고 있다. 우리는 오늘날 기업들이 유형자산 의존도가 높은 전통적인 비즈니스 모델에서 탈피해 무형자산과 정보 집약적인 새로운 비즈니스 모델을 도입하고 있으나, 회계제도와 기업공시 체계가 이러한 패러다임의 전환을 제대로 반영하지 못하고 있음에 대해 지난 수년간 여러 편의 논문을 투고한 바 있다. 또한 회계제도의 기타 단점에 대해 꾸준히 의견을 피력해 왔다. 많은 사람들이 우리와 뜻을 함께했지만, 회계제도와 공시체계를 변화시키고자 하는 우리의 영향력은 지금까지 미미한 수준에 머물렀다. 하지만 우리가 이 책을 집필하게 된 것은 드디어 중대한 변화를 이끌만한 기회를 포착했기 때문이다.

먼저, 회계정보의 유용성은 더 이상 간과할 수 없을 정도로 심각하게 저하되고 있다. 이에 회계정보의 유용성 저하를 절감한 기업 경영진들은 기업의 비재무회계$^{non\text{-}GAAP}$ 자발공시를 점차적으로 확대하고 있다. Non-GAAP 자발공시의 하나인 추정^{proforma} 재무제표의 빈도수는 2003년에서 2013년 사이 두 배로 증가했으며, 현재는 무려 40%를 초과한다.[12] 회계학자들 역시 회계정보의 유용성 문제를 심각하게 인식하고 있다. 저명한 회계학자들이 최근에 발표한 한 연구 내용에 따르면 미국 재무회계 기준위원회^{FASB}는 설립연도인 1973년부터 2009년까지 총 147개의 회계기준과 공시 규정을 제정했는데, 이렇게 많은 노력과 비용을 들여 제정한 회계기준의 75%가 투자자의 투자활동에 아무런 영향을 미치지 못한다는 것이 밝혀졌다(정보의 품질이 좋아지면 일반적으로 주주가치는 증가한다). 게다가 믿기 어렵겠지만, FASB 회계 기준의 13%는 오히려 주주가치를 하락시킨 것으로 드러났으며, 오직 12%만이 투자자에게 도움이 된 것으로 나타났다. 이는 35년에 걸친 회계기준 제정 노력이 무로 돌아간 것이나 마찬가지다.[13] 뿐만 아니라 SEC 역시 회계정보의 유용성 문제를 우려하고 있다.

SEC는 최근 '기업과 투자자 모두에게 이익이 되는 공시체계 확립'을 목적으로 공시 효율성 제고를 위한 이니셔티브를 추진하고 있다.[14] SEC는 이니셔티브 공표 당시 기업, 회계법인, 개인 전문가들로부터 피드백과 의견을 요청했다. 우리는 이니셔티브에 대해 어떤 의견과 제안이 수렴되었는지 파악하기 위해 구글Google에서 관련 자료를 검색했고, 검색 결과 다음과 같은 일련의 공통점을 발견하고는 그간 재무정보 공시의 효율성을 제고하고자 했던 모든 노력이 허사였다는 사실에 씁쓸한 기분을 감출 수 없었다. 의견을 제시한 사람들은 투자자에게 필요한 정보가 무엇인지 자신들이 잘 알고 있다고 간주했으나, 어떤 방식(리서치, 설문조사 등)으로 이를 알아냈는지는 언급하지 않았다. 또한 공시 효율성을 위한 제안도 정보 과다현상을 해소하자, 중요한 정보에만 집중하자, 정보의 신뢰도를 높이자, 정보를 간소화하자 등 일반적인 내용에만 그쳤으며, 이를 실천할 수 있는 상세 방안은 언급되지 않았다.[15]

환경, 사회, 지속가능성에 대한 공시를 늘리자는 구체적인 제안은 언급되었으나, 이는 정보공시 주체(기업 경영진 등)로부터 만만찮은 반발을 야기할 것으로 판단된다.[16]

마지막으로, 대부분의 제안은 기존 공시체계와 마찬가지로 모든 산업에 걸쳐 구속력 있는 공시 사항을 요구했다. 따라서 의도는 훌륭하나 SEC의 이니셔티브도 과거의 다른 시도와 마찬가지로 공시의 효율성을 실질적으로 증대시키기는 어려울 것으로 보인다. "모두가 날씨에 대해 불평하지만 어느 누구도 행동에 나서는 사람은 없다"는 명언이 떠오르는 대목이다.[17]

우리가 이 책을 집필한 목적은 투자자들로 하여금 그들이 어떤 정보를 필요로 하는지 일깨워주고 필요한 정보를 투자와 대여 의사결정에 실제로 사용하도록 하는 것이며, 동시에 이러한 과정에서 공시와 자본시장의 효율성을 증대시키는 것이다. 우리는 이와 같은 목적을 달성하기 위해 과거와는 차별화된 접근방식을 택했다.

- 첫째, 우리는 회계정보의 유용성이 저하되었음을 단순히 가정하지 않았다. 우리는 광범위한 표본을 종합적으로 분석함으로써 회계정보 유용성의 급속한 저하 현상을 입증했다. 또한 이러한 유용성 하락을 야기한 주요 원인이 무엇인지에 대해서 실증적 분석을 통해 증명했다(1부와 2부 내용). 이와 같은 원인 분석은 투자자의 투자 의사결정을 개선할 수 있는 정보공시 체계를 구상하는 기반이 되었다.

- 둘째, 우리는 투자자에게 필요한 정보가 무엇인지 자의적으로 간주하지 않았다. 우리는 네 가지 주요 산업 분야에 속한 기업들의 분기 실적 콘퍼런스 콜과 투자자 회의 수백 건을 직접 검토하여 애널리스트가 어떤 질문을 하는지 분석하고 이를 통해 투자 의사결정에 필수적인 정보가 무엇인지 파악했다. 3부에서는 경제이론에 입각해 산업 특수적인 새로운 정보공시 체계인 전략적 자원과 실행에 대한 보고서 Strategic

Resources & Consequences Report를 소개했다.

- 셋째, 우리는 투자자들이 새로운 공시체계를 필요로 한다고 단순히 주장하기보다 이를 직접 증명했다. 우리는 보험금과 관련된 사고의 빈도와 심도 같은 비재무적 정보공시가 기업의 주가와 미래 이익에 직접적인 상관관계가 있음을 증명하고, 이와 같은 정보가 투자자들에게 진짜 유용한 정보라는 사실을 입증했다.

우리가 이 책을 집필한 단 한 가지 목적은 투자자와 대여자들로 하여금 21세기 기업의 경영 성과와 성장 잠재력을 올바르게 평가할 수 있도록 하는 것이며, 이로써 투자와 대여 의사결정을 제고하고 자본시장의 역할을 증진하는 데 있다. 우리는 이를 통해 기업의 정보공시 체계가 개선될 수 있을 것으로 기대한다.

이제 본론으로 들어가 보자.

1   미국 재무회계 기준위원회(FASB)는 2014년 5월 새로운 '수익 인식' 기준인 ASC 606을 발표했다.
2   제이컵 솔(Jacob Soll)의 〈회계는 어떻게 역사를 지배해왔는가〉는 경제와 국가발전 과정에서 회계가 어떤 역할을 했는지 역사적 관점에서 기술하고 있다.
3   수많은 경제학 연구결과에 따르면 기업과 국가 경제성장에 있어 자본시장의 역할이 중요하다는 것이 밝혀졌다. 다음 논문 참고. Anne Krueger, "Financial Markets and Economic Growth," International Monetary Fund, 2006.
4   만약 독자 여러분이 엔론이나 월드컴 사태를 직접 경험하지 못한 세대라면 보다 최근의 사례들도 있다. 2011년, 일본의 광학기기 및 카메라 제조업체인 올림푸스(Olympus)는 투자손실 은닉과 자산 부풀리기로 수십억 달러의 회계부정 스캔들에 휘말렸으며, 컴퓨터와 전자기기 제조업체인 도시바(Toshiba) 역시 수십억 달러의 분식회계를 저지른 사실이 2015년에 적발되었다.
5   이런 기업들은 대개 설립 초반에는 재무제표 결과에 크게 구애받지 않는 벤처캐피털로부터 투자를 받는다. 그러나 상장 이후 벤처캐피털이 빠져나가고 나면 일반 투자자를 대상으로 자본을 조달해야 한다. 이러한 일반 투자자들은 이익이나 자산가치 같은 기업의 공시정보에 의존하거나 애널리스트의 의견을 중시하는 경향이 높다(애널리스트의 주 정보원은 공시정보이다).
6   John Asker, Joan Farre-Mensa, and Alexander Ljungqvist, "Corporate Investment and Stock Market Listing: A Puzzle?" Review of Financial Studies, 28(2) (2015): 342–390.
7   Mary Barth, Yaniv Konchitchki, and Wayne Landsman, "Cost of Capital and Earnings Transparency," Journal of Accounting and Economics, 55 (2013): 206–224 등 다수의 연구에 따르면 불투명한 정보공시가 기업의 자기자본비용에 영향을 미친다는 사실이 밝혀졌다.
8   일반기업회계기준을 따르지 않은 기업의 감사보고서는 적정 의견을 받을 수 없으며, 또한 증권거래위원회(SEC)의 제재 조치나 경영자와 이사를 대상으로 주주소송이 제기될 위험이 있다.
9   회계처리기준이 국가별로 조금씩 차이를 보이는 것은 사실이다. 그러나 이러한 차이는 그 종류가 많지도 않을뿐더러 있다 해도 미세한 수준이다. 가령 연구개발 비용이 미국에서는 전부 비용처리해야 하는 반면 국제회계기준(IFRS)을 따르는 일부 유럽 국가에서는 특정 요건을 충족했을 경우 자산화를 허용하는 등 세부적인 규정이 조금 다른 정도에서 그치는 경우가 많다. 자유시장 경제에서 사용되는 회계기준과 공시체계의 구조, 내용은 일반적으로 거의 다 비슷하다.
10 일반적인 규제에 있어 국가간의 체계적인 차이점을 분석한 다음 논문 참고. David Vogel, Michael Toffel, Diahanna Post, andNazli Uludere Aragon, "Environmental Federalism in the European Union and the United States," in A Handbook of Globalization and Environmental Policy, F. Wijen, K. Zoeteman, J. Pieters, and P. Seters, eds. (Cheltenham, UK: Edward Elgar, 2005).
11 최근의 금융위기에 대해 분석한 다음 논문은 이렇게 결론짓고 있다. "그러나 회계정보의 측정과 인식에 대한 정보 투명성은… 투자자들이 금융자산과 금융부채의 가치와 리스크를 적절하게 판단하기에 역부족인 것으로 나타났다." Mary Barth and Wayne Landsman, "How did financial reporting contribute to the financial crisis?" working paper (Stanford University, 2010), 3.
12 Jeremiah Bentley, Theodore Christensen, Kurt Gee, and Benjamine Whipple, Who Makes the non-GAAP Kool-Aid? How Do Managers and Analysts Influence non-GAAP Reporting Policy? working paper (Salt Lake City: Marriott School of Management, Brigham Young University, 2014).
13 Urooj Khan, Bin Li, Shivaram Rajgopal, and Mohan Venkatachalam, Do the FASB Standards Add (Shareholder) Value? working paper (New York: Columbia University Business School, 2015).
14 미국 증권거래위원회(US Securities and Exchange Commission)의 공시 효율성 제고 이니셔티브(Disclosure Effectiveness, 2015).

15 물론 상세한 의견과 제안도 간혹 있었다. 회계법인 언스트앤영(Ernst & Young)은 재무제표에 사용된 주요 추정치와 실제 결과를 비교 제시하자고 언급했다. 우리는 언스트앤영의 제안을 한 단계 발전시켜 이 책의 17장에 제시했다.

16 특정 이슈에 대한 공시가 나쁘다는 말이 아니다. 다수의 연구 결과에 따르면 기업의 지속가능성 정책과 경영성과에는 일정한 상관관계가 존재한다는 것이 밝혀졌다. 다음 논문 참고. Robert Eccles, Ioannis Ioannou, and George Serafeim, "The Impact of Corporate Sustainability on Organizational Process and Performance," Management Science, 60 (11) (2014): 2835–2857.

17 일반적으로 마크 트웨인(Mark Twain)의 명언이라고 알고 있으나, 마크 트웨인의 친구이자 작가인 찰스 두들리 워너(Charles Dudley Warner, 1829–1900)가 사용한 표현이라는 주장도 있다.

• CONTENTS •

감사의 말 006
이 책을 읽기 전에・회계와 재무, 그리고 투자의 신세계 008
프롤로그・재무보고서의 유용성은 왜 하락했는가 032

01 기업 재무보고의 과거와 현재 : 100년의 진보 034
    틀린 그림 찾기 034
    1902년도와 2012년도의 차이 039
    진보의 부재 041
    선의의 비판자 044
    요약노트 046

02 눈에 보이는 이익이 전부가 아니다 053
    기업 이익과 투자수익률 053
    이익보다 우월한 현금흐름 056
    이익의 전성기는 지났다 059
    실제 이익과 콘센서스 추정치의 차이 060
    요약노트 064

PART 1 회계정보의 현주소

03 재무정보와 주가의 간극 072
    회계정보 유용성 측정방법 072
    재무정보의 유연성이 줄었어요 075
    유용한 정보 선택하기 076
    회귀분석 방법이란 078
    이익과 장부가치, 무엇이 유용성 하락의 범인인가 080
    너무 가혹한 판단은 아닌지 082
    어떻게 이럴 수가?! 084
    요약노트 086

04 점입가경의 현실 090
- 정보의 시기적절성 090
- 한발 늦은 실적발표 094
- 재무보고서의 시기성 측정 095
- 재무보고서의 초라한 실적 097
- 우리가 회계의 중요성을 경시하는 것일까? 099
- 요약노트 101

05 정말 회계가 문제일까 105
- 비합리적 투자심리 105
- 과거는 미래의 거울 108
- 과거 정보를 통한 미래 예측 111
- 같은 결과, 동일한 결론 113
- 재무정보 유용성의 하락 원인 115
- 회계상 손실은 진짜 손실이 아닐 수도 있다 118
- 요약노트 120

06 유용성 하락의 마지막 증거 123
- 회계는 원래 복잡한 것 123
- 기업재무의 전문가, 애널리스트 125
- 모호한 정보와 의견 불일치 126
- 의견의 불확실성 측정하기 127
- 요약노트 130

07 회계 유용성 저하가 보여주는 것 133
- 지금까지의 분석 결과 요약 133
- 투자자들이 관심을 가져야 하는 이유 135
- 최후의 변론 139
- 비즈니스 환경의 변동성 하락 140
- 요약노트 143

PART 2 회계 유용성 저하의 원인

08 무형자산의 부상과 회계의 추락   152
- 무형자산의 급부상   152
- 일관성 없고 불분명한 무형자산 회계처리기준   155
- 심각한 오해와 왜곡   157
- 침묵하는 재무보고서   160
- 무형자산 정보의 결핍   163
- 무형자산과 회계정보의 유용성   165
- 경영자와 회계사의 무관심   167
- 요약노트   169

09 사실인가 허구인가   174
- 제너럴일렉트릭의 회계정보 추정   174
- 재무제표 추정의 역사   177
- 원가와 괴리를 보이는 공정가치 평가   178
- 추정치 사용에 대한 실증적 분석 결과   181
- 추정치와 미래 예측 정확성   185
- 요약노트   187

10 회계의 작위와 부작위   189
- 재무제표에서 사라진 연결고리   189
- 재무적 사건과 비재무적 사건   191
- 비거래적 사건과 회계정보의 유용성   194
- 회계의 보수적 원칙   196
- 요약노트   199

PART 3 회계가 나아가야 할 방향

11 투자자와 기업을 위한 정보 210
- 기업의 지속적 경쟁우위 210
- 지속적 경쟁우위를 확보하는 비결 211
- 전략적 자원 213
- 전략적 자원의 투자내역 214
- 전략적 자원의 보존과 관리 217
- 전략적 자원의 운용 220
- 기업 창출 가치의 측정 222
- 전략적 보고서의 예시 224
- 요약노트 229

12 전략적 보고서: 미디어/엔터테인먼트 232
- 미디어/엔터테인먼트 산업의 개요 232
- 시리우스 XM의 이야기 234
- 가입자 규모의 증가 235
- 중요한 것은 전략 239
- 파괴적 혁신의 위협 243
- 기업이 창출한 가치 244
- 전략적 보고서 분석 결과 246
- 전략적 보고서에 대한 니즈 247
- 미디어/엔터테인먼트 기업의 전략적 보고서 249

13 전략적 보고서 : 손해보험 250
- 손해보험 산업의 개요 253
- 손해보험사의 전략적 자원 256
- 전략적 보고서: 고객 258
- 혁신적인 보험 상품과 서비스 261
- 보험 설계사의 역할 263
- 영업활동의 효율성 264
- 영업비용 심층 분석 267
- 전략적 자원의 보존 272
- 회사가 창출한 가치 275

14 전략적 보고서: 제약과 바이오테크   278
    전략과 전략적 자원   279
    제약사의 연구개발 활동   279
    연구개발 활동에 대한 투자   281
    연구개발 활동 분석   285
    제약사의 전략적 자원   287
    출시 제품   288
    파이프라인 제품   290
    제약사의 전략적 자원 보존   294
    매출과 비용 분석   296
    회사가 창출한 가치   299

15 전략적 보고서 : 석유/가스   304
    현행 재무보고서의 한계   305
    정유기업의 자산 포트폴리오 관리   308
    전략적 자원: 광구자산   314
    정유산업의 리스크   319
    정유기업의 영업활동   322
    회사가 창출한 가치   325

PART 4 실무적인 문제

16 어떻게 도입할 것인가   330
    정보공시의 동기부여   330
    화이자의 파이프라인 정보공시   332
    파이프라인 정보의 개선 원인   334
    SEC의 역할   337
    산업협회의 역할   338
    경영자의 역할   340
    소송과 경쟁력에 대한 우려   341
    경영진의 공시 부담   343
    요약노트   346

17 회계제도의 개선 　　　　　　　　　　　　351
　회계제도 개선의 필요성　　　　　　　　　351
　무형자산의 자산화　　　　　　　　　　　353
　무형자산의 정보 수준 개선　　　　　　　359
　회계 추정치의 사용 제한　　　　　　　　362
　재무제표는 사실 관계만　　　　　　　　363
　추정치의 정확성 검증　　　　　　　　　364
　회계규제 완화　　　　　　　　　　　　　365
　회계제도가 복잡해진 이유는 무엇일까?　367
　보다 단순한 회계제도　　　　　　　　　369
　요약노트　　　　　　　　　　　　　　　372

18 투자분석의 개선 　　　　　　　　　　　　376
　전략적 자원 분석　　　　　　　　　　　378
　경영성과와 경쟁우위의 판단　　　　　　381
　1단계: 전략적 자원의 재고조사　　　　 382
　2단계: 전략적 자원의 창출과 보존 모니터링　386
　3단계: 전략적 자원의 운용 관찰　　　　388
　요약노트　　　　　　　　　　　　　　　390

에필로그 · 모두를 위한 변화　　　　　　　　393

재무보고서의 유용성은
왜 하락했는가

이 책을 읽는 독자 여러분은 여러 가지 놀라운 사실을 발견하게 될 것이다. 그중 가장 중요한 한 가지는 바로 전 세계 회계 규제기관의 노력에도 불구하고 지난 수십 년간 투자정보의 핵심이라 할 수 있는 기업 재무보고서의 유용성이 크게 저하되었다는 사실일 것이다. 하지만 회계정보의 유용성이 저하된 원인과 앞으로 어떤 개선책이 필요한지 본격적으로 살펴보기에 앞서, 먼저 몸풀기 차원에서 중요한 두 가지 사실을 짚어보고자 한다. 앞으로 이어지는 내용에 대한 실마리를 얻을 수 있을 것이다.

- 사람들은 회계제도와 기업공시 체계가 시간이 흐르면서 끊임없이 변화했을 것이라 생각하지만, 재무보고의 기본 구조(재무상태표, 손익계산서, 현금흐름표 같은 재무제표의 기본 구성과 개별 구성 항목)가 110년 전이나 지금이나 아무런 변화가 없다는 것을 알게 되면 적잖이 놀랄 것이다. 회계제도와 공시체계에 정말 아무런 진보가 없었다는 것을 과연 믿을 수 있겠는가?

■ 애널리스트와 투자자들은 오래전부터 기업이 공시하는 이익 정보를 투자 의사결정에 가장 효과적인 지표로 활용해오고 있다. 그러나 최근 수년 동안, 이익 분석은 보다 간단하고 효율적인 다른 투자기법에 밀려 예전만큼의 장점을 발휘하지 못하고 있다. 이제 새로운 투자 분석 기법을 모색해야 할 시기가 되었다.

위에 소개한 두 가지 흥미로운 사례를 통해 독자 여러분이 이 책의 방향을 엿볼 수 있었으면 한다. 이제 다음 장부터 기업 재무보고서의 정보 유용성에 대해 분석하고, 투자자가 정말 필요로 하는 정보를 제공하기 위해 어떤 개선이 필요한지 본격적으로 살펴보도록 하겠다.

01 CHAPTER
THE END OF ACCOUNTING

기업 재무보고의 과거와 현재: 100년의 진보

이 장에서는 US스틸의 1902년도와 2012년도 재무제표를 비교 대조함으로써 지난 110년간 이루어진 각종 투자 기법의 선진화, 재무정보 처리기술의 비약적인 발전, 기업 운영의 복잡성 증대에도 불구하고 재무상태표, 손익계산서, 현금흐름표 등 기업 재무제표의 구조와 내용에 아무런 변화가 없었다는 사실을 설명하고자 한다. 아무런 변화가 없었다니 의외인가? 의외라 생각하는 게 당연하다.

틀린 그림 찾기

1903년. 시어도어 루스벨트Theodore Roosevelt 대통령의 집권 3년차이자, 포드 자동차 회사Ford Motor Co. 최초의 자동차 모델 A가 출시되었던 해다(헨리 포드Henry Ford가 검은색이기만 하다면 어떤 색도 선택할 수 있다고 말했던 바로 그 자동차다). 1903년은 보스턴 아메리칸스Boston Americans(현 보스턴 레드삭스Boston Red Sox)와 피츠버그 파이어리츠Pittsburgh Pirates가 격돌한 최초의 월드 시리즈 경기가 열렸던 해이기도 하다. 이때 사이 영Cy Young이 첫 번째 투구를 던졌고, 경기는 두말할 것도 없이 보스턴의 승리로 돌아갔다. 당시에는 야구 경기를 볼 수 있는 텔레비전이 없었고, 항공 교통수단이나 쇼핑몰 같은 것도 없었다. 페이스북Facebook이나 트위터Twitter는 물론 인터넷조차 없었다.

하지만 이 시기에도 철강 산업은 존재했고, 바로 세계 최대의 철강회사 US스틸^{US Steel}이 1903년 주주들에게 최초의 연차보고서를 발행했다. 이 연차보고서는 직전 사업연도인 1902년도를 기준으로 작성된 자료로, 우리는 연차보고서의 주요 구성요소인 재무상태표와 손익계산서를 [표 1.1], [표 1.2]와 같이 정리해 보았다. 그리고 1902년도 재무제표 옆에는 110년 후인 2012년도를 기준으로 작성된 재무제표 내용을 비교식으로 나타냈다(1902년도 연차보고서 원본은 47페이지 부록 참고).

여러분이 어렸을 때 즐겨했던 틀린 그림 찾기 놀이를 생각해보자. 거의 똑같아 보이는 두 그림 안에 숨어있는 미묘한 다른 부분을 찾아내는 게임 말이다. 이제 다음 페이지에 있는 US스틸의 1902년도와 2012년도 재무상태표와 손익계산서를 틀린 그림 찾기라 생각하고 둘 사이에 다른 부분을 찾아보자. 이 틀린 그림 찾기의 목적은 하나다. 바로 한 세기하고도 십 년이 넘는 오랜 기간 동안 회계제도와 공시체계에 과연 어떤 진보가 있었는지(또는 아무런 진보도 없었는지) 확인하기 위한 것이다.

표 1.1 US스틸 연결손익계산서

(단위 : 백만 달러)

과목	1902년	2012년
매출	560	19,328
매출 원가	(411)	(18,291)
매출 총이익	149	1,037
판매비와 관리비	(13)	(654)
기타영업외손익	5	(136)
금융 수익	3	7
금융 비용	(9)	(247)
법인세 비용	(2)	(131)
당기순이익	133	(124)

표 1.2 US스틸 연결재무상태표
(단위: 백만 달러)

과목		1902년	2012년
자산	유동자산	214	5,374
	현금 및 현금성자산	56	570
	매출 채권	49	2,090
	재고자산	104	2,503
	기타유동자산	5	211
	투자자산	4	609
	유형자산	1,325	6,408
	영업권	-	1,822
	기타 무형자산	-	253
	기타 비유동자산	4	751
자산 총계		1,547	15,217
부채	유동 부채	50	2,990
	매입채무	19	1,800
	미지급 급여	4	977
	미지급 법인세	1	136
	기타 유동부채	26	67
	장기차입금	371	3,936
	퇴직급여충당부채	-	4,416
	기타 비유동부채	30	397
부채 총계		451	11,739
자본	자본금	1,018	3,282
	이익잉여금	78	196
자본 총계		1,096	3,478
부채와 자본총계		1,547	15,217

여러분은 1902년도와 2012년도 재무제표의 구조와 내용에 아무런 변화가 없다는 놀라운 사실을 발견하게 될 것이다. 손익계산서(표 1.1)와 재무상태표(표 1.2)의 양식도 똑같고, 두 재무제표에 포함된 내용도 완전히 똑같다. 둘 다 재무상태표는 자산, 부채, 자본, 손익계산서는 매

출과 기타 비용들로 구성되어 있다. 투자자들이 필요로 하는 정보와 재무분석 및 기업 가치평가에 필요한 도구가 지난 110년 동안 냉동 상태로 보존되었던 게 아닐까 싶을 정도로 정보를 처리하고 구성하는 방식에 그 어떤 진전도 없었던 것이다.

오늘날 종합건강검진을 받을 때와 110년 전 건강검진을 받았을 때 병원에서 주는 검진 결과표 내용이 똑같다는 건 도무지 상상할 수 없는 일이다. 그런데 기업의 건강검진 결과표에는 아무런 변화가 없었다. 1902년도의 매출액(5억 6천만 달러)이 2012년도에 비해 너무 '낮다'고 착각하지 말자. 1902년도 매출액에 소비자물가지수consumer price index, CPI를 적용해 2012년도 가치로 환산하면 163억 2천 4백만 달러로, 이는 2012년도 실제 매출액인 193억 2천 8백만 달러와 큰 차이가 없다. US스틸은 이미 110년 전부터 오늘날과 견줘도 손색없는 상당한 규모를 갖춘 기업이었다는 것을 알 수 있다.

하지만 1902년도와 2012년도 US스틸의 재무 상태에는 중요한 차이점 한 가지가 있다. 바로 1902년에는 1억 3,330만 달러(2012년 가치로 39억 달러)라는 무난한 당기순이익을 올리며 13%의 자기자본이익률return-on-equity, ROE을 달성한 데 비해, 2012년에는 1억 2,400만 달러의 당기순손실을 기록했다는 점이다.[1] 지난 110년 동안 수많은 변화들이 있었지만, 재무 상태가 이렇게 확연히 나빠지게 된 이유는 US스틸의 이사회에서 그 실마리를 찾을 수 있다.

1902년, US스틸의 이사회에는 존 D. 록펠러John D. Rockefeller, J. 피어폰트 모건J. Pierpont Morgan, 찰스 M. 슈워브Charles M. Schwab(당시 US스틸 사장), 마셜 필드Marshall Field, 헨리 C. 프릭Henry C. Frick(뉴욕 프릭 컬렉션의 주인공) 같

은 재계의 거물들이 포진해 있었다. 이런데도 이사회가 중요치 않다고 할 것인가?

2012년도처럼 기업 상태가 부실할 때나 1902년도처럼 호황을 누릴 때나 주주들에게 늘 똑같은 정보를 제공하는 것이 과연 옳은 것일까? 기업이 부실하게 된 원인이 2012년도나 그 이전에 어떤 비즈니스 모델이 실패했기 때문인지 오늘날 투자자들에게 마땅히 알려줘야 하지 않을까? 잘못된 제조 공정 탓인지, 특정 마케팅 이슈 때문인지 공시해야 하지 않을까? 또 경영진이 해당 문제에 어떤 대책을 마련했는지 데이터를 보여주며 설명해야 하지 않을까? 21세기 기업이라면 기업 운영과 재무 상태를 공시하는 데 있어 과거에 건물, 기계장치나 영업권처럼 정체도 애매모호한 자산을 취득하기 위해 얼마를 지출했는지 보여주는 것보다 기업 전략에 대한 정보를 보다 체계적으로 전달하는 것이 좋지 않을까?

이는 투자금이 걸려있는 투자자들에게만 국한된 문제가 아니다. 많은 철강 기업들이 자국의 철강 산업을 해외로부터 보호해야 한다고 대중들의 지지를 구하곤 한다. 따라서 일반 대중들도 US스틸이 오늘날 어떤 도전과제에 직면했는지 충분히 이해할 필요가 있다. 기업 투자자와 대중들에게 필요한 것은 구태의연한 재무제표가 아니라 실질적으로 유용한 정보가 담긴 재무제표이다.

1902년도와 2012년도의 차이

US스틸의 재무제표를 한 줄씩 읽어내려 가다보면 1902년도와 2012년도의 손익계산서 모두 매출, 매출원가, 법인세비용과 기타 손익 등 그 구성 요소가 완전히 똑같다는 것을 발견할 수 있다. 따라서 1902년도와 2012년도의 투자자들은 특성이 완전히 다른 집단임에도 불구하고 이들이 손익계산서에서 얻을 수 있는 정보는 거의 비슷하다고 봐야 된다. 물론 2012년 투자자들의 정보분석 역량이 훨씬 더 뛰어나고 이들이 사용하는 대안투자상품 alternative investments과 투자도구들(복합적인 헤징 메커니즘, 숏세일short sales, 프로그램 매매programmed trading 등)도 더욱 다양하다.

재무상태표의 경우 1902년도에는 존재하지 않았던 영업권과 기타 무형자산이 2012년도에는 새로운 항목으로 추가되었는데, 이는 US스틸이 최근 일련의 인수합병을 추진한 결과들이다. 과거 재무상태표에 두 항목이 없었다는 사실은 US스틸 창업자들이 외부에서 값싸게 영업권을 취득하기보다 내부적으로 혁신과 투자를 주도해 기업 성장을 꾀했다는 의미로 판단된다. 최근 연구결과에 따르면 대부분의 인수합병 거래가 과다한 인수합병가액 지출과 전략적 착오로 인해 실망스러운 결과로 이어진다고 하는데, 이런 점을 고려하면 US스틸 창업자들의 생각이 옳았다는 것을 알 수 있다.[2]

어쨌든 이 영업권 항목만 제외하면 1902년도와 2012년도 재무상태표의 정보도 모두 동일하다. 마지막으로 재무제표의 주요 구성요소인 현금흐름표의 경우 1902년 당시에는 지금처럼 필수 공시사항이 아니었으나, US스틸은 현금흐름표도 함께 첨부했다(47페이지 부록 참고).

여러분은 연차보고서의 내용이 손익계산서, 재무상태표, 현금흐름표가 다가 아니라고 이야기할지도 모르겠다. 오늘날 연차보고서에 포함된 주석 내용은 100년 전보다 훨씬 더 방대하다고 반박할 수도 있다. 사실 맞는 말이다. 이는 1902년도와 2012년도 보고서의 두께만 비교해 봐도 알 수 있다. 1902년에는 40페이지의 얇은 보고서가 발간된 반면, 2012년에는 174페이지나 되는 두툼한 보고서에 언제나처럼 복잡하고 난해한 각종 회계정보가 실려 있다. 엄청난 종이 낭비이자 삼림파괴다.

하지만 얇은 보고서보다 두꺼운 보고서에 과연 더 유용한 정보가 담겨 있긴 할까? 2012년도 보고서에는 환하게 미소 짓고 있는 기업 임직원과 고객들 사진이 질 좋은 광택지에 실려 있는데, 이는 1902년도 보고서에서 볼 수 없는 내용이다. J. P. 모건이나 존 D. 록펠러가 미소 짓고 있는 사진을 본 적 있는지 한 번 생각해 보자. 이 사람들은 한 푼이라도 더 벌기 위해 일만 죽어라고 했는데, 오늘날 임직원들은 웃고 즐기는 걸 더 중시하는 모양이다.

또 2012년도 보고서에는 눈을 즐겁게 하는 총천연색의 그래프와 표가 곳곳에 첨부되어 있고, 환경 문제에 대한 꽤 장황한 설명도 실려 있다. 뿐만 아니라 장장 12페이지에 걸쳐 US스틸과 주주들이 당면한 사업 위험요소들이 정형화된 형식에 따라 제시되어 있다. 보고서를 읽지 않았더라면 철강 산업이 주기에 따라 움직이고, 철강 생산에 있어 환경 법규를 준수하지 못할 경우 위험이 따르며, 원자재 가격에 변동성이 존재하고, 4만 5천 명이나 되는 직원들과 함께하다 보면 잠재적인 소송 위험이 있다는 사실을 몰랐을 것이 아닌가?

2012년도의 보고서에는 이것 말고도 수많은 사업 위험요소들이 등장한다. 문제는 이런 사업 위험요소에 대한 설명이나 화려한 그래프에서 유용한 정보를 얻거나 이를 의사 결정의 근거로 활용하는 애널리스트나 투자자들이 거의 없다는 사실이다. 이런 내용은 임직원들이 웃고 있는 사진들처럼 그냥 넘겨버리기 십상이다.

반면 1902년도의 연차보고서에는 사업 위험이나 소송, 환경문제에 대한 내용이 아주 간략하게만 실려 있다. US스틸이 잘 나가던 당시 경영진들에게 법적, 규제적 이슈는 기업 운영의 최우선 과제가 아니었다는 의미다. 과거 경영진들은 오로지 사업 운영에만 집중하고, 소송이나 로비 활동에 귀중한 시간을 낭비하지 않았다. 이는 1902년도와 2012년도 US스틸의 재무 상태가 큰 차이를 보이는 이유들 가운데 하나다.[3]

진보의 부재

투자자들에게 그나마 유용한 정보는 2012년도 보고서에 실린 '경영진의 논의와 분석Management Discussion and Analysis, MD&A'에서 찾을 수 있다. 이는 미국 SEC가 1990년대 초부터 기업들에게 의무적으로 공시하도록 지정한 사항으로, 과거 2개년도와 대비해 최근 기업 재무 상태와 영업성과에 영향을 미친 주요 요소들에 대한 경영진의 의견이 서술된 내용이다. 1902년도에는 이런 경영진의 논의와 분석이 강제 공시 사항이 아니었는데, 이는 우리가 이 책에서 다루고자 하는 회계제도라는 영역을 벗어난 주제이다.

회계적인 관점에서 봤을 때 1902년도와 2012년도 보고서의 가장 큰 차이는 재무제표에 첨부된 주석 사항이다. 1902년도 보고서에는 주석이 몇 개 없었던 것에 비해, 2012년도 보고서에는 각종 회계처리 방침에 대한 설명과 자세한 내용이 무려 54페이지나 실려 있다. 딱히 재미난 읽을거리는 아니다. 연결재무제표가 US스틸과 연결대상 종속기업을 대상으로 작성되었고, 회계정책을 적용함에 있어 경영진의 추정과 가정이 사용되었으며, 유형자산은 취득원가로 표시되고, 퇴직연금의 원가 결정에 가정을 사용한다는 등 회계원리 수업 내용을 기억하는 사람이라면 잘 알고 있을 법한 기업 회계 정책이 매년 계속적으로 재탕되는 부분이기 때문이다(회계원리 수업을 듣지 않은 사람들에게는 영원한 미스터리이기도 하다). 이런 주석 내용에는 크게 도움이 될 만한 정보가 없다.

투자자들에게 그나마 유용한 주석 사항은 각 영업부문별로 어떤 제품을 생산하는지 나타낸 부문별 정보공시 내용이지만, 이는 1902년도 보고서에도 대부분 있었던 사항들이다. 2012년도의 재무제표 주석은 임직원들에게 지급한 스톡옵션 내용에 대해 장장 4페이지를 할애하고 있다. US스틸 설립 초반에는 임원들이 오늘날처럼 동기부여 차원에서 후한 스톡옵션을 받지 않았는데도 불구하고 훌륭한 경영성과를 낸 비결이 무엇일까 궁금함을 자아내는 부분이다.[4] 그밖에도 2012년도 주석에는 퇴직연금 관련 내용이 12페이지, 환경 문제에 대한 내용이 4페이지를 차지한다. 마지막으로 US스틸의 과거 5개년도 재무제표가 6페이지에 걸쳐 등장한다. 하지만 이는 인터넷에서 클릭 한 번이면 과거 재무 자료를 전부 검색해 볼 수 있는, 오늘날에는 불필요한 내용이다.

물론 최근 재무제표에 첨부되는 주석 분량이 불어나는 이유는 회계 규제가 점점 강화되고 있기 때문이다. 미국의 회계기준 제정기관인 재무회계 기준심의회the Financial Accounting Standards Board, FASB에서는 새로운 회계기준과 규제사항을 쉴 새 없이 만들어내고 있다. 1973년에 설립된 FASB는 지난 40년 동안 무려 250가지의 회계기준과 규정들을 발표했는데(신설 및 개정사항 포함), 일부 기준의 경우 해석서까지 합치면 그 분량이 무려 수백 페이지에 달한다. 뒤에서 다시 이야기하겠지만, 이런 회계기준의 홍수로 인해 기업 입장에서는 준수할 사항이 늘어나고 감사인 입장에서는 검토할 업무가 늘어나 결국 재무제표 주석이 점점 더 길어지는 결과를 낳게 되었다. 2012년도 US스틸의 재무제표 주석을 보면 '중요한 회계처리 방침'만 7페이지에 달한다. 이렇게 봤을 때 174페이지의 보고서보다 40페이지의 보고서에 실질적으로 더 중요한 정보가 많은 것인지 다소 회의가 들긴 하지만, 실증적인 증거를 통해 두 보고서를 완전히 비교할 때까지 결론은 잠시 보류하도록 하겠다.

하지만 지난 한 세기 동안 기업 전략과 사업 조직에 엄청난 변화가 있었음에도 불구하고 이런 변화가 기업 재무보고 형식에 아무런 영향도 미치지 않았다는 사실은 여전히 놀라울 따름이다. 가령 오늘날에는 아웃소싱으로 인해 시스코Cisco 같은 많은 기업들에게 있어 유형자산의 중요도가 전보다 크게 낮아졌지만, 1902년에는 아웃소싱이란 개념 자체가 없었다. 21세기 기업 최고의 자산은 정보기술 시스템이지만, 과거 20세기에는 그렇지 않았다. 예전에는 지금처럼 기업 간 제휴나 합작투자가 빈번하지도 않았다. 21세기 들어 적시생산$^{just-in-time}$ 전략이 널리 도입되었지만 재고자산은 여전히 중요한 재무보고 사항이다. 마찬가지로, 지난 110년간 기업 재무정보에 대한 수요가 대대적으로 증가했음에도 불구하고 상장기업이 주주들에게 제공하는 재무제표 내용에는 증가한 수요를 충족할 만한 진보가 이뤄지지 않았다.[5]

최근 수십 년간 헤지펀드나 사모펀드 같은 전문 투자자집단이 등장하고, ^{XBRL}(인터넷 환경에서 기업정보를 신속하게 제공하고자 만든 재무보고 전용 언어 – 옮긴이)이나 인터넷 카페 등 커뮤니케이션 기술이 획기적으로 발전했으며, 투자자들 사이에 경쟁이 심화되고, 전 세계적으로 대안 투자 상품의 종류가 급속하게 증가하는 등 엄청난 변화가 있었지만 재무제표 내용에는 아무런 발전이 없었다. 그 결과 투자자에게 있어 기업 공시 정보의 유용성은 급속하게 저하되어가고 있다. 이에 대해서는 이어지는 장에서 실증적 사례들과 함께 자세히 살펴보도록 하겠다.

선의의 비판자

여러분은 이 모든 일이 불가피한 결과라고 생각할지도 모른다. 550년 전 시작된 복식부기가 지금까지 계속 이어져 내려오듯, 기업 재무보고의 방식도 110년 전 정점을 찍고 난 후 더 개선할만한 거리가 없었던 것이라 생각할 수 있다. 1878년 레밍턴 넘버2$^{Remington\ No.2}$ 타자기에 사용된 쿼티^{QWERTY} 자판이 오늘날 키보드에도 그대로 사용되듯이 말이다. 다소 엉뚱하게 들릴지도 모르지만, 만약 재무보고 형식을 변화하려는 시도가 그간 진지하게 이뤄져왔고 그 시도가 모두 실패로 돌아간 것이라면 현재 방식이 최선이라는 생각이 옳을 수도 있다. 하지만 지난 한 세기 동안 재무보고 형식을 바꿔보려는 진지한 시도는 단 한 번도 이뤄지지 않았다.

1989년, 전 카네기멜론대^{CarnegieMellon} 교수이자 혁신적인 회계학 사상가인 이지리 유지井尻 雄士가 삼식부기$^{triple\ entry\ bookkeeping}$라는 개념을 통해 재무보고 모형에 새로운 변화를 제시했으나, 우리 저자들이 알기로는 어떤 회계 규제기관에서도 삼식부기를 진지하게 논의한 사례는 없었다.[6] 이지리 교수가 주장했던 삼식부기의 핵심은 재무상태표(특정 시점의 자산과 부채상태를 나타낸 정적인 개념의 보고서)와 손익계산서(특정 기간 동안 재무상태의 변화를 나타낸 동적인 개념의 보고서)에 더해 제3의 보고서가 필요하다는 주장으로, 그는 특정 기간 내 매출, 비용, 순이익이 변화하는 속도를 보여주는 기업 운영의 가속도^{acceleration}나 모멘텀^{momentum}에 대한 정보가 공시되어야 된다고 말했다. 즉 두 기업의 분기별 총매출액이 똑같다 하더라도, 한 기업의 매출은 해당 분기동안 점점 증가한(즉 양의 가속도) 반면 다른 기업의 매출은 분기 말이 되면서 증가 속도가 감소했을 수 있다. 투자자들이 매출 증감 속도 같은 정보에 관심이 많다는 것은 두말하면 잔소리다. 만약 이런 내용의 보고서가 공시된다면 투자자들은 기업의 미래 성과를 보다 정확히 예측할 수 있다. 이지리 교수는 기업 운영의 가속도를 측정하고 보고할 수 있는 새로운 회계적 절차를 상세하게 제안했으나, 삼식부기의 개념은 회계학계에서 어떤 반향도 얻지 못했다.

공정하게 말하면, 비록 재무보고 형식 자체에는 진보가 전혀 없었으나 재무제표에 담긴 데이터의 의미와 신뢰도 면에서는 다소간의 개선이 있었다. 특히 지난 20~30년간 특정 자산, 부채, 수익, 비용을 측정하고 보고하기 위한 새로운 회계 원칙들이 수도 없이 등장했으니 말이다. 새로운 규정들이 상당히 마련되었다는 사실은 전 세계 회계 규제 기관들이 투자자와 이해관계자들에게 제공하는 상장기업의 공시 정보 품질을 개선하고자 부지런히 노력했다는 점을 시사한다. 반면에 규제가 증가하다보니 재무정보의 내용이 점점 복잡해지고, 과거에 비해 경영진의 주관적인 예측과 추정에 그 의존도가 높아졌다는 부작용도 함께 나타났다. 이런 상황을 감안하면 실증적 분석을 통해서만 새로운 회계 규정 증가의 장단점을 파악할 수 있을 것으로 판단되는 바, 이는 앞으로 이어지는 장에서 자세히 다루도록 하겠다.

요약노트

지난 한 세기 동안 정보 기술과 커뮤니케이션, 투자 분석기법이 크게 발전해 자본시장은 물론 기업 전략과 운영 방식에 중대한 변화가 나타났지만, 기업이 공시하는 재무제표의 구조와 내용에는 놀라우리만큼 아무런 변화가 없었다. 기업이 투자자들에게 제공하는 재무상태표와 손익계산서의 모습은 110년 전이나 오늘날이나 비등비등하다. 따라서 투자자들의 의사 결정에 있어 재무 공시자료가 차지하는 역할이 점점 감소할 것으로 예상되며, 앞으로 이어지는 장에서 이런 현상을 실증적으로 검토하도록 하겠다.

· 부록 1 · ❶

1 손익계산서

표 A1.1a US스틸의 1902년도 재무제표 원본 : 손익계산서
US스틸과 그 종속기업 | 1902년 12월 31일로 종료하는 회계연도의 일반손익계산서 |

총매출		
총매출 및 수입		$560,510,479.39
제조원가 및 영업비용		
제조, 매출원가 및 영업비용		411,408,818.36
매출총이익		$149,101,661.03
기타 제조 및 영업 관련 손익	$2,654,189.22	
임대료	474,781.49	
		3,128,970.71
제조 및 영업순이익		
기타영업외수익		
비영업자산으로부터 발생한 수익	$1,972,316.45	
금융이자수익 및 배당수익 등	3,454,135.50	
		5,426,451.95
기타영업외수익 가산 후 이익		$157,657,083.69
일반비용		
판매비 및 일반관리비(운송기업의 일반비용은 제외)	$13,202,398.89	
법인세비용	2,391,465.74	
거래할인 및 이자비용	1,908,027.90	
		17,501,892.53
일반비용 차감 후 이익		$140,155,191.16
금융이자 등		
종속기업의 채권 및 담보대출이자비용	$3,879,439.91	
매입채무 및 사채 이자비용과 기타 이자비용	2,234,144.43	
임차료	732,843.10	
		6,846,427.44
당기순이익, 35페이지 참고		$133,308,763.72

2 대차대조표

표 A1.1b US스틸의 1902년도 재무제표 원본: 대차대조표

1902년 12월 31일 현재 요약대차대조표

자산		
유형자산		
US스틸과 그 종속기업이 보유한 유형자산	$1,453,635,551.37	
종속기업 주식 취득일(1901년 4월 1일) 당시 종속기업들의 이익잉여금	$116,356,111.41	
감가상각누계액 및 매각기금적립금	12,011,856.53	
	128,367,967.94	
		$1,325,267,583.43
선급금		
광물자원의 개량, 탐사, 채굴, 개발비용 및 선지급된 광업권 사용료		3,178,759.67
감채기금		
사채관리회사에서 보유 중인 감채기금 (액면가 $4,022,000의 상환사채에 대한 감채기금으로 해당 사채는 자산에 포함되지 아니함)		459,246.14
투자자산		
투자부동산 및 기타투자자산	$1,874,872.39	
보험기금자산	929,615.84	
		2,804,488.23
유동자산		
재고자산	$104,390,844.74	
매출채권	48,944,189.68	
받을어음	4,153,291.13	
미수금	1,091,318.99	
기타 매도가능증권 및 채권	6,091,340.16	
현금	50,163,172.48	
		214,834,157.18
		$1,546,544,234.65
부채		
US스틸의 자본금		
보통주 자본금	$508,302,500.00	
우선주 자본금	$508,302,500.00	

		$1,018,583,600.00
US스틸이 보유하지 않은 종속기업의 자본금 (액면가)		
보통주 자본금	$44,400.00	
우선주 자본금	72,800.00	
레이크슈피리어 연합철강회사 자본금	98,714.38	
사채 및 차입금		
US스틸 발행 사채	$303,757,000.00	
상환금 및 감채적립금	2,698,000.00	
잔액	$301,059,000.00	
종속기업 발행 사채	$60,978,900.75	
상환금 및 감채적립금	1,324,000.00	
잔액	59,654,900.75	
일리노이 철강회사의 차입금	40,426.02	
		360,754,326.77
종속기업의 채권 및 담보대출		
담보대출	$2,901,132.07	
채권	6,689,418.53	
		9,590,550.60
유동부채		
매입채무	$18,675,080.13	
어음채무	6,202,502.44	
미지급급여	4,485,546.58	
미지급법인세	1,051,605.42	
미지급이자	5,398,572.96	
우선주 미지급배당 No.7 (1903년 2월 16일 지급예정)	8,929,919.25	
보통주 미지급배당 No.7 (1903년 3월 30일 지급예정)	5,083,025.00	
		49,826,251.78
자본과 유동부채 총계		$1,438,970,643.53
감채기금 및 유보적립금		
US스틸 발행사채에 대한 감채기금	$1,773,333.33	
종속기업 발행사채에 대한 감채기금	217,344.36	
감가상각 및 매각기금 적립금	1,707,610.59	
개선 및 교체적립금	16,566,190.90	
우발채무적립금 및 기타적립금	3,413,783.50	

보험기금	1,539,485.25	
		25,217,747.93
사채 감채기금 및 이자		4,481,246.14
현금에 포함된 내역으로 해당 사채는 자산에 포함되지 아니함 (자산계정 참조)		
US스틸과 그 종속기업의 자본잉여금		
US스틸 설립 시 자본잉여금	$25,000,000.00	
설립 이후 누적 이익잉여금	52,874,597.05	
		77,874,597.05
		$1,546,544,234.65

3 재무활동 요약(현금흐름표 개념)

표 A1.1c US스틸의 1902년도 재무제표 원본: 재무활동 요약

US스틸과 그 종속기업의 재무활동 요약표
1902년 12월 31일로 종료하는 회계연도의 현금유입 및 지급내역

현금유입액		
손익계산서(35페이지)상 당기손익		$34,253,656.75
감채기금, 감가상각 적립금 및 개선적립금 수취액 (손익계산서 35페이지 참조)	$27,814,389.47	
사채관리회사 지급액 (차감)	$3,604,064.43	
특별 대체기금 지급액	7,926,792.60	
	11,530,857.03	
	$16,283,532.44	
보험기금 및 우발채무 적립금 수취액	804,319.35	
기금 및 적립금관련 총 수취액		17,087,851.79
사채와 담보대출의 차입		2,370,338.35
기타 수취액		5,920.98
현금유입액 총계		$53,717,767.87
현금지급액		
유형자산의 취득 및 건설 (53페이지 참조)	$16,586,531.77	
사채 및 담보대출의 상환 (감채기금으로 상환된 내역은 제외)	1,697,577.33	
채권, 매입채무, 미지급급여의 감소	13,652,367.94	

		31,936,477.04
현금의 순증가		$21,781,290.83
유동자산의 증가		
기타 유가증권 및 투자자산의 증가		
매출채권과 받을어음의 증가	9,595,635.15	
재고자산과 기타유동자산의 증가	12,625,946.02	
	$25,415,186.00	
기초대비 기말 현금 감소 (차감)	3,633,895.17	
현금 및 유동자산의 순증가	$21,781,290.83	

1 US스틸은 저렴한 수입 철강제품과 높은 퇴직연금 비용으로 인해 2012년부터 재정 악화가 이어지고 있다. 기업의 현재 임직원 숫자는 4만 5천 명이지만, 퇴직연금을 지급해야 하는 퇴직 임직원의 규모는 14만 2천 명에 달한다. 게다가 1902년에는 US스틸이 철강 산업을 거의 독점하다시피 했지만 2012년에는 수많은 철강 기업들과 경쟁해야 하는 처지에 있다. 그렇다고 US스틸에 희망이 없는 것은 아니다. 미국의 금융전문지 〈배런스(Barron's)〉는 2015년 8월 24일 'US스틸 주식, 지금이 매수 적기(U.S. Steel Shares Look Like a Steal)'라는 제목의 기사에서 다음과 같이 말했다. "저가의 중국산 철강제품과 석유산업 수요 침체로 큰 타격을 입었던 US스틸에게 이제 최악의 시기는 지나간 것으로 보인다…. 저가의 수입 제품이 줄어들면서 철강 가격이 정상화되고 US스틸의 CEO 마리오 롱지(Mario Longhi)의 구조조정 노력이 성과를 보이면서 2016년 말께는 주가가 60% 상승한 주당 28달러까지 오를 수 있을 것으로 예상한다."

2 펭 구, 바루크 레브, "과대평가된 주가, 잘못된 인수합병, 영업권 손상 (Overpriced Shares, Ill-Advised Acquisitions, and Goodwill Impairment)", The Accounting Review 86 (2011): 1995-2022.

3 '창조적 파괴'의 개념을 소개한 위대한 경제학자 요제프 슘페터(Joseph Schumpeter)의 이야기가 떠오르는 대목이다. "현재의 상태에서 비즈니스 기업에서의 성공은 본래 의미에서의 비즈니스 능력보다도 노동 지도자들, 정치인들과 공무원들을 다루는 능력에 훨씬 더 많이 의존한다. 따라서 모든 종류의 전문가들을 고용할 수 있는 최대의 '콘체른'(concern, 법적으로 독립된 여러 회사들이 하나의 단일한 경제체를 이루는 형태의 기업—옮긴이)이 제외될 경우, 지도적 자리는 '생산자'라기보다는 오히려 '중개인'과 '분쟁해결사'에 의해서 채워지는 경향이 있다.", 요제프 슘페터, 《자본주의, 사회주의, 민주주의》

4 1902년도 보고서에 따르면, US스틸은 직원들과 기업의 이익을 함께 공유하고자 US스틸의 우선주를 매입할 수 있도록 하는 자사 주식 취득 프로그램을 실시했다. 이 자사 주식 취득 프로그램은 참여율이 100%에 달할 정도로 초반에 큰 성공을 거뒀다.

5 물론 그간 아무런 변화가 없던 것은 아니다. 상장기업들은 1933년 증권법과 1934년 증권거래법에 따라 SEC에 정기적으로 공시정보를 제출할 의무를 부담하게 되었다. 뿐만 아니라, 비록 긍정적인 변화는 아니지만 감사보고서에 들어가는 문구도 바뀌었다. 프라이스워터하우스(Price, Waterhouse & Co.)의 1903년도 US스틸 감사보고서에는 감사인의 의견이 단순하고 명료하게 제시되어 있다. "본 감사인은 당사의 대차대조표가 적정하게 작성되었으며 당사의 재무 상태를 충실하게(true) 반영하고 있음을 증명합니다…. 또 손익계산서는 당사의 순이익을 공정하고(fair) 정확하게(correct) 반영하고 있습니다…(이 대목이 중요하다)". 하지만 US스틸의 현재 감사인인 프라이스워터하우스쿠퍼스(PricewaterhouseCoopers)는 '충실하고 정확하다'와 같은 직접적이고 명료한 표현 사용을 지양하고 있다(110년 동안 같은 감사인이라니 정말 놀랍다!). 오늘날 감사인의 의견은 회사의 재무제표가 "미국에서 일반적으로 인정된 회계원칙에 따라 작성되었습니다" 같은 애매한 표현 뒤에 숨어버렸다. 충실하다는 표현 대신, 회계원칙이라는 두루뭉술한 일련의 기준에 따랐다는 말뿐이다. 재미있는 점은 엔론(Enron)의 회계부정 스캔들 이후 영국의 경제지 〈이코노미스트(the Economist)〉가 엔론이 일반적으로 인정된 회계원칙을 따르기는 했다는 아이러니가 진짜 엔론 스캔들이라고 언급한 일이다. 회계원칙이라는 게 참 애매하다.

6 이지리 유지, "모멘텀 회계와 삼식부기(Momentum Accounting and Triple Entry Bookkeeping)" (Sarasota, FL: American Accounting Association, 1989).

02

CHAPTER
THE END OF ACCOUNTING

눈에 보이는 이익이
전부가 아니다

기업 애널리스트와 투자 전문가들은 오래전부터 기업 이익을 예측하고 이러한 이익 예측정보에 따라 투자를 결정하거나 고객에게 유망종목을 추천하곤 했다. 이 장에서는 이익 정보를 사용하는 것보다 더 간단한 투자 메커니즘을 제시함으로써 "이익이 시장을 움직인다"는 일반적인 믿음이 허구임을 증명하고자 한다. 또한 공시 이익이 애널리스트 이익 추정치에 미치지 못하는 경우 기업 주가에 악영향을 미칠 것이라는 우려 역시 사실과 다르다는 점에 대해서도 살펴볼 것이다. 이 장을 읽고 나면 회계정보가 투자자들에게 있어 예전만큼 유용하지 않다는 이 책의 주제를 어렴풋이 이해하게 될 것이다.

기업 이익과 투자수익률

투자은행과 독립 부티크 같은 셀-사이드 sell-side 애널리스트나 헤지펀드와 사모펀드 같은 바이-사이드 buy-side 애널리스트 모두 재무 분석가로서 가장 주된 역할은 기업의 이익을 예측하는 것이다. 애널리스트가 기업의 이익을 예측하려면 기업의 재무회계정보가 무엇보다 필수적이다. 애널리스트가 만든 이익 예측정보는 고객에게 유망종목을 추천하기 위한 자료로 활용되거나[1] 기업의 경영실적을 평가하는 주된 벤치마크, 소위 콘센서스 추정치 consensus estimate (여러 증권사의 애널리스트가 예상한 경영실적을 종합 집계한 결과 – 옮긴이) 역할을 한다. 즉, 애널리스트의 이익 예측정보는 대다수 투자자들의 투자 의사결정에 직간접적 영향력을 행사한다.

많은 기업 경영진들이 애널리스트가 이익 예측정보를 발표할 수 있도록 기업의 매출과 이익 정보를 제공하는 데 적극적으로 나선다. 매출이나 이익은 애널리스트가 꼭 필요로 하는 핵심 정보이다. 미국의 거대 제약사인 화이자$^{Pfizer\ Inc.}$의 프랭크 다멜리오$^{Frank\ D'Amelio}$ 최고재무책임자^{CFO}가 2013년 3분기 실적 콘퍼런스 콜에서 애널리스트에게 2013년 이익 예측정보를 제시한 아래 사례를 함께 살펴보자(해당 콘퍼런스 콜은 2013년 10월 29일에 개최된 것이다).

우리는 당기 매출액이 508억 달러에서 518억 달러 수준이 될 것으로 예상하고 있습니다…. 뿐만 아니라 (엔브렐^{Enbrel} 판매와 관련하여 암젠^{Amgen}으로부터 수취하는) 로열티 금액이 현재 엠브렐 판매수익보다 훨씬 낮을 것으로 추정됩니다…. 조정 후 매출원가는 총 매출액 대비 18%에서 18.5% 정도가 될 것으로 예상됩니다. 조정 후 판매비 및 일반관리비는 대략 142억 달러에서 147억 달러가 될 것으로 보입니다…. 희석 주당 순이익은 3.05달러에서 3.15달러로 과거보다 추정치를 다소 하향 조정했습니다.[2]

기업의 이익 예측정보는 다양한 재무정보를 정교한 이익 예측모형에 투입해 얻어낸 결과로, 오늘날 널리 활용되는 영향력 있는 투자 메커니즘이라는 점에는 이견이 없다.

애널리스트와 투자자들이 이익 예측정보를 중시하는 데는 그만한 이유가 있다. [표 2.1]을 보면 기업이 실적 발표를 공개하기 전 각 산업별로 기업의 연간이익을 예측해 이익 추정치가 가장 높은 최상위 5개 기업의 주식을 매수하고 추정치가 낮은 최하위 5개 기업의 주식을 숏셀링$^{short\ selling}$하는 경우, 지난 25년간 거의 매년마다 주식시장 전체 평

표 2.1 이익 예측정보의 활용 : 투자 성공 전략

각 산업별로 이익 추정치가 높은 최상위 기업 5개의 주식을 매수하고 이익 추정치가 낮은 최하위 기업 5개의 주식을 숏셀링했을 때의 연도별 시장평균 초과 수익률, 1989년~2013년

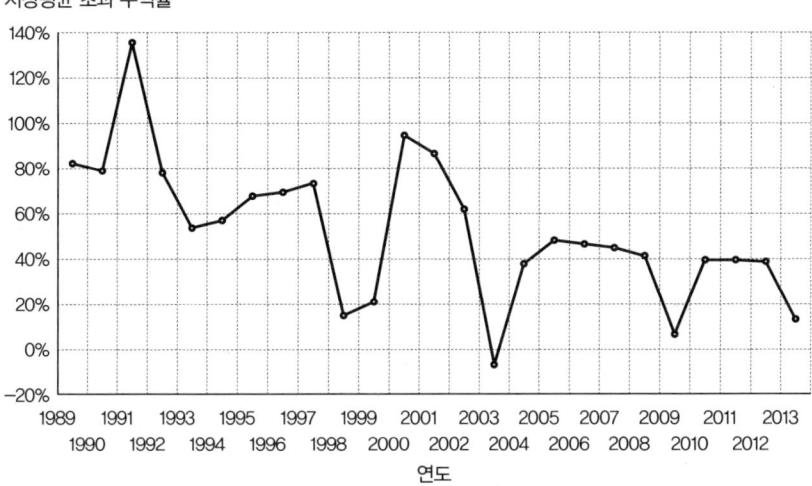

균 수익률을 상회하는 결과를 얻을 수 있었음을 확인할 수 있다.[3]

2008년 금융위기의 여파가 남아있던 2009년부터 2013년 기간에도 시장 수익률보다 높은 평균 27.3%의 근사한 수익률을 거둘 수 있었다(자세한 수익률 계산은 64페이지 부록 참고)[4]. 많은 헤지펀드 매니저들이 27.3%의 절반만 달성해도 감격스러워한다. 물론 펀드 매니저들뿐만이 아니다. 이런 대박 수익률을 올릴 수 있다는데 어느 누가 기업 이익 예측을 마다할까?(직접 이익을 예측할 수 없다면 애널리스트나 투자 자문가에게 일임하겠지만)[5] 월스트리트 투자자들이 "이익이 시장을 움직인다"고 말하는 것이 바로 이런 이유 때문이다. 여기까지만 보면 기업이 공시하는 이익이 매우 유용한 정보이며, 이익을 도출하기 위해 사용하는

각종 회계와 공시체계 역시 유용한 것이 아니겠냐는 결론이 도출된다. 그렇다면 우리는 왜 회계정보의 유용성이 저하되었다고 한 것일까? 회계사들을 비판하려는 의도였을까?

이익보다 우월한 현금흐름

여러분은 우리가 방금 이야기한 27.3%라는 높은 수익률에 대단히 구미가 당기겠지만, 여기 그보다 더 놀라운 결과가 있다. 이익 대신 현금흐름을 사용하는 경우, 즉 기업이 현금흐름 결과를 공개하기 전 각 산업별로 기업의 현금흐름을 예측하여 현금흐름이 가장 많은 최상위 5개 기업의 주식을 매수하고 현금흐름이 낮은 최하위 5개 기업의 주식을 숏셀링하면, 2009년부터 2013년까지 연간 평균 35.4%라는 훨씬 더 높은 수익률을 달성할 수 있는 것으로 나타났다.[6] 다시 말해 기업의 이익을 예측하는 대신 현금흐름을 예측하면 2009년부터 2013년까지 매년 8% 더 높은 수익률을 거둘 수 있다는 말이다.

이 장의 부록에서 다시 설명하겠지만, 이익을 예측하는 것보다 현금흐름을 예측하는 것이 훨씬 간단할 뿐만 아니라 결과도 더 정확하다. 방법은 간단한데 수익률은 높으니 도랑 치고 가재 잡는 격이다.

이것이 사실이라면, 애널리스트로서는 이익 예측모형을 개발하고 지속적으로 예측 모형을 업데이트(분기보고서를 매번 분석하고, 경영진에게 주요 손익계산서 항목에 대해 설명을 요청하고, 이익 구성요소를 하나하나 예측하는 등)하는 데 들어가는 막대한 시간과 노력을 절약할 수 있을 것이다. 현금흐름을 예측하는 것은 이익을 예측하는 것보다 훨씬 간편하고 시간도 적게 든다. 대손충당금, 퇴직연금 비용, 스톡옵션 비용, 감가상각비 등 발생주의에 따라 발생한 각종 비현금거래를 예측할 필요가 없기 때문이다.

여기서 주목할 사항은 이익이라는 회계 단위를 현금흐름으로 단순히 대체하는 것이 아니라는 점이다. 현금흐름은 발생주의 이익과는 본질적으로 다른 개념이다. 현금흐름이란 특정 기간 동안 기업이 고객으로부터 받은 현금과 서비스 제공자(거래처, 직원, 공공시설 서비스 등)에게 지급한 현금의 차이를 나타내는 정보다. 현금흐름은 이익보다 더 간단한 지표이자 계산하는 것도 훨씬 더 용이하다. 쉽게 설명하면, 레모네이드를 파는 노점상은 이익을 계산할 때 현금흐름 기준의 계산방식을 사용한다. 하루 동안 손님들에게 음료수를 팔고 받은 돈에서 음료수 원액, 얼음, 보조직원 일당을 차감한 결과가 노점상의 매출총이익이다.

반면, 근대 회계제도는 수많은 수익과 비용을 발생주의에 따라 인식하고 자산과 부채를 시가(공정가치)에 따라 평가하는 것을 골자로 하는데(실제로 전 세계 대부분 회계원칙과 규제사항에서 논의되는 내용이 이런 사항들이다), 이는 현금흐름의 '원시적인' 개념을 한 단계 발전시키려는 노력에서 시작된 것이다. 미국의 유일한 회계기준 제정기관인 FASB도 재무회계 개념보고서에서 이 점을 분명하게 언급했다.

발생주의 (비현금주의) 회계원칙에 따라 인식한 기업의 이익 정보는 현금 유출입에 따른 재무적 효과를 나타낸 정보보다 기업이 현재 그리고 미래에 현금을

창출할 수 있는 능력을 판단하는 데 일반적으로 더 유용한 지표를 제공한다.[7]

그러나 우리 연구조사에 따르면 회계 측정과 가치평가의 최종 결과물인 이익이 현금흐름보다 딱히 더 낫다고 이야기할 수 없는 형편이다. 적어도 투자수익률의 관점에서는 현금흐름 추정치가 이익 추정치보다 훨씬 더 유용하기 때문이다. 여기서 잠시 짚고 넘어갈 것이 있다. 이 책의 주요 관심사는 현금흐름이 아니다. 우리 저자들이 이야기하고자 하는 것은 현금흐름 그 이상의 것이다. 우리는 단지 레모네이드 노점상이 이익을 계산하는 데 사용하는 간단한 개념이 발생주의니 뭐니 하는 복잡한 이익 계산보다 정보 효용성 면에서 더 뛰어나다는 것을 투자자들에게 보여주고 싶었을 뿐이다. 우리가 현금흐름을 언급한 것은 전 세계에서 통용되는 기업 회계기준과 재무보고 제도가 더 이상 유용성 측면에서 큰 효과가 없으며, 새로운 변화가 절실하게 필요하다는 메시지를 전달하기 위한 수단이었을 뿐이다.

이쯤 되면 독자 여러분의 회의적인 반응이 들리는 것도 같다. 현금흐름이 과연 이익보다 우월한 정보라면 진작에 그런 이야기가 나오지 않았겠냐고 말이다. 이익의 효용성이 전보다 크게 감소했는데 그 똑똑하고 경험 많은 재무 애널리스트들이 아무도 그걸 몰라서 여태 분기이익과 연간이익(심지어 3년 후나 5년 후 이익까지도)을 예측하고 앉았겠냐고 생각할지도 모른다. 그렇다면 우리 저자들은 이렇게 대답하겠다. 재무보고서에 보고되는 이익, 즉 회계상 이익의 유용성 저하는 비교적 최근에 나타난 현상이기 때문에 사람들이 아직 크게 인지하지 못하고 있다고 말이다. 지금부터 이 점에 대해 살펴보도록 하자.

이익의 전성기는 지났다

[표 2.2]는 지난 25년간 이익 추정치를 사용했을 때와 현금흐름 추정치를 사용했을 때 각각의 주식투자 수익률을 분석한 자료로, 기업이 연차보고서를 공시하기 전 각 산업별로 이익(또는 현금흐름) 추정치가 가장 높은 최상위 5개 기업의 주식을 매수하고 이익(또는 현금흐름) 추정치가 낮은 최하위 5개 기업의 주식을 숏셀링했을 때의 투자 수익률을 나타낸 결과다. [표 2.2]도 앞의 [표 2.1]과 마찬가지로 미국의 모든 주요 산업분야를 분석에 포함했다.[8]

25년 가운데 첫 9년, 즉 1989년부터 1997년까지는 현금흐름보다 이익을 사용했을 때 더 높은 투자수익률을 달성했다. 1991년과 1995년 등 일부 연도에서는 이익을 사용했을 때 두 배 이상 높은 수익률을 올렸다. 애널리스트가 복잡한 스프레드시트를 사용해가며 기업 이익을 예측하려 했던 이유가 설명되는 부분이다. 하지만 21세기로 넘어가면서 현금흐름과 이익의 투자수익률 차이가 확연히 줄어들며 상황이 전과 달라지기 시작했다(그 이유는 2부에서 자세히 설명하겠다). 급기야 금융위기가 발생한 직후인 2009년부터는 현금흐름을 사용했을 때의 투자수익률이 이익을 사용했을 때를 앞서나갔다.[9] 여러분도 "세상에 영원한 것은 없다"는 말을 자주 들어봤을 것이다. 하지만 애널리스트들은 이익의 약발이 영원하지 않다는 점을 간과하고 지나갔다. 이들은 지금도 기업 이익을 중요한 정보로 여긴다.

이익은 더 이상 과거에 그랬던 것처럼 시장을 움직일 힘이 없지만, 그 누구도 여러분에게 이런 사실을 알려주지 않았다. 여러분 탓은 아

표 2.2 이익과 현금흐름 추정치를 사용했을 경우 수익률 비교

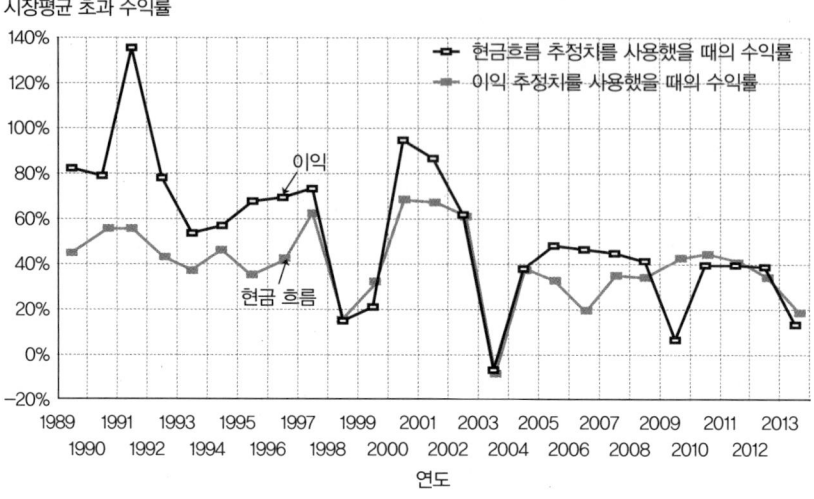

니니 자책하지 말자. 아직 세상이 금융위기 여파에서 완전히 벗어나지 못했다보니 다른 데 더 신경 쓸 일이 많았을 것이다. 하지만 지금부터라도 [표 2.2]의 중요성을 이해하는 것이 중요하다. [표 2.2]는 최근 수십 년간 기업이 공시하는 이익의 유용성이 다른 정보들에 비해 지속적으로 악화되어 왔으며, 곧 회계정보의 유용성이 전반적으로 크게 저하되었음을 시사하고 있다.[10] 우리는 이 책 1부에서 이런 회계정보의 유용성 저하에 대한 전반적인 증거를 여러분에게 보여줄 것이다.

실제 이익과 콘센서스 추정치의 차이

그렇다면 이런 질문이 제기될 수 있다. 더 이상 이익이라는 정보가 중

요하지 않다면, 기업의 실적 발표가 있을 때마다 사람들이 애널리스트의 콘센서스 추정치와 실제 이익을 비교하며 후자가 전자를 밑도는 경우 기업이 큰 충격에 빠지는 상황이 매일같이 언론에 보도되는 이유는 무엇일까? 2014년 10월 20일만 해도 IBM의 3분기 이익이 콘센서스 추정치에 미치지 못한 것으로 나타나자 주가가 7%나 급락하지 않았는가? 그런데도 이익이 중요하지 않다는 말인가?

하지만 IBM의 사례를 자세히 살펴보면 실적 발표 후 주가가 급락한 배경에는 보다 근본적인 다른 이유들이 있었음을 알 수 있다. 먼저 손익계산서의 출발점이 되는 매출부터 징조가 매우 좋지 않았다. 3분기 매출이 전년 동기 대비 4%나 감소하며(233억 달러 ⇨ 224억 달러) 지난 10분기 연속 매출이 현상유지 또는 하락세로 접어든 것이다. 성장을 추구하는 기업이라는 IBM의 야망이 눈앞에서 좌절되는 모습이었다. 투자자들의 마음을 더욱 무겁게 만든 것은 "뉴욕 주 아몽크^{Armonk}에 본사를 둔 IT 거대기업 IBM이 주당 순이익 20달러라는 경영목표를 포기한다고 밝혔다. IBM은 지난 5년간 두 명의 CEO 하에 해당 목표를 추진해온 바 있다."[11]라는 언론발표 내용이었다. 연달아 비관적인 실적 전망만 발표되는 현실이 IBM의 주가 급락의 주요 원인으로 작용했을 것이 분명하다. 큰 그림에서 보면 IBM의 주가가 떨어진 것은 비즈니스 모델이 시대에 뒤쳐졌기 때문이며, 이익이 콘센서스 추정치에 미치지 못했던 것은 비교적 사소한 현상이었다는 점을 알 수 있다.

IBM처럼 기업이 전반적인 부진을 겪지 않는 한, 다음의 [표 2.3]에서 보이는 바와 같이 이익과 콘센서스 추정치가 어긋나는 현상은 대개 큰 여파로 이어지지 않는다. 우리는 1,000대 상장기업을 대상으로 이들의 실제 분기별 이익과 애널리스트 이익 추정치를 비교하여 실제 주당 순이익^{EPS}이 추정치보다 1~3센트 낮은 경우, 실제 EPS가 추정치보다 1~3센트 높은 경우, 실제 EPS와 추정치가 일치하는 경우 각각 주가에 어떤 영향이 있는지 추적해 보았다.[12] 여기서 EPS 데이터는 2011년부터 2013년까지 기업의 분기 이익 발표일로부터 75일간 주가의 움직임을 평균한 결과(전체적인 시장 변화를 감안한 결과)를 사용했다.

그래프의 맨 아래쪽 곡선을 보면, 실제 EPS가 추정치를 밑도는 상황이 그다지 큰 악재가 아니라는 놀라운 결과를 확인할 수 있다. 이런 기업들은 실적 발표 후 첫 주 동안 평균적으로 주가가 1.5% 하락했는데, 이는 전체적인 주가 움직임에서 판단했을 때 아주 미미한 변동폭이다 (실적 발표 후 첫 한 달간은 주가가 평균 2% 하락했으나, 둘째 달에 하락폭의 절반을 만회하며 평균 1% 하락에 그쳤다). 실제 EPS가 추정치보다 1~3센트 높은 경우(누구나 부러워할만한 경영 실적으로 일부 경영진들은 추정치보다 높은 실제 이익을 발표하기 위해 '이익조정$^{manage\ earnings}$'도 마다하지 않는다), 실적 발표 초반에는 주가가 0.5% 올랐다가 이후 1% 이상의 상승으로 이어졌다. 실제 EPS와 추정치가 일치하는 경우(그래프 가운데 있는 곡선)에는 유의미한 주가변동이 관찰되지 않았다.

이 모든 현상들은 최근에서야 두드러지게 나타난 일이라 여러분에게 낯설게 들릴 수도 있다. 과거에는 실제 이익이 애널리스트 추정치를 상회하는 어닝 서프라이즈$^{earnings\ surprises}$가 주가에 상당히 중요한 영향을 미쳤는데, 이는 기업 실적이 일시적인 현상이 아니라 기업 펀더멘털의 실질적인 변화를 의미했기 때문이다. 하지만 [표 2.3]에서 볼 수 있다시피 오늘날 기업 실적은 기업의 현실을 크게 반영하지 못해

표 2.3 실제 이익이 콘센서스 추정치를 벗어났을 때의 주가 흐름 분석

실제 EPS가 콘센서스 추정치보다 1~3센트 낮거나 높은 경우 기업의 분기 이익 발표일로부터 75일간 주가의 움직임, 2011년~2013년

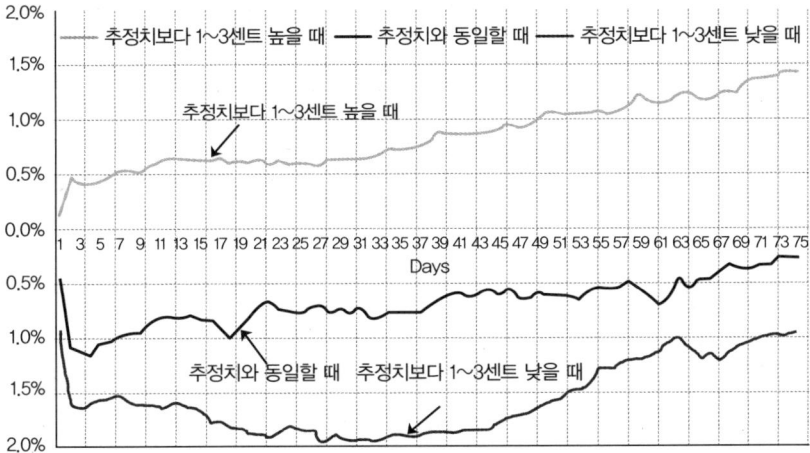

정보로서의 중요성을 잃었는데, 이 원인에 대해서는 뒤에서 설명하도록 하겠다.

투자자들에게 당부하고 싶은 점이 있다. 기업 실적이 콘센서스 추정치를 비껴갔다고 해서 너무 심각하게 받아들이지 말라는 것이다. 투자자들에게 기업 실적보다 중요한 것은 기업 펀더멘털의 변화, 즉 보험 회사의 경우 신규 고객이나 보험 재계약의 감소 여부, 소매업체의 경우에는 동일점포 매출same-store-sales 변화, 부실채권 규모 같은 요소들이다. 이 부분에 관해서는 3부에서 다시 설명하도록 하겠다.

요약노트

이 장에서는 기업의 공시 이익 정보가 활용되는 대표적인 두 가지 상황 즉 투자자들의 투자 의사결정을 돕는 이익 예측정보를 생성하고, 발표된 이익과 애널리스트 콘센서스 추정치를 비교함으로써 기업 실적을 평가하는 경우를 살펴보았다.

우리의 분석 결과 두 가지 상황 모두 기업이 공시한 이익의 적합성이 예전보다 저하된 것으로 드러났다. 이익보다는 현금흐름을 사용해야 더 높은 투자수익률을 거둘 수 있고 경영 실적을 평가할 때도 실제 이익과 추정치의 차이가 주가의 움직임에 별 영향력을 미치지 않는 것을 볼 때, 공시된 이익 정보의 경제적 의미를 심각하게 고민하게 된다. 이익이라는 정보가 정교한 회계 측정과 가치평가의 주된 결과물임을 감안했을 때, 이는 투자자들에게 있어 회계정보의 유용성이 예전보다 많이 약화되었음을 암시하는 초기적 징후라 볼 수 있다.

• 부록 2 · ❶

[표 2.1]과 [표 2.2]에 사용된 시장평균 초과 수익률 계산방식

우리가 [표 2.1]의 연도별 시장평균 초과 수익률을 계산한 방식은 다음과 같다. 먼저, 1989년부터 2013년 기업연도를 대상으로 회계연도 개시일로부터 3월이 되는 시점부터 회계연도 종료일로부터 3월이 되는 시점까지 총 12개월의 기업 주식 수익률에서 스탠더드 앤 푸어스Standard & Poor's 500지수의 수익률을 차감하는 방식으로 초과수익률(시장 이상현상)을 계산했다.[13] 이는 기업의 연간 재무실적이 대부분 회계연도 종료일로부터 3개월 내 공시된다는 점을 고려해 가장 최근 회계연도의 재무 실적이 반영된 주가 수익률을 사용하기 위해서였다. 그다음, 매년마다 각 산업별로 자기자본이익률^{ROE}이 가장 높은 최상위 5개 기업과 가장 낮은 최하위 5개 기업을 선정했다. 여기서 기업의 산업별 분류는 파마-프렌치^{Fama-French}가 정의한 48개 산업 그룹을 사용했다.[14]

마지막으로, 매년 각 산업별로 위에 설명한 12개월 기간의 초반에 ROE가 가장 높은 최상위 5개 기업의 주식을 매수하고 ROE가 가장 낮은 최하위 5개 기업의 주식은 숏셀링함으로써 연도별 시장평균 초과수익률을 얻었다(이때 얻은 결과값을 헤지 포트폴리오^{hedge portfolio} 수익률이라 한다). 이때 ROE 최상위 기업과 최하위 기업의 평균 수익률을 연간 합산한 결과가 [표 2.1]에 나타낸 그래프로, 이는 완벽하게 기업 이익을 예측했을 경우의 연간 평균 수익률을 의미한다. [표 2.2]는 [표 2.1]의 연장선상에서 연도별 시장평균 초과 수익률을 분석한 것으로, 기업이 실제 이익을 공시하기 1년 전 각 산업별로 총자산 현금흐름비율(영업활동으로 인한 현금흐름을 평균 총자산으로 나눈 값)이 가장 높은 최상위 5개 기업의 주식을 매수하고 동시에 각 산업별로 총자산 현금흐름비율이 가장 낮은 최하위 5개 기업의 주식을 숏셀링하여 얻는 연도별 시장평균 초과 수익률 데이터를 추가했다. 그밖에 [표 2.2]에서 사용한 현금흐름의 평균 초과수익률 계산 방식은 [표 2.1]에서 사용한 이익의 연도별 시장평균 초과 수익률을 계산한 방식과 전부 동일하다.

· 부록 2 · ❶
이익과 현금흐름의 예측오차

우리는 다음 두 가지 테스트를 통해 이익과 영업활동으로 인한 현금흐름의 예측오차(정확도)를 비교했다. 먼저 각 기업별로 직전년도의 이익(또는 현금흐름)과 직전 3개년도의 평균 이익성장률(또는 현금흐름 성장률)을 토대로 앞으로 1년 후의 이익(또는 현금흐름) 추정치를 계산했다(추세 외삽법 extrapolative prediction model 방식). 그 다음, 실제 공시된 이익(또는 현금흐름)과 위에서 계산된 이익(또는 현금흐름) 추정치의 절댓값 차이를 계산하고 이를 실제 이익(또는 현금흐름)의 백분율로 나타내 예측오차를 구했다.

다음의 [표 2A.1]를 보면 1990년부터 2013년까지 모든 기업들의 이익 평균 예측오차와 현금흐름 평균 예측오차의 차이가 연도별로 나타

표 2A.1 실제 이익이 콘센서스 추정치를 벗어났을 때의 주가 흐름 분석
이익과 영업활동으로 인한 현금흐름의 평균 예측오차의 차이(연도별), 1990년~2013년

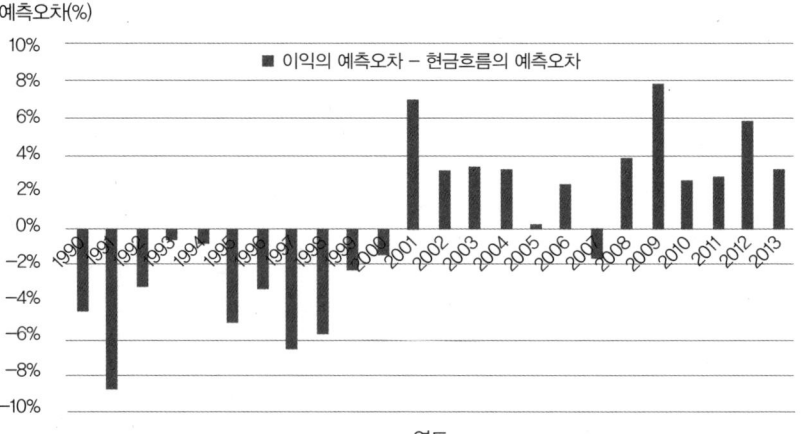

나있다. 표에서 보이는 대로, 1990년부터 2000년까지는 현금흐름의 평균 예측오차보다 이익의 평균 예측오차가 더 작았다(이익의 예측오차가 현금흐름의 예측오차보다 작은 경우 결과값이 음수로 나타났다). 그러나 2001년부터 2013년까지는 정반대의 현상이 관찰되었다. 딱 한 해를 제외하고는 현금흐름 추정치가 이익 추정치보다 정확도 면에서 우월했던 것이다. 표의 결과에 따르면 이익보다 현금흐름을 예측하는 것이 전보다 더 쉽고 정확해졌음을 알 수 있다.

두 번째 테스트에서는 애널리스트의 예측정보를 사용했다. 우리는 애널리스트가 발표한 주당순이익^{EPS}과 주당 현금흐름^{CPS}의 예측오차를 비교했다. 먼저, 실제 공시된 EPS와 애널리스트가 추정한 EPS의 절댓값 차이를 계산하고 이를 실제 EPS의 백분율로 나타내 EPS의 예측오차를 구했다. CPS의 예측오차도 같은 방식으로 계산했다. 이때 애

표 2A.2 이익과 현금흐름 추정치의 정확도 비교

이익과 현금흐름의 예측오차 차이(연도별), 2000년~2013년

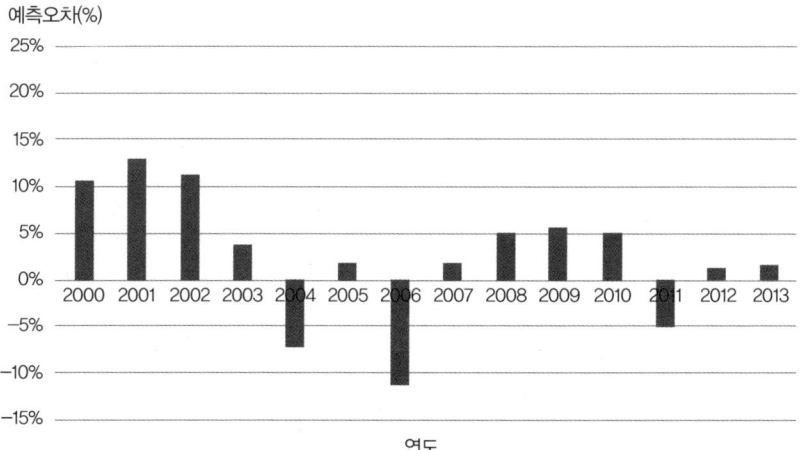

널리스트의 EPS와 CPS 추정치는 톰슨로이터 I/B/E/S 자료를 사용했고, 그 이외의 데이터는 기업정보 데이터베이스 컴퓨스탯^{COMPUSTAT}과 CRSP에서 수집했다. [표 2A.2]를 보면 2000년부터 2013년까지 EPS와 CPS 추정치의 평균 예측오차가 연도별로 나타나 있다(이상치^{outliers}를 모두 제거한 결과)[15]. 그래프에 따르면, 우리가 살펴본 14년 가운데 11년은(전체 기간의 79%) 현금흐름 추정치가 이익 추정치보다 예측오차의 크기가 더 작은 것으로 드러나(이익과 현금흐름 추정치의 예측오차 차이가 양수로 나타났다) 현금흐름 추정치가 이익 추정치보다 정확하다는 사실을 알 수 있다. 즉, 이익보다 현금흐름 정보를 활용했을 때 미래를 더 정확하게 예측할 가능성이 더 높은 것이다.

1 최근 한 애널리스트 설문조사에 의하면 "애널리스트 가운데 70% 이상이 추천 종목을 정하는 데 있어 기업 이익 예측정보를 중요한 자료로 활용한다고 말했다." 로렌스 브라운(Lawrence Brown), 앤드루 콜(Andrew Call), 마이클 클레멘트(Michael Clement)와 네이선 샤프(Nathan Sharp), "셀-사이드 애널리스트의 '블랙박스' 탐구(Inside the 'Black Box' of Sell-Side Financial Analysts)", Journal of Accounting Research, 53 (1) (2015): 1-47.

2 화이자뿐만이 아니다. 존슨앤드존슨(Johnson & Johnson)의 CFO 역시 2013년 10월 15일 실적 콘퍼런스 콜에서 투자자와 애널리스트들에게 이렇게 말했다. "이번 분기 회사의 순이자비용은 3억 5천만 달러에서 4억 달러가 될 것으로 예상됩니다…. 기타수익과 기타비용을 합산할 경우 5억 달러에서 6억 달러의 이익이 발생할 것으로 추정되니 이를 예측모형에 활용하면 될 것 같습니다…. 2013년의 유효세율은 19%에서 19.5%를 사용하면 될 것 같습니다…. 매출 성장률은 6%에서 7%를 기록할 것으로 내다보고 있으며… 2013년 연간 EPS 전망치는 5.44달러에서 5.49달러가 될 것으로 예상합니다…. 우리는 (엔저현상으로 인한) 역풍으로 2014년 매출총이익이 약 60bps(busis point) 감소할 것으로 내다보고 있습니다."

미국 병원법인(Hospitals Corporation of America)도 2013년 11월 5일 콘퍼런스 콜에서 이렇게 이야기했다. "우리는 이번 자사주 매입으로 인해 기업 이익이 개선될 수 있을 것으로 기대합니다…. 아웃소스 그룹(Outsource Group)의 비즈니스도 10%대, 잘하면 20%대의 마진율을 거둘 것으로 예상됩니다."

3 사람들은 주가 하락이 예상되는 경우 숏셀링(공매도) 전략을 선택한다. 숏셀링이란 남의 주식을 빌려서 팔고 난 다음 주가가 떨어지고 나면 낮은 가격에 주식을 되사서 갚고 그 차익만큼 수익을 취하는 방식이다.

4 우리가 분석에 사용한 대상 기업의 규모는 매우 다양했다. 기업의 규모가 이익에 직접적인 영향을 미치는 요소라는 점을 감안하여, 우리는 기업 이익의 절댓값을 사용하는 대신 자기자본이익률(ROE, 이익을 자기자본으로 나눈 비율)을 사용했다. 분석 대상 기업은 모두 미국의 상장기업들로, 컴퓨스탯과 CRSP 데이터베이스에 있는 데이터를 수집해 사용했다.

5 물론, 각 산업별로 기업 이익을 완벽하게 예측하기란 전혀 불가능한 일은 아니지만 대단히 어려운 작업이다. [표 2.1]을 보면 이익 예측을 통해 최대 얼마만큼의 수익률을 얻는 것이 가능한지 확인할 수 있다. 비록 완벽하지는 못해도 이익을 어느 정도 잘 예측할 수 있다면, [표 2.1]과 비슷한 투자수익률을 올리는 것이 가능하다.

6 여기서도 분석에 사용한 대상 기업들의 규모가 제각기 다양해서, 영업활동으로 인한 현금흐름의 절댓값을 사용하지 않고 총자산 현금흐름비율(영업활동으로 인한 현금흐름을 평균 총자산으로 나눈 값)을 사용했다.

7 FASB가 1978년에 발표한 재무회계개념보고서 제1호(Statement of Financial Accounting Concepts No. 1)의 '재무보고의 목적'에 언급된 내용이다. 당시 보고서에는 재무보고의 목적이 명료하게 언급되어 있었으나, 이후 수정과 개정을 거듭하면서 보다 모호한 표현들로 대체되었다.

8 분석연도가 1989년부터인 것은 그 해부터 컴퓨스탯 데이터베이스에 현금흐름 데이터가 입력되기 시작했기 때문이다.

9 2004년부터 2013년까지 10년간 이익과 현금흐름의 연간수익률을 평균한 결과 각각 35.1%와 33.5%로 큰 수익률 차이가 없었지만, 2009년부터 5년간의 연간수익률을 평균하자 현금흐름 수익률이 35.4%, 이익 수익률이 27.3%로 전세가 역전된 결과를 보였다.

10 2008년과 2009년 금융위기 당시 수많은 은행과 금융 서비스 기업이 유례없는 대규모 주가 급락을 경험했다가 2010년 이후부터 차츰 주가를 회복하는 양상을 보였던 관계로, 우리는 은행과 금융 기

업을 표본에서 제외한 추가적인 수익률을 분석해 [표 2.2]의 결과와 비교해 보았다. 추가 분석 결과 2009년 전까지는 은행과 금융 기업이 포함되었을 때와 포함되지 않았을 때의 수익률이 거의 비슷했으나, 2009년부터 2013년에는 은행과 금융 기업이 제외되었을 때 현금흐름 투자수익률이 이익 투자수익률보다 매년 더 높은 것으로 확인되었다.

11 "IBM, 실적 악화로 구조조정에 나서다(IBM Woes Point to a Fresh Overhaul)", 〈월스트리트저널〉, 2014년 10월 21일

12 우리가 1,000대 상장기업만 분석 대상에 포함시킨 이유는 규모가 작은 기업의 경우 애널리스트 추정치 자료가 아예 존재하지 않거나 많아봤자 한두 명이 추정한 자료가 전부라 콘센서스 추정치의 의미가 없었기 때문이었다. 콘센서스 추정치와 실제 이익 차이의 50%는 모두 1~3센트 범위 안에 있었다.

13 가령, 2012년 회계연도가 12월 31일자에 종료하는 기업의 경우 2012년 4월 1일부터 2013년 3월 31일까지 12개월을 평가 기준으로 삼았다.

14 각 산업별로 유의미한 기업 순위를 평가하고 주요 산업 분야를 중점적으로 분석하기 위해 각각의 산업 표본마다 20개 이상의 기업들을 포함시켰다.

15 2000년부터 애널리스트의 현금흐름 추정치 사용이 더욱 빈번해지기 시작했다.

PART

1

회계정보의 현주소

이 책의 1부에서는 회계정보와 기업공시 체계의 유용성이 급속하게 저하되고 있는 현상에 대해 증명하고자 한다. 우리는 광범위한 표본을 분석한 직관적이고도 종합적인 분석 증거를 제시할 것이다. 이 책에서 최초로 공개하는 우리의 종합적 분석은 지난 50~60년간 축적된 정보를 바탕으로 최신 통계기법을 활용해 다양하고 보완적인 연구방법론을 적용한 결과다. 우리의 분석 결과에 따르면, 기업공시 정보의 유용성과 적합성은 지속적이고 급속하게 하락하고 있다.

우리가 설명할 내용이 통계 전문가를 위한 것은 아니니 걱정할 필요는 없다. 분석에 사용된 증거가 통계학적 내용이긴 하나, 일반 투자자, 경영자, 회계사들 모두 쉽게 이해할 수 있도록 평이하게 구성했다. 재미있고 흥미진진하게 읽을 수 있는 내용이라 자부한다.

03 CHAPTER
THE END OF ACCOUNTING

재무정보와 주가의 간극

만일 기업의 회계정보가 투자자의 의사결정에 유의미한 영향력을 미친다면, 이익, 매출, 자산 가치와 같은 기업의 주요 재무지표와 주가에는 상관관계가 존재할 것이다. 다시 말해 IT 기업 애플처럼 기업 이익이 높으면 주가도 높으리라 추측할 수 있다. 완전히 틀린 말은 아니지만, 지난 반세기 동안 이익과 주가의 상관관계를 의미하는 회계정보의 영향력(회계정보의 유용성)은 눈에 띌 정도로 크게 저하되어 왔다. 몇십 년 전만 해도 기업의 회계정보는 주가를 결정하는 요소였지만, 오늘날에는 시기적절하고 유의미한 다른 정보들에 밀려 그 영향력이 크게 퇴색되었다. 전 세계의 많은 회계 규제기관들이 회계의 유용성을 개선하고자 꾸준히 노력하고 있음을 고려하면, 우리의 연구 결과는 다소 의외적이라 할 수 있다.

회계정보 유용성 측정방법

기업 재무보고서를 필요로 하는 사람들은 매우 다양하다. 기업과 거래하는 제3자(채권자, 공급업자 등), 노동조합, 정부, 규제기관이 대표적인 회계정보 이용자들이다. 하지만 뭐니 뭐니 해도 기업 재무정보를 가장 필요로 하는 사람들은 자본시장의 투자자이다. 1933년 증권법과 1934년 증권거래법를 비롯해 미국 SEC가 발표한 수많은 규정과 시행 규칙에서는 기업 재무보고의 목적이 투자자에게 정보를 제공하고 투자자를 보호하는 것임을 명시하고 있다. 미국의 회계기준 제정기관 FASB 역시 같은 관점을 견지하고 있다.

재무보고의 일반적인 목적은 현재 및 잠재적 투자자, 대여자, 기타 채권자들이 기업에 자원을 제공하는 의사결정을 함에 있어 합리적인 의사결정을 할 수 있도록 보고 기업에 대한 유용한 재무정보를 제공하는 것이다. 여기서 의사결정은 지분상품 및 채무상품을 매수, 매도 또는 보유하는 것을 의미하며….[1]

재무보고의 목적이 아주 명확하게 표현되어 있다. 이에 따라 우리는 재무 및 회계정보의 유용성을 검증하는 데 있어 정보가 투자자의 의사결정에 어떤 역할을 하는지 살펴보기로 했다.

그렇다면, US스틸의 2012년도 연차보고서처럼 무려 174페이지에 달하는 보고서 정보가 수백만 명의 투자자들에게 얼마나 유용한지 어떻게 측정할 수 있을까? 꽤 어마 무시한 작업일 것 같지만 아예 불가능한 일은 아니다. 먼저 정보의 유용성을 측정하는 방법을 생각해보자. 정보의 유용성을 측정하는 것은 빵이나 시리얼 같은 일반 상품의 유용성을 측정하는 것과 다르지 않다. 상품의 유용성은 소비자 반응을 보면 판단이 가능하다. 신선하지 않은 빵이나 맛없는 시리얼은 소비자들로부터 외면을 받아 판매되지 못한다. 정보도 마찬가지다. 시기성과 유용성이 떨어지는 정보는 투자자들로부터 외면받지만, 시기적절하고 적합한 정보는 투자자들의 의사결정에 도움을 주기 때문에 주가와 거래량에 직접적인 영향을 미친다. 2015년 7월 28일, 트위터가 분기 실적 발표를 통해 저조한 매출 성장과 주요 사용자 증가율 정체를 공개한 직후 채 몇 시간도 되지 않아 주가가 11%나 급락했던 적이 있었다. 트위터의 분기별 매출은 투자자들에게 적합성이 높은 정보였기에, 많은 투자자들이 정보를 듣고 트위터 주식을 매각해 주가 급락이라는 결과로 이어졌던 것이다.[2]

다시 말해 주가는 기업 재무정보에 대한 투자자의 총체적인 반응이 반영된 결과이므로, 재무정보가 주가에 미치는 영향을 살펴보면 재무정보의 적합성을 쉽게 판단할 수 있다.[3] 게다가 투자자 반응을 통해 다른 대안적 정보들의 적합성 순위를 파악하는 것도 가능하다. 가령, 기업 실적을 판단하는 데 있어 영업이익과 당기순이익 중 무엇이 더 적합한 지표인지 궁금할 수 있다. 이때 영업이익과 당기순이익의 장점에 대해 토론이나 설문조사를 실시하며 시간을 낭비하기보다, 영업이익과 당기순이익을 각각 공시했을 때 투자자의 반응이 언제 더 강력한지 살펴보면 된다. 투자자의 반응은 주가의 변화(수익률)나 거래량을 통해 측정할 수 있는데, 이때 투자자의 반응이 강하면 강할수록 주가에 더 일관적으로 반영되므로 투자자들에게 유용성 높은 정보라는 사실을 알 수 있다. 유용한 정보란 투자자들이 실제로 더 많이 활용하는 정보이기 때문이다.

또 다른 사례를 한 가지 살펴보자. 몇 년 전까지만 해도, 기업이 공시한 이익이 애널리스트의 콘센서스 추정치를 상회하는 경우 투자자들은 이를 호재로 보고 열광적으로 반응했으며, 기업 주가는 당연히 크게 상승하곤 했다. 하지만 최근 몇 년 동안 투자자들은 이렇게 실적이 '추정치를 상회'하는 현상이 애초에 콘센서스 추정치를 조작하거나 (즉 경영진이 낮은 실적 정보를 흘림으로써 애널리스트 추정치를 의도적으로 '끌어내리거나') 공시 이익을 '조정'하기 때문이라는 사실에 눈뜨기 시작했다. 조작이 아니라면, 상장기업 가운데 무려 70%의 분기별 실적이 콘센서스 추정치를 뛰어넘었다는 사실을 어떻게 설명할 것인가?[4]

이는 2011년 돈 존슨Don Johnson이 애틀랜틱시티Atlantic City의 한 카지노에서 블랙잭으로 1천 5백 달러를 딴 것보다 논리적으로 설명하기 힘들다. 이에 따라 기업이 공시한 이익이 콘센서스를 상회했다는 발표는 투자자들에게 많은 중요성을 잃었으며, 최근 들어서는 주가에 아예 별 반향을 일으키지 못하고 있다(2장 [표 2.3] 참고). 따라서 재무정보와 주가의 관계는 투자자에게 있어 회계정보의 적합성과 유용성을 객관적으로 판단할 수 있는 강력한 기준이라 하겠다.

재무정보의 유용성이 줄었어요

초조하게 결과를 기다릴 여러분을 위해 다음 [표 3.1]의 분석 결과부터 먼저 설명할까 한다. 1950년대(표의 가로축을 보면 분석 대상기간이 60년임을 알 수 있다)에는 90%에 육박했던 그래프 값이 현재는 거의 절반 가량 하락해 50% 수준으로 떨어진 것을 확인할 수 있는데, 이는 투자자에게 있어 기업 재무정보의 적합성이 그만큼 저하되었다는 뜻이다. 다시 말해 투자자들에게 가장 일반적인 참고자료였던 회계와 재무정보의 위상이 엄청나게 하락했다는 증거다.[5]

분석 결과를 보고나면 당연히 이런 의문이 들 것이다. 과연 저자들은 어떤 방식으로 정보 유용성 저하를 정확하게 측정했을까? 정보 유용성을 정확하게 측정하는 방법은 뭐였을까? 지금부터 하나하나 전부 설명할 예정이니 계속 읽어보도록 하자.

표 3.1 이익, 장부 가치와 시가총액과의 상관관계

기업이 공시한 이익, 장부 가치와 시가총액의 회귀분석 결과, 1950년~2013년

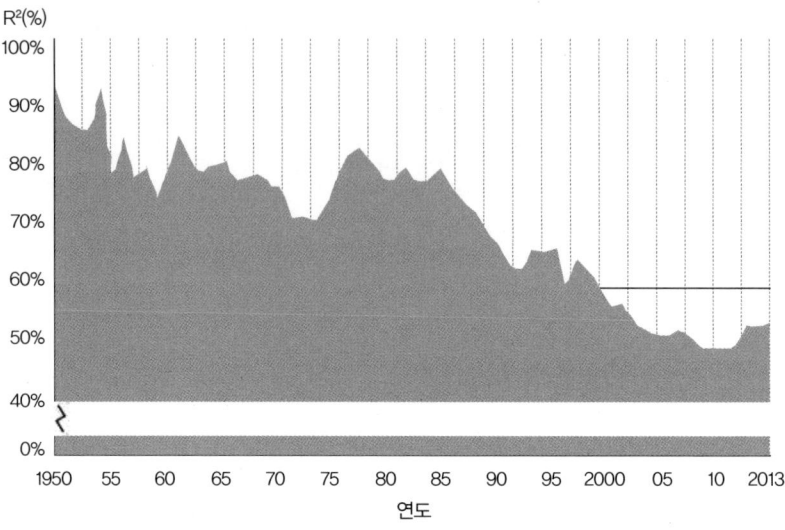

유용한 정보 선택하기

먼저, 200여 페이지에 달하는 긴 연차보고서 내용 중 어떤 정보를 분석대상에 포함시켰는지 설명이 필요할 것 같다. 우리는 당연히 보고서 내 일부 정보만 취사선택했다. 임직원이나 고객들이 미소 짓고 있는 사진이나 기업의 제품, 자선활동에 대한 설명 등 연차보고서에 포함된 많은 '정보'들이 투자 의사결정과는 무관한 정보들이거나 연차보고서에 굳이 포함되지 않아도 인터넷에서 검색할 수 있는 불필요한 정보들이다. 사업 위험요소나 과거 주가변동에 대한 장황한 설명도 마찬가지다. 반면에 매출, 매출채권, 매출원가, 이익 등 투자 의사결정에 중요할 것으로 판단되는 재무정보들도 여러 가지 있다. 물론 이 모든 정보를

통계분석에 전부 사용할 수는 없다. 하지만 재무보고의 핵심을 전달하는 일부 요약 정보 summary measures 만 있어도 충분하므로 굳이 많은 정보를 다 사용할 필요는 없다.

우리는 일단 기업의 재무 상태와 경영성과 측정에 가장 널리 활용되는 지표 두 가지를 선택했다. 바로 이익(당기순이익)과 장부 가치, 또는 자기자본(재무상태표상의 자산 가치에서 부채 가치를 차감한 값)이었다. 전자는 매출에서 각종 비용을 차감한 결과이므로 특정 기간 동안 기업의 영업활동이 어땠는지 보여주는 반면, 후자는 특정 기간의 종료일을 기준으로 기업의 재무 상태, 즉 순자산이 얼마인지를 나타내는 정보이다. 기업의 순자산 내역을 보면 외부 자금조달의 원천(차입금과 각종 대출)과 자금의 사용처(기업이 보유한 각종 자산)를 파악할 수 있다.[6] 따라서 비록 두 가지뿐이기는 해도 이익과 장부 가치만 있으면 기업의 전반적인 재무 상태를 파악하는 데 무리가 없으며, 실제로 투자자들의 의사결정에 있어서도 이 두 가지가 가장 핵심적으로 작용한다.

그 다음에는 투자자들이 이익과 장부 가치 정보에 어떻게 반응했는지 확인하고자 회계연도 종료일 이후 3개월 동안 기업의 주가 흐름을 분석했다. 이는 기업의 연차보고서가 대개 회계연도 종료일로부터 3개월 이내 공시되기 때문에, 가장 최근에 공시된 이익과 장부 가치가 주가에 미치는 영향을 파악하기 위해서였다. 이후, 우리는 데이터베이스에 존재하는 모든 미국 상장기업들의 시가총액(주가에 발행주식수를 곱한 값)과 각 기업들의 이익 및 장부 가치의 통계학적 연관성을 과거 60년 동안 연도별로 파악했다(보다 자세한 분석 방법은 이번 장의 부록 참고). 물론, 기업의 시가총액은 이익과 장부 가치 외에도 금리, 경기 상황(금융위기로 인한 부동산 경기 침체 등), 통화정책(미국 연방준비제도^{Fed}의 양적완화정책 등)과 같은 다양한 요소들이 반영된 결과다. 따라서 기업 시가총액(기업의 주가)에 영향을 미치는 다양한 요소들 가운데 기업 이익과 장부 가치가 얼마나 중요한 역할을 하는지 파악해야 했다. 우리는 이를 위해 회귀분석 방법론을 선택했다. [표 3.1]를 보면 우리의 회귀분석 결과가 나타나 있다. 과거 1950년대와 1960년대 80~90%에 육박하던 이익과 장부 가치의 역할이 오늘날에는 50%로 하락했다.

회귀분석 방법이란

[표 3.1]에 나타난 하향 그래프의 의미를 완전히 이해하려면 먼저 그래프의 숫자가 어떻게 도출된 것인지 알아야 한다. 우리는 조금 전 회귀분석 방법을 적용했다고 말했다. 그렇다면 회귀분석이 과연 무엇일까? 회귀분석이란 통계학적 분석방법의 하나로서 하나의 변수 또는 지표(종속변수)가 나머지 다른 변수(설명변수 또는 독립변수)들과 어떤 관련성을 갖는지 살펴보는 것이다. 이는 변수들 간의 관계를 분석한다는 점에서 상관관계 분석과 유사하다. 회귀분석의 목적은 여러 가지 설명변수들을 이용해 종속변수의 변화(우리 경우에는 기업의 시가총액)를 설명하는 것이다. 우리는 회귀분석을 통해 기업의 이익과 장부 가치가 시가총액에 얼마나 중요한 영향을 미치는지 살펴보고자 했다.

회귀분석의 결과는 조정결정계수 또는 R^2으로 표현되는데, 이는 [표 3.1] 그래프의 수직축(y축)에 표시되는 숫자들이다. 만약 시가총액이 변동하는 주요 원인이 기업의 경영성과(이익)와 재무 상태(장부가치) 때문이라면, R^2은 100%에 가까울 정도로 수치가 높을 것이다. 하지만 시가총액을 결정하는 데 다른 요소들이 더 중요하다면, R^2의 수치는 낮을 것이다. [표 3.1]을 보면 1950년대, 1960년대, 심지어 1970년대까지만 해도 기업 재무보고의 핵심인 이익과 장부가치가 기업 시가총액을 결정하는 데 중요한 역할을 했던 반면, 1980년대부터는 이익과 장부가치의 유용성이나 적합성이 크게 하락했음을 알 수 있다.[7]

여러분이 익히 들어봤을 상황에 대한 회귀분석 사례를 보여주면 이해가 더 쉬울지도 모르겠다. 의학 연구진들이 사람들마다 콜레스테롤 수치가 다양한 주요 원인(즉 콜레스테롤 수치를 높게 만드는 원인)을 분석한다고 가정해보자. 연구진들은 나이, 체중, 학력수준(건강에 대한 인식에 영향을 주므로)이 콜레스테롤 수치에 영향을 줄 것이라 가정했다. 연구진들은 각각의 요소가 콜레스테롤 수치에 미치는 영향을 정량적으로 분석하기 위해 먼저 500명으로 구성된 표본 집단의 콜레스테롤 수치를 측정하고, 측정된 콜레스테롤 수치(위의 경우 기업 시가총액)와 각 표본들의 나이, 체중, 학력수준(이익과 장부 가치) 사이에 회귀분석을 실시했다. 회귀분석 결과 R^2 수치가 35%가 나왔다고 가정해보자.

이는 나이, 체중, 학력수준 세 가지 변수를 모두 종합했을 경우 콜레스테롤 수치를 설명하는 정도가 3분의 1이라는 뜻이다. 다시 말해 콜레스테롤 수치를 설명하는 이유 중 3분의 2는 아직 파악하지 못한 것이다. 콜레스테롤 수치를 결정하는 다른 요인들, 가령 식습관이나 유전 요소 같은 변수들을 추가적으로 살펴봐야 한다. 이제 여러분도 통계 전문가가 다 되었으니, 우리의 실증분석 결과를 다시 한 번 살펴보

자. 기업 재무 상태를 나타내는 핵심 지표인 이익과 장부가치가 시가총액에 미치는 영향력이 지난 반세기 동안 무려 절반이나 하락했다.

이익과 장부가치, 무엇이 유용성 하락의 범인인가

앞서 [표 3.1]은 이익과 장부 가치를 종합했을 경우 이들의 정보 유용성이 하락했음을 보여주는 결과다. 사실 회계기준 제정기관에서도 어떨 때는 재무상태표보다 손익계산서를 강조하고 (회계의 주된 목적을 이익의 측정으로 보는 경우) 또 다른 때는 손익계산서보다 재무상태표를 강조한다는 점을 고려하여 (이익보다 자산, 부채 가치 측정을 중시하는 경우) 우리

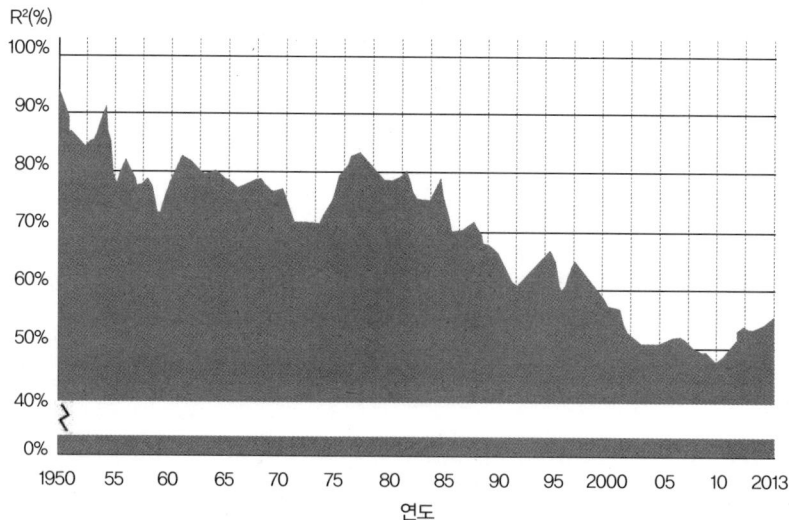

표 3.2 이익과 시가총액과의 상관관계
기업이 공시한 이익과 시가총액의 회귀분석 결과, 1950년~2013년

표 3.3 장부 가치와 시가총액과의 상관관계

기업이 공시한 장부 가치와 시가총액의 회귀분석 결과, 1950년~2013년

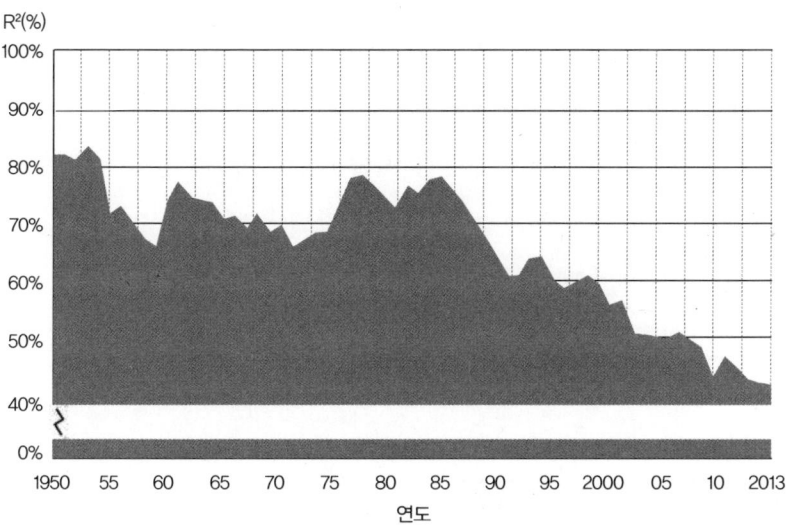

도 이익과 장부 가치의 영향력을 분리해 살펴보는 것이 보다 유익할 것으로 판단했다. 즉 손익계산서상 최종 항목인 이익과 재무상태표상 자산, 부채 가치인 장부 가치를 분리해 각각의 유용성을 측정한 것이다.

우리는 [표 3.1]과 동일한 분석 방법을 적용해 투자자에게 있어 이익과 장부 가치가 얼마나 유용한지 분석했고, [표 3.2], [표 3.3]과 같은 결과를 얻었다. 한눈에 봐도 두 그래프의 결과가 유사하다는 것을 알 수 있다. 1950년대부터 1980년대 초까지는 이익의 R^2이 80~90%, 장부가치의 R^2이 70~80%대의 비교적 완만한 수치를 보이다가, 1980년대 중반을 기점으로 급속도로 하락했다.

이는 재무정보의 유용성 하락을 야기한 원인이 이익과 장부 가치에도 비슷한 영향을 미쳤다는 뜻이다(이러한 원인에 대해서는 뒷부분에서

이야기하겠다). 조금만 생각해보면 이는 그다지 놀라운 결과도 아니다. 재무제표 작성 과정상 손익계산서에 영향을 주는 요소는 재무상태표에도 영향을 주고, 마찬가지로 재무상태표에 영향을 주는 요소도 손익계산서에 영향을 주게 마련이기 때문이다. 가령, 기업이 연구개발비를 전부 비용으로 처리하는 경우 손익계산서상의 이익이 줄어드는 것은 물론 재무상태표의 자산과 자본 가치도 함께 줄어든다. 좋든 싫든, 회계는 폐쇄적인 시스템이다.

너무 가혹한 판단은 아닌지

좀 그런 것 같기도 하다. 오직 재무정보 두 가지와 주가의 상관관계만 보고 재무정보가 더 이상 투자자들에게 유용하지 않다고 단정적인 결론을 내렸으니 말이다. 비록 이익과 장부 가치가 핵심적인 재무정보이긴 하지만, 두 가지만 갖고 결론을 내리기엔 다소 성급했던 게 아닐까? 우리 동료들 가운데는 기업 이익 자체가 워낙 변동성이 높은 지표라 그다지 신뢰할 만한 측정요소가 아니라고 언급한 사람도 있었다. 혹시 매출액처럼 안정성이 높은 지표를 포함해 더 많은 변수들과의 상관관계를 검토하면 분석 결과가 달라지지는 않을까? 우리는 이런 의문이 정당하다고 판단하고, 설명변수의 수를 세 배로 늘려 회귀분석을 다시 실시해 보았다.

우리는 데이터베이스에 존재하는 모든 미국 기업들의 시가총액과 각 기업들의 매출, 매출원가[8], 판매비 및 일반관리비, 이익, 총자산, 총

표 3.4 다양한 재무지표와 시가총액과의 상관관계

매출, 매출원가, 판관비, 이익, 자산, 부채와 시가총액의 회귀분석 결과, 1950년~2013년

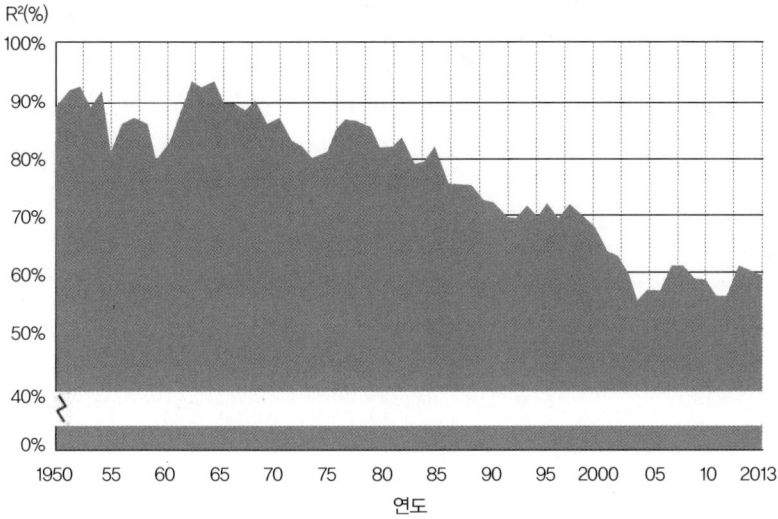

부채 등 여섯 가지 재무지표와의 통계학적 연관성을 분석해 [표 3.4]의 결과를 얻었다. 방금 나열한 여섯 가지 재무지표는 기업의 경영성과와 재무 상태를 나타내는 지표들이 총망라된 것이다. 그런데 놀라운 것은 [표 3.4]의 그래프 모양이 [표 3.1]의 그래프와 무서울 정도로 똑같이 나타났다는 점이다. [표 3.1]과 마찬가지로 [표 3.4]에서도 1950년대에는 여섯 가지 설명변수들의 R^2이 90%를 상회했지만, 현재에 가까워 오면서 R^2의 수치가 50~60%까지 떨어지며 지속적으로 하락하는 모습을 보였다. 설명변수의 숫자를 세 배나 증가시켰음에도 불구하고 분석 결과가 동일하다는 것은, 재무제표에 있는 또 다른 항목을 아무리 많이 추가해도 그래프의 패턴이 여전히 동일할 것이라는 의미다. 우리는 이에 따라 기업 시가총액과 공시된 재무(회계)정보와의 통계학적 연관성

이 지난 반세기 동안 지속적으로 약화되었으며, 특히 1980년대 후반 이후 급속하게 감소했다는 일반적인 결론을 얻을 수 있었다.

여기 중요한 사항이 하나 있다. 최근 들어 재무정보의 유용성이 하락하고 있는 이유가 소규모 신생기업들이 등장하기 때문이 아니냐고 반문할 사람들이 있을지도 모른다. 우리는 이런 의문을 불식시키기 위해 역사가 오래된 대기업 1,000곳을 대상으로 [표 3.1]과 [표 3.4]의 회귀분석을 다시 실시해 보았다. 1965년부터 2013년까지 상관관계를 재검토한 결과, [표 3.1], [표 3.4]와 매우 유사한 결과가 나왔으니 걱정하지 않아도 된다. R^2은 이번에도 90%에서 50%까지 하락했다.

어떻게 이럴 수가?!

1973년부터 각종 회계기준 제정을 담당했던 미국의 FASB를 비롯한 수많은 회계 규제기관들이 회계기준을 강화하고자 전례 없는 노력을 기울였음에도 불구하고, 우리의 분석 결과에 따르면 기업이 공시하는 재무정보가 투자자들의 의사결정에 미치는 역할은 지난 반세기 동안 지속적이고 급속하게 하락해 왔다. 회계정보의 유용성이 감소하고 있다는 이런 반직관적인 현상이 발생하는 이유는 대체 무엇일까? 이 장에서는 맛보기 차원에서 이유에 대해 간단히 설명하고, 이어지는 2부에서 더 자세히 설명하겠다.

회계정보 유용성 감소에 대한 실마리는 [표 3.4]의 그래프에서 찾아볼 수 있다. 그래프를 보면, 1950년대부터 1970년대 중반까지는 하향

세가 그다지 가파르지 않다가, 1970년대 후반부터 급속하게 하락하는 것을 볼 수 있다. 1970년대 후반부터 시작된 어떤 현상 때문에 회계정보가 현실(주가)과 멀어진 게 분명하다. 경제변화의 흐름을 꼼꼼하게 관찰한 사람이라면 쉽게 그 이유를 짐작할 수 있는데, 바로 1980년대부터 무형자산(지적자산)의 경제적 역할이 급속하게 증가했기 때문이다.

정보 혁명으로 인해 경제와 산업의 중심이 산업화 사회에서 정보화 사회로 이동하면서 1980년대부터 기업의 비즈니스 모델과 경영 방식, 가치에 대대적인 변화가 발생했지만, 회계 분야에는 기막히게도 아무런 변화가 없었다. 또 1980년대와 1990년대가 되자 소프트웨어, 바이오테크, 인터넷 서비스 같은 새로운 종류의 무형산업(경제학자 앨런 그린스펀$^{Alan\ Greenspan}$은 이를 개념산업$^{conceptual\ industries}$이라 칭했다)이 등장하기 시작했다. 뿐만 아니라 기존 기업들에게 있어서도 건물, 공장, 기계장치, 재고자산보다는 특허권, 상표권, 정보기술, 인적자산이 기업성장에 보다 중요해지기 시작했다. 현실은 이런데도 무형자산 투자가 회계상으로는 일반 비용(급여나 이자비용)으로 처리되다 보니, 재무상태표와 손익계산서 모두 현실을 왜곡하는 결과가 발생하고 말았다. 이렇게 기업의 경영성과와 가치창조에 있어 무형자산의 중요성이 점점 높아지는데도 불구하고 회계와 재무보고 제도가 이를 받쳐주지 못하니 재무정보의 유용성은 곧 약화될 수밖에 없었다. 이에 대한 실증적 증거는 8장에서 자세히 설명하겠다.

하지만 무형자산의 등장이 회계정보의 유용성 하락을 야기한 유일한 원인은 아니다. 많은 회계기준들이 재무제표 작성 시 기업 경영진의 주관적인 추정과 예측을 요구하기 시작하면서 (대손충당금이나 자산,

부채의 시가평가 등), 재무정보의 완전성과 신뢰성이 하락하고 현실과 괴리를 보이는 현상이 발생했다. 워런 버핏은 비거래자산의 시가평가 제도를 두고 이렇게 비꼬기까지 했다. "시가로 평가$^{marked\text{-}to\text{-}market}$하라는 건 내 마음대로 평가$^{marked\text{-}to\text{-}myth}$하란 소리다."

뿐만 아니라 신제품의 성공이나 실패, 신기술도입, 시너지 없는 인수합병 등 기업 경영에 영향을 미치는 중대한 사건이 발생한 경우 기업 주가에는 (다소 부정확하긴 해도) 즉각적인 변화가 관찰되는데 비해 재무제표는 한참이 지나서야 이를 반영하게 마련이다. 최근 수십 년간 급증하기 시작한 이 세 가지 요인(시대에 뒤떨어진 무형자산 회계처리, 경영진 추정치 사용 증가, 중대한 사건 인식의 지연)이 바로 기업공시 정보의 가치를 하락시킨 것으로, 2부에서 이에 대해 보다 자세히 살펴보도록 하겠다. 이익, 자산, 비용 같은 지표는 50~60년 전이나 지금이나 똑같이 사용되고 있지만, 투자자들에게 이런 지표가 의미하는 바는 크게 줄어들었다.

요약노트

기업의 주요 재무지표와 주가의 상관관계를 보면 재무제표상의 회계정보가 투자자들에게 얼마나 유용한 정보인지 파악할 수 있다. 우리는 이 장을 통해 지난 반세기 동안 이러한 상관관계가 크게 약화되었다는 전반적인 증거를 제시했으며, 이를 통해 회계정보의 적합성이 저하되었음을 입증했다.

그런데 진짜 현실은 분석 결과보다 더욱 참담하다. 단순히 재무지표와 주가의 상관관계에만 집중했던 이 장의 분석결과에는 보다 심각한 정보 유용성 하락 문제가 드러나 있지 않은데, 이에 대해서는 이어지는 4장에서 살펴볼 예정이다. 오늘날 재무정보가 과거보다 많이 유용해졌다고 굳게 믿는 열혈 회계사가 이 책을 읽고 있다면, 다음 장은 읽지 말고 건너뛰는 게 좋을지도 모르겠다.

부록 3 · ❶

우리는 [표 3.1]의 연도별 조정결정계수 R^2을 얻기 위해 표본 기업들이 최근에 공시한 당기순이익(NI), 자기자본의 장부가치^{BV}, 발행주식수(NSH)에 따라 기업의 시가총액^{MV}이 어떻게 달라지는지 연도별 횡단면 회귀분석을 실시했다.[9] 우리가 사용한 회귀모형은 아래와 같다.

$$MV_{it} = a_{1t} + a_{2t} NI_{it} + a_{3t} BV_{it} + a_{4t} NSH_{it} + e_{it}.$$

여기서 i와 t는 각각 기업과 연도를 의미하는 첨자^{subscripts}이다. 우리는 기업이 가장 최근에 공시한 이익과 장부 가치가 반영된 시가총액을 사용하기 위해, 해당 이익과 장부 가치를 기록한 회계연도 종료일로부터 3개월 후의 시가총액 정보를 사용했다.[10]

마찬가지로, [표 3.2]와 [표 3.3]의 연도별 조정결정계수 R^2도 표본 기업들의 재무재표상 이익(장부 가치)과 발행주식수에 따라 기업의 시가총액이 어떻게 달라지는지 연도별 회귀분석을 실시해 얻은 결과이다. [표 3.4]의 조정결정계수 R^2 역시 표본 기업들의 매출, 매출원가, 판관비, 당기순이익, 총자산, 총부채에 따라 기업의 시가총액이 어떻게 달라지는지 연도별 회귀분석을 돌린 결과이다. 회귀분석에 사용한 표본 기업 정보는 컴퓨스탯과 CRSP 데이터베이스에 존재하는 모든 미국 상장기업들의 1950년부터 2013년까지의 정보를 활용했다.

1 FASB가 2010년에 발표한 재무회계개념보고서 제8호(Statement of Financial Accounting Concepts No. 8) 중 재무보고를 위한 개념체계, 제1장 서론
2 Yoree Koh, "Twitter Ad Woes Subside but Growth Stalls", 〈월스트리트저널〉, 2015년 7월 29일, B1.
3 각종 설문과 여론조사에 익숙한 독자들 가운데는 우리가 왜 투자자들을 대상으로 재무정보의 유용성에 대한 설문조사를 실시하지 않았는지 궁금해 하는 사람들도 있을 것이다. 우리가 설문조사를 하지 않았던 이유는 첫째, 우리는 지난 반세기 동안의 정보 유용성 패턴을 검증하는 것이 목적이었기 때문이다. 그러려면 1960년대부터 지금까지 계속해서 설문조사를 실시해 왔어야 하는데, 과거에는 재무정보 유용성에 대해 설문조사를 실시한 바가 없었다. 둘째, 노벨 경제학상 수상자인 밀턴 프리드먼(Milton Friedman)은 "(주식가치를 평가할 때처럼) 복잡한 의사결정이 요구되는 경우, 사람들이 어떻게 결론에 도달했는지 직접 물어보기보다 그들의 행동을 관찰하는 게 좋다"고 이야기했다. 투자자의 의사결정에는 경험, 직관, 심지어 운도 작용하는데, 이는 말로 표현하기 어려운 요소들이다. 따라서 주가를 통해 투자자의 행동을 관찰하는 것이 보다 믿을만하고 객관적인 방법이라 할 수 있다.
4 Marcus Kirk, David Reppenhagen, and Jennifer Wu Tucker, "Meeting Individual Analysts Expectations", The Accounting Review, 89 (2014): 2203–2231.
5 우리보다 짧은 관측기간을 분석해 비슷한 결과를 얻은 과거 사례도 있다. 바루크 레브와 폴 자로윈(Paul Zarowin)의 다음 논문 참고. "재무보고의 한계 극복하기(The Boundaries of Financial Reporting and How to Extend Them)", Journal of Accounting Research, 37 (1999): 353–385.
6 우리 말고도 많은 사람들이 기업 재무 상태를 판단하는 지표로 장부 가치를 활용한다. 워런 버핏의 그 유명한 '주주들에게 보낸 서한'을 보면 그 역시도 버크셔 해서웨이(Berkshire Hathaway)의 경영성과를 파악하기 위한 주요 지표로 장부 가치(자기자본)를 강조하고 있다. 과거에 이익잉여금을 중시하던 관점에서 자기자본으로 초점이 옮겨간 것은 주주가치(shareholder value)가 그만큼 중요해졌다는 의미다.
7 1960년대와 1970년대 조정결정계수 값이 무려 80~90%라는 게 지나치게 높은 결과가 아닌지 의문을 갖는 사람들도 있을 것이다. 우리는 기업 시가총액이 주로 이익과 장부 가치에 따라 움직이는 현상이 당시에는 그다지 놀라운 결과가 아니었다고 생각한다. 오늘날에는 애널리스트 추정치, 경영진이 제시하는 정보, 자동화 트레이딩 시스템 등 주가에 영향을 주는 요소들이 무수하게 많지만, 50년 전만 해도 이런 것들이 존재하지 않았다. 그때는 주가를 결정하는 요소가 이익이나 장부 가치 같은 재무정보가 전부였다.
8 설명변수에 매출과 매출원가를 포함했기 때문에 매출총이익(매출에서 매출원가를 차감한 결과)의 효과도 함께 살펴볼 수 있었다. 매출총이익은 대부분의 애널리스트가 중요하게 생각하는 성과지표들 가운데 하나다.
9 메리 바스(Mary Barth)와 산제이 칼라푸르(Sanjay Kallapur)의 다음 논문을 참고. "The Effects of Cross-Sectional Scale Differences on Regression Results", Contemporary Accounting Research, 13(2) (1996): 527–567.
10 해당 회귀분석은 변수들(시가총액, 이익, 장부 가치)의 수준(level)에 대한 분석이다. 이와 별도로 변수들의 변화(change)를 분석한 연구도 있는데, 분석 결과는 우리와 크게 다르지 않았다. 아눕 시리바스타바(Anup Srivastava)는 이익의 수준과 변화에 따라 주식수익률이 각각 어떻게 변화하는지 연도별 회귀분석을 실시했는데, 분석 결과 "신규 기업들의 R^2은 1970~1974년 20.4%에서 2005~2009년 2.6%로 급격히 감소한 반면… 장수 기업들의 R^2은 같은 기간 20.1%에서 14.4%로 비교적 완만하게 감소했다." 아눕 시리바스타바의 다음 논문 참고. "Why Have Measures of Earnings Quality Changed over Time?" Journal of Accounting and Economics, 57(2014): 196–217.

04 | CHAPTER
THE END OF ACCOUNTING

점입가경의
현실

이 장에서는 보다 정교한 회귀분석 방법론을 통해 재무정보가 투자자들에게 미치는 영향력을 살펴보고자 한다. 특히, 의사결정과 관련된 정보의 속성을 중심으로 재무보고서와 투자자들이 사용하는 다른 정보의 영향력을 상호 비교할 것이다. 실제로 재무보고서 정보의 유용성을 분석한 결과, 우리는 한편으로는 놀랍고 다른 한편으로는 맥이 풀리는 현실을 확인했다. 투자자들이 사용하는 모든 정보들 가운데 기업이 공시하는 분기보고서와 연차보고서가 차지하는 비중이 5~6%(!)밖에 되지 않기 때문이었다. 회계정보의 유용성이 정말로 다한 것 같다.

정보의 시기적절성

누군가 리하르트 바그너$^{Richard\ Wagner}$의 음악을 두고 "들리는 것처럼 그렇게 나쁘진 않다"고 혹평한 적이 있었다. 하지만 [표 3.1]에 나타난 결과에 대해서는 반대로 이야기해야 될 것 같다. 회계정보 유용성 하락이라는 현실은 "보이는 것처럼 그렇게 좋지만은 않다"고 말이다. [표 3.1]과 [표 3.4]를 보면 투자자들이 의사결정에 사용하는 정보들 가운데 재무보고서가 40~50% 정도의 역할을 차지하는 것으로 파악되는데, 이는 반세기 전 수치인 80~90%보다는 절반에 불과하지만 여전히 높은 비중이기는 하다. 따지고 보면 1960년대와 1970년대에는 투자자들에게 주어진 유일한 투자정보가 재무보고서뿐이었지만, 오늘날에는 수많은 바이-사이드, 셀-사이드 애널리스트와 고도화된 온라인 재무정보 서비스 덕분에 기업 가치에 대한 심도 깊은 정보를 쉽게 손에 넣을 수 있다. 이렇게 재무정보 서비스의 선점 경쟁이 치열해진 가운데, 투자자들이 사용하는 정보의 40~50%를 차지한다는 것은 굉장히 높은 수치라 볼 수 있다. 그렇다면 문제될 게 없지 않을까? 회계는 여전히 유용한 것이니 말이다.

하지만 이는 안타깝게도 착각에 불과하다. 사실대로 말하면, 투자자들이 오늘날 재무보고서를 통해 얻을 수 있는 새로운 정보나 유용한 정보의 비율은 40~50%보다 훨씬 낮다. 이 비율은 고작 5% 정도다. 잘못 본 것이 아니다. 5% 맞다. 이를 설명하기 위해서는 방금 전 우리가 왜 '새로운' 정보를 강조했는지 짚고 넘어가야 한다. 왜 새로운 정보라는 걸 강조했을까? 대답은 간단하다. 정보 유용성이란 새로움^{newness}과 시기적절함^{timeliness}이 생명이기 때문이다. 이는 미묘한 문제이니만큼 지금부터 자세히 설명하도록 하겠다.

정보가 가진 중요한 속성을 설명하기 위해 이론 하나만 간단하게 설명하고 넘어가겠다. 바로 1940년대 무렵 클로드 섀넌$^{Claude\ Shannon}$과 워런 위버$^{Warren\ Weaver}$가 주창했던 정보(커뮤니케이션) 이론인데, 이는 훗날 컴퓨터와 커뮤니케이션 시스템의 발달에 혁혁한 공을 세웠던 이론이다.[1] 섀넌과 위버의 정보 이론은 메시지 속에 담긴 정보의 양을 측정하는 방법을 제시했다. 누군가 "내일 오후 3시에 비가 내릴 것이다"라고 말했다고 가정해보자. 이때 메시지에 담긴 정보의 양은 메시지를 받은 사람이 느끼는 의외성^{surprise} 또는 예측불가능성^{unexpectedness}의 정도로 측정된다. 만약 지금이 일주일 내내 비가 내리고 있는 시애틀의 가을이라면, 내일 또 비가 온다는 메시지에는 별다른 의외성이 없다. 즉 "내일 비가 온다"는 예보에 담긴 정보의 양이 낮다는 의미다.

반면, 지금이 중동 어느 나라의 한여름이라면, 내일 오후 3시에 비가 온다는 메시지는 상당히 의외기 때문에 메시지의 유용성이 매우 높다(정보를 들은 사람은 오늘 당장 파종을 해야 할 수도 있다). 즉 메시지의 정보란 그 메시지를 받은 사람이 인식하는 정보의 의외성 또는 새로움을 뜻한다.[2] 이제 이론 설명은 마무리하겠다.

우리가 3장에서 제시했던 [표 3.1]과 [표 3.4]의 회귀분석은 사실 간단한 모형이었기 때문에 투자자들에게 해당 재무정보가 얼마나 새로운 (또는 놀라운) 정보인지까지는 측정할 수 없었다. 우리가 회귀분석을 통해 살펴본 것은 매출, 이익, 자산 등의 재무정보와 기업 시가총액이 일관된 상관관계를 갖는지 여부가 전부였다. 이는 중요한 차이점이다. 예를 들어, 어떤 기업이 손익계산서를 공시하면서 이익이 작년보다 20% 상승했다는 견조한 성장률을 발표했다고 가정해보자. 이는 투자자들에게 대단히 중요한 정보다. 하지만 이 실적 발표에 앞서, 애널리스트들이 산업 추세나 동종 기업의 이익 성장률 분석을 토대로 해당 기업도 20%의 이익 성장률을 낼 것이라고 예측했다면 (즉 콘센서스 추정치를 발표했다면) 어떨까? 기업이 공시하는 손익계산서 자료는 투자자들에게 별 의미가 없을 것이다. 투자자들이 이미 기대했던 바를 확인한 것에 불과하기 때문이다.

의외성이 없는 정보는 유용하지 않다는 점을 기억하자. 실제 연구 결과에 따르면 (2장 [표 2.3]의 가운데 곡선) 실제 이익과 애널리스트의 추정치가 일치하는 경우 주가에 아무런 변동이 관찰되지 않았다. 이미 애널리스트의 추정치가 주가에 반영된 상태였기 때문이다.[3] 즉, 앞에서 설명한 20% 이익 성장률의 공시는 이미 한발 늦은 정보라 투자자들의 의사결정에 별다른 영향력을 미치지 못했던 것이다.

하지만 중요한 것은 지금부터 이야기할 내용이다. 비록 20% 성장률이라는 정보가 공시되었을 시점에는 주가 상승에 영향을 주지 못했지만 애널리스트가 추정치를 사전에 발표했을 때 이미 주가에 영향을 주었으므로, 정보와 주가에는 여전히 상관관계가 존재한다고 볼 수 있다. [표 3.1]과 [표 3.4]에 나타난 대로 오늘날 회귀그래프의 결정계수가 40~50%라는 사실이 반드시 재무보고서에 공시되는 정보가 주가에 미치는 영향력이 40~50%라는 의미는 아니다. 즉, [표 3.1]과 [표 3.4]의 결과에는 정보의 중요한 속성인 시기성, 다시 말해 어떤 정보가 시장에 먼저 영향을 주었는지 여부가 반영되어있지 않다.

그래프를 보면 이익, 장부 가치와 기타 주요 재무지표들이 주가에 미치는 상관관계가 (과거에는 80~90%였지만) 오늘날 50% 정도라는 것은 알 수 있지만, 해당 재무지표들이 실제로 공시되는 시점에 주가에 미치는 영향력이 얼마나 되는지, 즉 재무지표들이 시장을 움직일 수 있는 힘이 있는지 여부는 파악하기 어렵다. 예를 들어 주가가 상승한 원인이 애널리스트 추정치, 경영진이 제시한 정보, 산업 추세나 기타 정보 때문이었다면, 기업의 공시자료는 투자자들에게 정보로서 큰 의미를 갖지 못했다고 볼 수 있다(미미한 확인효과$^{\text{confirmation effect}}$가 발생하긴 하는데, 이에 대해서는 나중에 다시 설명하겠다). 간단히 요약하자면, 재무정보의 유용성은 그 정보가 얼마나 새로운 것인지, 또는 시기적절한 것인지에 따라 달라진다.

한발 늦은 실적발표

2014년 1월 21일, 미국의 최대 이동통신업체인 버라이즌^{Verizon}이 2013년 4분기 실적을 발표했다. EPS는 전년 동기대비 73.7%가 성장했고, 매출도 전년 동기대비 3.4%의 성장을 기록했다. 이는 누가 봐도 대단한 실적이었다. 하지만 투자자들은 이런 호재를 접하고서도 별다른 반응을 보이지 않았다. 버라이즌의 주가는 분기실적 발표 이후 거의 변동하지 않았다. 왜 그랬던 것일까? 73.7%의 EPS 성장률로는 부족했던 것일까?

단지 투자자들이 훌륭한 실적 발표를 듣고도 놀라지 않았을 뿐이다. 버라이즌이 실적을 공개하기 전 애널리스트의 추정치 발표가 있었는데, 이 콘센서스 추정치가 실제 EPS와 고작 1센트밖에 차이 나지 않을 만큼 상당히 정확했다. 버라이즌이 공개한 재무 실적은 대단했지만, 주가는 애널리스트가 추정치를 발표했을 때 이미 다 올라가버린 상태였다. 4분기 보고서는 한발 늦은 자료가 되어버리고 말았다. 그러므로 공시된 정보가 투자자들에게 어떤 영향을 미치는지 제대로 측정하기 위해서는 우리가 3장에서 제시했던 것처럼 단순히 재무정보와 주가의 상관관계만 연구할 것이 아니라, 유사한 재무정보 대비 공시된 정보가 투자자들의 의사결정에 미치는 상대적인 영향력을 살펴보는 작업이 필요하다. 지금부터 이 상대적 영향력에 대한 분석 결과를 설명하겠다.

재무보고서의 시기성 측정

우리는 기업공시 정보의 시기성(또는 새로움)을 측정하기 위해 기업의 경영성과와 가치가 반영된 정보들 가운데 투자자들이 가장 흔히 사용하는 정보가 무엇인지 파악하고, 투자자들이 정보를 접했을 때 어떻게 반응하는지 살펴보았다. 이때 투자자들의 반응은 정보공시일 전날부터 다음날까지의 주가 변화를 통해 측정했다.[4] 우리가 분석한 기업공시 정보의 카테고리는 다음과 같다.[5]

1. **재무보고서** : 각 분기별, 연도별 실적 발표 자료와 SEC에 제출하는 분기보고서(10-Q)와 연차보고서(10-K)가 이에 포함된다.[6] 3장에서처럼 일부 재무정보만 취사선택하는 대신, 재무보고서에 있는 모든 정보를 분석 대상에 포함시켰다.
2. **기타 수시공시자료** : SEC에 제출하는 비재무적 공시자료로 내부자거래는 4-K 신고서에, 신제품 개발, 중요한 사업 계약 체결, 이사의 해임과 선임 등 사업운영에 중요한 영향을 미치는 사건들은 8-K 신고서를 통해 공시해야 한다.[7]
3. **애널리스트 추정치** : 애널리스트가 공표하는 이익, 매출 추정치와 추정치 수정 자료들이 포함된다.
4. **경영진 추정치** : 실적 발표 전 일반 공시자료와는 별도로 경영진이 기업 운영 성과에 대해 발표하는 추정치와 제시 정보들이 포함된다.

위의 네 가지 카테고리가 기업 주가에 영향을 미치는 기업 관련 주요 정보들이다. 주가에 영향을 미치는 다른 요소들도 있지만 대개 금리나 물가상승률 변동, 규제의 변화, 경기침체 신호 등 기업과는 직접적인 관련이 없는 것들이다. 우리는 여기서 다음과 같은 질문을 제기했다. (재무보고서에는 존재하지 않는) 경영진과 애널리스트의 비재무적 추정치 및 SEC에 제출한 수시공시자료와 상대적으로 비교했을 때, 기업의 재무보고서가 1년 동안 투자자들의 의사결정에 미치는 고유한 역할은 무엇일까? 예를 들어, 앞의 사례처럼 애널리스트의 추정치가 실제 이익 발표보다 선수를 친 경우, 투자자들은 애널리스트 추정치에는 반응을 보이지만(추정치 발표 이후 주가가 급변할 것이다), 실적 발표에는 별 반응을 보이지 않을 것으로 예상된다(주가에 별 움직임이 없을 것이다). 따라서 분석 결과 주가에 영향을 미친 정보는 재무보고서(앞의 카테고리 1)가 아니라 애널리스트 추정치(카테고리 3)라고 봐야 한다.

우리는 각각의 정보가 주가에 미치는 고유한 영향력을 파악하기 위해 1993년부터 2013년까지 과거 21개 연도를 분석했는데, 이는 1993년 이전에는 애널리스트 추정치 발표가 드물었기 때문이다. 우리는 데이터베이스에 존재하는 모든 미국 상장기업들을 조사했다. 앞에서도 설명했지만, 이때 네 가지 정보의 각각의 유용성은 해당 정보가 발표된 전날부터 다음날까지 3일간의 주가 변화를 통해 측정했다. 우리는 정보 유용성이 높을수록 주가의 변화가 크고, 유용성이 낮을수록 주가에 큰 움직임이 없을 것으로 추정했다. 이후 표본 기업마다 다르게 나타난 주가의 변화를 평균하면, 각각의 정보가 가진 고유한 시기성(즉 의사결정을 위한 적합성)과 유용성을 측정할 수 있을 것으로 예상했다.

이 분석은 3장에서 실시했던 회귀분석보다 더욱 심오한 관찰을 요구했기 때문에, 우리는 재무보고서가 다른 정보들과 비교했을 때 얼마나 고유한 영향력을 갖는지 측정하기 위해 보다 복잡한 통계 방법론을 적용했는데, 이를 이해하려면 고급 통계학적 지식이 필요하다. 따라서 분석 방법에 대한 기술적인 설명은 이 장의 부록에 별도로 제시했으며, 지금부터 이어지는 내용은 일반 독자들도 쉽게 이해할 수 있게 풀어 썼으니 걱정하지 않기를 바란다.

재무보고서의 초라한 실적

다음 [표 4.1]을 보면 앞에서 언급했던 네 가지 정보 가운데 세 가지 카테고리가 투자자들의 의사결정에 미치는 영향력이 그래프로 나타나 있다(경영자 추정치 그래프는 다른 그래프 곡선들과 겹치는 관계로 제외시켰다). 여기서 그래프의 수직축은 투자자들이 1년 동안 사용했던 모든 정보들 대비 각각의 정보가 가진 고유한 영향력을 %로 표현한 것이다. 가령 그래프의 좌측(1993년)을 보면 가장 위에 있는 곡선이 10% 지점에 위치해 있는데, 이는 1993년 카테고리 1에 해당하는 재무보고서 정보가 투자자들의 의사결정에 미치는 고유한 영향력이 10%를 차지했다는 뜻이다. 나머지 두 가지 정보(애널리스트 추정치와 SEC 수시공시자료)의 영향력이 당시에 거의 미미했던 것으로 보아, 재무지표의 영향력이 상당히 높았음을 알 수 있다.

그러나 [표 4.1]에 나타난 가장 주목할 만한 결과는 1993년 이후 20년 동안 애널리스트 추정치와 수시공시자료의 영향력은 급속히 증가했던 것에 비해(2013년의 경우 수시공시자료와 애널리스트 추정치의 영향력은 각각 25%, 20%였다), 재무보고서(실적 발표 자료 및 분기보고서, 연차보고서 포함)의 영향력은 10%에서 5%로 반 토막 났다는 사실이다.[8] 우리 저자들 같은 회계학자나 회계사들에게는 슬픈 현실이 아닐 수 없다.[9]

[표 4.1]의 그래프를 보면 애널리스트 추정치와 수시공시자료의 유용성이 특히 2000년대 초반부터 급증하는 현상을 관찰할 수 있다. 애널리스트 추정치가 일반 대중들에게 공개되는 자료로서 영향력을 얻게 된 것은 SEC가 2000년도에 도입한 공정공시제도Regulation Fair Disclosure 덕분인데, 이 공정공시제도로 인해 특별한 소수가 아닌 다수의 애널리스트들이 기업의 미공개 정보에 접근할 수 있게 되었다. 공정공시제도 도입 이후 애널리스트의 숫자와 애널리스트 정보의 품질이 향상되었고, 결과적으로 [표 4.1]에 나타난 것처럼 투자자들이 애널리스트 정

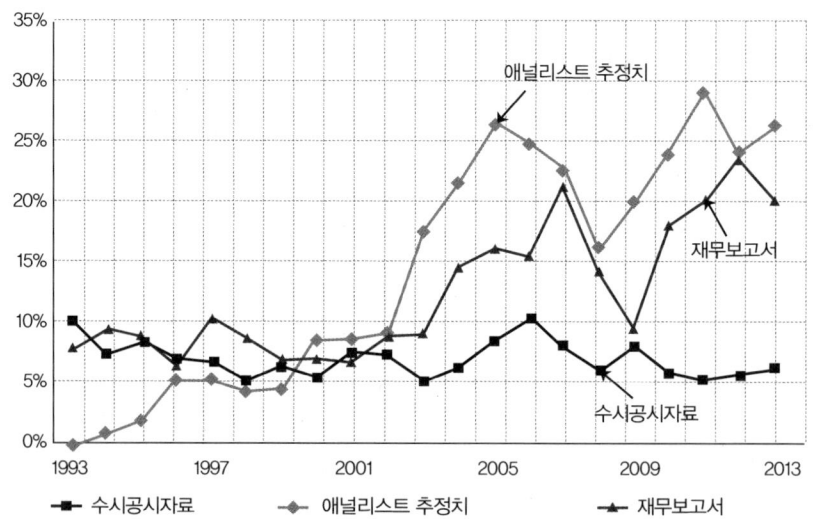

표 4.1 재무보고서, 애널리스트 추정치, 수시공시자료의 고유한 영향력(%)
투자자들이 의사결정에 사용하는 모든 정보 대비 재무보고서, 애널리스트 추정치, 수시공시자료의 영향력(%). 표본은 모든 데이터베이스 기업, 대상연도는 1993년~2013년

보를 신뢰하는 현상이 빚어졌다. 또한 수시공시자료의 경우, 새로운 사업 계약 체결이나 이사진의 변경 등 기업에 중요한 사건이 발생했을 시 의무적으로 공시할 것을 명시한 SEC의 규정 도입 이후 4-K와 8-K 같은 공시신고의 횟수와 영향력이 크게 증가했다. 결론적으로 말해서, 기업과 관련된 정보는 주가에 점점 더 많은 영향을 미치고 있지만, 재무(회계)보고서 정보는 보다 시기적절하고 적합한 다른 정보들에 밀려 그 유용성을 잃고 있다.

우리가 회계의 중요성을 경시하는 것일까?

우리는 앞에서 애널리스트 추정치와 수시공시자료가 투자자들에게 중요한 정보로 사용되고 있으며, 때로는 이들이 실제 공시보다 앞서 주가에 영향을 미친다고 이야기했다. 그런데 이 책의 초고를 검토했던 일부 독자들로부터 애널리스트 추정치를 실제 재무보고서와 분리해 생각하면 곤란하다는 의견이 있었다. 그들은 기업이 공시하는 정보가 있기 때문에 애널리스트 추정치를 입증하는 게 가능하다고 주장했다. 다르게 표현하면, 공시되는 정보 없이는 추정치가 정확한 정보인지 확인할 수 없기 때문에 추정치만으로는 정보 유용성이 없다는 말이었다.

하지만 우리 생각은 좀 다르다. 애널리스트 추정치와 추정치 수정 자료가 공개될 때 투자자들의 반응이 높다는 것은 이미 애널리스트가 기업의 미래 향방에 대해 잘 알고 있는 전문가로 간주되고 있다는 의미다. 비유를 하자면, 폭풍이 예상되니 대피하라는 일기예보가 발표되면 사람들은 실제로 폭풍이 찾아오든 찾아오지 않든 일기예보에 먼저 반응하게 마련이다. 따라서 기업의 분기보고서가 사라진다고 해도, 투자자들은 당기 중 기업 운영상황을 확인할 수 있는 전문가(즉, 애널리스트)의 도움을 필요로 할 것이 분명하다. 모르긴 몰라도, 분기보고서가 사라지면 전문가의 필요성이 오히려 더 높아질 것이다.[10]

오늘날의 재무보고서는 투자자들이 가진 정보를 업데이트하는 것, 즉 추정치와 실제의 차이를 확인하는 것이 주된 역할이라고 보면 된다. 애널리스트가 EPS 추정치를 1.80달러라고 발표했는데 실적발표 결과 2.00달러로 나타나면, 투자자들은 이를 보고 기업의 경영성과를 상향 조정하는 게 좋겠다고 생각한다. 실적 발표 자료가 할 수 있는 역할이란 이런 것이다. 한 가지 분명히 해둘 것은, 우리는 기업 실적이 발표된 전날부터 다음날까지 3일간의 주가 추이를 통해 재무보고서의 영향력을 측정했고, 그 결과를 [표 4.1]의 '재무보고서' 그래프 곡선에 온전하게 표현했다는 사실이다. 이는 재무보고서의 역할이 축소되거나 과장됨 없이 있는 그대로 반영된 결과이다. 단, 다소 모호할 수도 있는 재무보고서의 '맥락적 역할 contextual role'은 분석에 반영되지 않았다.

재무보고서를 보면 기업의 과거 재무이력을 알 수 있어서, 신규 계약 체결 등 기업의 상황을 이해하는 데 도움을 받을 수 있다. 이를 고려하면 재무(회계)정보의 실제 영향력은 5%보다 조금 더 높을지도 모르겠다. 하지만 이런 재무정보의 가장 큰 문제점(2부에서 설명할 내용이다)을 고려하면, 5%보다 크게 높을 것 같지는 않다.

요약노트

우리는 이 장에서 또 다른 분석방법론을 통해 다른 유사한 재무정보 대비 재무보고서가 가진 고유한 역할(의사결정을 유도하는 새로운 정보 전달의 역할)이 무엇인지 살펴보았다. 우리의 분석 결과, 수시공시자료 등 기업 운영에 관한 정보는 투자자들의 의사결정에 점점 더 중요한 역할을 하는 반면, 기업이 공시하는 분기보고서나 연차보고서 같은 정보의 영향력은 상당히 미미하다는 놀라운 사실을 확인할 수 있었다. 이는 회계의 역할이 희미해지고 있다는 분명한 증거다.

부록 4 · ❶

[표 4.1]은 (1) 재무보고서(분기별 실적 발표 자료, SEC에 제출하는 분기보고서(10-Q), 연차보고서(10-K) 등 공시자료), (2) SEC에 제출하는 비재무적 수시공시자료, (3) 애널리스트 추정치 등 세 가지 기업 관련 정보가 투자자의 의사결정에 미치는 고유한 영향력을 1993년부터 2013년까지 연도별로 분석한 그래프이다. 경영진 추정치(경영성과에 대한 경영진의 추정 자료)는 분석 대상에 포함시켰으나 [표 4.1]에 나타나 있지는 않다. 우리는 (1), (2), (3) 세 가지 정보의 고유한 영향력을 연도별로 파악하기 위해 이들의 부분 결정계수$^{partial\ R^2}$를 측정했다. 가령 재무보고서 정보의 부분 R^2을 계산한 방법은 다음과 같다.

먼저, 우리는 각 기업마다 주식의 분기별 누적 초과수익률$^{cumulative\ abnormal\ return,\ CAR}$과 해당 기업이 공시한 수시공시자료, 애널리스트 추정치, 경영진 추정치를 발표한 전날부터 다음날까지 3일간의 매입보수 초과수익률(각각 CAR_SEC, CAR_AF, CAR_MF)의 상관관계를 매 분기별로 살펴보았다(여기서 수시공시자료, 애널리스트 추정치, 경영진 추정치는 모두 비재무적 정보들이다). 우리가 사용한 횡단면 회귀분석 모형은 다음과 같다(모든 분기마다 해당 모형을 동일하게 적용했다).

$$CAR_{it} = a_1 + b_1 CAR\_SEC_{it} + c_t CAR\_AF_{it} + d_t CAR\_MF_{it} + \varepsilon_{it} \quad (4.1)$$

여기서 j와 t 각각 기업과 연도를 의미하는 첨자이고, 잔차항^{residual}은 ε_{jt}로 나타냈다.

그 다음에는, 기업이 각 분기별로 재무보고서를 공시한 전날부터 다음날까지 3일간의 매입보수 초과수익률$^{CAR\_FAR}$과 해당 기업이 수시공시자료, 애널리스트 추정치, 경영진 추정치를 발표한 전날부터 다음날까지 3일간의 매입보수 초과수익률(각각 CAR_SEC, CAR_AF, CAR_MF)의 상관관계를 살펴보았다. 이때 사용된 회귀분석 모형은 다음과 같다(해당 모형을 각 분기마다 적용했다).

$$CAR\_FAR_{it} = a_t + \beta_t CAR\_SEC_{it} + x_t CAR\_AF_{it} + \delta_t CAR\_MF_{it} + \rho_{it} \quad (4.2)$$

이 회귀식의 잔차항은 ρ_{jt}로 나타냈다.

마지막으로, 첫 번째 회귀모형의 잔차항(ε_{jt})과 두 번째 회귀모형의 잔차항(ρ_{jt})의 상관관계를 다음 모형을 통해 연도별로 살펴보았다.

$$\varepsilon_{it} = \kappa_t + \gamma_t \rho_{jt} + \theta_{jt}, (4.3)$$

위 회귀방정식(4.3)의 조정결정계수 R^2 값이 해당 연도 재무보고서가 투자자들의 의사결정에 미치는 고유한 영향력으로, 이를 그래프로 나타낸 결과가 [표 4.1]의 맨 아래쪽 곡선이다. 수시공시자료, 애널리스트 추정치, 경영진 추정치가 투자자들의 의사결정에 미치는 고유한 영향력 역시 위와 같은 방법으로 도출했으며, [표 4.1]에 각각의 곡선으로 표시되어 있다.[11]

만약 한 분기에 동일한 사건이 여러 번 발생한 경우(가령, 한 분기동안 경영진의 이익 추정치 발표가 여러 번 있었던 경우) 해당 건의 매입보수 초과수익률은 개별 사건마다 매입보수 초과수익률을 총계한 값을 사용했다. 또한 서로 사건이 같은 날 중복되는 경우에는 이를 분석 대상에 포함하지 않았다(예를 들어, 경영진의 추정치 발표와 분기 실적 보고가 같은 날 이루어진 경우 두 사건 모두 분석에서 제외했다). [표 4.1] 분석에 사용된 표본 기업은 모두 미국 상장기업들로 해당 기업 정보는 기업정보 데이터베이스 컴퓨스탯, CRSP, I/B/E/S, 퍼스트 콜First Call, S&P, SEC 공시자료에서 추출했다.

1 클로드 섀넌, 워런 위버, 《수학적 커뮤니케이션 이론》, 커뮤니케이션북스, 2016
2 커뮤니케이션 이론에 따르면, 메시지에 담긴 정보의 양은 메시지에서 언급하는 사건 (가령, 내일 오후 3시 비가 내리는 것)의 사전(prior, 즉 메시지를 접하기 이전) 확률과 사후(posterior, 즉 메시지를 접하고 난 이후) 확률의 로그(logarithm)값을 통해 수학적으로 측정할 수 있다. 만일 내가 판단한 내일 비가 올 확률이 현재로서는 30%였지만, 일기예보를 듣고 난 후 내일 비가 올 확률이 90%라고 판단했다면, 일기예보 메시지에 담긴 정보의 양은 $\ln(0.9/0.3) = 1.10$으로 표시할 수 있다. 하지만 일기예보의 정확성이 다소 의심스러운 관계로 예보를 듣고 난 후 내일 비가 올 확률을 50%라고 생각했다면, 일기예보 메시지에 담긴 정보의 양은 $\ln(0.5/0.3) = 0.51$이다.
3 애널리스트들은 "주가는 이미 추정치를 반영한 결과"라고 종종 이야기한다.
4 3장에서 소개한 변수들 간 상관관계를 분석하는 회귀분석보다 정보를 접한 사람이 체감하는 정보의 영향력을 중점적으로 분석하는 이런 연구 방법론을 '사건연구(event study)'라고 하는데, 오늘날 널리 활용되고 있다.
5 앤 바이어(Anne Beyer), 다니엘 코헨(Daniel Cohen), 토마스 리스(Thomas Lys)와 베벌리 월터(Beverly Walther)의 연구 "The Financial Reporting Environment: Review of the Recent Literature," Journal of Accounting and Economics, 50 (2010): 296–343에서도 유사한 접근방법을 사용했다. 해당 논문에서 분석한 기간은 1994년~2007년인 반면, 우리가 분석한 기간은 1993년~2013년이다.
6 어떤 기업들은 실적을 공개하는 자리에서 이익이나 매출 전망치를 함께 발표하기도 한다. 이때 발표하는 전망치는 대개 주가에 중대한 영향을 끼치며, 실적 결과보다 더 큰 영향력을 행사하는 경우도 종종 있다. 하지만 우리의 실증 분석 목적상 실적 정보와 추정치 정보를 따로 분리할 수 없었기 때문에, 실적과 추정치가 같은 날 동시에 발표되는 경우 둘 다 분석 대상에서 제외했다.
7 카테고리 2 정보의 경우 카테고리 1과 중복되는 것을 막기 위해 재무(회계)보고서가 첨부된 수시공시 자료는 분석 대상에서 제외했다.
8 [표 4.1]의 그래프를 보면 2007년~2008년 무렵 '수시공시자료'와 '애널리스트 추정치' 곡선이 갑자기 하락했는데, 이는 금융위기의 여파로 추정된다. 당시에는 대부분의 기업 주가가 급락했으며, 두 곡선이 하락한 것은 수시공시자료와 애널리스트 추정치가 그만큼 핵심적인 정보였다는 것을 뜻한다.
9 레이 볼(Ray Ball)과 시바쿠마르 락쉬마난(Shivakumar Lakshmanan) 역시 논문 "How Much New Information Is There in Earnings?" Journal of Accounting Research, 46 (2008): 975–1016에서 비슷한 결론을 도출했다. 이들은 "기업의 분기 실적 자료가 매년 (투자자들에게 주어지는) 모든 정보들 가운데 차지하는 역할은 평균 1%~2%로 파악된다"고 이야기했다.
10 기업이 공시하는 정보가 유용한 이유는 투자자들로 하여금 애널리스트 정보의 정확성을 판단하는 도구 역할을 하기 때문이다.
11 경영자 추정치 그래프는 다른 그래프 곡선들과 겹쳐 보이기 때문에 표에서 제외시켰다.

05 CHAPTER
THE END OF ACCOUNTING

정말 회계가 **문제일까**

우리는 지금까지 투자자에게 있어 재무보고서의 유용성이 급속하게 저하되고 있는 현실에 대해 살펴보았다. 그런데 왜 이런 현실을 회계제도의 탓으로 돌리는 걸까? 혹시 오늘날 투자자들이 유행과 감정에 민감해지고 점점 비논리적이고 비합리적이게 행동하는 바람에 유용한 회계정보를 잘 활용하지 못하는 것은 아닐까? 이에 대한 해답을 구하기 위해, 우리는 투자자의 특성과 자본 시장의 외부적 영향력을 배제한 환경에서 회계정보의 유용성을 다시금 검증해 보았다. 회계정보의 순수한 영향력을 분석하고 싶었기 때문이었다. 우리는 기업이 공시하는 이익이 미래 경영성과를 예측하는 도구로 사용된다는 점을 고려하여, 전년도에 공시한 이익 정보가 미래 이익을 얼마나 정확하게 예측할 수 있는지 살펴보았다. 분석 결과 미래 예측 정확성은 지속적으로 하락했으며, 우리는 이를 통해 기업공시 정보의 미래 예측 능력이 심각하게 저하되었다는 결론을 얻었다. 이는 회계의 유용성 하락을 입증하는 또 다른 증거였다.

비합리적 투자심리

우리가 지금까지 1장부터 4장에서 살펴보았던 내용은 첫째, 지난 60년 동안 기업 이익, 장부 가치 및 기타 주요 재무지표가 기업 주가에 미치는 역할이 급속하게 저하되었으며 둘째, 재무보고서 정보(이익, 장부 가치뿐만 아니라 재무보고서에 포함된 모든 정보)는 정보의 시기성과 투자자들의 의사결정을 위한 유용성 면에 있어 보다 시기적절하고 적합한 다른 정보들에 점점 밀려나고 있다는 사실이었다. 이미 다른 정보들이 기업 주가에 영향을 미치고 나서야 재무보고서가 뒤늦게 공개되는 경우가 많다는 이야기다.

비록 우리가 내린 결론이 광범위한 표본을 실증적으로 분석한 결과이긴 하나, 분석에 사용된 재무정보와 주가라는 변수가 둘 다 유동적이라는 이유를 들어 우리 결론에 이의를 제기하고픈 사람들이 있으리라 본다. 우리가 말하고자 했던 요지는 지난 50~60년 동안 재무정보와 주가의 상관관계가 크게 약화되었는데, 이는 곧 재무정보와 투자자들의 의사결정이 예전처럼 밀접한 관계가 아니라는 이야기였다. 우리는 이런 현상이 발생한 원인으로 재무정보 유용성 하락을 콕 집어 지목했다. 하지만 우리 동료들 가운데 이의를 제기한 몇몇 사람들이 있었다. 그들은 이렇게 반문했다. 혹시 주가에 문제가 있었던 것 아닐까? 혹시 투자자들이 예전보다 심리적 요인이나 감정, 유행 등에 더욱 민감해져 비합리적이고 비논리적이게 된 것은 아닐까? 1990년대 말의 닷컴 거품 현상만 봐도 투자자들의 행동이 비합리적이라는 것을 알 수 있지 않는가?[1]

수백 개가 넘는 닷컴 기업들이 부실한 비즈니스 모델에도 불구하고 수십억 달러의 투자자금을 모으며 우후죽순 생겨났지만 다들 얼마 지나지 않아 파산하곤 했었다.[2] 이런 닷컴 기업 투자자들은 매출이나 비즈니스 모델 같은 기업 펀더멘털은 보지 않고 '클릭 수'나 '조회 수' 같은 검증되지 않은 방법으로 기업을 판단했다. 이들은 기업에 손실이 늘어나고 정체불명의 자산이 있어도 개의치 않았다. 이런 것만 봐도 투자자들이 비합리적이라는 게 증명되지 않는가?

오늘날 수많은 바이오테크 기업들이 돈은 돈대로 쓰면서 엄청난 손실을 보고 있음에도 불구하고 기업 가치는 무려 수십 억 달러에 이르지 않는가? 이렇게 투자자들이 기업을 평가하는 방식이 비합리적이고, 변덕스럽고, 제멋대로라면, 제아무리 훌륭한 투자정보가 있다 해도 정보와 투자기업 주가의 상관관계가 낮아지는 게 당연하지 않을까? 그렇다면 회계에는 아무런 잘못이 없는 것 아닐까?

하지만 투자자들의 비합리성 때문이라는 앞의 논리에는 명백한 허점이 존재한다. 비합리적인 투자심리 때문에 재무정보와 주가의 상관관계가 저하됐다고 주장하려면 그런 비합리적이고 비논리적인 행동이 가끔씩만 발생해서는 안 된다. 비합리적인 투자심리는 언제든 발생하게 마련이다. 하지만 재무정보와 주가의 상관관계 자체가 저하되려면, 투자자들이 지난 50년간 점점 더 비합리적으로 행동했어야만 한다. 1990년대 투자자들의 행동이 1950년대와 1960년대보다 더 비합리적이고, 2000년대 투자자들의 행동이 1990년대보다 더 비논리적이었어야 한다.

하지만 투자자들이 시간이 지나면서 점점 더 비합리적이게 되었다는 증거가 있는가? 그런 증거는 존재하지 않는다. 오히려 이와는 반대로, 사람들은 교육과 경험이라는 일련의 과정을 통해(투자행위도 이러한 과정들 중 하나다) 시간이 지나면 지날수록 더 나은 의사결정을 하게 마련이다(경험곡선 효과가 발생하기 때문이다).[3] 1990년대 닷컴열풍을 경험했던 사람들은 2000년 이후 소셜 미디어나 대체 에너지 기업 투자에 있어 과거와 똑같은 실수를 반복하지 않았다. 페이스북Facebook이 2012년 꽤나 떠들썩하게 상장을 추진했을 때도, 투자자들이 페이스북 투자에 깊은 의구심을 보이는 바람에 주가가 하락하는 상황이 연출되기도 했다. 따라서 투자자들의 정보 이용 능력이 저하되었을 뿐이며 재무정보의 유용성은 그대로라는 논리는 그다지 설득력이 있어 보이지 않는다.

그럼에도 불구하고, 재무정보의 유용성 문제가 워낙 중요한 이슈이니만큼 특정 투자자 집단에 국한되지 않고 보다 일반적인 재무정보 이용자를 대상으로 문제를 세밀하게 분석한 증거가 필요할 것으로 생각한다. 지금부터 기업이 공시한 이익(당기순이익) 정보의 유용성 문제를 보다 자세하게 짚어보도록 하겠다.

과거는 미래의 거울

최고의 기업가로 인정받고 있는 헨리 포드는 다음과 같은 명언을 남겼다. "역사란 대략 터무니없는 속임수이다."

   그렇다면 사람들은 왜 기업의 재무보고서에 관심을 갖는 것일까? 따지고 보면 재무보고서란 전기 또는 전분기의 경영성과(매출, 이익)와 재무상태(자산, 부채)에 대한 역사적인 기록이며, 그다지 정확성이나 시기성이 높은 정보가 아닌데도 말이다. 투자자들은 기업의 미래 현금흐름이나 상품, 시장점유율처럼 향후 전망에 기반을 두고 의사결정을 내리는데, 지난 과거에 대한 보고서 정보가 어째서 유용하다는 걸까? 2012년 말과 2013년 초 애플의 주가가 40% 이상 크게 하락했던 이유는 애플의 과거나 당시 성과가 부진했기 때문이 아니다(애플의 경영성과는 여전히 훌륭했다). 주가 급락의 원인은 그간 스티브 잡스$^{Steve\ Jobs}$가 주도했던 애플의 혁신적인 행보가 앞으로도 유지될 수 있을지, 또 삼성 같은 경쟁자들이 애플의 자리를 빼앗지는 않을지에 대한 투자자들의 우려 때문이었다. 시장을 움직이는 것은 기업의 과거 재무정보가 아니라 애널리스트의 전망이다.

   그렇다면 투자자들이 과거 재무보고서에 관심을 보이는 이유는 무엇일까? 실적이 형편없는 경우 주가가 하락하는 것을 보면, 투자자들이 재무보고서에 관심이 있다는 것은 분명하다. 이는 헨리 포드의 명언과는 별개로, 사람들은 과거의 역사가 미래에도 어느 정도 반복되리라 기대하기 때문이다.[4] 즉 과거 매출과 이익 정보를 통해 미래의 경영성과를 예측할 수 있다는 말이다. 이를 뒷받침하는 증거들도 있다. 정부기관이나 기업 같은 사회적 과정과 제도는 '경로 의존성path dependence' 에 따라 발전하는데, 이는 어떤 과정이나 제도가 진화할 때 지금까지 지나온 경로와 그 경로에서 겪었던 변화(대규모 인수합병 등)에 어느 정도 의존하게 된다는 뜻이다.[5] 다시 말해 경로 의존성이 높은 과정은 과거가 진화의 방향에 영향을 준다는 의미다. 그렇다면 과거가 중요할 수밖에 없다.

 세계 최대의 정유 업체 엑슨모빌Exxon Mobil을 예로 들어보자. 엑슨모빌의 2012년도 당기순이익은 무려 449억 달러로, 이는 2011년 기준 UN 가입국 114개의 GDP를 총합한 것보다도 높은 규모다. 엑슨모빌은 지난 수십 년 동안 가장 많은 수익을 낸 기업 명단에 언제나 최우선으로 이름을 올렸다. 대체 비결이 뭘까? 바로 경로 의존성 때문이다. 엑슨모빌이 2012년 450억 달러에 가까운 이익을 올릴 수 있었던 것은 창업자인 존 D. 록펠러의 사업가적 자질, 지난 수십 년간 대대적으로 지속되어 온 석유 탐사활동 투자, 임직원 역량 강화, 세계 각국 정부들과의 다각적인 관계 형성, 고객 만족도 제고, 주주들과의 신뢰감 형성이 축적된 결과였다. 그간 적극적인 물적자본과 인적자본 투자가 있었기에 엑슨모빌이 개발과 성장을 거듭해 온 것인데, 사람들은 이를 보고 엑슨모빌이 앞으로도 성장세를 유지될 것이라 기대했다. 지난

1989년 3월 엑슨 발데즈$^{Exxon\ Valdez}$ 원유 유출 사고로 엄청난 환경오염이 야기된 적이 있었지만, 이는 큰 그림에서 봤을 때 기업 성장세에 큰 타격을 입히지는 못했다.⁶

모든 기업의 발전에 경로 의존성이 어느 정도 영향을 미친다는 점을 감안하면, 과거 재무정보는 기업의 미래 향방을 가늠할 수 있는 기준이 될 것으로 보인다. 물론, 미래의 경제적 상황(경기 침체)과 기업 여건(기업 구조조정)을 다소 감안한다는 가정 하에서다. 가치투자의 아버지이자 워런 버핏의 컬럼비아대 스승이기도 한 벤저민 그레이엄$^{Benjamin\ Graham}$이 그의 저서 《증권분석$^{Security\ Analysis}$》에서 "반대할 근거가 없다면, 미래 실적 예측은 과거 실적 분석에서 출발해야 한다"라고 말한 것도 바로 그런 맥락에서다. 워런 버핏은 스승의 주장을 한 단계 더 발전시켜, 장기간의 과거 이익을 평균하면 일시적인 변동효과가 제거되므로 기업의 미래 이익을 보다 정확하게 알 수 있다고 이야기했다.

우리가 왜 뜬금없이 경로 의존성 이야기를 꺼냈는지 궁금할지도 모르니, 이제 그 이유를 밝히는 게 좋겠다. 경로 의존성은 기업의 미래 경영성과를 파악하려면 과거 이익 정보가 필요하다는 근거다. 우리는 지금부터 또 다른 분석을 통해 이런 경로 의존성 관점에서 재무정보의 유용성을 검증해보고자 한다. 우리가 살펴볼 내용은 지난 반세기 동안 기업이 공시한 이익 정보가 미래 수익을 예측할 수 있었는지 여부로, 투자자들의 비합리성이나 투자능력 같은 자본시장 외적 영향력과 무관하게 재무정보의 유용성을 확인할 수 있는 대안적인 검증 절차이다.

과거 정보를 통한 미래 예측

지금이 2012년 1월이라고 가정해보자. 여러분은 올해 목표한 수익률을 달성하기 위해 투자 포트폴리오를 살펴보는 중인데, 그중 포트폴리오 비율이 특히 높은 엑슨모빌을 중점적으로 검토하고 있다. 최근 유가가 크게 변동하고 있다는 소식을 접한 터라, 엑슨모빌의 향후 실적이 어떻게 될 것인지 다소 우려가 된다.

여러분은 먼저 엑슨모빌의 2012년도 이익을 합리적으로 추정하고 정상적 주가수익률$^{\text{normal P/E ratio}}$ 계산을 통해 2012년 말 주가를 예측해보려고 한다. 여러분은 벤저민 그레이엄과 워런 버핏이 주장한 대로, 엑슨모빌의 2012년도 이익이 2011년도 이익인 410.6억 달러 부근일 것이라 무난하게 예측할 수 있다. 하지만 여기서 끝이 아니다. 엑슨모빌을 포함한 대부분의 대규모 상장기업은 매년 성장하기 때문에, 2011년도 이익에 과거 5년간의 평균 이익성장률(연간 3.6%)을 곱하면 2011년도 숫자를 그대로 사용하는 것보다 더 정확한 결과를 얻을 수 있다. 여러분은 이에 따라 2012년도 이익이 425.4억 달러가 될 것으로 추정했다(2011년도 이익인 410.6억 달러×3.6% 성장률).

엑슨모빌의 2012년도 실제 이익은 추정치보다 살짝 높은 448.8억 달러를 기록했지만, 여러분의 425.4억 달러 추정치는 상당히 훌륭한 결과다. 실제 이익과의 오차는 5.2% 뿐이다([448.8억 달러 - 425.4억 달러]/448.8억 달러). 단순하게 계산한 것 치고는 나쁘지 않은 결과로, 석유 및 가스 산업에 정통한 엑슨모빌 전문 애널리스트 17명이 예상했던 추정치보다도 오히려 더 정확하다. 애널리스트가 2012년 1월 발표했던 이익 추정치는 462.7억 달러로, 실제보다 3.1%가 더 초과된 수치였다. 여러분의 계산이 전문 애널리스트만큼 손색없다는 뜻이다.

물론 전년도 이익에서 평균 성장률을 감안하는 것보다 더 정교한 방법으로 추정치를 구할 수도 있을 것이다. 연방준비제도의 '양적완화' 종료와 이로 인한 금리 상승, 잠재적인 인수합병 가능성 등 향후 기업운영에 예상되는 사건을 고려하면 추정치의 정확도가 더 높아질 수 있다. 하지만 이 장의 목적은 정확한 이익 추정치 모형을 고민하는 것이 아니라, 이미 공시된 이익 정보가 기업의 미래 이익을 추정하는 데 유용한지 여부를 파악하는 것이다. 그래서 우리는 이를 검증할 수 있는 모형을 구상했다.[7]

이제 이익 정보의 유용성 문제로 다시 돌아가 보자. 우리는 지난 반세기 동안 데이터베이스에 축적되어 온 미국 상장기업 수천 곳의 광범위한 표본 데이터를 활용했다. 그리고 앞에서 설명한 이익 추정 모형(전년도 이익×평균 이익성장률)을 적용해 미래 이익을 추정하는 데 있어 과거 이익 정보가 얼마나 유용한지, 즉 투자자들이 과거 이익 정보를 얼마나 활용하는지 시대별 추이를 분석했다. 우리는 앞의 엑슨모빌 사례에서 5.2%의 예측오차를 구했던 것처럼, 각 표본마다 예측오차([실제 이익-추정치]/실제 이익)가 얼마나 되는지 연도별로 살펴보았다.

그런데 여기에는 통계적으로 중요한 문제점 하나가 있었다. 가령 1,000개의 기업을 대상으로 예측오차의 평균을 구하면, 개별 기업의 오차가 양수(실제 이익 〉 추정치)로 나오는 경우와 음수(실제 이익 〈 추정치)로 나오는 경우가 있기 때문에 결국에는 서로의 효과가 상쇄되고 만다. 즉 정확하지 않은 이익 추정 모형으로 인해 표본별 예측오차가 크게 도출되더라도, 표본 전체를 평균하면 예측오차가 0에 가까이 수렴해 이익 추정 모형이 정확한 것처럼 잘못 판단될 수 있다. 따라서 우리는 각 표본마다 예측오차의 부호를 무시한 절댓값을 사용하기로 했다(가령 +5.2%와 -5.2%의 예측오차가 나오는 경우 모두 5.2%로 분석). 실제 이익과 추정치의 차이가 양수인지 음수인지 여부는 고려하지 않고, 단지 오차의 크기에만 집중해 기업별 예측오차의 절댓값을 평균해보기로 했다.[8] 이렇게 예측오차를 분석한 결과는 다음과 같다.

같은 결과, 동일한 결론

다음의 [표 5.1]은 기업의 경영성과를 측정하는 데 가장 널리 활용되는 지표인 이익과 자기자본이익률[ROE]의 평균 예측오차의 절댓값을 연도별로 나타낸 것이다. ROE는 이익보다 성과 측정에 더 유의미한 지표인데, ROE를 보면 표본 기업들의 규모 차이를 고려한 상대적인 결과를 비교할 수 있기 때문이다. 분석 과정을 간단히 요약하면, 먼저 모든 표본 기업마다 전년도 이익(또는 ROE)에 과거 3개년 평균 성장률을 곱해 내년 이익(또는 ROE)을 추정했다. 그 다음 1954년부터 2013년까지 각 기업별로 추정치와 실제 이익(또는 ROE)의 예측오차 절댓값을 평균해 [표 5.1]의 그래프를 얻었다.

우리는 이와 별도로 과거 3개년 평균 성장률 대신 5개년 평균 성장률로 예측오차를 다시 측정해 보았다(반드시 3개년도 성장률을 고집할 필요가 없었기 때문이다). 그런데 5개년도 평균 성장률을 사용했을 때도, [표 5.1]

표 5.1 공시된 재무정보의 미래 추정능력 약화

과거 이익(ROE)과 1년 후 이익(ROE) 추정치의 평균 예측오차의 절댓값. 표본은 모든 데이터베이스 기업, 대상연도는 1954년~2013년

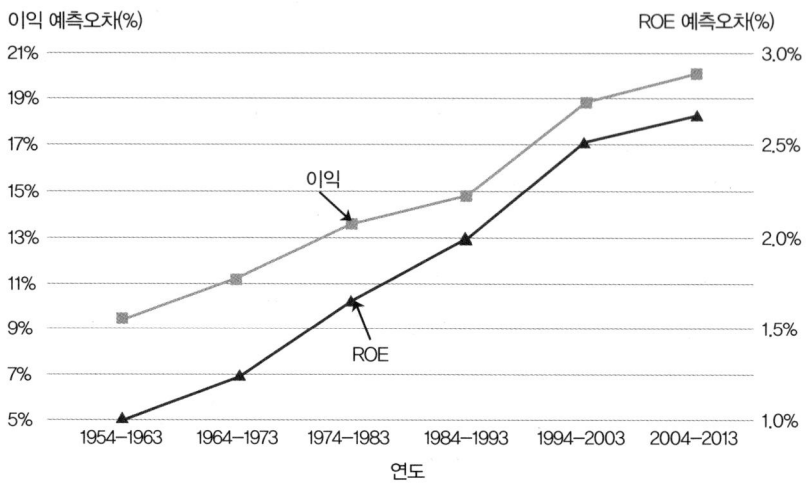

에 나타난 메시지는 너무도 분명하다. 표의 그래프를 보면 지난 반세기 동안 이익과 ROE의 평균 예측오차가 꾸준히 가파른 상승곡선을 그려왔다는 것을 알 수 있다.⁹ 가령 이익의 평균 예측오차(좌측 세로축)를 보면, 지난 60년간 9%에서 20%로 그 수치가 무려 두 배가 넘게 증가했다. 전년도 이익 정보만 가지고 12개월 후의 이익을 추정했다는 것을 감안하면, 9%의 예측오차([실제 이익 – 추정치]/실제 이익)는 꽤 무난한 추정치라 볼 수 있다. 하지만 예측오차가 20%나 되면 추정치의 신뢰성에 의구심이 생기고, 과연 전년도 이익이 쓸모 있는 정보인지조차 의심스럽게 된다. ROE의 예측오차(우측 세로축)는 이것보다 더 심각하다.

우리는 이 그래프를 통해 공시 정보의 주된 역할이 기업의 미래 이익을 예측하는 것임에도 불구하고, 실제로는 정확한 미래 이익을 예측

할 수 있는 유용성이 점점 저하되고 있다는 결론을 내렸다.[10] 이 결론은 우리가 이전 장에서 설명했던 방향과도 일치하지만, 실제 이익과 추정치의 차이를 분석한 결과이기 때문에 투자자들의 재무정보 이해 수준이나 비합리적 투자심리를 배제했다는 점에서 중요성을 갖는다. 우리는 이렇게 세 가지의 다른 분석 방법론을 통해 (3장, 4장과 이번 장에서 각각 하나씩) 재무정보의 유용성이 하락하고 있다는 동일한 결론에 도달했다.

재무정보 유용성의 하락 원인

기업이 공시하는 정보에서 미래의 경영성과를 예측할 수 있는 능력이 이렇게 심각하게 저하된 이유가 무엇일까 몹시도 궁금할 것이다. 회계정보가 기업 경영성과를 보다 정확하게 반영할 수 있도록 회계 규제기관에서 회계품질 개선에 많은 투자를 하고 있고, SEC와 기업회계 감독위원회Public Company Accounting Oversight Board, PCAOB에서도 공시정보의 무결성(정확성)을 향상하고자 각종 규제를 마련하고 있는데 왜 주요 재무정보(이익)의 유용성은 오히려 저하되고 있는 것일까? 여기서 모순적인 것은, 각종 회계기준과 규제가 공시정보의 미래 예측 능력이 저하된 주요 원인들 가운데 하나라는 점이다. 놀랍게도 잘해보려는 행동이 의도하지 않은 역효과를 발생시킨 것이다.

재무정보의 유용성이 하락하게 된 이유는 책의 2부에서 상세하게 다룰 예정이지만, 궁금해 하는 독자 여러분을 위해 주요 원인을 잠깐 소개하고 넘어가고자 한다. 기업이 공시하는 이익의 미래 예측능력이 하락하게 된 것은 재무보고서에 소위 일시적인 항목이 급증했기 때문이다. 기업의 분기별, 연도별 실적에 영향을 미치는 매출, 특히 비용 항목은 고정적으로 되풀이되는 사항들이 아니다. 이렇게 간헐적으로 발생하되 한 번 발생하면 이익에 큰 영향을 미치는 항목 때문에 과거 이익으로 미래를 예측하기가 어려워진 것이다. 비유를 하자면, 인구가 변동하거나 재난이 발생하면 선거 결과가 종종 뒤바뀌곤 하는데, 이런 결과를 미래 선거 예측 용도로 참고하면 곤란한 것과도 같다.

예를 들어, 항공기 생산 업체이자 군수업체인 유나이티드 테크놀로지스United Technologies는 경영성과를 개선하기 위해 인원감축과 제조부문 통합을 추진하며 2012년 4분기에 총 2억 5천 8백만 달러의 구조조정 비용을 발생시켰다.[11] 따라서 해당 분기의 이익은 2억 5천 8백 달러만큼 감소하며 전년 동기대비 27% 감소했고, EPS도 전년 동기의 1.44달러에서 1.05달러로 하락했다. 이렇게 일시적으로 낮아진 이익을 미래 이익 예측에 활용하면 당연히 정확한 추정치를 얻을 수 없다. 만약 구조조정으로 인해 앞으로의 경영성과가 개선된다면 더욱 쓸모없는 정보가 되어버린다.[12]

하지만 최근 수십 년 동안 회계기준 제정기관들은 기업을 대상으로 이런 일시적인 정보(자산과 영업권의 감액손실, 자산과 부채의 공정가치 평가손익 등은 자산과 부채를 기업 재무상태표에 보다 정확하게 반영하기 위해 만들어진 규정들이다)를 보고할 것을 대대적으로 의무화했고, 그 결과 기업공시 정보는 기업의 경영성과를 제대로 반영하지도, 미래 이익을 정확히 예측할 수도 없게 되었다.[13]

유나이티드 테크놀로지스의 사례에서 살펴본 바와 같이, 일시적인 회계정보는 공시 이익에 변동성을 야기하기 때문에 미래 이익을 예측할 수 있는 능력을 크게 저하시킨다. '일시적인' 항목들이 진짜로 이익 예측 능력을 저하시켰는지 의심스럽다면 다음 [표 5.2]의 그래프를 참고하도록 하자. 당기순이익을 기록한 미국의 상장기업들을 대상으로 손익계산서상의 '특별손익 항목(special and extraordinary item, 경상적인 활동과 상관없는 일시적 손익 항목을 나열하는 부분)'이 기업 이익에 평균적으로 얼마나 많은 비중을 차지하는지 분석한 결과다.

표 5.2 일시적 회계정보가 이익에 미치는 영향

당기순이익에서 '특별' 손익 항목이 차지하는 평균 비중, 1950년~2013년

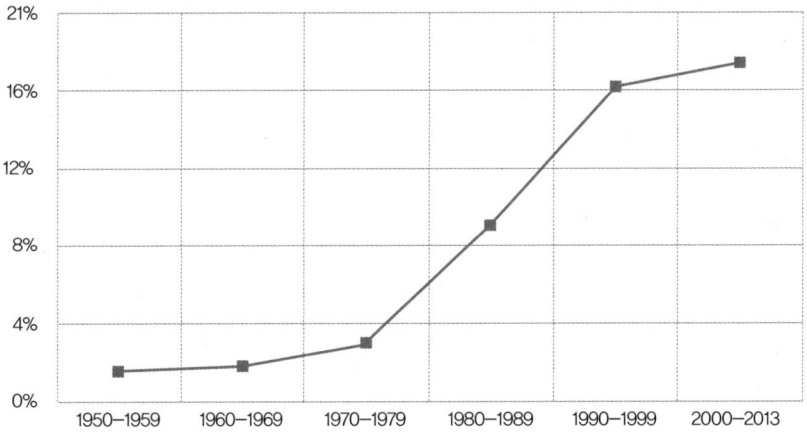

가파른 그래프 곡선에서 짐작할 수 있다시피 이익에서 특별손익 항목이 차지하는 비중은 2%에서 17%로 급증하였는데, 이는 일시적인 항목이 이익에 미치는 영향이 증가했으며, 그 결과 이익은 기업의 미

래 성과를 예측하는 지표로서 유용성이 저하되었다는 뜻이다.[14] 물론 이익의 유용성이 저하된 데는 다른 원인들도 여러 가지가 있지만(이에 대해서는 2부에서 다시 설명할 것이다), 일시적인 항목이 상당히 큰 역할을 차지한다.

기업 이익을 중요한 정보로 간주하는 ('기업 이익이 시장을 움직인다'고 생각하는) 투자자, 채권자와 기타 정보 이용자들에게 있어 이익의 유용성이 크게 하락하고 있다는 현실은 중요한 시사점을 제시한다.[15]

회계상 손실은 진짜 손실이 아닐 수도 있다

심리학자 아모스 트버스키[Amos Tversky]와 노벨 경제학상 수상자 다니엘 카너먼[Daniel Kahneman]은 '손실이 이익보다 과중하게 느껴진다'고 말했다. 이는 사람들이 이익을 얻는 것보다 손실을 회피하는 것을 선호한다는 말이다.[16] 따라서 손실을 보고하는 것은 기업과 기업 구성원들에게 중대한 사건이므로, 부실한 경영 상태를 알려주는 신뢰도 있는 정보여야지 투자자들을 괜히 놀라게 만들어서는 안 된다. 그런데 우리는 여기서 또 놀라운 사실을 발견했다. 많은 기업들이 손실을 보고했던 이유가 회계 기준 때문이었지, 기업 펀더멘털이 실제로 악화돼서가 아니라는 점이었다. 이는 곧 투자자들이 공연하게 손실을 입었다는 말이다.

어떻게 이런 사실을 알게 되었을까? 우리는 미국 1,000대 기업을 ROE(이익을 자기자본으로 나눈 비율)에 따라 지난 50년간 연도별로 순위를 매긴 다음, 손실을 경험하고 있거나 경영 상태가 몹시 부실한 하위 10%에 해당하는 기업들을 살펴보았다. 대부분 손실 금액이 큰 기업들이었다. 만약 이들이 손실을 보고한 이유가 기업 펀더멘털이 정말 약해서였다면(영업 실패나 진부해진 기술 등), 기업 펀더멘털은 쉽게 변할 수 있는 요소가 아니므로(블랙베리Blackberry, 노키아Nokia, 코닥Kodak 같은 기업들은 수년간 손실을 겪다 결국 파산 위기에 봉착했다) 특정 연도에 하위 10%에 해당했던 기업은 다음 연도에도 하위 10%에 남아있을 가능성이 높을 터였다.

우리는 이러한 가설을 검증해 보고자 간단하고도 설득력 있는 테스트를 진행해 보았다. 우리네 삶에서도 그렇지만, 기업 세계에서도 진정한 패배자는 패배자 신세를 벗어나지 못하기 때문이다. 하지만 이와는 반대로 기업이 운이나 기업 펀더멘털을 제대로 반영하지 못하는 회계 기준 때문에 손실을 기록했다면 (가령 무형자산을 전부 비용 처리하는 바람에 손실이 발생한 경우), 특정 연도에는 하위 10%에 해당했다 하더라도 그 다음 연도에는 수치스러운 등급에서 벗어날 수 있으리라 가정했다.[17]

우리의 분석 결과, 1950년대와 1960년대에는 특정 연도에 하위 10%에 해당했던 기업들 가운데 60%가 그 다음 연도에도 하위 10%에 그대로 남아있었다. 그런데 1970년대가 되자 그 비율이 50%로 감소하고, 1980년대에는 45%, 오늘날에는 40%로 점점 더 줄어들었다. 다시 말해 오늘날 손실을 보고하는 기업들 가운데 60%는 경영 상태가 진짜로 부실한 게 아니라는 말이다. 이들은 이듬해 손실 폭을 줄이거나, 심지어 흑자를 기록하는 경우도 있었다. 그러므로 여러분이 투자한 기업이 재무보고서상 손실을 기록했다고 해서 괜히 겁먹고 주식을 팔아치우기보다는, 기업이 손실을 기록한 이유가 무엇인지 먼저 차분하게 분석하는 것이 좋겠다. 어떤 자산을 제각했거나, 회계정책이 변경되었거나, 아니면 단순히 운이 나빴을 가능성이 크기 때문이다.

요약노트

기업이 공시하는 이익은 미래 경영성과를 말해주는 전조로 간주되기 때문에, 많은 투자자들이 이익 발표에 큰 관심을 기울이곤 한다. 기업이익이 '시장을 움직인다'고 하는 이유가 바로 이 때문이다. 그러나 이번 장의 분석 결과에 따르면 이는 잘못된 믿음이다. 기업이 발표하는 이익은 더 이상 미래 경영성과를 예측할 수 있는 믿을만한 정보가 못 되는데, 이는 각종 회계 규제기관에서 일시적 회계정보 공시를 의무화하는 바람에 공시 정보가 현실을 제대로 반영하지 못하게 됐기 때문이다. 이익 정보는 물론, 손실 정보도 더 이상 믿을만한 정보가 아니다. 손실기업이라고 해서 반드시 기업 운영에 심각한 문제가 있는 게 아니기 때문이다. 여기서 투자자들이 얻을 수 있는 교훈은, 기업의 경영성과를 판단하고 미래 향방을 예측할 때 공시 자료보다 더욱 확실한 정보가 필요하다는 것이다(이에 관해서는 3부에서 다룰 예정이다). 특히, 당기순이익이나 주가수익률 같은 주요 재무지표에 의존하는 경향이 높은 개인 투자자들에게 있어 우리의 분석 결과는 더 많은 점을 시사한다.

1 경제학자 로버트 쉴러(Robert Shiller)는 투자자의 비합리성을 주제로 많은 연구를 해온 공로를 인정받아 2013년 노벨 경제학상을 수상했다. 그의 저서 《비이성적 과열》(알에이치 코리아, 2014) 참조.
2 2000년이 되자 닷컴 거품이 꺼지기 시작하면서 나스닥 시가총액이 50% 가까이 증발했다. 이런 현상은 2002년까지 지속되었다.
3 투자자들이 실수를 통해 학습효과를 얻기 때문에 자본시장의 효율성과 합리성이 시간이 흐를수록 증대된다는 수많은 연구결과들이 존재한다. 예를 들면, 1990년대 한때는 현금흐름보다 당기순이익이 높은 기업(발생주의 이익이 높은 기업)에 투자하는 게 대유행이었다. 그러나 당기순이익이 높은 기업만 골라 열심히 투자하던 투자자들은 투자한 지 1~2년도 지나지 않아 투자했던 기업의 주가가 내려앉는 모습을 지켜보며, 이익이 사실은 취약한 지표라는 것을 깨닫게 되었다(이익은 조정 가능성도 있고, 일시적인 손익에 크게 영향 받기 때문이다). 2000년대가 되자 투자자들은 착각(슬론(Sloan)은 이를 '발생액 이상 현상(accruals anomaly)'이라고 정의했다)에서 벗어나기 시작했고, 발생액이 높은 기업(즉 현금흐름보다 당기순이익이 높은 기업)은 더 이상 투자자들의 주목을 받지 못했다. 제레미아 그린(Jeremiah Green), 존 핸드(John Hand)와 마크 솔리만(Mark Soliman)의 다음 논문 참고. "Going, Going, Gone? The Apparent Demise of the Accruals Anomaly," Management Science, 57 (2011): 797–816.
4 누군가는 역사가 반복되는 게 아니라 역사학자들이 역사를 반복한다고 말했다.
5 윌리엄 선드스트롬(William Sundstrom), 티모시 귀넌(Timothy Guinnane), 워런 와틀리(Warren Whatley)의 《역사가 중요한 이유, History Matters: Essays on Economic Growth, Technology, and Demographic Change》(Stanford, CA: Stanford University Press, 2003)에 수록된 케네스 애로(Kenneth Arrow)의 논문 "경로 의존성과 경쟁 균형(Path Dependence and Competitive Equilibrium)" 참조.
6 브리티쉬 페트롤리엄(BP)은 2010년 멕시코 만에서 심각한 원유유출 사고를 일으켜 수백억 달러의 막대한 손실을 입었지만, 이 사고로 인해 세계 최대 규모의 석유기업이라는 BP의 기업 입지에는 아무런 변동이 없었다. 오히려 최근(2016년)의 석유 공급과잉과 유가하락이 석유기업들에게는 더 큰 타격일 수도 있다.
7 이익 추정치 모형에 대해 잠깐 이야기하자면, 금리 상승이나 양적완화 종료같이 추정치 모형에 다른 변수들을 포함시킨 경우 해당 변수의 오차 때문에 오히려 정확성이 떨어지는 결과가 빚어졌다. 결과적으로 보면, 과거 이익에 기업 성장률만 반영한 우리 모형이 '더 복잡한' 다른 모형들과 크게 차이가 없을 수도 있다. 조셉 제라코스(Joseph Gerakos), 로버트 그래머시(Robert Gramacy)의 논문 Regression-Based Earnings Forecasts, working paper (Chicago: University of Chicago, 2013) 참조.
8 일부 연구자들의 경우 절댓값을 취하는 대신 "평균 제곱근 오차" 즉 오차를 제곱해서 평균한 값을 제곱근한 결과를 사용하는데, 이 역시 오차의 부호는 고려되지 않은 수치다.
9 우리는 예측오차의 연도별 변동폭을 제거하기 위해 1954년부터 1963년, 1964년부터 1973년 등 분석기간을 10년 단위로 나누어 예측오차를 평균했다. [표 5.1]은 이렇게 10년별로 예측오차를 평균한 결과를 그래프로 나타낸 것이다. 또한 변동성이 큰 신생기업의 경우 예측오차가 신뢰구간 밖에 있기 때문에, 이를 제거하고자 연간 이익성장률이 +15%에서 −15%에 해당하는 기업만 표본에 포함시켰다.
10 기업의 미래 경영성과를 예측하는 데 있어 회계상 이익보다 현금흐름이 더 정확하다는 의외의 결론을 제시하는 실증분석도 있는데, 이는 우리의 연구 결과와도 사실상 일치한다. 바루크 레브, 시이 리(Siyi Li), 시어도어 수지아니스(Theodore Sougiannis)의 다음 논문 참고. "The Usefulness of Accounting Estimates For Predicting Cash Flows and Earnings" Review of Accounting Studies, 15 (2010): 779–807.
11 구조조정 비용에는 근로자 해고, 사업부문 해체, 자산 매각으로 인한 손실 등 기업 구조조정으로 인해 발생하는 각종 비용들이 포함된다.

12 최근 한 논문에 의하면 지난 반세기 동안 발생액(비현금성 수익과 비현금성 비용)과 현금흐름 간의 상관관계가 크게 감소하였으며, 최근에는 그 상관관계가 거의 사라지다시피 했다고 한다. 논문의 저자들은 그 이유에 대해 이렇게 설명했다. "우리는 일시적 항목과 비경상적 항목의 증가가… 발생액과 현금흐름의 상관관계가 감소한 원인 가운데 63%를 차지하는 것으로 파악했다." (서론에서 발췌). 로버트 부시먼(Robert Bushman), 알리나 레먼(Alina Lerman), 프랭크 장(Frank Zhang)의 다음 논문 참조, The Changing Landscape of Accrual Accounting, working paper (Chapel Hill: University of North Carolina, 2015)..

13 기업공시 이익의 유용성을 '훼손'시킨 주범은 1980년대 무렵 FASB가 제정했던 '대차대조표 접근방법(balance sheet approach)'이다. 이 대차대조표 접근방법에 따르면, 회계의 주된 목적은 자산과 부채를 공정가치(현재가치)로 평가하는 것이다. 이렇게 매 분기와 연도마다 자산과 가치를 공정가치로 평가하다보면 손익계산서에도 일시적 손익이 반영될 수밖에 없고, 당기순이익은 이런 일시적 손익을 반영하게 되어 결국 기업의 미래 경영성과를 예측할 수 있는 능력이 저하된다.

14 한 회계 규제기관에서는 이렇게 반문했다. "일시적 항목 때문에 이익의 유용성이 저하된다면, 일시적 항목이 가감되기 이전의 이익을 고려하면 되는 문제이지 않습니까. 그런데 왜 이렇게들 난리인 거죠?" 말로는 쉬워 보인다. 문제는 대부분의 일시적 항목과 일시적 항목을 구성하는 요소들이 다른 손익 계정에 '묻혀' 있기 때문에, 투자자들이 이를 일일이 발라내는 것이 불가능하다는 데 있다. 예를 들어, 미국의 제약업체 길리어드 사이언스(Gilead Science)의 2013년 2분기 재무제표를 보면 연구개발비와 판관비에 인수합병 비용과 구조조정 비용 등의 일시적 항목이 포함되어 있음이 명시되어 있기 때문에, 이를 제외한 당기순이익을 보다 정확하게 예측할 수 있다. 그러나 대부분의 기업들은 이런 일시적 손익 항목을 일일이 공시하지 않는다.

15 기업공시 이익의 정보 유용성 저하를 목격한 사람은 우리들뿐만이 아니다. 미국 에모리대 교수인 일리아 디체프(Ilia Dichev) 역시 회계 규제에 대해 이렇게 비판했다. "이익은 재무제표에 기록된 모든 회계항목들 가운데 가장 중요한 결과물이다. 따라서 재무보고 개선을 위한 노력은 이익 정보의 유용성 증대로 이어져야 한다는 게 당연한 논리다. 그러나 'FASB의' 대차대조표 접근방법이 지속적으로 늘어나면서 이익 정보의 유용성은 점점 저하되고 있다. 이는 대차대조표 접근방법이 수많은 공정가치 평가를 요구하기 때문으로, 경상적 영업이익을 계산하는 데 있어 잡음이 되고 있다." 일리아 디체프트의 다음 논문 참조, "On the Balance Sheet-Based Model of Financial Reporting," Occasional Paper Series, Center for Excellence in Accounting and Security Analysis, Columbia Business School, 2007, p. 2.

16 다니엘 카너먼, 아모스 트버스키의 다음 논문 참조, "Prospect Theory: An Analysis of Decisions Under Risk," Econometrica, 47 (2) (1979): 263-292.

17 이는 '평균 회귀(mean reversion)'라고 불리는 일반적인 현상을 반영한 가설이다. 평균 회귀란 어떤 기간에 평균을 크게 벗어나는 결과가 관찰되더라도, 그 이후 기간에는 점점 평균에 수렴하는 값을 얻는다는 이론이다. 이때 평균으로 회귀하는 속도를 보면 운이나 일시적 항목이 얼마나 큰 영향력을 갖는지 알 수 있다(우리 경우에는 이익에 미치는 영향력이 얼마나 큰지 알 수 있다).

06

CHAPTER
THE END OF ACCOUNTING

유용성 하락의
마지막 증거

이 장에서는 지난 30년간 재무 애널리스트의 미래 예측 불확실성, 다시 말해 기업 향방을 예측할 수 있는 애널리스트의 불확실성이 증대되었다는 점에 대해 논하고자 한다. 우리는 애널리스트의 예측 불확실성이 증대된 (적어도 부분적인) 이유가 이들의 주요 참고자료인 기업 재무보고서의 품질이 저하되었기 때문이라고 판단한다. 이 장에서 제시하는 결과는 우리가 이전 장에서 살펴봤던 재무정보 유용성 하락과도 그 맥락을 같이하며, 자본시장의 최고 재무전문가인 애널리스트마저도 유용성 저하의 영향권에 속해있음을 보여준다.

회계는 원래 복잡한 것

우리가 1장부터 5장까지 제시했던 회계정보 유용성에 대한 검증 결과를 두고 일부 사람들은 이렇게 최후의 변론을 했다. 회계란 복잡한 것이라고 말이다. 글로벌하고, 경쟁적이고, 급변하고, 혁신을 요구하는 오늘날 같은 비즈니스 환경에서 기업이 사업을 운영하는 방식과 재무 상태에 대해 설명하려면 고도로 복잡하고 세심하면서도 전문화된 정보 제시 방식이 필요하다. 대부분 투자자와 채권자들에게 있어 이런 정보 제시 방식은 이해하기 어렵거나 때로는 혼란스럽기까지 하기 때문에, 주가와 재무정보에 점점 간극이 벌어지고 있다는 것이다. 우리에게 반론을 제시한 사람들에 의하면, 복잡한 기업 활동을 설명하기 위해서는 대부분의 재무보고서 정보가 전문가를 대상으로 할 수밖에 없다.

사실 회계 분야의 전문가가 아니라면 자산과 부채의 공정 가치(도대체 뭐가 공정하다는 것일까?), 영업권의 손상차손, 부외 금융, 특수목적회사 등 최근 들어 생겨난 수많은 회계 규정의 진정한 의미를 꿰뚫고 있을까? 이런 여러 가지 이유를 고려했을 때, 일반 대중들이 복잡한 회계정보에 제대로 반응하지 못한다는 것은 피상적인 관찰 결과라는 게 그들의 주장이다.

우리는 회계정보의 유용성을 검증하기 위해 돌다리란 돌다리는 전부 다 두드려보고 싶었기 때문에, 자본시장의 최고 전문가라 할 수 있는 재무 애널리스트를 대상으로 마지막 테스트를 진행했다. 애널리스트는 기업 재무제표 분석과 복잡한 회계정보 해석을 전문적으로 훈련받은 사람들이다. 또한 특정 산업에 대한 전문가이기 때문에 기업의 회계정보를 경제적인 맥락에서 이해할 수 있으며, 각종 이익 예측 방법론에도 정통하다. 무엇보다 중요한 것은 개인 실적에 따라 성과금과 승진 기회가 주어지기 때문에, 애널리스트는 재무보고서에 제시된 정보란 정보를 꼼꼼히 분석해 높은 수익률을 얻어야 하는 강한 동기를 갖고 있다는 사실이다. 이들은 재무보고서에 나타난 정보가 복잡하다고 해서 그냥 덮어놓지 않는다. 이해하기 어려운 문제가 생기면, 애널리스트는 해당 기업의 경영진과 직접 콘퍼런스 콜을 하거나 IR$^{\text{investor relations}}$ 담당자를 만나 배경 설명을 요청한다. 재무보고서를 통해 기업의 향후 경영 성과나 재무 상태를 정확히 파악할 수만 있다면 이들은 물불을 가리지 않고 보고서 분석에 뛰어들 것이다.

이런 점을 고려해 우리는 다음과 같은 가설을 세웠다. 재무보고서를 주요 정보원으로 사용하는 애널리스트의 결과물이 점점 개선되고 있는가? 기상 데이터와 관측방법이 좋아지면 기상 예보의 정확도가 개선되듯이, 회계정보의 품질과 유용성이 좋아지면 애널리스트의 결과물도 개선될 것이 분명하다. 반대로, 회계정보의 유용성이 저하될 경우 애널리스트 결과물의 품질은 떨어질 것이다.

기업재무의 전문가, 애널리스트

각종 금융기관과 독립 부티크에 소속된 수천 명의 셀-사이드 애널리스트들은 미국 상장기업의 대부분과 해외 기업들도 일부 분석한다.[1]

이들은 각자 담당한 산업별로 10개에서 15개 정도의 기업을 전문적으로 연구한다. 그리고 특정 기업고객과 투자자 집단을 대상으로 해당 산업과 기업에 대해 주기적으로 분석한 보고서와 유망 추천종목, 이익과 매출 추정치를 제공한다. 애널리스트의 분석 결과물은 해당 기업에 대한 전문적인 정보로 간주된다. 애널리스트와 리서치 센터의 전문 팀원들이 기업에서 제공한 수많은 정보와 다른 경로를 통해 입수한 기타 정보(산업 동향이나 기술 발전 동향 등)를 분석한 결과이기 때문이다. 뿐만 아니라 콘퍼런스 콜이나 회의를 통해 확인된 정보이자, 기업고객이나 공급업자들로부터 직접 보고들은 내용도 반영되어있기 때문이다. 이렇게 애널리스트가 참고하는 수많은 정보들 가운데 가장 핵심적인 요소는 뭐니 뭐니 해도 기업이 발행하는 재무보고서이다.

애널리스트는 재무보고서가 발간되고 나면 콘퍼런스 콜이나 IR 설명회, 경영진들과의 단독 회의에 참여함으로써 재무보고서를 보다 잘 이해할 수 있는 배경 지식과 독특한 관점을 얻게 된다.[2] 따라서 재무보고서의 내용이 아무리 복잡하거나 이해하기 어려워도, 애널리스트의 결과물에는 주가를 예측하는 데 필요한 재무보고서 정보가 거의 다 반영되어 있다고 봐도 무방할 것이다.

모호한 정보와 의견 불일치

투자자들에게 다음 두 가지 정보가 주어졌다고 가정해보자. 첫 번째는 기업의 어떤 서비스에 가입한 고객 수(예를 들면 넷플릭스 가입자 수)가 20% 증가했다는 것이고, 두 번째는 그 기업의 이익이 전년도보다 10% 상승했다는 것이다. 첫 번째 정보는 다르게 해석할 수 있는 여지가 없는 팩트 그 자체다. 따라서 서비스 가입자 수가 20% 증가한 것이 어떤 의미를 함의하는지에 대해 투자자들의 의견이 일치할 가능성이 크다.[3]

이제 이익이 10% 상승했다는 정보가 어떤 메시지를 전달하는지 살펴보자. 이익이란 정보는 가입자 수처럼 분명한 사실관계가 아니다. 이익은 여러 가지 사실관계(매출 상승)와 경영진의 주관적인 추정(내년에도 회수가 어려울 것으로 판단되는 채권에 대한 대손충당금), 운이나 재수(특히 침해 소송에서 이길지 이기지 못할지), 심지어 어떤 경우에는 경영진의 이익 조정 같은 다양한 요소가 복합적으로 작용한 결과이기 때문이다. 따라서 이익이 10% 상승했다는 정보가 투자자들에게 어떤 의미를 갖는지는 다소 모호할 수 있다.

당기에 이익이 상승한 이유가 차기에도 이익 상승을 기대할 수 있는 어떤 근본적인 변화 때문인지, 아니면 일시적인 영향 때문인지, 이익 상승과 기업 가치는 무관한지, 이익 계산에 사용된 경영자 추정치와 가정을 얼마나 신뢰할 수 있는지에 대해 투자자마다 의견이 서로 다를 수 있다. 이 이익이 '조정'된 수치인지 아닌지에 대해서도 의견이 분분할 수 있다. 따라서 이익이 10% 상승했다는 것이 미래 이익을 예측하고 투자를 결정하는 데 있어 어떤 의미를 함의하는지 투자자들마다 의견이 크게 불일치할 가능성이 크다. 이익이 증가한 이유가 일시적인 요소나 이익 조정 때문이라고 생각하는 사람들은 10% 상승을 대수롭지 않게 여기겠지만, 이와 반대로 생각하는 사람들은 해당 기업의 주식을 매수할 것이다.

일반적으로 메시지의 내용이 모호하고 다양하게 해석될 여지가 높을수록, 즉 사실관계와 거리가 멀수록 사람들이 생각하는 메시지의 의미는 불일치할 공산이 크다. 우리는 이런 의견 불일치의 정도를 통해 메시지가 얼마나 모호한지 파악할 수 있고, 메시지의 모호한 정도에 따라 메시지의 유용성 또는 적합성을 판단할 수 있다는 중요한 결론을 얻을 수 있다.[4] 우리는 이 결론을 회계정보 유용성을 검증하기 위한 마지막 테스트의 가설로 정했다.

의견의 불확실성 측정하기

우리는 이번 장의 앞부분에서 애널리스트가 대부분의 상장기업들을 분석한다고 언급했다. 일부 대기업의 경우에는 20~30명 또는 그 이상의 애널리스트들이 분석을 담당한다(구글은 40명의 애널리스트가, 엑슨모빌은 20명의 애널리스트가 분석을 맡고 있다. 2015년 12월 31일자 야후 파이낸스Yahoo@Finance 참조). 이때 동일한 기업을 분석하는 애널리스트 여러 명의 이익 추정치가 분산된 정도(산포도)를 살펴보면 애널리스트들이 그 기업의 미래 경영성과에 대해 얼마나 불일치된 의견을 갖고 있는지 파악할 수 있다.

예를 들어 A 회사를 분석하는 애널리스트가 세 명이 있는데, 이들이 A 회사의 다음 분기 예상 EPS를 2.50달러, 2.60달러, 2.75달러로 각각 제시했다고 가정해보자. 이들은 A 회사와 같은 산업군에 속한 B 회사에 대해서는 각각 −0.75달러, 2.0달러, 3.75달러의 EPS 추정치를 제시했다. 이 경우 B 회사 추정치의 산포도가 A 회사 추정치의 산포도보다 훨씬 더 크다. 심지어 한 애널리스트는 B 회사가 손실을 기록할 것이라고 예상했다.[5]

B 회사 추정치의 산포도가 크다는 것은 미래 경영성과에 대한 애널리스트 의견의 불일치 정도가 높고, 불확실성과 모호함 역시 크다는 의미다. 두 회사 모두 같은 산업군에 속해 있으므로 산업 리스크와 경제적 환경이 동일하다는 점을 고려하면, A 회사에 대해 주어진 정보(대부분 재무보고서를 통해 얻은 것임이 분명한)가 B 회사에 대한 정보보다 분명하고 정확했을 것이다. 따라서 추정치에 대한 산포도는 정보의 질을 파악할 수 있는 중요한 지표가 된다. 우리는 이를 기본 전제로 하여 정보의 유용성을 검증했다.

우리는 두 명 이상의 애널리스트가 분석하는 기업을 대상으로 애널

표 6.1 애널리스트의 불확실성 증대

5개년별 애널리스트 추정치의 표준편차(분산의 평균), 1976년~2013년(2008, 2009년은 제외)

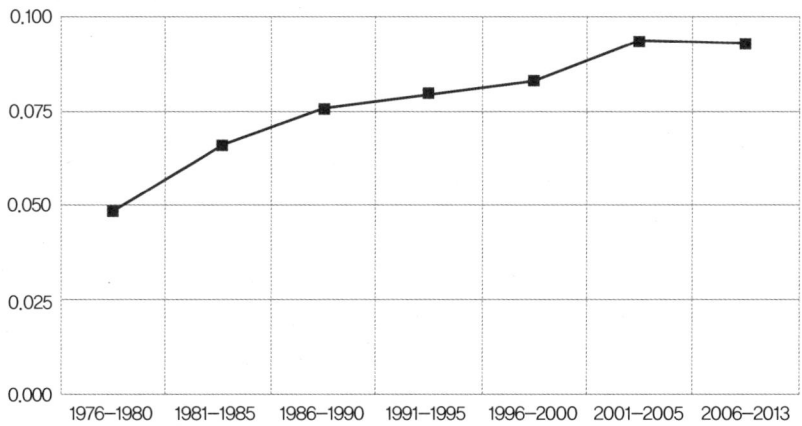

리스트 추정치가 콘센서스 추정치에서 얼마나 벗어나있는지 살펴보고자 지난 35년간 각 추정치별 분산을 계산했다.[6] 그리고 각 추정치의 분산을 5년마다 평균했더니 [표 6.1]과 같은 일정한 상승곡선이 나타났다. 만약 애널리스트가 참고하는 정보의 품질이 점점 더 좋아졌다면, 이들이 기업의 미래 이익을 예측하는 데 느끼는 불확실성은 시간이 지날수록 감소할 것이 분명하다. 하지만 [표 6.1]을 보면 현실은 그 반대였음을 알 수 있다.

표의 상승곡선 그래프는 기업의 미래성과에 대한 애널리스트의 의견이 서로 불일치했고, 이들이 느끼는 불확실성이 점점 증대되었음을 암시한다. 다음 장에서 자세히 살펴보겠지만 [표 6.1] 분석 과정에서 오늘날 비즈니스 환경의 변동성과 예측 불확실성이 높아졌을 가능성은 배제하였으므로(또한 2008년과 2009년 당시 금융위기로 인해 기업 성과를 예측하기 어려웠던 시기는 분석에서 제외했다), 애널리스트 불확실성이 증대된 주요 원인은 그들이 참고했던 자료, 특히 재무보고서 정보의 품질(정확성과 정밀성)이 지속적으로 저하되었기 때문으로 보인다.[7] 즉 모호하고 불분명한 재무정보로 인해 애널리스트의 미래 예측 불확실성이 증대된 것이다.

요약노트

이 장에서는 기업의 미래성과를 예측하는 여러 애널리스트의 의견이 상호 일치하는 정도(콘센서스)를 통해 재무정보의 유용성이 자본시장의 최고 재무전문가이자 투자자들의 오피니언 메이커 opinion makers인 셀-사이드 애널리스트에 어떤 영향을 미치는지 검증해 보았다. 광범위한 표본을 대상으로 검증을 실시한 결과, 애널리스트가 받아들이는 회계정보의 유용성 역시 지속적으로 하락했음이 판명되었다.[8]

이 장은 물론 이전 장에서 실시했던 모든 분석 결과 동일한 결론이 도출된다는 점을 감안하면, 회계정보의 유용성이 하락하고 있다는 사실에 대해서는 이견의 여지가 없어 보인다.

투자자와 경영진들에게 당부하고 싶은 중요한 한 가지를 언급하면서 이 장의 결론을 맺고자 한다. [표 6.1]에 나타난 바와 같이 애널리스트의 불확실성이 점점 증대되고 있는 바, 애널리스트가 발표하는 이익 추정치를 너무 심각하게 받아들이지 말 것을 권한다. 애널리스트 추정치를 벗어났다고 해서 경영진 자리가 위협을 받는 것도 아니요, 주식을 빨리 매도해야 될 하등의 이유가 없기 때문이다. 3부에서 다시 언급하겠지만, 기업의 경영성과를 제대로 판단하기 위해서는 실적이 애널리스트 추정치에 부합했는지 여부를 따지는 것보다 비즈니스 모델과 실행 전략을 근본적으로 분석하는 것이 더욱 중요하다.

1 애널리스트는 일반적으로 셀-사이드 애널리스트와 바이-사이드 애널리스트로 나눠지는데, 전자는 금융기관이나 독립 부티크에 소속되어 기관이나 부티크의 고객이나 일반 대중들을 상대로 재무 분석 정보를 제공한다. 반면 후자는 헤지펀드나 사모펀드, 뮤추얼펀드 회사에 소속된 사람들이다. 우리는 셀-사이드 애널리스트만 분석 대상에 포함시켰는데, 이는 셀-사이드 애널리스트의 결과물(이익 추정치와 주식 추천종목)은 일반 대중들에게 공개되는데 반해 바이-사이드 애널리스트의 결과물은 펀드회사의 독점적인 정보로 외부에 공개되지 않기 때문이다. 뿐만 아니라, 최근 한 연구에 따르면 셀-사이드 애널리스트의 분석 결과가 기관투자자들에게도 중요한 정보원으로 활용되고 있다고 한다. 로렌스 브라운(Lawrence Brown), 앤드루 콜(Andrew Call), 마이클 클레멘트(Michael Clement), 네이션 샤프(Nathan Sharp)의 다음 논문 참조. "Inside the 'Black Box' of Sell-Side Analysts," Journal of Accounting Research, 53 (2015): 1-47).

2 유진 솔티스(Eugene Soltes)의 논문 "Private Interaction between Firm Management and Sell-Side Analysts," Journal of Accounting Research, 52 (1) (2013): 245-272를 보면 애널리스트와 기업 경영진의 교류에 대한 분석이 제시되어 있다.

3 20%의 증가율이 좋은 신호인지 나쁜 신호인지는 투자자들의 기대치에 따라 다를 것이다(30%의 증가율을 기대했다면 20%가 좋지 않게 느껴질 것이다). 그러나 기대치가 어떻든지 간에 20%라는 정보가 갖는 메시지와 의미는 분명하다.

4 물론, 의견 불일치의 정도는 메시지를 전달받은 사람이 알고 있는 또 다른 정보나 맥락에 의해서도 영향을 받는다.

5 추정치 산포도를 측정하기 위한 표준 편차 계산 결과 A 회사는 0.126이, B 회사는 그보다 훨씬 더 높은 2.268이 나왔다.

6 각 기업별 추정치 분산 자료는 I/B/E/S에서 수집했다. 우리는 먼저 각 기업별로 회계연도 개시일 이후 네 번째 달(전년도 연차보고서가 공시되는 시점)에 발표된 최초 콘센서스 추정치의 산포도를 살펴보았다. 그리고 기업마다 서로 규모가 다르다는 점을 고려하여 표준편차를 추정치 평균값으로 나눈 '변동계수(coefficient of variation)'를 사용했다. 또 분모에 음수가 들어가지 않도록 추정치 평균에 절댓값을 취했다. 우리는 이런 방식으로 모든 표본 기업의 추정치 분산을 계산하고 이를 5개년별로 평균해 [표 6.1]의 그래프를 도출했다.

7 추정치 산포도에 영향을 미치는 다른 요인들도 있겠으나, 가장 주된 원인은 추정치에 사용된 정보의 품질이 저하되었기 때문이다.

8 애널리스트는 재무보고서 이외에도 다양한 정보를 활용한다. 최근 한 연구(Lawrence Brown, Andrew Call, Michael Clement, and Nathan Sharp, "Inside the 'Black Box' of Sell-Side Analysts," Journal of Accounting Research, 53 (2015): 1-47)에 의하면, 기업 경영진으로부터 직접 수취하는 정보가 애널리스트의 분석에 높은 중요성을 차지하는 것으로 드러났다. 하지만 경영진이 애널리스트에게 점점 더 부정확한 정보를 전달해왔을 가능성은 낮아 보이므로, 공시 정보의 품질 하락이 [표 6.1]에 나타난 현상의 주요 원인으로 파악된다.

07 CHAPTER
THE END OF ACCOUNTING

회계 유용성 저하가 **보여주는 것**

우리는 지금까지 네 개의 장에 걸쳐 회계정보의 유용성 하락에 대한 종합적인 근거를 살펴보았다. 왜 재무정보의 유용성이 하락했는지 그 원인을 분석하고 앞으로 어떤 방향으로 나아가야 하는지 고민하기에 앞서, 먼저 해결해야 할 두 가지 중요한 문제가 있다. 첫째, 회계정보의 유용성 저하가 일반 투자자들에게도 영향을 미치는 문제일까? 오늘날과 같은 정보의 홍수 시대에는 재무정보를 대체할 수 있는 다른 정보들이 많지 않은가? 둘째, 회계정보의 유용성이 저하된 원인이 전부 현행 회계제도의 실패 때문일까? 혹시 경제 환경의 변동성 같은 외부적 요인 때문이라면, 그 어떤 정보라도 유용하기는 어렵지 않을까? 이 문제들의 해답과 증거를 보면 여러분은 놀랄지도 모른다.

지금까지의 분석 결과 요약

지금까지 1부에서는 종합적인 검증 분석을 통해 투자자에게 있어 회계정보 유용성이 지속적이고 급속하게 저하된 현상에 대해 살펴보았다. 우리는 지난 반세기를 대상으로 미국 대부분의 상장기업들로 구성된 광범위한 데이터를 분석하여 다음 네 가지의 관점에서 회계정보의 유용성을 검증했다.[1]

- 재무보고서의 핵심 지표인 매출, 매출원가, 판관비, 이익, 자산과 부채 정보가 투자자들의 의사결정에 미치는 영향력
- 기업이 공시하는 정보의 시기성(투자자의 의사 결정을 위한 적합성)
- 기업이 공시하는 이익의 미래 경영성과 예측 능력(자본 시장의 외부적 영향력을 배제)

■ 회계정보의 품질과 애널리스트의 미래성과 예측 불확실성

　이때 각각의 관점마다 다른 분석 방법을 적용했는데, 여기서 흥미로운 점은 정보 유용성에 대한 네 가지 분석 결과가 전부 다 일맥상통한다는 사실이었다. 네 가지 분석 모두 기업이 공시하는 재무보고서와 그 안에 담긴 회계정보의 유용성이 크게 저하되었다는 결과를 가리키고 있었다. 재무보고서의 주 사용자인 투자자와 채권자들이 회계정보를 더 이상 유용하게 생각지 않는다는 증거였다. 무엇보다 가장 '충격'적인 결과는 기업이 막대한 돈을 들여 발행하는 재무보고서가 오늘날 투자자들이 활용하는 수많은 정보 가운데 고작 5%밖에 되지 않는다는 사실이었다. 이는 전 세계의 수많은 규제기관과 회계기준 제정기관에서 재무 정보 유용성을 개선하기 위해 열심히 노력하고 있다는 점을 고려하면 참으로 안타까운 현실이 아닐 수 없다.[2]

　이렇게 회계정보의 유용성이 하락한 원인에 대해 본격적으로 살펴보기 전에(개선책을 강구하려면 원인을 알아야 하므로), 먼저 짚고 넘어가야 할 문제 두 가지가 있다. 첫째, 재무정보의 가치가 저하되었다 한들 그래서 뭐가 문제라는 걸까? 이는 상당히 껄끄러운 문제였다. 회계사를 제외하고 이 문제를 심각하게 여기는 사람들이 또 있을까? 오늘날처럼 복잡하고 각종 정보가 넘치는 자본 시장 환경에서는 재무보고서 말고도 투자자들이 참고할 수 있는 대체 정보들이 수없이 많이 존재한다. 둘째, 회계제도 말고 회계정보 유용성을 저하시킨 또 다른 주범은 없을까? 정치 환경과 비즈니스 환경이 점점 크게 격변하고 있다는 점을 고려하면, 세상에 그 어떤 정보도 현실을 있는 그대로 반영하기는

어려울 것이다.[3] 악조건 속에서도 그저 최선을 다하는 회계사들에게는 잘못이 없다. 이 두 가지 사항 모두 여러분이 궁금해할 만한 문제일 테니 지금부터 간단하게 다루고 넘어가도록 하겠다.

투자자들이 관심을 가져야 하는 이유

먼저, 투자자에게 있어 회계정보의 유용성이 좀 저하되었다 한들 그래서 뭐가 문제라는 것일까?

얼마 전까지만 해도 대부분 사람들의 주식은 빵이었지만, 오늘날 선진국에서는 빵이 식생활에서 차지하는 비중이 아주 작아졌다. 하지만 이를 불평하는 사람은 없다. 투자자들도 마찬가지다. 수많은 정보들 가운데 하나인 회계정보가 더 이상 유용하지 않으면, 회계정보를 대체할 다른 좋은 정보를 찾으면 된다. 따라서 회계사(그리고 회계학자)를 제외하면, 일반 대중들과 특히 투자자들이 우리 분석을 심각하게 받아들여야 할 이유가 있을까?

이에 대한 간단한 대답부터 알려주겠다. 만약 재무보고서를 대체할 만한 다른 훌륭한 정보가 있었다면, 6장의 [표 6.1]과 같은 결과는 나타나지 않았을 것이다. 기업이 공시하는 재무자료보다 더 적합하고 시기적절한 정보가 존재했다면, 애널리스트의 미래 예측 불확실성이 점점 증대되지 않았을 것이라는 이야기다. 회계정보를 대신할 수 있는 양질의 대체재 덕분에 애널리스트의 결과물은 보다 개선되었을 것이다.

재무보고서를 대체할 만한 유용한 정보가 없다는 사실은 다른 연구 결과에서도 증명된 바이다. 최근 우리의 연구 결과를 뒷받침하는 한 종합적인 논문이 발표되었는데, 이 논문은 기업 주가에 반영된 정보성 informativeness 분석이 핵심 주제였다.[4] 논문에서는 투자자들이 기업 재무 상태와 성장 가능성에 대해 충분한 정보를 입수한 경우 입수한 정보를 토대로 행동(성장가능성이 높은 기업 주식을 매수하고 별 볼일 없는 기업 주식은 매도)을 취하기 때문에, 기업 주가를 살펴보면 투자자들이 얼마나 정보를 잘 알고 있는지 파악할 수 있다고 설명했다. 따라서 적절한 정보가 반영된 주가는 기업의 향후 성과를 예측할 수 있는 지표가 되지만, 적절한 정보가 반영되지 못한 주가(잘못된 정보에 현혹되어 투자자가 의사 결정을 내린 경우 등)로는 향후 성과를 올바로 예측할 수 없다고 주장했다. 논문의 공동저자들인 바이[Bai], 필리폰[Philippon], 사보프[Savov]는 이러한 가설을 검증하여 1960년대부터 오늘날까지 미국 기업의 주가에 반영된 정보성의 변화를 살펴보았다.

논문의 저자들은 먼저 S&P 500 비금융기업을 표본으로 선택했는데, 표본은 미국 전체 상장기업 수의 10% 미만에 해당하는 약 400개의 대기업들로 구성되어 있었으며 해당 기업에 대한 애널리스트 분석 자료도 상당한 편이었다. 저자들은 지난 반세기 동안 이 400개 대기업의 주가 정보성이 점점 개선되어 왔다고 분석했다. 대기업의 경우 여러 명의 애널리스트가 현황을 주시하고 있으며 기관투자자, 전문투자자의 주식 보유 비율이 높다는 점을 감안하면 주가 정보성이 개선되었다는 사실은 그리 놀라운 발견이 아니다.

진짜 흥미로운 사실은 400개의 대기업을 제외한 나머지 90%의 상장기업을 분석한 결과였다. 지난 50년간 정보처리기술의 비약적인 발전이 이뤄졌음에도 불구하고 이 나머지 기업의 주가 정보성은 오히려 크게 저하되었던 것이다.[5] 이는 우리 연구 결과에서 나타난 바와 같이 기업이 공시하는 재무보고서의 정보성이 저하되고 있는 상황에서, 대다수의 상장기업에는 재무보고서의 회계정보를 대체할 만한 다른 것이 존재하지 않는다는 뜻이었다. 즉 [표 6.1]에 나타난 것처럼 애널리스트만 양질의 정보를 입수하지 못하는 게 아니라, 다른 투자자들도 매한가지라는 의미다. 양질의 정보를 얻지 못하면 잘못된 투자 의사결정을 내리고 투자 손실을 입게 된다. 따라서 투자자 여러분들이 우리 연구 결과를 심각하게 받아들여 주었으면 좋겠다.

그렇다면 재무정보의 유용성이 하락하는 판국에 왜 좋은 대체 정보는 나타나지 않는 것일까? 이유는 간단하다. 좋은 대체재를 만들어내야 할 월스트리트의 리서치 분야에 투자가 급감하고 있기 때문이다. 〈월스트리트저널〉의 보도에 따르면 2007년~2009년에는 투자은행의 리서치 분야 투자액이 연간 총 80억 달러를 넘었지만, 이후 줄곧 감소하기 시작해 2014년에는 40억 달러를 조금 상회하는 수준이었고 앞으로도 계속 하락할 것으로 보인다.[6] 재무보고서의 유용성이 저하되고 엎친 데 덮친 격으로 정보 리서치 분야에도 투자가 50%나 감소하며 주가 정보성이 하락한 것이 분명하다.

리서치 분야에 투자가 급감하면서 가장 큰 타격을 입은 것은 경제 성장과 고용의 핵심 원동력이라 할 수 있는 중소기업들이었다. 중소기업의 주식 거래가 상대적으로 활발하지 않자 투자은행에서는 리서치 비용을 충당할 만한 수익을 얻지 못했고, 최근에는 아예 리서치 대상에서 제외시켜 버리기도 했다. 그 결과 막대한 자금력을 갖춘 일부 투자자들만이 양질의 리서치 정보를 얻을 수 있었고, 대부분의 투자자들은 좋은 대체 정보를 구하지 못했다.[7] 후자에게 주어진 정보는 오직 재무보고서 뿐인데, 우리가 살펴본 바와 같이 재무보고서의 유용성은 점점 하락하는 추세다.

하지만 투자은행의 자금력이 아무리 풍부해도, 재무보고서를 신뢰할 수만 있다면 사람들은 대체 정보보다 재무보고서를 더 많이 활용할 것이다. 외부인보다는 기업 경영진이 기업 정보를 더 많이 알고 있는 게 당연하기 때문이다. 뿐만 아니라 재무보고서는 기업의 단일한 목소리를 대변하지만(하나의 보고서가 여러 이해관계자들의 수요를 충족한다), 다른 정보들은 리서치업체, 애널리스트, 온라인 투자 자문사 등 수많은 목소리를 반영하기 때문에 중복되고 반복된 내용들이 많다.

단순명료한 기업 재무보고서와는 달리 이런 정보들을 얻으려면 일단 비용이 들 뿐만 아니라, 읽는 사람을 오히려 혼란스럽게 만드는 경우도 많다. 또 회계법인으로부터 독립적인 감사를 받고 경영진이 내용의 정확성에 대해 법적 책임을 지는 재무보고서보다 정보의 신뢰성을 담보하기도 더 어렵다(온라인 투자 자문사를 얼마나 신뢰할 수 있는지 생각해 보자). 따라서 유용하고 정보성 있는 재무보고서(오늘날 공시되는 재무보고서는 해당 사항 없음)라면 비용 효율성과 신뢰성 면에서 대체 정보보다 언제나 우수한 정보로 간주될 것이다. 우리가 재무보고서를 완전히 포기하지 않은 이유가 바로 이 때문이다. 3부에서 다시 이야기하겠지만, 우리는 기업공시 체계가 보다 개선될 수 있길 희망한다.

최후의 변론

재무정보 유용성 하락에 대한 원인을 살펴보기 전에 마지막으로 한 가지 더 살펴볼 문제가 있다. 이는 우리의 연구 결과를 확인한 일부 동료들이 제시했던 비판이기도 하다. 그들은 우리의 연구 결과, 특히 이익의 미래 예측 가능성이 저하되었다는 사실(5장의 주제)과 애널리스트의 불확실성이 증대되었다는 사실(6장의 주제)이 오늘날 비즈니스 환경의 변동성과 불확실성이 높아지면서 발생한 현상일 뿐, 재무정보의 유용성 하락으로 인한 결과는 아니라고 주장했다. 즉 회계를 탓하지 말고, 비즈니스 환경을 탓해야 된다는 말이었다.

하지만 솔직히 말하면, 이는 폭풍을 제대로 예보하지 못한 기상청의 변명과 다를 바가 없어 보인다. 잘못된 기상 예보가 기상청의 탓이 아니라, 지구 온난화처럼 예측 불가능한 요인이 많아져서라고 정당화하는 변명 말이다(이렇게 변명하는 기상청의 말을 듣고 싶겠는가?). 그럼에도 불구하고, 이 비판에 대해서도 충분히 살펴보고 넘어가도록 하겠다. 지금까지 그래왔듯이 증거를 통해 비판에 반론을 제기하고자 하는데, 이 증거를 보면 여러분은 상당히 놀랄지도 모른다.

우리가 일반적으로 갖고 있는 통념과는 다르게, 비즈니스 환경의 변동성은 전혀 증가하지 않았던 것이다. 외부 환경의 변동성 때문에 회계정보가 제 기능을 하지 못하고 애널리스트 추정치의 정확성이 떨어졌다는 추측은 근거 없는 믿음에 불과했다.

비즈니스 환경의 변동성 하락

가장 최근인 2007년~2008년에 발생했다시피 금융위기는 꽤 주기적으로 찾아오기 때문에 (경제전문가들은 금융위기가 닥칠 때면 이번이 대공황 이후 최악의 위기라며 호들갑이란 호들갑은 다 떨어댄다) 사람들에게 경제 환경의 불안정성과 변동성이 시간이 지날수록 점점 커지는 게 아닌가 하는 인식이 팽배해있다. 하지만 이는 사실과 전혀 다르다. 〈월스트리트저널〉의 한 사설에서 2014년 10월의 시장 변동성에 대해 언급한 부분을 예로 들어 보겠다(2014년 10월 중반 S&P 500 지수는 6% 하락했음에도 불구하고 사상 최고치를 경신했다).

> …거시 (실물) 경제의 변동성은 매우 낮은 상태이다…. 지난 4년간의 GDP 성장 변동성은 전반적인 비즈니스 사이클을 고려했을 때 과거 두 차례의 비즈니스 사이클에서 경제가 확장했던 시기의 GDP 성장률과 비슷하다…. 오늘날 경제 환경은 경제학자들이 10여 년 전 대안정기Great Moderation라 불렀던 1990년대의 상황과 비슷하다. 또 다른 대안정기가 찾아온 것이다.[8]

오늘날 경제 변동성이 더 높아지기는커녕 대안정기를 경험하고 있다는 말이다.

물론, 전반적인 경제 환경의 변동성은 기업 운영의 변동성으로 이어질 수 있는 악재다. 경제가 호황과 불황을 오갈 때마다 소비자 수요나 원자재 가격이 들쑥날쑥하고 이는 궁극적으로 기업 운영에 영향을 미친다. 그렇다면 경제 변동성은 현재 어떤 상태일까? 한마디로 말해 변동성은 감소하고 있다.

올리비에 블랑샤르$^{Olivier\ Blanchard}$와 존 사이먼$^{Jon\ Simon}$ 등 유수의 경제학자들은 "지난 반세기 동안 미국경제의 생산량 변동성이 크게, 지속적으로 하락하고 있다"고 오래전부터 주장해오고 있다(2001). 특히, 경제학자들은 1980년대 중반 이후 경제가 안정기에 접어들었다고 관찰했다. 1984년 이후부터 GDP 성장의 분산(분산을 통해 변동성을 통계적으로 측정할 수 있음)을 추정한 결과 변동성이 무려 50%가량 하락했다는 것이다.

변동성 하락의 원인에 대해서는 지금까지도 연구가 이뤄지고 있으나, 기업의 재고관리 개선, 정보기술 발달로 인한 기업 통제기능 강화, 위기상황 발생 시 적절한 정부의 개입, 안정적인 (리스크 헤지가 가능한) 금융 혁신 도입 등 다양한 안정화 방안 덕분에 기업 운영의 변동성이 크게 줄어들 수 있었던 것으로 파악된다.

그렇다면 2007년과 2008년 금융위기로 인해 기업 환경이 크게 불안정해졌던 시기는? 그저 한차례의 재채기에 불과했다. 제이슨 퍼먼$^{Jason\ Furman}$의 2014년도 논문을 보면 금융위기가 지나자 금융위기 이전의 변동성 수준을 되찾았다고 했다("…그러나 전반적인 변동성은 과거보다 더 낮은 수준으로 파악된다").[9] 따라서 재무정보 유용성이 하락한 원인을 비즈니스 환경의 불안정성 때문이라고 주장하기에는 무리가 있다. 비즈니스 환경은 오히려 더 안정적이게 변화하고 있기 때문이다.

경제 활동(GDP 성장 등)의 변동성이 기업 운영의 변동성을 야기하는 것은 맞지만, 기업의 변동성에 영향을 주는 요인은 이것 말고도 수없이 다양하다. 특정 산업 내에서의 기술 변동, 자원 가격의 변화, 소비자 수요의 급작스런 변화 등이 기업의 변동성을 야기하는 대표적인 원인들이다. 혹시 이런 미시적인 요인들로 인해 회계정보의 유용성이 저하된 것은 아닐까?

우리는 이 의문점을 해소하고자 기업 운영의 미시적인 변동성을 살펴보았다. 기업에 중대한 변동성이 발생하면 손익계산서의 '첫 번째 항목'인 매출액부터 변동성이 반영될 것이기 때문에, 우리는 매출액의 변화를 집중적으로 분석하기로 했다. 이를 위해 미국의 1,000대 기업을 대상으로 각 기업의 지난 60년간 매출의 변동성을 측정했다.[10]

변동성 측정 결과 [표 7.1]의 그래프가 도출되었고, 미시적인 변동성 역시 재무정보 유용성 하락과는 관련이 없는 것으로 드러났다. 그래프를 보면 1966년부터 2013년까지 매출 변동성이 지속적으로 하락한 것을 확인할 수 있는데, 이는 1984년 이후 변동성이 급락했음을 증명한 앞의 거시경제 연구 결과와도 일치한다.[11]

거시경제 연구와 우리의 미시경제 연구([표 7.1])에 공통적으로 나타난 바와 같이 1984년부터 변동성이 하락할 수 있었던 것은 1980년대 중반부터 가속화된 정보기술 혁신으로 인해 기업 관리와 통제 시스템(적시생산에 의한 재고관리)이 개선되었기 때문으로 추정된다.[12]

회계를 옹호하려는 최후의 변론은 이렇게 실패로 돌아갔다. 거시경제 환경이나 기업 운영의 변동성과 불안정성이 실제로는 감소해온 것으로 밝혀졌기 때문에, 이를 회계정보의 유용성이 감소한 원인이나 애널리스트의 불확실성이 증대된 이유로 지목하기에는 무리가 있다. 재무정보의 유용성이 저하된 이유를 회계제도 밖에서 찾으려 하면 안 된다. 다음 장에서 자세히 설명하겠지만, 재무정보의 유용성이 저하된

표 7.1 매출 변동성의 감소

매출 변동성(5개년도 총자산회전율의 표준편차를 표본 기업수인 1,000으로 평균함), 1966년~2013년

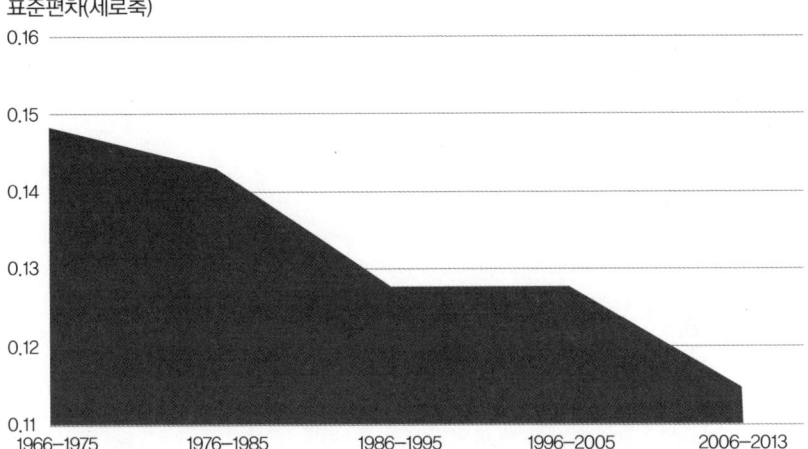

것은 회계절차와 회계규정에 기인한 바가 크다. 이 모든 것이 회계규제 제정기관이 스스로 자초한 현상이라는 말이다.

요약노트

이 장의 결론은 크게 두 가지다. 첫째는 회계정보의 유용성이 하락한 원인을 경제 환경의 불안정성이나 투자자의 비합리적 심리 같은 외부적인 요인 탓으로 돌릴 수 없다는 것이다. 회계정보의 유용성이 하락한 것은 회계제도의 내부적 요인 때문으로, 지금부터 이에 대해 살펴보도록 하겠다. 둘째는 대부분 기업들의 주가 정보성이 저하되었다는

연구 결과에서 살펴볼 수 있듯이, 재무보고서 이외에 투자자들이 활용할 만한 유용하고 신뢰할 만한 대체 정보가 없다는 사실이다. 따라서 현행 공시체계를 지금처럼 방치하는 대신 개선하는 작업이 필요하다.

1 회계정보의 유용성에 대해 회의적인 시각을 가진 사람은 비단 우리 저자들뿐만이 아니다. 컨설팅회사 맥킨지(McKinsey)의 시니어 컨설턴트 에이제이 자가나트(Ajay Jagannath)와 팀 콜러(Tim Koller) 역시 공동저서 《Building a Better Income Statement》, McKinsey Company, Corporate Finance, November 2013의 서문에서 다음과 같이 제안했다. "기업과 투자자들 모두 현행 일반기업회계기준에 따른 공시체계가 유용하지 않다고 생각한다면, 새로운 공시체계를 도입할 시기가 왔다는 의미이다." 전 세계 160개국에 14만 명의 등록 회계사를 보유하고 있는 영국공인회계사협회(ICAEW)도 오늘날의 기업회계제도를 심도 있게 분석한 연구보고서에서 새로운 변화가 필요하다고 제안한 바 있다. 총 80페이지에 달하는 보고서의 첫 부분인 연구결과 요약(executive summary)은 다음과 같은 문장으로 시작한다. "…기업공시 제도를 대대적으로 혁신해야 한다는 의견이 분분하다. 현재 공시 제도에 무엇이 문제인지에 대한 사람들의 의견은 다양하지만, 공시제도에 문제가 있다는 점에 대해서는 이견이 없다." (ICAEW, Financial reporting disclosures: Market and regulatory failures, 2013). 단, 우리 저자들이 이들과 차별화되는 점이 있다면 첫째, 우리는 회계정보의 유용성 저하를 증명할 수 있는 종합적이고 새로운 증거를 제시하였으며 둘째, 이러한 현상의 원인에 대해 충분한 설명을 제시했다는 것이다(이어지는 2부의 내용).

2 한 가지 분명한 것은, 투자자에게 있어 재무정보의 유용성이나 적합성이 개선되었음을 증명하는 연구결과를 우리가 한 번도 접한 적이 없다는 사실이다. 기업 실적 발표에 대한 투자자의 반응도가 상승했다는 일부 연구 결과가 있긴 하지만, 이는 실적 정보의 유용성이 높아져서라기보다는 실적 발표와 더불어 경영진이 제시하는 향후 추정치 의견이 더욱 빈번해지고 있기 때문이다(오늘날에는 이런 경영진 추정치가 차지하는 비율이 30% 이상이다). 경영진이 추정치를 제시하면 투자자의 관심도가 높아지는 것이 당연하다.

3 회계정보의 유용성 하락이 회계제도 탓이 아니라는 반론 가운데는 최근 수십 년 동안 과거와는 다른 비즈니스 모델을 앞세운 기업들(즉 무형자산 기반의 기업들)이 자본시장에 진출했기 때문이라는 의견도 있었다. 하지만 이는 엄밀히 말하면 전 산업에 걸쳐 급격하게 비즈니스 모델이 전환하고 있는 현실(지식기반 산업화)에 회계제도가 부응하지 못했다는 변명밖에 되지 못한다. 회계제도의 유용성이 저하되었다는 또 다른 증거다.

4 Jennie Bai, Thomas Philippon, and Alexi Savov, Have Financial Markets Become More Informative? working paper (Stern School of Business, New York University, 2015).

5 해당 논문의 저자들은 기업의 주가 정보성이 하락한 원인에 대해 전체 산업에서 IT 기반의 소규모 기업이 차지하는 비중이 점점 증가했기 때문이라고 설명한다. 하지만 회계와 재무보고 제도가 21세기 기업 활동을 반영하기에 부적합하다는 것 자체가 회계제도의 유용성이 저하되었다는 말이다.

6 Margot Patrick, Juliet Samuel, and Alexandra Scaggs, "Banks Forced to Shake Up Analyst Research Business," The Wall Street Journal, (February 10, 2015, p. C1). 리서치 투자가 이렇게 감소하고 있는 원인은 투자은행과 증권사의 리서치 투자비용을 충당해야 할 주식거래 매출이 2007년과 2008년 금융위기 이후 크게 감소했기 때문이다. 〈이코노미스트〉의 보도에 따르면 미국에서는 2009년 139억 달러를 기록했던 주식거래 수수료 매출이 2013년에는 93억 달러로 무려 33%가 감소했고(33% 감소), 유럽의 경우에도 42억 유로에서 30억 유로로 29%가 감소했다. "Analyze This," The Economist, (September 21, 2013), p. 79.

7 〈이코노미스트〉는 일부 헤지펀드 회사들이 정보 수집을 위해 혁신적이지만 비용 부담이 만만치 않은 투자에 나서는 경우가 있다고 전했다(2013년 9월 21일자, p. 79). "오늘날 헤지펀드 가운데는 아프리카에 있는 유전 광산의 가치를 보다 정확하게 파악하기 위해 지상 감지 레이더를 활용해 유전 개발의 진척 상황을 파악하는 회사도 있다. 또 어떤 회사들은 지상 대신 위성을 선택한다. 위성 정보 제공업체인 RS 메트릭(RS Metrics)은 헤지펀드의 위성 이미지 서비스에 대한 수요가 강하다고 전했다. 심지

어 어떤 헤지펀드 회사는 전직 첩보요원을 고용해⋯ 기업 경영진이 투자자 설명회에서 진실을 이야기 했는지 알아봐 달라고 의뢰하기도 한다." 하지만 대부분의 투자자들은 이런 값비싼 리서치를 감당할 능력이 안 된다.

8 Jason Cummins, "Wall Street Volatility Doesn't Shake Main Street," The Wall Street Journal (December 1, 2014).

9 이 단락은 다음 논문과 연설 내용을 참조했다. Olivier Blanchard and Jon Simon, "The Long and Large Decline in U.S. Output Volatility," Brookings Papers on Economic Activity, No. 1, Brookings Institution. Jason Furman, 2014, Whatever happened to the Great Moderation? Remarks at the 23rd annual Hyman P. Minsky Conference, April 10, 2001.

10 분석 방법을 좀 더 구체적으로 설명하면, 먼저 변동성을 측정하기 위해 매년 각 기업마다 최근 5년간 총자산회전율(기업 규모의 차이를 고려해 매출을 총자산으로 나눈 값을 사용함)의 표준편차를 구했다 (즉 1995년도 수치는 1991년부터 1995년까지의 총자산회전율). 그 다음, 해당 표준편차를 표본 기업수 인 1,000으로 나눈 평균을 구했다. [표 7.1]의 그래프는 이와 같은 방식으로 매출 변동성의 연도별 평 균을 계산한 결과다. 이때 연도별 변동폭을 제거하기 위해 분석 기간을 1966년부터 1975년, 1976년부 터 1985년 등 10년 단위로 나눠 변동성의 추이를 살펴보았다. 분석 결과, 표본에 포함된 1,000대 기업 은 물론 모든 기업의 매출 변동성이 1976년~1985년부터 2006년~2013년까지 급속하게 감소한 것으 로 드러났다.

11 우리는 이와 별도로 전년 동기대비 기업 매출 성장의 변동성도 분석했는데, [표 7.1] 그래프의 패턴과 비슷한 결과를 얻었다.

12 지난 20년간 기업이 공시하는 이익에 변동성이 증가한 것은 사실이나, 이는 5장에서 설명했던 것처럼 자산의 감액처리나 시가평가 같은 새로운 회계기준 도입으로 인해 재무제표에 반영되는 한시적이고 일시적인 항목이 많아졌기 때문이며, 경제 환경의 변동성 문제는 아니다.

PART 2

회계 유용성 저하의 원인

"거짓말에는 세 가지 종류가 있다. 그냥 거짓말, 뻔뻔한 거짓말, 그리고 통계다"라고 했던 마크 트웨인(Mark Twain)의 표현에는 논리가 빈약할 때 통계적 결과로 타당성을 주장하려는 통계학의 속성이 잘 담겨져 있다.[1] 우리가 1부에서 제시했던 회계정보 유용성 저하에 대한 통계적 결과가 재무정보를 일반적으로 사용해온 수많은 투자자들에게 워낙 반직관적이고 심지어 불편할 수도 있는 내용이라, 우리가 통계 수치로 결론을 밀어붙이려는 게 아닌가하는 마크 트웨인 같은 의구심을 가진 분들이 있을지도 모르겠다. 따라서 우리의 통계적 결과를 뒷받침할 수 있는 원인에 대해 신중하게 분석하는 작업이 필요할 것으로 파악되며, 이어지는 3부에서는 분석한 원인을 기반으로 회계제도의 개선 방향을 모색해 보고자 한다.

원인을 알 수 없는 통계 자료는 그저 숫자에 불과하다. 2부에서는 기업의 투자자와 기타 이해관계자에게 있어 회계정보의 적합성과 유용성이 지속적으로 저하된 주된 원인이 무엇인지 충분한 실증적 검토를 통해 세밀하게 살펴보도록 하겠다. 성미 급한 일부 독자 여러분을 위해 회계정보 유용성이 하락한 세 가지 원인을 핵심만 먼저 소개하고자 한다.

1. 이해할 수 없는 무형자산(무형자산은 기업의 가치를 결정하는 핵심 요소다) 회계처리

지난 40년 동안 미국 경제에는 놀라운 현상이 벌어지고 있는데, 정도의 차이는 있지만 다른 선진국들 역시 비슷한 현상을 경험하고 있다. 바로 미국 기업들의 유형자산(토지, 건물, 기계장치, 재고자산 등 물리적 실체가 있는 자산) 투자액이 3분의 1 이상 감소한 반면, 무형자산(특허권, 노하우, 브랜드, 정보 및 비즈니스 시스템, 인적자본 등) 투자액은 무려 60%나 상승해 총부가가치에서 차지하는 비중이 9%에서 14%로 증가했다.

오늘날 기업들의 무형자산 투자액은 유형 자산 투자액보다 훨씬 더 높으며, 둘 사이의 간극은 점점 커지고 있다. 이런 현상이 벌어지게 된 원인은 간명하다. 최근 수십 년 간 지적자산 같은 무형자산은 기업 가치와 경쟁력 강화에 크게 기여한 반면, 본질적으로 '상품'의 성격을 지닌 유형자산은 다른 경쟁기업들도 얼마든지 보유할 수 있기 때문에 중요한 기업 가치를 창출하거나 경쟁적 우위를 확보하는 도구가 되지는 못한다. 애플과 화이자는 특허권, 코카콜라와 아마존은 브랜드, 월마트와 사우스웨스트 항공은 효율적인 비즈니스 프로세스(조직적 자본) 덕분에 성공을 거둘 수 있었다. 이들 기업의 기계장치, 부동산, 재고자산이 훌륭해서 성공한 게 아니었다는 말이다. 이렇게 무형자산이 기업 자산에서 차지하는 비중이 크게 증가하며 '지식경제'라는 새로운 현상을 만들어내기까지 했는데, 희한하게도 회계업계에서는 이런 무형자산의 중요성을 제대로 인지하지 못하고 있다.

유형자산과 투자자산은 가치를 창출할 수 있는 능력이 전무함에도 불구하고 재무상태표에 당당히 자산으로 계상된다. 화이자의 재고자산이나 단기투자자산이 기업 성장률 제고에 어떤 '기여'를 했을까 생각해보면 쉽게 이해가 갈 것이다. 그런데 기업에 막강한 가치를 창출하는 특허권, 브랜드, 노하우 같은 무형자산은 자산으로 인정받지 못하고 지출이 발생한 연도에 전액 비용 처리된다. 미래에 효익을 제공하지 못할 것으로 간주되어 급여, 임차료 같은 일반 비용으로 처리된다는 말이다. 참으로 아이러니한 상황이다.

그런데 이보다 더 어이없는 것은 코카콜라처럼 기업 내부에서 브랜드를 개발한 경우에는 해당 브랜드를 자산화할 수 없지만, 외부에서 취득한 브랜드는 자산으로 계상할 수 있다는 기업회계기준 규정이다. 이런 규정 때문에 경영진이 무형자산을 내부적으로 개발하기보다 외부에서 취득하는 것을 선호하기라도 하면 어쩔 것인가. 비논리적인 무형자산 회계처리방식은 재무상태표와 손익계산서 둘 다에 부정적이고도 복잡한 영향을 미쳐 재무제표를 읽는 투자자를 혼란스럽게 만든다. 무형자산 비중이 높은 기업의 자산과 자본은 심각하리만치 과소평가되지만, 자기자본이익률(ROE)과 총자산이익률(ROA) 같은 수익성 지표는 종종 과대평가되기도 하고, 무형자산 투자액의 전액 비용처리로 인해 기업의 당기순이익은 낮아지게 된다. 과거 산업화시대에 맞춤화된 구시대적인 무형자산 회계처리방식으로 인해 재무제표의 모든 항목이 악영향을 받는 셈이다. 이어지는 8장에서 자세히 설명하겠지만, 회계정보의 유용성을 저하시키는 주요 원인이 바로 이 무형자산 회계처리방식이다. 기업 가치 창출에 있어 무형자산의 역할이 앞으로 점점 높아질 것을 감안하면, 재무보고서의 유용성 문제는 당분간 계속될 것으로 판단된다.

2. 추정치 사용 증가로 인한 현실과의 괴리

회계 비전문가들에게는 의외의 이유일지도 모르겠다. 대부분의 사람들은 소문이나 경험을 통해 회계가 지루하긴 하지만 대신 사실적이고 정확한 것이라고 알고 있으니 말이다. 회계라는 단어 자체에 돈, 재고자산, 판매된 제품 수를 센다는 의미가 포함되어 있지 않은가?

하지만 이런 통념은 사실과는 다르다. 회계는 더 이상 사실관계 즉 팩트를 다루는 분야가 아니라 경영진의 주관적인 판단, 추정, 예상이 반영된 결과가 되어가고 있다. 오늘날 대부분의 재무상태표 항목과 거의 모든 손익계산서 항목에는 추정치가 반영되어 있다. 재무상태표상에서 유무형자산의 장부가액은 추정에 기초한 감가상각 누계액이 차감된 잔액을 표시한다. 마찬가지로 매출채권 장부가액도 추정에 기초한 대손충당금이 차감된 잔액이다. 퇴직연금비용과 스톡옵션비용을 계산할 때도 여러 가지 추정치가 포함되며, 시장에서 거래되지 않는 자산이나 부채도 공정가치로 평가해야 하기 때문에 추정치는 결국 재무상태표와 손익계산서 둘 다에 영향을 미친다. 스톡옵션 비용처럼 종종 수많은 추정치가 서로 물리고 물리는 상황이 발생하는 경우도 있다.

이와 같은 회계 추정치 사용에는 중대한 문제점 두 가지가 있다. 첫 번째, 모든 추정치에는 추정상의 오류가 존재하기 때문에 다양한 수익과 비용 항목에 포함된 오류가 누적되고 축적되다보면 결국 당기순이익에 그 오류가 고스란히 반영되어 재무제표의 핵심 지표인 이익의 신뢰성이 저하되는 결과가 발생한다. 더 심각한 문제는 추정치가 이익에 미치는 영향이 얼마나 되는지 경영진과 투자자들이 전혀 모른다는 사실이다. 기업이 공시한 이익 가운데 얼마만큼이 사실이고 얼마만큼이 추정치인지 아무도 모른다는 것은 꽤 심각한 문제다. 하지만 이런 심각성에도 불구하고 대부분의 투자자들은 문제를 외면하고 있다.

두 번째, '재무제표의 결과를 좋게 만들고 싶은' 경영진이 추정치를 조작하는 경우가 있는데(애널리스트 추정치를 상회하는 실적을 발표하거나 성과기반 보수에 욕심을 내는 경우 등) 이때 추정치를 조작한다고 해서 경영진에게 손가락질하기가 어렵기 때문이다. 과거에 설정했던 대손충당금이 실제와 차이가 큰 것으로 밝혀지는 경우라도, 당시에 알고 있었던 정보에 따라 충당금을 계산했을 뿐이라고 반박하면 할 말이 없다. 일부러 조작했다는 것을 밝혀내기가 어렵다는 뜻이다. 9장에서 자세히 살펴보겠지만, 이렇게 회계 추정치의 사용이 점점 증가하면서 추정상의 오류와 추정치 조작으로 인해 재무정보 유용성은 크게 저하되었고, 재무정보는 결국 현실과 큰 괴리를 보이게 되었다.

3. 기업 가치에 중대한 사건 인식 누락

회계장부(대변과 차변에 따로따로 기록하는 '악명 높은' 절차)와 재무보고서는 대개 기업이 제3자와 거래한 내역을 기록한다. 상품의 매출과 매입, 급여와 이자 지급, 주식 발행, 자사주 취득 같은 이에 해당한다. 이런 거래 내역은 회계처리 방식에 따라 체계적으로 기록되고 보고된다. 하지만 신약의 임상시험이나 개발 중인 소프트웨어의 타당성 평가 결과, 기존 기업을 위협하는 경쟁업체의 신제품 출시나 전략적인 행보, 환경오염 사고, 신규 계약 체결이나 계약의 파기, 구조조정, 신제품이나 신규 서비스 출시 같은 기업의 전략적 정책, 기업 운영에 영향을 미치는 새로운 규제사항 발표 등 최근 들어 기업 가치에 영향을 미치는 각종 비거래적(nontransactional) 사건들이 점점 늘어나고 있다.

지금까지 나열한 사항들 이외에도 기업 가치와 성장을 좌우하는 수많은 주요 사건들이 있지만, 문제는 이들이 회계 장부상에 아예 기록되지 않거나 혹여 기록된다 하더라도 그 가치가 제대로 반영되지 못하는 경우가 허다하다(가령 구조조정 비용은 손익계산서에 반영되지만 구조조정으로 인해 예상되는 효익은 그 어디에도 반영되지 않는다). 이런 비거래적 사건은 기업 주가에 즉각적이고 상당한 영향력을 미치는데 반해(신약 임상시험이 성공했다는 뉴스가 뜨면 주가는 급상승한다), 재무보고서상 매출과 이익에 반영되려면 시간이 한참 지나야 하고, 길게는 수년이 걸리는 경우도 있다. 그 결과 주가에 반영된 기업 가치와 재무정보 간에 괴리가 점점 심해지게 되었고, 이는 1부에서 살펴본 바와 같이 재무정보와 주가의 상관관계가 약화되는 데 부분적인 원인으로 작용했다.

지금까지 나열한 세 가지 원인은 단순한 추측이나 어림짐작이 아니다. 우리는 이 세 가지 원인 즉 무형자산 회계처리, 추정치 사용 증가, 중대한 사건 인식 누락이 회계정보 유용성 하락의 주범이라는 것을 증명할 수 있는 각종 실증적 증거를 이 책에서 최초로 공개하고자 한다. 뿐만 아니라 각각의 원인이 유용성 하락에 미치는 영향력이 과거보다 커졌기 때문에, 1부에 나타난 결과처럼 유용성 하락 속도가 급증했다는 점에 대해서도 설명할 것이다. 그리고 무엇보다, 원인의 이해와 해소가 3부에서 설명하게 될 앞으로 나아갈 방향을 제안하는 데 중요한 근간이 될 것이다.

1 마크 트웨인은 이 표현의 원조가 19세기 영국 수상이었던 벤자민 디즈레일리(Benjamin Disraeli, 1804–1881)라고 했지만, 온라인 백과사전 위키피디아(Wikipedia)에 의하면 디즈레일리가 실제로 이 표현을 사용했다는 기록은 어디에도 없으며, 이 표현이 가장 먼저 등장했던 것도 디즈레일리의 사후 몇 년 뒤라고 한다.

08 | CHAPTER
THE END OF ACCOUNTING

무형자산의 부상과 회계의 추락

이 장에서는 회계정보의 유용성이 하락하게 된 첫 번째 원인인 무형자산에 대해 살펴볼 것이다. 특허권, 브랜드, 정보기술과 같은 무형자산과 지적자산은 기업의 주요 가치를 창출하는 자원으로써 그 중요성이 크게 대두되었다. 우리는 현행 회계제도가 이런 무형자산의 가치를 재무보고서에 제대로 반영하지 못하고, 기업 운영에 미치는 영향에 대해 적절하게 공시하지 못하며, 자산권의 침해나 기술 와해와 같은 무형자산의 잠재적 위험성에 대해 투자자들에게 제대로 정보를 전달하지 못한 것이 공시정보 유용성 하락의 주요 원인임을 실증적 분석을 통해 증명했다. 재고자산, 매출채권, 건물, 기계장치처럼 기업의 성장과 경쟁력에 무관한 자산들은 재무상태표에 중요한 자리를 차지하는 반면 특허권, 브랜드, 정보기술, 기업 고유의 비즈니스 프로세스 같은 중요한 자산은 아무런 존재감을 나타내지 못하다니 이 얼마나 아이러니하고도 슬픈 일인가.

무형자산의 급부상

지난 40년간 미국 기업들의 유형자산(건물, 기계장치, 재고자산 등)과 무형자산 투자 패턴을 분석한 다음 [표 8.1]의 결과를 보면 상당히 놀라울 것이다. 미국 경제 전반에 지각변동이 발생했다는 증거이기 때문이다. 많은 사람들이 여전히 실물 자산real assets이라 생각하는 기업의 물적 자본 투자비중은 지난 40년간 35%가 감소한 데 비해, 무형자산(앨런 그린스펀은 이를 개념자산이라 명명했다) 투자비중은 무려 60% 가까이 상승했으며, 이런 상승추세는 지금도 여전히 지속되고 있다. 특히 1990년대 중반 이후 유형자산의 하락곡선과 무형자산의 상승곡선 사이의 격차가 점점 더 벌어지고 있다는 점에 주목해 보자.

이는 비단 미국에만 국한된 현상이 아니다. "금융위기 당시 독일 기업들은 기계장비에 대한 투자를 절감했지만, 오히려 연구개발 분야에는 투자를 확대했다."[1]

 이처럼 산업 내 전반적인 생산자원 투자에 극적인 변화가 찾아온 이유가 상당히 흥미롭다. 바로 무형자산은 기업 가치와 성장을 주도하는 핵심 요인으로 부상한 반면, 공장, 기계장치, 재고자산 같은 물적 자본은 다른 경쟁 기업들도 얼마든지 보유할 수 있는 수단 내지 상품 정도로 인식되어 기업의 가치나 경쟁적 우위를 확보하는 데 큰 역할을 하지 못하기 때문이다. 이는 주식이나 채권 같은 금융 자본도 마찬가지다.[2] 물적 자본과 금융 자본 대신 오늘날 기업에 가치를 창출하는 것은 아이디어와 지적 자산이다.[3] 〈월스트리트저널〉은 아마존, 구글, 애플, 페이스북, 길리어드, 월트디즈니 등 6개의 기업이 "(2015년 현재까지) S&P 500 시가총액 증가분인 1,990억 달러의 대부분을 차지한다"고 보도한 바 있다.[4] 이 6개 기업의 공통점은 무엇일까? 바로 특허, 브

표 8.1　무형자산의 혁명

미국 기업들의 유무형자산 투자비중 (총부가가치 대비), 1977년~2014년

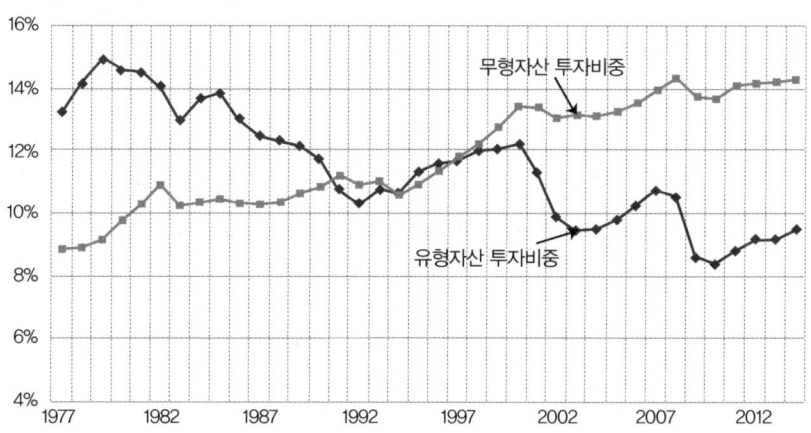

출처 : 캐롤 코라도(Carol Corrado), 찰스 훌텐(Charles Hulten) 교수

랜드, 영화 판권 등의 무형자산에 기초한 비즈니스 모델을 추구하고 있다는 사실이다.

여기서 중요한 사실은 최첨단 IT나 제약업체들만 무형자산을 통해 기업 가치를 창출하는 게 아니라는 점이다. 소비재 기업 역시 대규모 제조설비나 유통시설에 투자하는 것보다 고유한 브랜드와 상표권을 개발하고 활용함으로써 경쟁력을 확보할 수 있다. 금융회사들도 옛날에는 막대한 자본을 갖추는 것이 기업성장에 중요했지만, 오늘날에는 혁신(보험회사 올스테이트Allstate의 온라인 보험서비스 이슈어런스Esurance가 좋은 예)과 고객의 특정 니즈를 충족하는 독특한 서비스를 갖춰야 성공할 수 있다.

유통업체처럼 유형자산 집약적인 기업들도 끊임없는 비즈니스 프로세스 혁신을 통해 경쟁력을 확보할 수 있다. 월마트의 독특한 공급망, 우편회사 페더럴 익스프레스Federal Express의 믿음직한 유통 채널, 아마존의 상품 추천 알고리즘 등이 바로 그런 예다. 코카콜라의 핵심 자산은 높은 가치의 기업 브랜드이며, 골드만삭스가 투자은행 업계를 지배할 수 있는 것은 기업 고유의 인적 자본과 고객 관계관리 덕분이다. 즉 모든 산업을 불문하고 성공적인 기업은 풍족한 무형자산을 활용하고 있다.

이렇게 무형자산이 기업 가치를 창출하는 수단이자 기업 경쟁력의 핵심 요소로 급부상한 현상은 미국뿐만 아니라 모든 현대 경제체제에서 공통적으로 나타나는 특징이다. 중국정부만 해도 자국 기업들의 특허 출원 건수 증가를 목표로 한 정책을 발표하고 최근 수년간 이를 꾸준히 추진해오고 있다.[5] 이 모든 것은 전 세계에서 광범위하고 지속적으로 발생하는 현상이며 이러한 추세는 앞으로도 증가할 것으로 보인다.

무형자산이 기업 가치를 창출하는 주요 자원으로 급부상한 만큼 회계제도에 대대적인 변화를 꾀함으로써 무형자산을 재무보고서에 충분히 반영할 수 있는 장치가 마련되었으리라 기대하는 것도 무리는 아니다. 하지만 현실은 그렇지 못하다. [표 8.1]에 나타난 바와 같이 기업의 유무형자산 투자비중은 크게 달라졌지만, 무형자산의 중요성을 반영할 수 있는 유의미한 변화나 개정의 움직임은 전혀 관찰되지 않았다. 다시 말해 지금으로부터 40여 년 전 소프트웨어, 바이오테크, 이동통신, 인터넷 같은 무형자산이 전혀 존재하지 않았을 때 제정되었던 구태의연하고 진부한 회계기준이 오늘날 미국 기업들의 연구개발비 회계처리에 그대로 적용되고 있다는 소리다.[6] 참으로 어이없는 현실이다.

일관성 없고 불분명한 무형자산 회계처리기준

무형자산 회계처리에 대한 미국 회계기준의 방침은 분명하다. 기업 내부적으로 창출한 무형자산(연구개발을 통해 창출한 특허권과 상표권, 마케팅을 통해 개발한 브랜드와 고객관계, 비즈니스 프로세스 개발 활동, 인적 자원 개발 등)은 당기에 전부 일반비용으로 처리하되, 똑같은 무형자산이라도 외부에서 직접 취득한 특허권이나 브랜드 또는 기업 인수합병을 통해 취득한 연구개발 활동이나 고객 명단은 비용처리 대신 자산화한 다음 특정 기간 동안 감가상각하도록 명시하고 있다.[7]

왜 이런 차이가 존재할까? 회계기준 제정기관의 설명에 따르면 외부 취득 무형자산의 경우 정상가격에 따라 자산 가치를 객관적으로 산출할 수 있지만, 내부 창출 무형자산은 가치를 산정하기에 불확실한 요소가 있으므로(가령 연구개발 활동은 언제든 실패로 돌아갈 수 있다) 재무상태표상 자산으로 기록할 수 없다는 것이다.[8]

하지만 위의 설명에는 논리적인 허점이 존재한다. 첫째로, 특허권처럼 외부에서 취득한 무형자산도 내부 창출 무형자산과 마찬가지로 개발 단계나 마케팅 단계에서 얼마든지 실패할 수 있다. 2011년, 휴렛팩커드Hewlett-Packard는 영국 소프트웨어 업체인 오토노미Autonomy를 100억 달러에 인수했는데, 이 인수가액의 대부분은 오토노미의 무형자산인 클라우드 소프트웨어와 개발 프로그램 가치를 반영한 결과였다. 일 년 후, 휴렛팩커드는 자산화한 100억 달러 가운데 무려 90%를 손실 처리했다. 외부에서 무형자산을 취득했다고 해서 자산 가치가 '확실'하지는 않다는 이야기다.

둘째로, 외부 취득 무형자산은 '정상가격'에 따라 산출된다고 하는데, 내부 창출 무형자산을 구성하는 상당부분(연구개발 부서원의 급여, 광고회사에 지급하는 브랜드 개발비용 등) 역시 제3자와의 정상거래 결과다. 그렇다면 외부에서 무형자산을 취득하거나 다른 기업을 인수 합병함으로써 해당 기업의 무형자산을 자산화하는 것과 기업 내부에서 창출한 무형자산을 비용 처리하는 것의 차이점은 무엇일까? 당연히 아무런 차이점이 없다. 기업이 무형자산을 얻기 위해 제3자와 거래했다는 공통점만 존재한다. 따라서 외부 취득 무형자산과 내부 창출 무형자산을 구분 짓는 것은 아무런 근거 없는 행동일 뿐이다. 외부 취득 무형자산과 내부 창출 무형자산 모두 가치 창출에 실패할 수 있지만, 가치 창출에 실패할 수 있다고 해서 자산으로 취급하지 않고 비용 처리하는 것도 정당화될 수는 없다.

오늘날 미국 기업들이 연구개발, 브랜드, 정보기술, 인적 자원 같은 무형자산 개발 활동에 연간 1조 달러 이상을 투자하고 있다는 사실만 보더라도 기업에 막대한 미래 효익을 창출하는 진짜 자산은 무형자산이며, 이런 무형자산을 적절히 반영하는 회계기준이 필요하다는 점을 알 수 있다.[9]

심각한 오해와 왜곡

미국의 거대 제약사 화이자는 최근 수년간 어려움을 겪고 있는데, 이는 리피토^{Lipitor} 같은 화이자 효자상품들의 특허가 만료되고 예전처럼 시장에서 잘 나가는 신약이 출시되지 않는데다, 매출은 매출대로 점점 감소세를 보이고 있기 때문이다. 그러나 재무제표만 들여다보는 투자자는 이런 사실을 전부 다 알 수 없다. 화이자의 재무제표에 따르면 2013년 ROE는 무려 28%에 달했는데, 이렇게 훌륭한 ROE를 낼 수 있는 대기업은 그렇게 많지 않다(같은 해 엑슨모빌의 ROE는 19%, 월마트의 ROE는 21%였다). 어려움을 겪는 기업이 어떻게 ROE 28%라는 성과를 올릴 수 있었을까? 무형자산 회계처리의 '마법' 때문임을 어렵지 않게 짐작할 수 있을 것이다.

ROE 계산 공식 가운데 분자에 해당하는 이익은 과거에 개발된 약품으로 인한 매출과 기업의 효율적인 영업 능력을 반영하는 데 비해,

분모에 해당하는 자기자본에는 특허권이나 브랜드처럼 효익을 창출하는 자산들이 반영되어있지 않다. 이는 제약 연구개발, 브랜드 개발, 영업사원 교육에 지출된 금액을 과거 발생 시점에 전부 비용 처리했기 때문이다.[10] 분모의 크기가 작아졌으니 28%라는 ROE가 생겨날 수 있었다.

하지만 회계기준의 모순점은 여기서 드러난다. 만약 화이자가 의약품 특허를 내부에서 개발하지 않고 외부에서 취득했다면, ROE 공식의 분모에 감가상각 누계액을 차감한 특허자산의 잔액이 포함되므로 ROE는 크게 낮아지게 된다. 똑같은 기업이고 보유한 자산도 똑같은데 재무제표상 실적은 달라지는 결과가 생기는 것이다. 같은 산업군에 속한 두 기업 가운데 하나는 내부에서 특허를 개발하고 다른 하나는 외부에서 특허를 사들인 경우, 현행 회계기준 하에서는 두 기업의 수익성을 비교하는 것이 불가능할 수밖에 없다. 그러나 많은 투자자와 애널리스트가 이런 회계기준의 모순을 인식하지 못하고 기업들 간에 무의미한 비교를 하고 있다. 문제는 이게 다가 아니라는 점이다.

무형자산 지출을 전액 비용 처리하게 되면 수익성을 계산하는 공식의 분모(자기자본 또는 자산)와 분자(이익) 둘 다 영향을 받는다. 이익은 연구개발비용으로 인해 감소하고, 자기자본은 연구개발 지출액을 자산화할 수 없으므로 과소평가된다. 투자자들을 골치 아프게 만드는 것은 위와 같은 영향이 사실상 복잡하고 기업 성장 단계에 따라 달라진다는 사실이다. 가령, 화이자는 성숙 단계에 접어든 기업으로 연구개발비가 감소 추세를 보이고 있다.[11] 성숙한 기업의 경우 무형자산 지출이 비용 처리될 때 ROE의 분자가 받는 부정적인 영향은 분모가 받는 영향보다 낮다. 화이자가 높은 ROE를 기록할 수 있었던 것이 바로 이 때문이다. 그러나 구글처럼 무형자산 투자 규모를 확대하고 있는 성장 단계의 기업은 무형자산 비용처리가 정반대의 영향을 미치기 때문에 ROE나 ROA 같은 수익성 지표가 과소평가되는 결과를 낳는다.[12] 이는 굉장히 교묘한 현상으로, 대부분의 투자자나 애널리스트에게 낯선 내용일 것으로 보인다. 무형자산 회계처리가 정보를 왜곡하는 경우는 이것 말고도 수없이 많은데, 이야기가 나온 김에 하나 더 소개하도록 하겠다.

항공우주장비 기업 보잉Boeing과 록히드마틴Lockheed Martin을 예로 들어보자. 두 기업의 기술개발 전략은 굉장히 상반된다. 먼저 보잉은 대부분의 기술을 내부적으로 개발하고 있다. 2012년, 보잉의 매출액 대비 연구개발비 비율은 4%, 외부 기술 취득의 활발함 정도를 나타내는 총자산 대비 영업권 비율은 5.7%였다. 반면 록히드마틴이 보유한 기술은 대부분이 외부에서 취득한 것이다. 2012년, 록히드마틴의 매출액 대비 연구개발비 비율은 1%였지만, 총자산 대비 영업권 비율은 26.8%로 이는 보잉보다 5배나 높은 수치였다. 보잉은 연구개발비와 다른 기술개발 관련 비용을 당기에 비용 처리했기 때문에(화이자와 달리 보잉의 연구개발비는 증가세를 보이고 있다) 4.6%라는 과소평가된 ROA를 기록했고, 록히드마틴의 ROA인 7.2%보다도 상당히 낮았다.

그렇다면 보잉의 실제 수익성이 록히드마틴보다 훨씬 낮을까? 그럴 가능성은 지극히 낮다. 물론 ROA에 영향을 미치는 요인은 다양하지만, 보잉과 록히드마틴의 ROA가 차이를 보이는 것은 내부 창출 기술과 외부 취득 기술을 완전히 다르게 취급하는 회계기준이 가장 큰 원인이다. 일관성 없는 회계기준 때문에 두 기업의 상대적인 수익성을 비교할 수 있는 수단이 전부 왜곡되었고, 두 기업의 상반된 기술개발 전략을 평가하는 것 자체가 무의미해지고 말았다. 우리가 이번 소절의 제목을 '심각한 오해와 왜곡'이라고 한데는 다 이유가 있다.[13]

투자자에게 왜곡된 정보를 제공한다는 문제는 차치하고서라도, 무형자산의 현행 회계처리기준은 경영자의 중요한 의사결정을 잘못된 방향으로 유도할 수 있다. 성장단계에 있는 기업의 경우 내부적으로 무형자산을 개발하는 대신 외부에서 취득하면 기업 이익과 자산 가치를 높일 수 있다(무형자산 지출을 비용처리하지 않아도 되기 때문이다). 좋은 실적을 공시하고 싶은 기업 경영진, 특히 기업이 초기 단계에 있거나 이익이 부진한 경우에는 당연히 무형자산을 내부 개발하기보다 외부 취득을 선호하게 될 것이나, 외부 취득은 장기적으로 볼 때 기업에 득이 되는 전략은 아니다.[14]

우리가 무형자산 회계처리기준에 너무 많은 내용을 할애해서 지루해하는 독자 여러분도 있겠지만, 무형자산이 워낙 중요한 이슈인데다 개정에 대한 회계 규제기관의 반발이 상당한 관계로, 전방위적인 비판을 좀 더 이어가야겠다.

침묵하는 재무보고서

무형자산 회계처리기준도 심각한 문제지만, 무형자산에 대한 불분명한 공시 내용도 기업의 정확한 이해를 가로막는 요인이다. 미국에서는 기업들로 하여금 재무보고서에 연구개발비 총액을 명시하도록 의무화하고 있지만(다른 국가에서는 의무가 아닌 경우도 있다), 연구개발비 내역을 제외한 다른 무형자산 관련 지출이나 개발 성과에 대해서는 주석이나 부속명세서 그 어디에서도 유용한 정보를 전혀 찾아볼 수 없다.

몇 년 전 우리 저자들 가운데 한 사람이 한 대형 제약회사의 CFO를 만난 적이 있었는데, 그는 회사의 연구개발, 생산, 마케팅 활동을 강화하기 위해 당시 수백 곳의 기업들과 성공적인 제휴와 합작투자를 진행 중이라고 자랑스럽게 설명했다.

우리는 그의 설명을 듣고 물어보았다. "그런 제휴 활동이 회사의 수익에 기여하고 있습니까?" CFO는 매우 그렇다고 대답했다. 그러나 회사의 재무보고서는 제휴 사실에 대해 입도 뻥끗하지 않고 있으며, 합작투자로 인한 수익이나 원가 절감도 손익계산서에 반영되어 있지 않고, 제휴나 합작투자 진행과정에서 발생한 비용도 전혀 나타나있지 않았다. CFO는 우리가 지적한 것이 맞지만, 그러한 사실을 공시해야 할 의무는 없다고 대답했다. 안타깝지만 그의 대답이 맞았다. 제휴나 합작투자처럼 기업의 주요 전략적 무형자산에 대한 지출과 성과가 투자자들에게 완전히 가려져있는 것이다.[15]

다른 무형자산들도 이런 '침묵의 음모'에 동조하고 있기는 마찬가지다. 보고서상에 공시되는 연구개발비 내역도 연구 활동(새로운 기술을 개발하는 데 필요한 기초 연구 활동)과 개발 활동(기존 기술을 개선하고 향상시키는 활동)에 들어가는 비용을 구체적으로 보여주지 않는 한 별다른 의미가 없다. 상세한 지출 내역을 모르면 재무보고서를 읽어도 기업의 혁신 전략에 대해 제대로 파악할 수 없다.

이 회사가 그저 모방 기업인지 진정한 혁신 기업인지 알기 어렵다는 뜻이다. 하지만 연구개발비 총액은 그나마 공시되는데 반해,[16] 소프트웨어 같은 정보 기술, 브랜드, 상표권, 기업 고유의 비즈니스 프로세스, 인적 자원 등의 무형자산 지출은 아예 공시 사항에 해당되지 않는다. 이런 지출 내역은 아무리 기업 가치 창출에 기여한다 해도 손익계산서에 별도 항목으로 계상되지 않는다. 그저 판관비나 다른 항목에 쥐도 새도 모르게 '파묻혀' 있을 뿐이다.[17]

가령 투자자들이 어떤 기업의 재무제표만 봐서는 기업이 내부 교육 등을 통해 인재를 직접 개발하고 있는지 아닌지, 브랜드나 조직 자본을 제대로 관리하고 있는지 아닌지 알 길이 전혀 없다. 이런 정보가 제공되지 않으면 투자자는 대체 어떤 방법으로 그 기업과 다른 경쟁기업의 전략을 비교할 수 있을까? 또한 신개발 상품 매출(혁신으로 인한 매출)이나 특허 라이선스 매출 등 무형자산 투자로 인한 성과에 대해서도 전혀 공시되지 않기 때문에, 기업에 대단히 중요한 혁신 투자가 과연 얼마만큼의 수익을 달성했는지 평가할 수 있는 방법도 전무하다. 이 정도면 정보의 차단 상태라고 해도 좋을 듯하다. 따라서 회계사들이 주장하는 대로 무형자산의 불확실성 때문에 재무상태표상 자산으로 반영하는 것이 불가능하다면, 적어도 기업에 중요한 가치를 창출하는 자산인 만큼 주석에 정보를 포함하면 될 일 아닐까? 해답은 사실 간단하다.

무형자산 정보의 결핍

역설적인 것은, 기업의 투자자와 경영진 모두 무형자산에 대해 한정된 양의 정보를 알고 있을 게 아니라 충분한 양의 정보를 필요로 한다는 사실이다. 이유가 무엇일까? 무형자산은 기업에 가치를 창출하는 긍정적인 잠재력을 가지고 있지만, 동시에 부정적인 속성도 내재되어 있기 때문이다. 경영자 입장에서는 무형자산 관리가 까다롭고, 투자자 입장에서는 실적과 가치를 평가하기가 대단히 어렵다. 다음 사례를 함께 살펴보자.

아메리칸항공American Airlines의 재무상태표를 보면 5억 달러어치의 항공기가 자산으로 계상되어 있다. 이는 엄연히 아메리칸항공이 보유한 유형 자산이므로, 유나이티드항공 같은 다른 회사가 빼앗아 간다든지, 갑자기 사라진다든지 하는 걱정을 할 필요는 없다. 뿐만 아니라 주석에 기재된 항공기의 종류, 연식과 중고 항공기 시가 정보를 통해 재무상태표상 장부 가치와는 별도로 항공기의 실제 가치가 얼마인지 상당히 정확하게 파악할 수 있다. 마찬가지로, 항공기의 좌석이용률(load factor) 같은 가동률 정보를 보면 항공기의 수송 능력과 운용 효율성이 얼마나 되는지도 짐작할 수 있다. 즉 항공기나 건물, 기계장치 같은 유형자산은 안정성, 가치, 생산성을 비교적 확실하게 파악할 수 있기 때문에, 유형자산 비중이 높은 기업일수록 기업 가치를 정확하게 평가할 수 있다.

반면, 무형자산은 독특성uniqueness과 비시장성nontradability으로 인해 투자자 입장에서 평가하기가 쉽지 않다. 대부분의 유형자산과 금융자산은 공개된 시장에서 거래가 이뤄지기 때문에 과거 거래 정보를 통해 자산 가치를 꽤 공정하게 평가할 수 있지만, 무형자산의 경우에는 공개된 시장이 존재하지 않는다. 특허와 브랜드의 경우 거래가 이뤄지고 있긴 하지만, 거래 가액이 얼마인지 등 자세한 내용은 거의 공개되지 않는다.

투자자들에게 중요한 정보인 무형자산의 시가 또는 유사한 자산 가격 정보가(가령 같은 동네에 있는 집값을 참고하듯) 아예 없다는 뜻이다. 게다가 무형자산은 개별 기업마다 독특하기 때문에 경쟁기업의 재무보고서를 통해 그 가치를 짐작하는 것도 불가능하다. 화이자의 특허는 머크[Merck]의 특허와 전혀 다르고, 코카콜라의 브랜드(네스티[Nestea])도 펩시의 브랜드(도리토스[Doritos])와 완전히 다르다. 따라서 화이자의 가장 중요한 자산인 특허 가치를 평가할 때 다른 제약회사의 특허 정보는 무용지물이다. 또한 자산권 침해, 손상, 불법 도용 등 무형자산 리스크는 유형자산이나 금융자산 리스크와 또 다른데(항공기는 도난의 위험이 없지만 특허 침해는 종종 발생한다), 이런 무형자산 리스크에 대한 정보도 많지 않다.

무형자산에 대한 정보가 이렇게 결핍하다 보니 투자자들은 재무보고서를 통해 주요 무형자산에 대한 정보를 얻을 수 있으리라 기대하는데, 실제로 재무보고서에 공시되는 무형자산 정보는 전무한 상태다. 그 결과 재무보고서의 유용성이 급속하게 저하되는 현상이 발생했는데, 이에 대해 지금부터 자세히 살펴보도록 하겠다.

무형자산과 회계정보의 유용성

우리는 지금까지 기업 가치 창조의 원동력으로서 무형자산이 크게 대두되고 있는 현상에 대해 살펴보았으며, 현행 회계와 재무보고 제도가 이러한 현상을 적절히 반영하지 못하는 현실에 대해서도 함께 논의했다. 그리고 무형자산의 부상으로 인해 회계의 유용성이 저하되었다고 넌지시 암시했는데, 사실 이 둘 사이의 관계에 대해서는 정확히 명시하지 않았다. 지금부터 그 증거를 제시하도록 하겠다.

무형자산이 대두되기 시작한 것은 상당히 최근의 일이다. 1980년대 전까지만 해도 무형자산은 연구개발 활동이 많은 화학, 제약, 전기전자 제조 기업이나 브랜드 가치가 중요한 소비재 기업(코카콜라, 프록터 앤드 갬블 Procter & Gamble 등)들이 주로 보유했다. 그런데 1980년대가 되면서 소프트웨어와 바이오테크 같은 무형자산 중심의 새로운 산업이 등장하기 시작했다. 이후 1990년대부터 인터넷과 이동통신의 출현으로 인해 무형자산 기반 산업은 본격적인 성장세를 기록했고, 2000년대가 되자 헬스케어와 대체 에너지 산업 발달로 더 가파른 성장곡선을 그렸다(월드와이드웹 World Wide Web 기술이 처음 등장한 것이 1991년이다). 동시에 1980년대부터 제철, 석유 가스, 소매, 금융 등 전통적인 산업 내 기존 기업과 신생 기업들 가운데서도 경쟁력을 확보하려면 고유한 혁신이 필요하다는 인식이 퍼지기 시작했다.

그 결과 미니밀 mini-steel mills(전기로 방식의 소규모 제철 설비 – 옮긴이), 온라인 보험 상품, 가스 프래킹 gas fracking(고압으로 바위를 파쇄해 석유와 가스를 얻어내는 공법 – 옮긴이) 같은 새로운 기술들이 등장했다. 즉 요지는

1970년대 말부터 나타나기 시작한 일련의 신규 산업들이 이전 시대의 기업들보다 무형자산 의존도가 일반적으로 높았다는 점이다. 만약 무형자산의 급부상이 회계정보의 유용성을 저하시킨 원인이라면(우리가 검증하고자 하는 가설), 1970년대, 1980년대, 1990년대와 그 이후에 등장한 신규 상장기업들의 재무보고서 유용성은 점점 저하되어야 한다. 즉 무형자산의 등장과 회계정보의 유용성이라는 두 변수의 인과관계 검증이 필요했다.

우리는 먼저 분석 기간을 10년 단위로 나누어 각각 1950년대, 1960년대, 1970년대, 1980년대, 1990년대, 2000년대 미국 주식시장에 상장된 기업들을 표본으로 선택했다. 그 다음 각 상장기업마다 3장에서 실시했던 회계정보 유용성 테스트, 즉 기업의 시가총액을 연도별 이익과 장부 가치와 비교하는 회귀분석을 수행했다. 이때 기간은 기업이 상장된 10년 기간의 첫 해(가령 1951년, 1961년)부터 마지막 해까지 연도별로 분석을 실시했다. [표 8.2]의 막대그래프를 보면 1950년대부터 2000년대까지 각 기간마다 상장된 기업들의 이익과 장부가치가 기업 시가총액에 어떤 영향을 미쳤는지 확인할 수 있다.[18]

여기서 각각의 막대그래프는 10년 기간에 해당하는 회귀분석 결과값을 나타낸 것이다. 막대그래프를 가로지르는 상승곡선은 표본 기업들의 무형자산 투자 비중을 나타낸다.

시간이 지날수록 점점 짧아지는 막대그래프의 패턴이 의미하는 바는 명확하다. 그래프의 상승곡선을 보면 시장에 신규 진입하는 기업들의 무형자산 비중이 과거보다 높다는 것을 알 수 있는데, 이런 신규 기업들이 공시하는 회계정보의 유용성이 시간이 지나면서 급격하게 하락하고 있다. 1950년대에는 R^2이 80%를 넘었지만, 2000년대에는 25% 정도에 불과하다. 10년이 지날 때마다 주요 재무변수들의 정보 유용성이 두드러질 만큼 크게 저하되고 있는 것이다. 신규 상장기업들의 주요한 특징 중에 하나가 무형자산 비중 증가라는 점을 고려하면([표 8.2]의 상승곡선을 보면 연구개발비 및 판관비가 증가함을 알 수 있는데, 판관비에는 많은 무형자산 투자지출액이 포함되어 있다), 회계정보의 유용성을 저하시키는 주된 원인이 무형자산 증가라는 결론을 내릴 수 있다.[19]

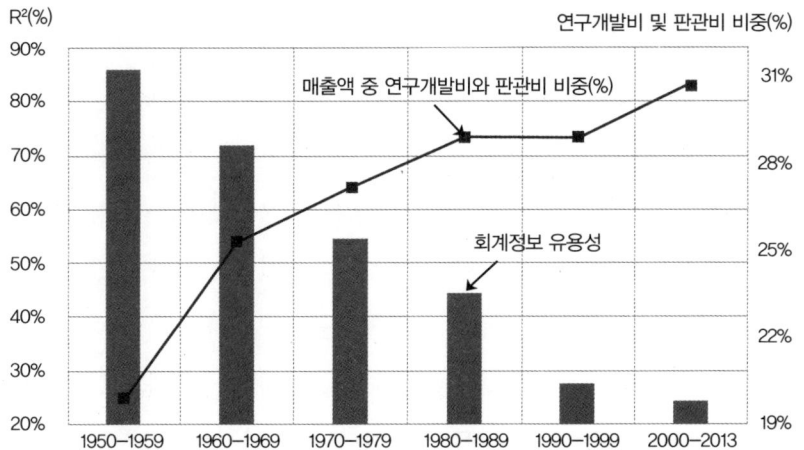

표 8.2 신규 상장기업의 회계정보 유용성 감소

신규 상장한 기업이 공시한 이익, 장부 가치와 시가총액의 회귀분석 결과, 1950년~2013년

경영자와 회계사의 무관심

지금쯤 이렇게 생각하는 독자 여러분도 있을 것이다. 무형자산에 대한 회계처리방식(또는 주석 공시사항) 때문에 회계정보의 유용성이 저하됐

다면, 이런 회계정보를 공시하는 주된 책임을 지는 기업 경영자나 회계정보의 품질과 적합성을 보증해야 할 회계사들이 먼저 나서서 시대에 뒤떨어진 무형자산 회계기준을 바꾸자는 제안을 하지 않았을까? 기업 경영자와 회계사들은 자기에게 유리한 일을 위해서라면 상당히 적극적으로 회계기준 제정기관에 로비활동을 펼치는 사람들이 아닌가? 왜 아무도 무형자산 회계기준을 개정하자는 움직임을 적극적으로 보이지 않았던 것일까?

우리는 경영자와 회계사들 모두 각자의 동기가 있다고 짐작한다. 대부분의 경영자들은 무형자산 같은 위험부담이 높은 자산을 재무상태표에 공개하는 것을 꺼려한다. 무형자산의 소유권 침해나 기술 진보(기술의 와해)가 발생하면 무형자산의 가치가 하락하고(애플의 아이폰이 출현하면서 블랙베리의 특허 가치가 하락했던 것을 생각해 보자), 무형자산 가치가 하락하면 손상차손을 인식해야 하는데 그러면 이사나 주주들이 손상차손을 가지고 들들 볶을 것이 분명하기 때문이다. 경영자로서는 무형자산 개발이나 취득에 대해 수년 동안 짐을 떠안고 있기보다 지출 전액을 비용 처리함으로써 무형자산을 재무상태표(와 투자자들의 기억)에서 즉각 삭제해버리는 편이 나을 것이다. 물론 이는 경영자의 편의일 뿐, 투자자를 위한 행동은 아니다. 우리가 지나치게 회의적이라고 생각하는가? 그럴 가능성도 있지만, 만약 아니라면 구태의연하고 비논리적인 무형자산 회계처리 방식에 입 다물고 있는 경영자들의 행태를 무엇으로 설명할 수 있을까?[20]

반면, 회계사들에게는 또 다른 동기가 있다. 회계사는 기업에 예상치 못한 손실이 발생하거나 사업이 실패해 기업 주가가 크게 하락하는 경우 주주들로부터 소송에 시달릴 위험을 감수해야 한다. 주주들에게 기업이 보유한 특정 자산의 취약성이나 위험에 대해 미리 경고하지 않았다는 이유로 피소되는 것이다. 하지만 무형자산을 재무상태표상 자산으로 계상하지 않으면 무형자산의 가치를 검증할 일도 없으므로 소송당할 일도 없게 된다.[21]

투자자들에게 제공되는 정보 유용성이 저하됨에도 불구하고, 회계처리기준과 재무보고방식에 가장 주요한 '입김'을 행사할 수 있는 경영자와 회계사가 현재 상태를 유지하는 것에 큰 반발이 없다는 말이다. 경영자와 회계사들이 현재의 안락함에서 벗어날 수 있으려면 투자자들이 먼저 무형자산에 대한 유용한 정보를 강력하게 요구해야 할 것으로 보인다.

요약노트

지난 25년간 기업 경영환경의 가장 큰 변화를 꼽으라면 기업 가치를 창출하는 주된 자원으로써 무형자산이 급부상한 것을 들 수 있다. 이렇게 무형자산의 중요성이 대두되며 모든 기업 분야가 많은 영향을 받았지만, 회계만큼은 아무런 변화도 찾아오지 않았다. 우리는 이번 장을 통해 무형자산의 고유한 속성상 유형자산이나 금융자산보다 더 많은 정보가 공시되어야 함에도 불구하고 아무런 조치가 취해지지 않아 결국 회계의 유용성 하락을 야기했다는 점에 대해 증명했다.

분명한 것은, 무형자산에 대한 회계처리를 개정하지 않고는 현행 공시체계에 어떤 개선도 꾀할 수 없다.[22] 그러나 회계의 유용성이 저하된 데는 무형자산 말고도 또 다른 이유가 있다. 이제 다음 장을 넘겨보자.

1 Nina Adam, "Business Investment Is Changing Its Stripes," The Wall Street Journal, August 17, 2015, p. A2.
2 물적 자본과 금융 자본의 중요성 감소에 대해 기고한 다음 기사 참조. Geoff Colvin, "Heavy Hitters Travel Light," Fortune, February 1, 2016, p. 20.
3 2011년 기준 미국 상장기업들이 보유한 무형자산의 총 가치는 8.1조 달러로 추정되며, 이들 기업의 총 시가총액은 17.4조 달러이다. 보다 자세한 내용은 다음 기사 참조. Kevin Hassett and Robert Shapiro, "What Ideas Are Worth: The Value of Intellectual Capital and Intangible Assets in the American Economy," Sonecon.
4 Dan Strumpf, "The Casino's Last Stand—Six Stocks Account for All of S&P Gains This Year," The Wall Street Journal (July 27, 2015), p. C1.
5 중국정부의 특허정책은 대단히 성공적이었다. 오늘날 중국 기업의 특허 출원 건수는 미국 기업의 특허 출원 건수보다 두 배가량 많다. 그러나 중국 기업들의 특허 품질에 대한 의구심도 없지 않다. 자세한 내용은 다음 기사 참조. "Patent Fiction," The Economist (December 13, 2014).
6 미국 FASB가 발표한 ASC 730 (1974)에 따르면 기업이 지출한 연구개발비는 당기에 전액 비용 처리해야 하는데, 이 기준이 기업의 주주가치를 떨어뜨리는 가장 큰 주범으로 지목되고 있다. 관련 내용은 다음 논문을 참조. Urooj Khan, Bin Li, Shivaram Rajgopal, and Mohan Venkatachalam, Do the FASB's Standards Add Shareholder Value? working paper (Columbia Business School, 2014).
7 회계 기준은 자산과 비용의 차이점을 분명하게 구분 짓고 있다. 건물이나 유가증권 같은 자산은 미래 경제적 효익을 기대할 수 있지만, 급여나 임차료 같은 비용은 기업이 과거에 제공받았던 서비스에 대한 지출이므로 미래 경제적 효익을 기대할 수 없다. 따라서 무형자산 투자를 회계상 자산이 아닌 비용으로 처리하는 것은 해당 무형자산이 미래 효익을 발생시키지 않음을 전제로 한다. 마이크로소프트는 2015년 연구개발비에 120억 달러를, IBM은 2014년 연구개발비에 54억 달러를 지출했다. 이들이 과연 아무런 미래 효익을 기대하지 않고 연구개발 활동을 했을까? 많은 연구자들이 기업의 연구개발 활동과 주가, 또는 연구개발 활동과 미래 성장률 사이에 유의미한 상관관계가 있음을 증명하며 현행 회계 처리 방식의 문제점을 제시했다. 가령 David Hirshleifer, Po-Hsuan Hsu, and Dongmei Li, "Innovative Efficiency and Stock Returns," Journal of Financial Economics, 107 (2013): 632–654의 논문은 다음과 같이 밝혔다. "…회귀분석 결과 (연구개발비 달러당 특허출원 비율인) 혁신 효율성(innovative efficiency, IE)이 높을수록 총자산이익률과 현금흐름이 높고… 주가 수익률도 높은 것으로 드러났다…."
8 유럽 국가와 일부 다른 국가들에서 사용하는 국제회계기준의 경우 엄격한 기준을 충족하는 경우 연구개발 활동 초기 이후에 발생한 연구개발비를 자산화, 즉 비용 처리하지 않고 자산으로 계상하는 것을 허용하고 있다. 그러나 이 기준을 충족하기가 상당히 까다롭기 때문에 많은 기업들이 연구개발비를 전혀 자산화하지 않거나 극히 일부만 자산화하는 경우가 많다. 미국에서도 일부 소프트웨어 개발비는 자산화를 허용하고 있으나, 이를 실제로 적용하는 기업은 상대적으로 드문 편이다.
9 Carol Corrado, Charles Hulten, and Daniel Sichel, in Measuring Capital in the New Economy, (Chicago: University of Chicago Press, 2005), pp. 11–45를 보면 미국 기업들이 무형자산 개발에 연간 1조 달러 이상을 투자한다는 내용이 언급되어있다. "… 1990년대 후반 무렵 기업의 무형자산 투자액은 연간 1.2조 달러에 달할 것으로 추정되며, 이는 GDP의 13%를 상회하는 수치다." (p. 30).
10 2011년부터 2013년에는 화이자의 연구개발비가 감소했기 때문에, 연구개발비 비용 처리가 당기순이익에 미치는 '영향력'도 과거에 비해 줄어들었다.
11 화이자의 연구개발비는 2011년, 2012년, 2013년에 각각 87억 달러, 75억 달러, 67억 달러를 기록했다. 같은 기간, 여러 무형자산 관련 비용(IT 컨설팅 자문료 등)이 포함된 판관비 역시 감소했다. 2014년이 되자 연구개발비는 84억 달러로 다시 증가했다.

12 Baruch Lev, Bharat Sarath, and Theodore Sougiannis, "R&D Reporting Biases and Their Consequences," Contemporary Accounting Research, 22 (2005): 977–1026. 부적절한 무형자산 회계처리로 인해 수익성 지표가 왜곡되는 현상을 실증적 증거를 통해 종합적으로 제시하였다.

13 흥미로운 사실은 정부회계기준(National Accounts)의 무형자산 회계처리기준이 일반기업회계기준(GAAP)보다 더 일관적이라는 사실이다. 정부회계기준에 따르면 소프트웨어 개발비와 연구개발비는 물론 일반 무형자산 개발비도 전부 자산화 대상에 해당한다. 과거에는 비용 처리만 허용하던 정부회계기준이 자산화를 허용하면서 많은 변화가 생겼다. "무형자산을 (자산으로) 포함시키자 경제 성장률의 패턴에 유의미한 변화가 관찰되었다. 무형자산이 포함되지 않았을 때보다 생산량 증가율과 노동자 1인당 생산량 증가율이 눈에 띌 만큼 크게 상승했다…." (Carol Corrado, Charles Hulten, Daniel Sichel의 논문 Intangible Capital and Economic Growth, working Paper 11948 (Cambridge, MA: National Bureau of Economic Research, 2006에서 발췌). 마찬가지로 기업회계에서도 무형자산을 자산으로 포함시키면 정보 유용성이 개선될 것으로 보인다.

14 외부 취득 무형자산보다 내부 개발 무형자산의 우수성에 대한 분석은 다음 논문 내용을 참조. See Lucile Faurel, "Market Valuation of Corporate Investments: Acquisitions Versus R&D and Capital Expenditures," working paper (2013)

15 제휴나 합작투자처럼 기업 '협력'을 추진하는 데 수반되는 비용과 결과에 대해 외부 공시 의무가 없다는 이유로 기업 내부적으로도 아무런 분석이 이뤄지지 않곤 하는데, 실제로 이런 중요한 기업 협력활동에 대해 체계적인 평가를 수행하는 기업은 그리 많지 않다. 컨설팅회사 맥킨지의 분석에 따르면 "…제휴활동 성과를 체계적으로 분석하는 기업은 아주 극소수에 불과하다." James Bamford and David Ernst, "Managing an Alliance Portfolio," The McKinsey Quarterly, 3 (2002): 29 – 39.

16 연구개발비가 어떤 내역으로 구성되어있는지도 큰 의문 가운데 하나다. 남들에게 혁신적이게 보이고 싶은 일부 기업들은 연구개발에 '관련된' 비용이라면 유지관리비나 품질관리비마저도 전부 연구개발비에 포함시키기도 한다. 연구개발비가 어떤 비용이냐에 대한 회계기준상 정의가 불분명하기 때문이다.

17 최근 발표된 한 논문에 따르면 기업들의 판관비가 점점 증가 추세를 보인다고 한다. 다음 논문 내용 참조. Anup Srivastava, "Why Have Measures of Earnings Quality Changed over Time?" Journal of Accounting and Economics, 57 (2014): 196 – 217.

18 [표 3.1]의 회귀분석과 마찬가지로 여기서도 기업 규모의 차이를 고려해 발행주식수를 회귀모형에 포함시켰다. [표 3.1]과 [표 8.2]의 회귀분석이 어떤 점에서 차이가 있는지 정확히 이해하는 것이 중요한데, [표 3.1]의 경우 해당 연도에 주식이 거래된 기록만 있다면 기존 신규 상관없이 모든 상장기업을 표본으로 삼았지만 [표 8.2]는 막대그래프가 나타내는 10년 기간에 상장된 기업들만 표본에 포함되어 있다.

19 10년 기간마다 새로 생겨나는 기업의 비중이 달라져 결과에 영향을 미친 것이 아닐까 의문을 갖는 사람들이 있었기 때문에, 우리는 60년 분석기간 내내 존재했던 기업을 대상으로 동일한 분석을 다시 실시해보았다. 표본 기업들 가운데 첫 30년보다 이후 30년의 매출액 대비 연구개발비 비율이 높은 기업은, 후반 30년의 재무정보 유용성이 전반 30년보다 크게 하락한 모습을 보였다. 반면 매출액 대비 연구개발비 비율에 변화가 없거나 후반 30년의 연구개발비 비율이 오히려 줄어든 기업의 경우 재무정보 유용성에 아무런 변동이 없었다. 무형자산 증가가 회계의 유용성을 저하시킨 원인이라는 또 다른 증거가 발견된 셈이다.

20 연구개발비 비용처리를 의무화하는 회계기준이 제정되기 이전인 1970년대, 미국 FASB가 기업 경영진과 회계사들로부터 수취한 입법 의견서에 의하면 많은 경영진과 회계사들이 비용처리 규정을 옹호했다고 한다. 다소 음모이론처럼 들리긴 하겠지만, 우리 저자들이 한 대기업의 CEO로부터 들었던 이야기를 알고 나면 음모이론에 확신이 느껴질 수도 있을 것이다. 그 CEO가 설명하길, 무형자산 지출액

을 비용 처리해야 될 경우 연구개발비 같은 비용을 절감하면 당기순이익을 조금씩 올릴 수 있단다. 반면, 무형자산 지출액을 자산화해야 될 경우 당기순이익에 영향을 미치는 무형자산 상각비는 이미 과거에 지출된 내역에서 발생하는 비용이므로 무형자산 비용을 절감한다고 해서 당장의 당기순이익에 미치는 영향은 작을 수밖에 없다. 그 CEO는 무형자산을 당기에 비용 처리하는 것이 경영자 입장에서는 이익을 조정할 수 있는 좋은 수단이라고 고백했다.

21 무형자산 회계기준의 개정 가능성에 대한 한줄기 희망이 빛이 보이고 있다. 2013년 12월 7일자 〈이코노미스트〉는 미국과 유럽연합 내에서 사용되는 감사기준과 무미건조한 재무제표 감사보고서 양식에 앞으로 변화가 발생할 가능성이 있다고 다음과 같이 보도했다(68페이지). "새로운 기준을 도입하는 목적은 감사보고서 내 '중요 감사사항(critical audit matters)' 기재를 의무화함으로써 감사보고서의 유용성을 증대시키는 것이다. 중요 감사사항이란 피감사기업의 무형자산 가치 평가방법 등 기업의 주요 이슈에 대한 감사인의 개인적 의견을 전달하는 부분이다."

22 경제협력개발기구(OECD)도 이에 동의했다. 〈월스트리트저널〉은 OECD가 2년간 연구조사 끝에 다음과 같은 결론을 내렸다고 보도했다. "…현재 많은 기업들이 기계장치나 설비 같은 유형자산에 투자하는 것과 비슷한 수준이거나 오히려 더 많은 금액을 지식기반 자산에 투자하는 경향을 보이고 있다. OECD는 이러한 변화가 정책 입안기관과 기업들에게 새로운 도전이 될 것으로 내다보고 있으며, 경제활동을 측정하는 방법에도 변화가 찾아올 것으로 예상하고 있다." Nina Adam, "Business Investment Is Changing Its Stripes," The Wall Street Journal (August 17, 2015), p. A2. 위 내용이 언급된 OECD 연구보고서는 구시대적인 무형자산 회계처리기준으로 인해 기업 활동을 제대로 측정하고 보고하는 데 어려움이 따른다고 지적했다.

09

CHAPTER
THE END OF ACCOUNTING

사실인가 허구인가

회계정보가 사실관계를 전달한다고 생각하는 사람들이 많지만(가령 기업이 제품 500개를 구입했다는 사실), 현실은 전혀 그렇지 않다. 매출, 비용, 자산 등 점점 더 많은 회계 항목들이 경영진의 주관적인 추정과 예측에 기반하고 있으며, 심지어 단순한 추측에 기인하는 경우도 늘어가고 있다. 우리는 이번 장을 통해 회계규제 제정기관이 회계 추정치 사용을 의무화함에 따라 추정치 사용 빈도가 점점 높아지고 있는 현재 상황에 대해 짚어볼 것이다. 그리고 회계 추정치의 사용 증가가 재무정보에 미친 악영향이 무엇이며, 또 회계정보 유용성 저하와 어떤 관련이 있는지 실증적으로 분석하고자 한다. 여러분은 곧 회계정보의 유용성을 저하시킨 두 번째 원인을 파악하게 될 것이다.

제너럴일렉트릭의 회계정보 추정

제너럴일렉트릭^{General Electric}이 발표한 2013년도 계속영업 주당순이익(EPS)은 1.47달러로, 2012년도의 1.38달러와 2011년도의 1.23달러보다 조금 높았다. 회계가 이렇게 정밀할 수 있다니 놀랍지 않은가? 전 세계에 30만 7천 명의 임직원을 보유하고 연간 1,460억 달러의 매출을 기록하는 기업이 주당순이익을 무려 1센트 단위까지 발표하다니 말이다. 1.46달러도 1.48달러도 아닌 1.47달러라는 정확한 수치를 발표했고, "약 1.50달러"라고 뭉뚱그리지도 않았으며 "1.40달러와 1.50달러 사이"라는 범위를 제시한 것도 아니었다. EPS 1.47달러라는 수치는 제너럴일렉트릭의 경영성과를 정확하고도 명백하게 나타냈다. 회계제도가 각고의 노력 끝에 만들어졌을 만도 하다. 세상에 이렇게 확실하고 신뢰할 수 있는 정보가 또 어디 있을까?

하지만 그럴듯해 보이는 겉 표면을 벗겨보면 정밀함이니 확실함이니 하는 것들이 모두 허울에 불과하다는 사실을 깨닫게 된다. 표면 아래에는 불확실함과 모호함 투성이기 때문이다. 먼저 제너럴일렉트릭이 공시한 1,460억 달러라는 엄청난 수치의 매출액부터 살펴보자. 기업이 고객에게 실제로 물건을 판매하고 받은 금액이니 정확하게 측정된 사실, 즉 팩트라고 생각하는 사람들이 있을 것이다. 하지만 그렇지 않다. 1,460억 달러의 매출 가운데는 경영진의 주관적인 추정이(사실 여러 종류의 추정이) 일부 반영되어 있다. 제너럴일렉트릭의 2013년도 재무보고서 중 '재화와 서비스 판매' 주석에 실렸던 내용을 그대로 가져와 보았다.

> 당사의 추정에 의하면 장기계약으로 인해 발생하는 총매출은… 발생예정원가의 추정치에 따라 계산된… 대규모 석유 시추장비와 장기 건설 프로젝트의 매출액은… 당사의 항공기 엔진 관련 매출은 계약별 발생예정원가에 대한 실제발생원가의 비율을 추정해 산정하고 있습니다…. 당사의 매출과 매출원가 추정치에는 가격 할인과 성과 관련 보증금이 상당부분 반영되어 있습니다….

이제 감이 좀 잡혔을 것이다. 1,460억 달러의 매출액에는 경영진의 주관적인 예측과 여러 가지 추정치가 반영되어 있다. 그렇다면 투자자들에게 가장 중요한 질문은 다음일 것이다. 총 매출액 가운데 과연 얼마만큼이 추정치에 의한 것이고 얼마만큼이 실제로 발생한 매출일까?(5%만 추정치를 사용한 매출이고 나머지 95%는 실제 매출일까? 아니면 30%가 추정치고 70%만 실제일까?) 제너럴일렉트릭의 보고서는 이에 대해 함구하고 있다(공시 의무가 없기 때문이다). 따라서 제너럴일렉트릭의 2013년도 매출이 1,350억 달러가 아니라 1,460억 달러라고 확신할 수 있는 사람은 아무도 없다.

이런 모호함은 매출에만 국한된 현상이 아니다. 제너럴일렉트릭의 손익계산서를 보면 감가상각비, 대손상각비, 퇴직연금 비용, 하자보증 비용, 스톡옵션 비용 등 수많은 비용들 역시 추정치에 기반을 두고 있다는 사실을 알 수 있다. 그 말인즉슨 1.47달러라는 EPS가 정확한 수치가 아니라, 경영진의 주관적인 추정, 예상, 심지어 단순 짐작이 한 겹 두 겹 쌓여 만들어진 결과라는 것이다.[1] 우리는 제너럴일렉트릭의 경영진조차 1.47달러의 EPS 가운데 얼마만큼이 사실이고 얼마만큼이 추정 결과인지 모를 것이라 생각한다. 이런 상황에서는 이익 계산에 사용된 추정치가 조금만 달라져도 EPS는 1.47달러 대신 1.30달러가 될 수도, 1.55달러가 될 수도 있다. 놀라운 사실은, 이렇게 불확실한 EPS와 애널리스트 추정치가 1센트만 달라도 투자자들은 크게 동요한다는 점이다.

텔레비전에서 선거 개표 방송을 보면 개표 결과가 ±3% 오차범위 안에 있다고 강조하곤 하는데, EPS는 아무런 오차범위도 없이 '확실한' 숫자만 공시되고 있다. 이렇게 추정치를 사용하는 것은 비단 제너럴일렉트릭만이 아니다. 경영진의 주관적인 추정치는 회계와 재무보고의 본질이자, 기업 재무보고서의 거의 대부분 항목에 영향을 미치는 요인이다.

재무제표 추정의 역사

19세기 말 유한책임회사limited liability corporation가 대표적인 법인 형태로 자리 잡게 되면서 회계제도에도 많은 변화가 발생했다. 19세기만 해도 기업이 발행하는 재무보고서는 사실관계에 대한 내용이 대부분이었다. 거래처에 지급한 금액, 고객으로부터 수취한 금액, 투자자와 대여자로부터 조달한 금액, 건물, 기계장비에 투자하거나 다른 기업을 인수하기 위해 지불한 금액, 주주에게 지급한 배당 등이 보고서의 주된 구성요소였다. 이후 수십 년에 걸쳐 회계기준 제정기관은 기업회계기준을 포함한 수많은 회계 규칙과 기준을 발표했고, 새로운 기준은 재무보고서 작성 시 기업의 더 많은 주관적인 판단을 필요로 했다. 기업들은 재무상태표에 단순히 고객으로부터 받은 금액(매출채권)만 표시하는 게 아니라, 해당 채권에 부도가 발생할 가능성을 따져 대손충당금을 차감한 매출채권 잔액을 표시해야했다. 또는 재고자산의 원가가 시가보다 높은 경우 원가(사실관계) 대신 시가(대개 추정치)로 재고자산 가치를 평가해야 했다.

추정치를 필요로 하는 다른 규칙들이 연이어 등장했다. 하자보수 충당금, 퇴직연금 비용, 퇴직급여, 자산과 영업권 감액손실, 그리고 최근에 등장한 스톡옵션 비용과 자산과 부채의 공정가치 평가손익(공정가치 추정이 사실 애매모호하다) 모두 추정치를 사용하는 사례들이다. 한 가지 비용항목을 계산하는 데 여러 가지 추정과 예측이 필요한 경우도 종종 있다. 가령 스톡옵션 비용 하나를 계산하는데도 기대 배당수익률, 이자율 범위, 예상 주가 변동성, 기대 행사기간 등 3~4가지나 되는

추정치와 기대치가 필요하다.²

경영진의 주관적인 추정이 반영되는 재무상태표 항목들도 여러 가지 있다. 시장에서 거래되지 않는 자산과 부채도 시가(공정가치)에 따라 평가해야 하지만, 비거래 자산의 경우 거래소에서 형성된 시가가 따로 없는 관계로 주관적인 추정치를 사용하는 것이 현실이다. 기업인수합병을 통해 외부에서 취득한 무형자산(영업권, 연구개발 활동)의 가치도 사실은 합병과정에서 얻은 자산과 부채의 공정 가치를 결정할 때 생성된 결과물이다.

어쩌다 회계에 경영진의 주관적인 추정, 예상, 예측이 이렇게 난무하게 되었을까? 사람들은 왜 위대한 회계학 사상가 A. C. 리틀톤Littleton의 현명한 의견을 존중하지 않았을까? 리틀톤은 "회계는 사실만을 반영해야 한다. 회계가 사실이라는 닻에서 벗어나면, 더 이상 회계로는 표현할 수 없는 심리적인 추정의 바다에서 떠돌게 된다"고 언급했다.³

위 질문에 대한 대답은 아주 간단하다. 좋았던 의도가 변질된 것이다.

원가와 괴리를 보이는 공정가치 평가

기업의 자산은 재무상태표에 취득원가로 계상하는 것이 원칙이지만, 자산 취득 이후 시간이 점점 지나면서 취득원가는 자산의 실제 가치와 점점 괴리를 보이게 된다. 10년 전에 구입했던 집이 오늘날에도 같은 가격인지 생각해보면 쉽게 알 수 있다. 따라서 자산과 부채의 가치를 새롭게 업데이트해야, 즉 현재 시가로 재평가해야 현실성 있는 정보를 전달하는 재무상태표로서 그 적합성을 인정받을 수 있다. 이때 주식이나 채권처럼 조직적이고 공개적인 시장에서 거래되는 자산이나, 중고 자동차나 중고 기계장치처럼 믿을 수 있는 시세 정보가 존재하는 자산(예를 들어 블루북$^{Blue\ Book}$: 미국 중고자동차협회에서 발간하는 책자로 국제적인 공인을 받은 중고차 정보지 - 옮긴이)의 경우에는 시가 평가가 가능하다.

또한 부동산 거래가 활발한 지역에서 유사한 부동산의 시세를 참고할 때처럼, 유사한 자산으로부터 관찰 가능한 거래 가격이 있는 경우에도 시가 평가가 가능하다. 하지만 회계규제 제정기관에서 모든 자산과 부채를 '공정 가치' 즉 현재 시가에 따라 평가하라고 열성적으로 밀어붙인 나머지, 기업은 금융 상품이나 특수한 유가증권처럼 공개된 시장에서 거래되지도 않고, 비교 관찰할 수 있는 거래 대상도 없는 자산과 부채들마저 공정 가치로 평가해야 했다(회계업계에서는 이런 자산이나 부채가 '수준 3$^{Level\ 3}$'에 해당한다고 표현한다). 이런 자산과 부채의 '가치'는 사실관계를 반영하기보다 여러 가지 가정과 추정을 사용한 복잡한 모형에서 도출된 결과이기 때문에 오류 발생과 조작 가능성이 있다. 시가평가 규정에 대해 워런 버핏이 이렇게 비꼰 것도 무리는 아니다. "시가로 평가하라는 건 내 마음대로 평가하란 소리다."

뿐만 아니라, 회계규제 제정기관은 재무상태표 적합성 개선의 일환으로 기업이 장기 보유한 자산이나 영업권을 공정 가치(시가)에 따라 재평가하라는 새로운 규정도 제정했다. 공정가치가 자산의 원가보다 낮은 경우 자산의 감액손실 인식을 의무화한 이 규정은 자산으로부터 창출되는 미래 현금흐름이라는 꽤 애매한 추정치를 기초로 계산된 결과여서, 많은 경우 그 액수의 신빙성에 의문이 제기되곤 한다.[4]

건물이나 기계장치처럼 기업이 사용하는 대부분의 자산은 정보기술 같은 다른 종류의 자산들과 제조과정에 함께 투입되기 때문에, 각 자산마다 얼마만큼의 미래 현금흐름이 창출될 수 있는지 추정하는 것은 불가능하다. 따라서 애매하기 그지없는 추정치에 기초해 자산과 부채를 '공정' 가치로 평가하고 이후 감액손실을 인식해 당기순이익에 반영하는 것은 검증하기 어려울 뿐더러, 이익 조작의 가능성도 크다.[5]

우리가 너무 비판적으로 바라본다고 생각하는가? 우리 동료들 가운데는 "완전히 잘못된 수치를 사용하기보다는 대략이라도 추정하는 게 낫다"며 추정치 사용을 정당화한 사람도 있었다. 하지만 투자자들에게 추정치의 신뢰도(신뢰구간)와 추정치가 매출과 이익에 미치는 영향에 대해 설명할 수 없는 정보는 또 다른 정보의 소음만을 야기할 뿐이다.

우리가 모든 추정치 사용을 거부하는 것은 아니다. 추정치마다 특성이 서로 다르기 때문에, 대손상각비나 하자보수비용처럼 확실한 과거 경험을 토대로 한 추정치는 상당히 신뢰적인 편이나, 다른 많은 추정치는 그렇지 못하다. 화이자의 2006년도 연차보고서를 보면 인수합병에서 취득한 연구개발 활동의 가치를 평가하기 위해 다양한 추정치를 사용했다는 언급이 있는데, 이 추정치의 신뢰도가 그다지 높지 않음을 알 수 있다.

…예상되는 미래 현금흐름 액수와 발생기간, 연구개발 활동이 상업적 생산으로 발전하기 위해 필요한 투입 원가 금액과 투입기간, 미래 현금흐름에 내재된 위험 수준을 반영하는 할인율, 자산의 수명기간과 자산에 영향을 미치는 경쟁력 트렌드…

이렇게 온갖 추정과 짐작이 녹아들어간 결과가 재무상태표에 반영되어 투자자들의 주도면밀한 분석과 관심의 대상이 되는 것이다.[6]

그간 회계 추정치의 신뢰도를 개선하기 위한 방안이 여러 차례 제안되었고, 주요 추정치와 실제 수치의 편차를 발표하고 이런 편차에 대한 경영진 의견을 정기적으로 공시하는 방법 등이 제시되었으나, 우리 저자들이 알기로 회계규제 제정기관에서는 그 어떤 제안도 채택하지, 아니 진지하게 논의하지조차 않았다.[7] 우리가 이 책 3부에서 제안하는 바는 과거의 다른 제안들과는 완전히 다르다. 우리는 현행 회계제도에서 사용되는 대부분의 추정치 사용을 완전히 폐지하자고 주장하기 때문이다. 하지만 이를 제안하기에 앞서 먼저 재무보고서에 회계 추정치 사용이 증가한 것이 사실이며, 이로 인해 회계정보의 유용성이 저하되었다는 가설을 증명할 수 있는 실증적 증거에 대해 살펴보고자 한다.

추정치 사용에 대한 실증적 분석 결과

지난 50년간 회계정보의 유용성이 저하된 주된 이유가 회계 추정치 사용 때문이라면, 회계 추정치 사용의 빈도와 영향력이 시간이 지날수록 점점 증가했어야 한다. 실제로 그러했을까? 우리는 이 가설을 확인하기 위해 제조, 유통, 방위, 기술, 미디어/엔터테인먼트, 금융 서비스, 에너지 등 주요 산업군을 대표하는 S&P 500 기업들 가운데 50개의 표본 기업을 무작위로 추출했다. 그 다음 '추정'이나 '예상'과 유사한 의

미를 갖는 단어들, 가령 기대, 예측, 기대, 예견, 가능성, 가정 등의 키워드를 추린 '용어 목록'을 만들었다. 그리고 이런 단어들의 최근 사용 패턴을 확인하기 위해 1995년, 2000년, 2005년, 2011년, 2013년의 5개 연도를 선택했다. 그 다음에는 5개 연도에 해당하는 50개 표본 기업의 연차보고서 주석을 꼼꼼히 검토하고(주석 분량이 50~60페이지가 넘는 경우도 종종 있었다) '용어 목록'에 포함된 '추정' 관련 키워드가 주석에서 언급된 횟수를 살펴보았다.

[표 9.1]의 그래프는 지난 20년간 표본 기업들의 연차보고서에서 '추정' 관련 키워드가 언급된 횟수의 평균^{mean}과 중앙값^{median}을 나타낸 것이다. 연차보고서 주석에 언급된 키워드 빈도의 평균과 중앙값이 모두 급격하게 상승했음을 확인할 수 있다. 1995년 연차보고서에서는 추정 관련 키워드가 평균 30번 언급된 데 비해, 10년 후인 2005년에는

표 9.1 재무보고서에 등장하는 추정 관련 키워드의 빈도수 증가
S&P 500 중 무작위로 선정된 50개 기업 분석

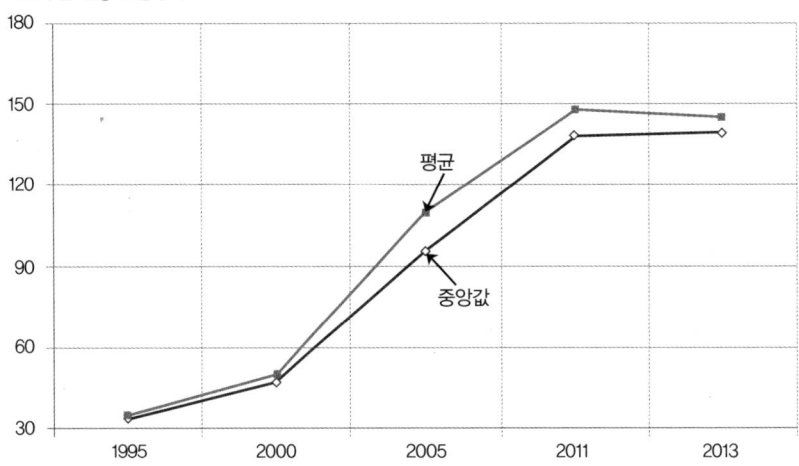

100번, 2013년에는 150번으로 급상승했다. 이렇게 지난 20년간 추정 관련 키워드의 언급은 5배가량 증가했는데, 그중 증가세가 가장 가팔랐던 2000년과 2011년 사이의 기간은 공정가치(시가) 평가를 의무화한 새로운 회계규정이 도입된 시기와도 일치한다. 즉 재무보고서에 등장하는 추정 관련 단어의 빈도수가 상승했다는 것은 실제로 재무보고서를 작성하는 과정에서 추정치 사용이 증가했다는 의미이며, 이는 우리가 1부에서 검증했던 회계정보의 유용성 저하와도 밀접하게 관련되어 있다.

우리와 분석방법은 유사하되 표본 기업 수를 4,000개로 크게 확장한 새로운 연구 논문이 최근 발표되었는데,[8] 해당 논문의 결과는 우리의 연구 결과와도 완벽하게 일치한다. 논문의 저자들 역시 1990년대와 2000년대 재무보고서에 사용된 추정 관련 키워드의 빈도수가 점진적으로 증가했다는 사실을 밝혀냈다. 뿐만 아니라 추정 키워드의 빈도수와 기업의 주가 사이에 음의 상관관계가 존재한다는 중요한 결과도 제시했다. 저자들은 이런 음의 상관관계가 나타나는 이유에 대해 투자자들이 추정치에 기초한 재무정보가 오류와 이익 조정에 취약하다는 사실을 충분히 인지하지 못하고 있기 때문이라고 설명했다. 그리고 재무보고서에 추정치를 과도하게 사용하는 기업일수록 장밋빛 추정치로 경영상의 어려움을 감추는 경우가 많아 훗날 주가가 하락하는 경향이 높고, 투자자들이 이런 사실을 한참 뒤에서야 깨닫게 된다고 언급했다. 이는 회계 추정치 사용의 증가가 투자자들에게 몹시 부정적인 영향을 미친다는 증거다.

추정 키워드의 빈도수를 살펴본 우리 연구처럼 추정치에 대한 언급이 실제 추정치 사용의 빈도수와 같은지, 더 중요하게는 추정치가 회계정보에 그만큼의 영향력을 미쳤다는 것인지 궁금해 할 독자 여러분을 위해 우리는 추정치 사용의 '실제 현황'에 대해서도 분석했다. 다음 [표 9.2]의 그래프는 손익계산서의 '특별손익 항목'과(손상차손을 추정할 때처럼) 다양한 추정치 사용이 필요한 구조조정 비용의 비중을 분석한 결과이다.

우리는 1950년부터 2013년의 기간을 10년 단위로 나눈 다음 당기순이익을 기록한 모든 상장기업을 대상으로 이익 가운데 특별손익 항목이 차지하는 비중의 평균값을 구했다. 그 결과, 지난 20년간 (다양한 추정치 사용이 포함된) 특별손익 항목이 이익에 미치는 영향력이 지속적으로 증가했다는 분명한 사실이 또 한 번 나타났다. 특별손익 항목이

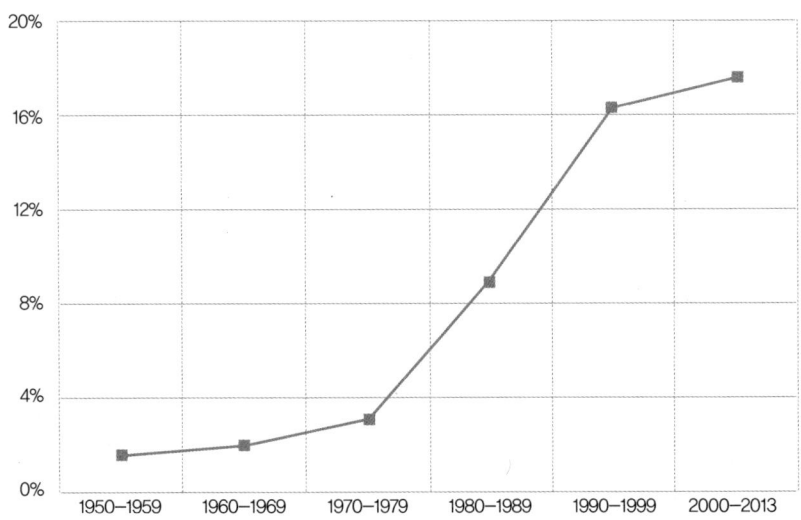

표 9.2 당기순이익에서 특별손익 항목이 차지하는 비중
모든 상장기업 분석, 1950년~2013년

이익에서 차지하는 비중이 증가했다는 것은 이익 계산에 사용되는 추정치의 빈도수가 급증했다는 의미이자, 추정치가 회계정보에 미치는 영향력이 높아졌다는 뜻이었다.

추정치와 미래 예측 정확성

좋다, 그렇다면 지난 20~30년간 회계 추정치의 사용이 크게 증가했으며 추정치가 이익에 미치는 영향력도 높아졌다고 치자. 하지만 이것이 재무보고서 유용성을 저하시킨 직접적인 원인이라고 단정할 수 있을까? 우리는 이러한 의문점을 해결하기 위해 [표 9.1]의 추정 관련 키워드 분석에서 살펴보았던 50개 표본 기업을 추정 키워드 빈도수에 따라 5개 연도(1995년, 2000년, 2005년, 2011년, 2013년)마다 각각 순위를 매겼다. 그리고 추정 키워드 빈도수의 중앙값을 기준으로 중앙값을 초과하는 기업과 초과하지 않는 기업 두 집단으로 표본 기업을 분류했다.

그 다음, 모든 표본 기업을 대상으로 5장에서 실시했던 이익 정보의 유용성 검증(현재와 과거 이익(ROE)을 토대로 미래 이익을 얼마나 정확하게 예측할 수 있는지)을 각 연도별로 실시했다.[9] 그리고 마지막으로, 실제이익과 추정치를 비교하여 예측오차의 절댓값을 구한 다음, 이를 두 집단마다 각각 평균 내 보았다.

우리가 주장한 대로 회계 추정치 때문에 이익 정보의 유용성이 저하된 것이 사실이라면, 추정치 사용 빈도가 높은 기업보다 추정치 사

표 9.3 추정치 빈도수가 높은 기업일수록 ROE 예측오차 증가

추정치 빈도의 중앙값을 초과하는 기업과 초과하지 않는 기업의 ROE 예측오차 차이, S&P 500 50개 기업 분석, 1995년~2013년

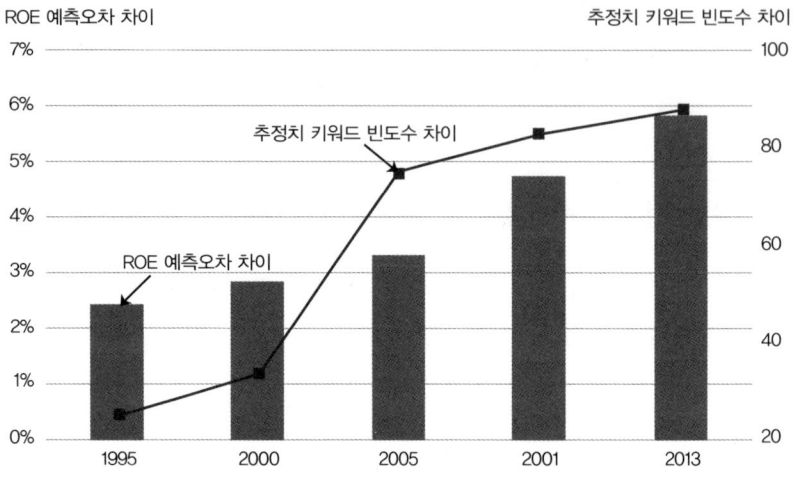

용 빈도가 낮은 기업의 이익 예측 정보가 더 정확해야 한다(여기서 추정치 사용 빈도는 재무보고서 내 추정치 관련 키워드의 빈도수를 대용변수로 측정했다). 즉 추정치 사용이 많을수록 미래 예측 능력이 떨어져 이익 정보 유용성이 저하된 것이라는 논리였다.[10]

분석 결과, 우리가 예상했던 논리가 사실로 드러났다. [표 9.3]의 막대그래프는 추정 빈도의 중앙값을 초과하는 기업들과 초과하지 않는 기업들 간의 평균 예측오차 (즉 예측 부정확성) 차이를 나타낸 것이다. 모든 막대그래프가 양의 수치를 나타내는 것으로 보아, 다수의 추정치를 사용하는 기업일수록 그렇지 않은 기업들보다 상대적으로 이익 예측 정확성이 떨어진다는 것을 알 수 있다(이익 예측은 투자활동의 주요 핵심이다). 또한 막대그래프의 길이가 점점 높아지는 것으로 보아 추정치의

사용 빈도가 늘어나고 추정치가 이익 예측에 부정적인 영향을 미친다는 것을 짐작할 수 있다(표에 나타난 곡선 그래프는 두 집단의 추정치 관련 키워드 빈도수의 차이를 나타낸다).

요약노트

우리는 지난 20~30년간 기업의 회계정보 작성에 있어 경영진의 주관적인 추정과 예측 사용이 급격하게 증가한 현상에 대해 살펴보았다. 그리고 이러한 추정과 예측의 사용 증가가 회계정보 유용성을 저하시킨 직접적인 원인이라는 사실을 증명했다. 회계 추정치의 신뢰도를 개선하기 위한 합리적인 제안이 과거 여러 차례 이뤄졌으나(17장 참조),[11] 지금까지 그 어떤 제안도 현실화되지 못했다. 3부에서 자세히 설명하겠지만, 우리가 제안하고 싶은 바는 경영진의 주관적인 추정치 사용을 배제하고 오로지 사실관계에 기초한 재무제표를 작성하는 것이다. 이는 불가능한 일이 아니다.

1 예를 들어, 일반적으로 비용의 상당 부분을 차지하는 퇴직연금 비용을 계산하려면 퇴직연금 자산에 대한 장기(5년에서 7년) 수익률을 추정해야 한다(퇴직연금 자산이란 임직원이 퇴직할 경우 기업이 지급하게 될 퇴직급여의무를 충당하기 위해 외부에 위탁하는 연금 자산이다). 퇴직연금 비용을 계산해야 되는 회계사들 말고 그 누가 5~7년 이후의 수익률을 추정할 수 있을까?(당장 내일 시장의 수익률도 알 수 없는데…)

2 시스코의 2011년도 연차보고서 중 스톡옵션 비용 관련 주석에는 다음과 같은 문구가 있었다. "…당사 경영진은 (종업원 스톡옵션을 평가하는 데 사용하는) 기존 가치평가모형이 당사 스톡옵션의 정확한 공정 가치를 제시하지 못할 수 있음을 인지하고 있습니다." 2012년 이후로는 연차보고서에서 같은 문구를 발견할 수 없었다. 시스코의 가치평가모형이 개선되었기 때문일까?

3 A. C. Littleton, "Value and Price in Accounting," The Accounting Review, 4 (1929): 147–154.

4 이는 Financial Accounting Standard No. 144 (ASC 360, 2001)에 규정된 사항이다. 2012년, 국제회계기준위원회(International Accounting Standards Board) 위원장 한스 후거보스트(Hans Hoogervorst)는 다음과 같이 말했다. "영업권을 구성하는 요소들이 대부분 불확실하고 주관적일뿐만 아니라, 현실을 제대로 반영하지 못하는 경우가 종종 있다." 다음 링크 참조. http://www.ifrs.org/Alerts/Conference

5 예를 들면, 어떤 경영자들은 자산과 영업권 감액손실을 당기에는 인정하지 않고 있다가 나중에 투자자들이 눈치채지 못할 때가 되어서야 반영하곤 한다. 자세한 내용은 다음의 논문 참조. Kevin Li and Richard Sloan, Has Goodwill Accounting Gone Bad? working paper (Berkeley: University of California, 2014).

6 미래에 대한 추정 결과에 따라 전환사채처럼 아예 재무상태표상 항목과 분류가 달라지는 경우도 있다(SFAS No. 150, 2003). 사채이긴 하지만 미래 특정 시점에 주식으로 전환할 수 있는 전환사채를 발행하는 경우, 발행회사의 경영진은 해당 전환사채가 미래에 전환될 가능성이 얼마나 되는지 추정해야 한다. 전환사채는 경영진의 추측과 추정에 따라 자본으로 분류되기도 하고 부채로 분류되기도 하는데, 이는 기업의 레버리지 비율(자기자본 대비 부채 비율)에 영향을 미치는 중요한 사건이다. 하지만 전환사채가 미래에 주식으로 전환될 여부는 기업의 미래 주가에 따라 달라질 수 있는 일로, 기업 경영진은 물론 그 누구도 정확하게 추정할 수 없는 사항이다.

7 재무보고서 내에는 실제 수치와 추정치를 비교할 수 있는 정보가 거의 제공되지 않는다. 자세한 내용은 17장 참고.

8 Jason Chen and Feng Li, Estimating the Amount of Estimation in Accruals, working paper (Ann Arbor: University of Michigan, 2013).

9 50개의 표본 기업의 규모가 모두 상이한 관계로 이익 대신 자기자본이익률(ROE)을 분석해 표본 규모의 차이를 통제했다.

10 물론, 추정치 빈도와 이익 예측 정확성 둘 다에 영향을 미치는 다른 요인들도 존재할 수 있다.

11 Baruch Lev, Stephen Ryan, and Min Wu, "Rewriting Earnings History," Review of Accounting Studies, 13 (2008): 419–451.

10 CHAPTER
THE END OF ACCOUNTING

회계의 작위와 **부작위**

회계정보의 유용성이 저하된 원인에 대해 이제 충분히 들었다고 생각하는 독자 여러분이 있을지도 모르겠다. 하지만 회계 전문가들마저 쉽게 간과하고 있는 중요한 원인이 하나 더 있으므로, 마지막으로 하나만 더 이야기하고자 한다. 회계가 기업에서 벌어지는 사건을 정확히 그리고 종합적으로 기록하고 있다는 통념과 달리 기업에 중요한 사건, 기업에 가치를 창조하는 사건들이 아예 회계장부에 기록되지 않거나 편향된 방식으로 기록되고 있다는 사실은 상당히 불편한 현실이 아닐 수 없다. 우리는 이번 장을 통해 중요한 사건 인식의 누락이 굉장히 만연해 있음에도 불구하고 지금까지 간과되어 온 문제로, 회계의 유용성을 저하시키는 또 다른 원인이라는 사실을 증명해 보이도록 하겠다.

재무제표에서 사라진 연결고리

2013년 9월 20일, 네덜란드 바이오테크 기업 프로센사 홀딩스Prosensa Holding NV는 근위축증 실험 치료제인 드리사퍼센Drisapersen이 플라시보 이상의 효과를 나타내지 않는다는 임상 결과를 발표했다. 이는 제약회사나 바이오테크 기업들에게 악몽과도 같은 일이다. 임상 결과에 대한 투자자들의 반응은 재빠르고도 가혹했다. 결과 발표 당일, 프로센사의 주가는 무려 70%가 폭락했다.

하지만 모두가 손실을 입은 것은 아니었다. 프로센사가 임상 결과를 발표하던 날 프로센사의 경쟁사이자 근위축증 대체 치료제를 개발 중인 사렙타 테라퓨틱스Sarepta Therapeutics Inc.의 주가는 18%가 상승했기 때문이다. 손해를 보는 기업이 있으면 이익을 얻는 기업도 생기게 마련이다. 신약 개발에 있어 포트폴리오 다각화 전략을 취하는 대규모 제약회사들의 경우, 임상시험에서 실패했다고 해서 회사가 크게 휘청이지는 않지만, 타격을 전혀 받지 않는 것은 아니다. 영국의 대규모 제약사 아스트라제네카^AstraZeneca만 해도 2012년 8월 8일 중증 패혈증 치료제의 2상 임상시험이 실패했다고 발표하자 주가가 곧바로 2.5%나 하락했다. 물론 투자자들이 기업의 악재에만 반응을 보이는 것은 아니다. 2013년 6월 24일, 아이시스 파마슈티컬^Isis Pharmaceuticals Inc.,은 개발 중인 신약 APOCIII가 혈중 내 '좋은 콜레스테롤' 수치를 높여준다는 임상시험 결과 발표 이후 주가가 30%나 상승하기도 했다(이 회사는 테러단체의 명칭을 떠올리게 한다는 이유로 사명을 변경했다 - 옮긴이).

우리가 위에서 임상시험에 대해 언급한 이유는 임상시험의 결과가 기업 가치(주가)에 중요한 영향을 미치는 요인이기 때문이다. 임상시험이 성공하면 사람들은 향후 기업의 매출과 이익이 증가할 것이라 기대하고, 반대로 임상시험이 실패하면 매출과 이익이 타격을 받을 것이라 생각한다. 문제는, 이런 사실이 회계정보에는 전혀 반영되지 않는다는 점이다. 소프트웨어나 IT 제품의 기술 타당성을 검증하는 '베타 테스트' 결과, 신제품이나 신규 서비스 출시, 중요한 계약 체결, 기업 운영에 영향을 미치는 법규나 규제의 변동, 주요 임원의 사임 같은 기업에 중대한 사건들 역시 회계정보에 아무런 영향을 미치지 않으며, 몇 년이 지나고 나서야 매출이나 이익에 뒤늦게 그 영향이 나타나곤 한다. 그리고 그 몇 년의 기간 동안, 사건이 발생하자마자 즉각적으로 움직이는 주가와 사건에 아무런 영향을 받지 않는 재무보고서 사이에는 간극이 점점 벌어지게 된다. 1부에서 살펴본 바와 같이 회계정보와 주가의 상관관계가 약화되는 이유가 바로 이 때문이다. 그렇다면 왜 회계사들은 어떤 기업 사건은 재무제표에 반영하고 어떤 사건은 반영하지 않을까? 지금부터 이에 대해 간단히 살펴보겠다.

재무적 사건과 비재무적 사건

우리가 이 책의 이곳저곳에서 지적하고 있다시피 회계라는 제도에는 많은 결점이 존재하지만, 회계에도 분명 뛰어난 장점은 있다. 바로 기업의 거래를 꼼꼼하게 기록하는 도구라는 점이다.

르네상스 시대의 수학자이자 《산술, 기하, 비례와 비례 총론Summa de Arithmetica, Geometria, Proportioni, et Proportionalita》(1494)이라는 저서를 통해 대중들에게 '복식부기' 개념에 대해 최초로 설명한 루카 파치올리Luca Pacioli(1445~1517)는 회계장부 작성 시 어떤 거래도 누락되어서는 안 된다고 강조했으며, 성공적으로 기업을 운영하고 경영하는 데 있어 포괄적인 거래 장부가 필수적이라고 주장했다.[1] 하지만 회계 장부에서 꼼꼼하게 기록되고 재무보고서에 요약되어 나오는 사건의 대부분은 기업이 제3자와 거래한 내역들뿐이다. 공급업자로부터 매입한 내역, 고객에게 매출한 내역, 임금, 임차료, 이자비용을 지불한 내역, 장기보유 자산이나 유가증권에 투자한 내역 등이 이에 해당한다. 반면, 우리가 이 장 초반에서 언급했던 임상시험 결과나 중요한 계약의 체결 또는 해지, 기술의 와해를 야기하는 외부적 사건, 핵심 인재의 이탈과 같은 중요한 기업 사건들은 기업이 제3자와 거래한 내역이 아니기 때문에 회계 장부 어디에도 실시간으로 반영되지 않는다. 이러한 사건들은 기업의 자산 가치나 매출, 비용에 영향이 생길 때까지 인식, 즉 기록이 지연되곤 하는데, 이때 지연되는 시간이 상당히 긴 편이다.

이렇게 재무보고서상 사건 인식이 지연되는 동안, 중대한 사건은 기업 가치에 즉각적이고도 중대한 영향을 미치고, 행여나 투자자들이 알게 되는 경우 주가에도 큰 변동이 생긴다. 여기서 중요한 사실은 다음 [표 10.1]에 나타난 바와 같이 비거래적 사건이 기업 가치에 미치는 영향력이 그냥 중대하기만 한 것이 아니라, 과거에 비해 중대성이 증가했다는 점이다. 그리고 그 결과, 우리가 1부에서 증명했던 재무보고서 유용성의 하락을 야기했다. 이런 문제가 해결되려면 투자자에게 중요한 기업 사건에 대해 시기적절하게 공지할 수 있는 유용한 보고서가 필요한데, 이에 대해서는 3부에서 살펴보도록 하겠다.

표 10.1 8-K에서 공시되는 비재무적 사건의 공시횟수 및 영향력
1994년~2013년

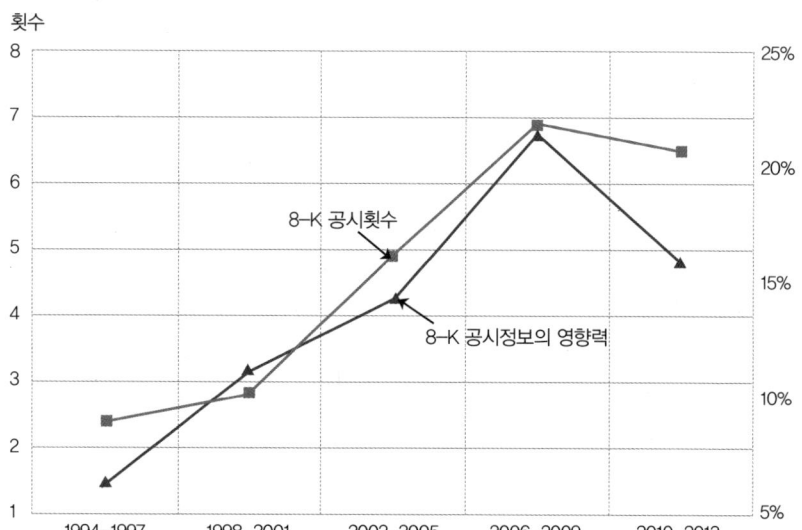

[표 10.1]은 지난 20년을 4년 단위로 나누어(즉 1994년~1997년, 1998년~2001년… 2010년~2013년으로) 각 기간 동안 기업들의 8-K 연간 공시횟수 평균과 8-K 공시 내용의 경제적 영향력을 분석한 결과다. 신규 계약 체결, 신제품 출시, 이사진 변경 등 기업 가치에 영향을 미치지만 회계장부에 즉시 인식되지 않는 중대한 사건(투자자의 의사결정에 잠재적인 영향력을 행사할 수 있는 사건)이 발생한 경우 미국 SEC는 8-K 신고서 공시를 요구하고 있는데,[2] 그래프를 보면 8-K 공시횟수가 최근 들어 증가했음을 알 수 있다. [표 10.1]의 두 가지 곡선 중 하나는 해당 기간 동안 8-K 공시 횟수(기업별, 연도별 평균 횟수)를, 다른 하나는 공시 당일 주가의 이상변동 절댓값으로 측정한 8-K 공시의 경제적 영향력을 나타낸다(8-K는 제출 당일 즉시 외부에 공시된다).[3]

기업별 평균 공시횟수를 나타내는 첫 번째 곡선을 보면 1990년대에는 연간 2~3건에 해당하던 공시횟수(좌측 세로축)가 2000년대가 되면서 6~7건으로 급격하게 증가한 현상을 확인할 수 있다. 즉 기업에 중요한 비재무적 사건 발생이 세 배 증가했다는 이야기다. 이런 비재무적 사건이 투자자에게 미치는 영향력은 주가 변동의 절댓값(우측 세로축)을 통해 측정했는데, 1990년대 후반 6%에서 2013년 15%로 역시나 급격한 증가세를 확인할 수 있었다(2010년~2013년이 되면서 8-K 공시횟수와 영향력이 감소한 이유는 2007년~2009년도 당시 금융위기로 인해 8-K 공시가 비이상적으로 증가한 이후 다시 정상상태를 되찾았기 때문이다).

비거래적 사건과 회계정보의 유용성

회계장부에 인식되지 못한 비거래적 사건 증가가 재무정보 유용성을 저하시킨 직접적인 원인이라고 볼 수 있을까? 대답은 '그렇다'이다. 우리는 이에 대한 실증적 증거를 확인하고자 1994년부터 2013년까지 매년 모든 표본(8-K 신고서를 제출한 모든 미국 상장기업)을 두 개의 집단으로 분류했다.

첫 번째 집단은 표본들의 8-K 공시횟수 평균을 기준으로 평균보다 공시횟수가 많은 기업, 두 번째 집단은 평균보다 공시횟수가 낮은 기업이었다. 그 다음, 우리는 모든 표본 기업을 대상으로 5장에서 실시했던 이익 정보의 유용성 검증(현재와 과거 이익을 토대로 미래 이익을 얼마나 정확하게 예측할 수 있는지)을 실시했다. 검증 결과, [표 10.2]에 나타난 바와 같이 거의 모든 해마다 8-K 공시횟수가 높은 기업(평균보다 높은 기업)은 공시 정보의 미래 이익 예측 능력이 떨어지고(예측오차의 편차가 큼), 반면 8-K 공시횟수가 낮은 기업(평균보다 낮은 기업)은 미래 이익 예측 능력이 조금 더 나은 것으로 드러났다(막대그래프가 양의 수치를 나타내는 것은 공시횟수가 높은 기업이 공시횟수가 낮은 기업보다 예측오차가 높다는 의미로, 1995년과 2001년만 예외적으로 음의 수치를 나타내고 있다). 기업 운영에 중요하지만 회계상 인식되지 못한 사건이 재무정보 유용성을 저하시켰다는 사실이 실증적으로 확인된 셈이다(적어도 이익 예측 능력을 저하시켰다는 점은 증명되었다).

뿐만 아니라, 3장에서 실시했던 회귀분석(기업이 공시한 이익, 장부 가치와 시가총액의 상관관계 분석)을 적용한 결과, 비재무적 사건이 많을수록 회계정보 유용성이 하락한다는 것을 다시 한 번 확인했다. 1994년부터 2013년까지 모든 연도를 대상으로 회귀분석을 실시한 결과, 8-K 공시횟수가 높은 기업이 8-K 공시횟수가 낮은 기업보다 R^2 수치가 낮은 것(즉 재무정보의 유용성이 더 낮은 것)으로 판명되었다.[4]

표 10.2 비재무적 사건과 예측오차 간의 상관관계

비재무적 사건의 공시횟수가 높은 기업과 낮은 기업의 이익 예측오차 차이, 1994년~2013년

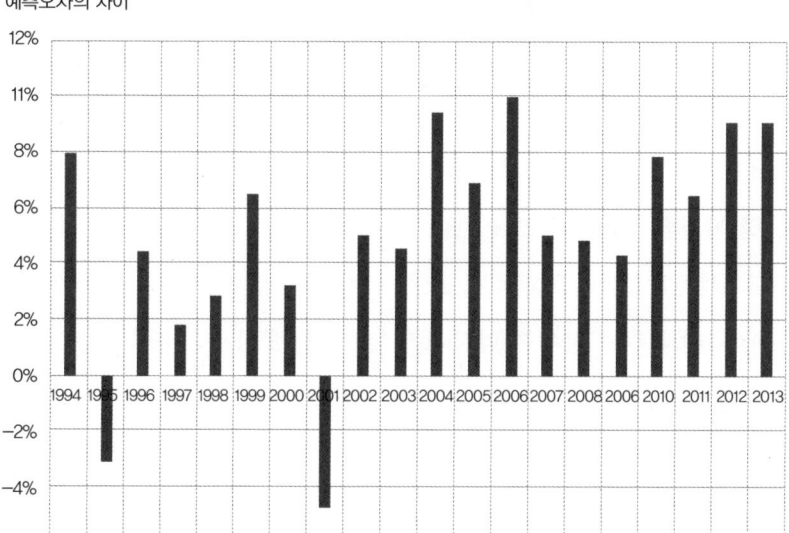

중대한 기업 사건이 회계상 뒤늦게 인식되거나 아예 인식되지 않는 문제도 심각한데, 설상가상으로 이보다 더한 문제들이 있다. 회계상 시기적절하게 인식되긴 하지만, 사건을 인식하는 방식이 묘하게 편향되어 있어 정보의 유용성을 저하시키는 사례들도 많기 때문이다. 회계규제 제정기관이 스스로 자초한, 회계정보 유용성 저하의 마지막 사례를 지금부터 살펴보겠다.

회계의 보수적 원칙

2012년 2월 23일, 스코틀랜드왕립은행Royal Bank of Scotland, RBS은 사업 구조조정으로 인해 무려 17억 달러의 비용 발생이 예상된다고 발표했다. 예상치 못했던 비용 발생으로 이익이 저하될지도 모른다는 소식에 과연 투자자들은 어떻게 반응했을까? 전혀 상상조차 못했던 반응이 일어났다. 사람들이 스코틀랜드왕립은행의 주식을 사겠다고 전부 뛰어드는 바람에 발표 당일에만 주가가 무려 5.4% 상승한 것이다.

이 사건은 예외적인 상황이 아니었다. 2013년 1월 29일, 화이자가 9억 4천 3백만 달러의 구조조정 비용이 발생할 예정이라고 발표한 직후, 화이자의 주가는 3.2%가 올랐다. 2013년 7월 19일, 제너럴일렉트릭도 6억 3천 2백만 달러의 구조조정 비용 발표 이후 주가가 4.6% 상승했다. 대체 무슨 일이 있었던 것일까? 기업에 비용이 줄줄 새는데 왜 주가는 올라간 것일까? 새로운 주가 상승 전략이라도 된 것일까?

그렇다. 구조조정 비용이 주가를 끌어올렸다고 보는 편이 맞다. 사업 부서를 매각, 철수, 슬림화하고, 기업의 제품믹스에 변화를 주고, 해외 사업부를 철수하고, 안타깝지만 언제나 불가피한 임직원 해고로 이어지는 구조조정 활동은 대개 대대적인 사건이다. 그 과정은 비록 혼란스러울지 몰라도, 구조조정은 기업 운영과 성장에 새로운 힘을 불어넣는 전략적 변화이다. 앞에서 살펴보았다시피 구조조정에는 막대한 비용이 소요되지만, 기업의 투자자, 고객, 협력사들은 기업의 전략적 변화를 양팔 벌려 환영한다. 앞으로 매출과 이익이 더 좋아질 것으로 기대하기 때문이다. 그들은 구조조정 발표가 드디어 기업에 대대적인 변화가 필요하다는 사실을 경영진이 인식했고, 변화를 위한 계획을 추진한다는 뜻이라고 받아들인다.

여기까지는 참 좋은데, 문제는 소위 보수적 원칙으로 인해 구조조정 비용의 오직 한 가지 단면만 회계장부에 인식된다는 점이다. 공장 폐쇄나 임직원 해고 비용, 리스 해지 수수료 같이 현재 발생했거나 곧 발생할 구조조정 비용은 당기 손익계산서에 전부 반영되는데 비해, 구조조정으로 인해 예상되는 효익(손실 사업 부서를 철수함으로써 더 이상의 손실을 예방한다든가, 핵심 사업에 더욱 집중한다든가 하는)은 향후 매출과 이익에 효익이 반영될 때까지 인식이 지연되곤 한다.

이렇게 중요한 기업 사건이 편향된 방식으로 인식되다 보니, 앞에서 살펴본 바와 같이 기업이 구조조정 계획을 발표하면 주가는 올라가는데 재무제표상 이익과 장부 가치는 매우 부정적인 영향을 받는 이상한 결과가 나타나는 것이다. 기업 이익은 떨어지는데 주가가 올라가는 것은 우리가 일반적으로 기대하는 경영성과 지표와 다른 결과다. 게다가 여러분도 회계원리 수업 시간에 배워서 알고 있다시피, 수익 비용 대응의 원칙에 따라 어떤 수익(또는 이익)을 창출하기 위해 발생된 모든 비용은 관련 수익이 인식되는 기간에 함께 인식하도록 되어있다. 하지만 보수적 원칙은 이런 수익 비용 대응의 원칙을 무시했고, 그 결과 공시 이익의 미래 예측 능력이 저하되는 결과가 발생했다(5장 분석 결과). 구조조정 비용으로 인해 당기 이익은 줄어들고, 만약 구조조정이 성공하면 미래 이익은 증가하는데 그때는 아무런 비용도 인식되지 않는다. 이상한 현상이 아닐 수 없다.

보수적 원칙 때문에 회계정보에 편향이 발생하는 경우가 구조조정

비용 인식뿐이라면 우리가 굳이 이러한 이야기를 꺼내지도 않았을 것이다. 사실 기업의 의사결정이나 경제적 사건으로 인해 비용이 발생한 경우 해당 비용은 전부 당기에 비용 처리되지만, 비용과 관련된 예상 효익의 인식은 미래로(일부의 경우 아주 먼 미래로) 이연되는 사례들이 굉장히 많다.

연구개발비나 브랜드, 비즈니스 프로세스 같은 무형자산 투자에 지출된 금액은 전부 당기에 비용 처리하면서 연구개발 활동이나 무형자산 투자에서 예상되는 효익은 미래에 인식하는 것 역시 보수적 원칙에 입각한 회계처리 방식이다. 마찬가지로, 영업권 같은 자산의 가치가 하락한 경우 감액손실은 인정되지만 자산 가치가 상승할 때는 이익을 인정받을 수 없다. 또 스톡옵션 비용도 전부 당기 비용 처리 대상이지만, 임직원에게 스톡옵션을 부여함으로써 기업이 얻는 효익은 미래가 되어서야 인식할 수 있다. 이렇게 보수적 원칙이 회계기준에 만연한 바, 재무제표상 이익과 자산 가치가 받는 악영향도 상당하다. 물론 보수적 원칙이 경영진의 이익 부풀리기를 억제한다고 주장하는 사람들도 있다. 하지만 다른 여러 가지 회계 원칙들도 그러하듯, 보수적 원칙은 논리적으로 타당하지 않다.

첫 번째, 오늘의 보수적 회계처리가 내일이 되면 공격적 회계처리(이익의 과대계상)로 이어질 수 있다는 점을 무시했기 때문이다. 미래에 구조조정이나 연구개발의 효익이 인식될 때 관련 비용은 전혀 인식되지 않기 때문에 결국 이익이 과대 계상되는 결과가 생긴다. 매우 중요한 사실이지만, 어떤 경영학 수업에서도 이런 내용을 알려주지 못했을 것이다. 두 번째, 경영진이 마음먹고 이익을 부풀리고자 한다면, 아무리 보수적 원칙이 굳건해도 이익을 조작할 수 있는 도구는 얼마든지 많다.

보수적 원칙의 결점에 대해 지적하는 사람들은 비단 우리 저자들뿐만이 아니다. 최근 발표된 한 실증 연구의 저자들은 "…보수적 회계 원칙 때문에 (애널리스트의) 추정치가 혼란스럽고, 편향되고, 쓸모없는 결과를 보이고 있다"고 주장했다.[5] 보수적 원칙으로 인해 경영진이 눈앞의 실적에만 신경 쓰는 단기주의short-termism에 빠져 기업 혁신을 외면한다는 지적도 있었다.[6]

이렇게 편향된 회계처리 방식을 사용하면서 긍정적인 결과를 기대할 수 있을까?[7]

요약노트

이제 찬찬히 숨을 고르면서 지금까지 살펴본 내용들을 종합해 보자. 1부에서는 회계정보의 유용성이 급속하게 저하되었음을 증명하는 종합적인 분석 결과를 살펴보았고, 이어 2부로 넘어와서는 재무정보 유용성 저하라는 불편한 진실을 야기한 주요 원인이 무엇인지에 대해 짚어보았다.

우리가 살펴본 주요 원인 세 가지는 다음과 같았다. 첫째, 오늘날 기업 가치 창출의 주요 동력으로 인정받고 있는 무형자산이 재무제표에 제대로 반영되고 있지 않으며, 둘째, 재무정보에 경영진의 주관적인 추정과 예측이 지나치게 많이 사용되어 정보의 신뢰도를 떨어뜨리고 있고, 셋째, 이 장에서 확인한 바와 같이 중요한 기업 사건들이 지연되거나 또는 편향된 방식으로 재무제표에 인식되고 있다. 우리는 지난 수십 년 동안 각각의 원인이 회계정보에 더 많은 영향력을 미치게 되었다는 점과, 각 원인이 회계정보 유용성 저하와 직접적이고 실증적인 상관관계가 있다는 점에 대해서도 증명해 보였다.

이런 원인 분석이 중요한 이유는, 원인을 알아야 회계정보 유용성 회복이 어려움을 직시할 수 있기 때문이다. 세 가지 원인 모두 굉장히 만연한 회계처리 관행이고, 여러 재무 지표에 영향을 미치고 있으며, 회계정보 유용성에 미치는 악영향이 점점 더 커져가고 있다. 최근 FASB에서 '중요성' 기준을 개정하겠다며 소심한 행보를 보이고 있다시피, 전통적인 회계규제 제정기관$^{FASB, IASB}$이나 규제당국^{SEC}이 발표하는 개정 정책은 과감함이 부족해 근본적이고 구조적인 문제점을 해결하는 데 전혀 효율적이지 못하다. 이는 우리가 지적한 세 가지 원인을 해결하는데 있어서도 마찬가지다.

사실 1부에서도 설명했지만, 회계정보의 유용성이 저하된 것은 회계 규제기관이 시기적절하게 문제에 대응하지 못했기 때문으로도 설명 가능하다. 이제 회계제도를 개선할 수 있는 새로운 접근방법을 모색해야 할 타이밍이다. 지금부터 3부에서는 우리의 제안을 살펴보도록 하겠다.

1   제이컵 솔, 《회계는 어떻게 역사를 지배해왔는가》, 메멘토, 2016
2   SEC 웹사이트 공지에 따르면, 기업의 사업이나 운영(중요한 계약의 체결 또는 해지), 주식 발행사항(상장폐지, 주식 처분), 기업지배구조(이사진의 변경)에 중요한 사건이나 '기타 사건'이 발생한 경우 8-K 신고서를 제출해야 한다. 우리는 비재무적 공시가 미치는 영향에 대해서만 살펴보기로 했기 때문에, 공정공시제도에 따른 공시를 포함해 재무적 공시 사항은 [표 10.1]의 분석에서 제외했다.
3   어떤 사건 공시는 주가를 상승시키는 반면(새로운 계약 체결), 또 다른 사건 공시는 주가를 하락시킨다(계약 해지). 따라서 우리는 주가의 상승이나 하락 여부와 상관없이 공시 당일의 주가 변동 절댓값만 고려했다. 그 다음, 투자자들이 사건 공시에 어떻게 반응하는지 살펴보기 위해 위의 주가 변동 절댓값에서 공시 당일 모든 기업들의 주가 변동의 평균치를 차감했다. 마지막으로, 각 기업마다 계산된 주가 변동의 절댓값을 모두 더한 다음 기업 수로 나눠 연도별 평균치를 구했다. 이를 통해 해당 연도에 8-K 공시가 얼마나 자주 발생했는지, 8-K 공시가 주가에 미친 영향력이 얼마나 되는지 각각 확인할 수 있었다. 이를 그래프로 나타낸 결과가 바로 [표 10.1]이다.
4   이익, 장부 가치와 시가총액의 상관관계 분석을 통해 8-K 공시횟수와 회계정보 유용성에 영향을 주는 원인이 무엇인지 다시 한 번 확인한 셈이다. 우리가 추가 분석을 실시했던 이유는, 앞에서 살펴본 이익의 미래 예측 능력에 영향을 미친 다른 요인들이 있을 수 있기 때문이었다.
5   George Ruch and Gary Taylor, The Effects of Accounting Conservatism on Financial Statements and Financial Statement Users: A Review of the Literature, working paper, (University of Alabama, 2014), p. 19.
6   See Xin Chang, Gilles Hilary, Jun-Koo Kang, and Wenrui Zhang, Does Accounting Impede Corporate Innovation? working paper(INSEAD, 2013).
7   보수적 원칙 덕분에 경영진의 의사결정이 개선된다는 주장도 있으나, 이러한 주장을 뒷받침할 수 있는 명확한 근거는 없다. 다음 논문 참조. Matthew Cedergren, Baruch Lev, and Paul Zarowin, SFAS 142, Conditional Conservatism, and Acquisition Profitability and Risk, working paper (New York University, 2015).

PART

3

회계가 나아가야 할 방향

현행 회계제도와 회계제도 하에서 만들어진 공시 결과물에 대해 수없이 많은 비판이 가해지고 있으며, 이를 개선하기 위한 제안도 끊임없이 제시되고 있는 실정이다. 몇 가지만 예를 들면, 핵심성과지표(key performance indicators, KPIs) 같은 비재무적 정보를 더 많이 공시하자, 이익만 공시하지 말고 기업이 사회과 지구환경에 미치는 영향력도 보여주자(이익, 사회적 책임, 환경 지속성 세 가지로 기업을 측정하는 '트리플바텀라인(triple bottom line)' 개념을 제시), 기업의 지적자본에 대한 별도의 보고서를 만들자 등의 제안이 있어왔다. 그러나 이런 비판과 제안을 지지하는 사람들은 극히 한정되어 있었고, 미국은 물론 전 세계 그 어디에서도 괄목할 만한 변화로 이어지는 못했다. 우리가 1장에서 설명했다시피, 문제는 오늘날 기업이 발간하는 재무보고서가 한 세기 전과 거의 달라진 것이 없으며, 600여 년 전에 사용했던 복식부기 방식을 그대로 답습하고 있다는 사실이다. 회계는 변화를 싫어하는 것이 분명하다.

과거의 제안들이 제한적인 성공을 거둘 수밖에 없었던 것은 노력이 부족해서라거나(일부 제안은 각국의 회계단체들에 의해 적극적으로 추진된 경우도 있었다), 괜찮은 아이디어가 없어서가 아니었다. 과거 제안들 가운데 유용한 아이디어도 당연히 있었다. 우리 저자들이 생각하기로는 과거 제안들이 실패한 이유가 첫째, 변화를 촉구할만한 설득력 있는 근거가 부족했고, 둘째, 투자자의 니즈를 충족할 수 있는 현실적인 제안이 뒤따르지 못했기 때문이다. 기존 제안들의 경우, 대부분 현행 회계제도에 결함이 있다는 전제에서 출발해 해결방법이 무엇인지로 이어지곤 한다. 즉 결함을 먼저 확인하고 그 다음 해결방법을 모색해야 되는데, 대부분 주객이 전도되어 있다. 그런데 투자자, 경영진, 정책 입안기관들은 현행 회계제도에 심각한 결함이 있다는 것을 납득하지 못하면 변화의 필요성을 못 느낀다. 많은 제안들이 결함을 납득시키는 데서 실패하고 있는 것이다. 뿐만 아니라, 투자자의 니즈를 충족할 수 있을 만큼 현실적이고 포괄적인 해결방법이 제시되지 못한다는 것도 문제다.

예를 들어 기업의 경영성과와 더불어 사회적, 환경적 성과에 대해서도 공시해야 된다는 주장을 예로 들어 보자. 기업이 매출을 측정하는 방식처럼, 사회와 지구(외부환경)에 미치는 영향에 대해서도 모든 기업마다 동일하고 신뢰할 수 있는 방식으로 측정할 수 있을까? 기후변화의 정도가 얼마나 심각한지, 기후변화를 어떻게 측정할 수 있는지에 대해 의견이 분분한 것만 보아도(지표 온도, 해수면 높이, 빙하의 체적 측정 등), 이런 내용을 기업 연차보고서에 반영하는 것이 얼마나 까다로울지 짐작할 수 있다.[1]

게다가, 각종 소송과 골칫거리를 야기할 수도 있는 민감한 정보 공개를 경영진이 기꺼이 감내할지도 의문이다. 또 투자자들은 이런 정보들을 기업 가치평가 모형에 어떻게 반영해야 될까? 기업의 온실가스 배출량이 1% 증가하면 향후 매출에 어떤 영향력이 가해질까? 이렇게 기존 제안들의 대부분은 현실성 부족으로 인해 극히 일부 사람들만이 지지를 보내곤 했다. 우리가 이 책에서 제시하는 제안은 기존과 완전히 다르다. 먼저, 우리는 회계정보의 유용성이 급속하게 저하되는 현실에 대해 실증적으로, 종합적으로 분석하고 증명했다. 즉 변화의 필요성을 입증했다는 이야기다. 그 다음에는 또 다른 실증적 분석을 통해 회계의 유용성이 저하된 주된 원인을 분석함으로써, 해결방안을 제시하기 위한 근거를 마련하고 기존 대안들과의 차별화를 꾀했다. 우리가 제시하는 대안이 기존보다 현실적이고 우수하다고 주장하는 대신, 우리는 다음과 같은 두 가지 접근방법을 통해 투자자의 니즈를 파악하는 데 주력했다.

첫째, 우리는 경제학 이론을 통해 21세기 자본시장에서 투자자 니즈가 어떤 패러다임을 거치고 있는지 살펴보았다. 둘째, 투자자들이 의사결정 시 어떤 정보를 필요로 하는지 파악하기 위해 애널리스트와 기관 투자자들이 분기 실적 발표 콘퍼런스 콜에서 경영진에게 질문하는 내용을 대상으로 횡단면 분석을 실시했다. 이렇게 투자자 니즈에 대한 실제 의견을 경청하는 접근 방법은 지금까지 기존 대안에서 존재하지 않았던 방식이기 때문에, 먼저 간단한 사례 두 가지를 통해 접근 방법에 대해 여러분의 이해를 도운 후 다음 장부터 우리의 첫 번째 제안에 대해 본격적으로 설명하고자 한다.

애널리스트의 관심사 : 넷플릭스

분기 실적 발표 콘퍼런스 콜은 대부분의 상장기업들이 정기적으로 실시하는 IR 행사로, 투자자들이 어떤 정보를 필요로 하는지 관찰할 수 있는 흔치 않은 기회이다. 공시된 분기보고서와 첨부 자료를 검토하고 경영진의 프레젠테이션을 듣고 나면 애널리스트와 투자자들은 이어지는 Q&A 세션을 통해 경영진에게 궁금했던 사항을 직접 질문할 수 있는데, 이 Q&A 세션은 콘퍼런스 콜에서 차지하는 비중도 가장 크고, 투자자의 니즈를 파악하는 데도 가장 적합하다. 따라서 투자에 정통한 전문가인 애널리스트가 콘퍼런스 콜에서 질문하는 사항을 살펴보면 투자자의 니즈가 무엇인지 신빙성 있게 파악할 수 있다. 이를 위해 우리는 다양한 주요 산업군에 속한 여러 기업들의 콘퍼런스 콜 녹취록을 직접 검토하여 해결방안의 근거를 마련했다.[2] 다음 사례들을 같이 살펴보자.

세계적인 동영상 스트리밍 서비스 업체 넷플릭스(Netflix)를 예로 들어보겠다. 2012년 10월 23일에 진행된 2012년 3분기 실적 발표 당시, 넷플릭스는 예와 같이 경영진 프레젠테이션에서 콘퍼런스 콜을 시작해 곧이어 Q&A 세션으로 넘어갔다. Q&A 세션의 첫 번째 질문은 다음과 같았다. "브랜드를 완전히 회복하는 데 3년이 걸릴 것으로 당초 예상했었는데, 현재 상태는 어떻습니까?"³ 그 다음에는 일반 가정에서의 넷플릭스 스트리밍 시간이 넷플릭스가 당초 예상했던 수치보다 낮게 나온 데 대한 질문으로 시작해 2012년 여름에 개최된 런던 올림픽이 스트리밍 신규 가입자 수에 미친 부정적인 영향, 고객 이탈율(가입 취소율)에 대한 질문들로 이어졌다. 넷플릭스가 영화와 TV 프로그램 콘텐츠 사업자들과 진행 중인 협상에 대해 질문한 애널리스트도 있었다. 또 다른 애널리스트들은 〈하우스 오브 카드〉 같은 넷플릭스 오리지널 콘텐츠에 대해, 그리고 글로벌 사업에 대해 각각 질문했다. Q&A 세션의 나머지 질문들도 대개 비슷한 형식으로 이어졌다.

여기서 특이한 점은 이익, 매출, 유형자산, 부채, 퇴직급여, 매출채권 같은 전통적인 회계 정보를 궁금해 한 애널리스트가 거의 없었다는 사실이다. 투자자들의 관심사는 넷플릭스의 브랜드, 고객, 콘텐츠, 콘텐츠 사업자들과의 계약 같은 전략적 자원인데, 안타깝게도 이런 자산들은 현행 기업회계기준에 따라 재무상태표에 계상되지 않고 있다. 투자자들은 넷플릭스 경영진이 전략적 자원을 얼마나 효율적으로 운용할 수 있을지를 특히 궁금해 했다. 과거의 전략적 실패에서 회복하려면 얼마만큼의 시간이 필요할까? 고객의 월별 이탈율은 어느 정도일까? 투자자들이 관심을 보이는 정보는 기업의 전략적 자원(기업에 가치를 창출하는 자산) 현황과 이런 자산의 운용 내역, 즉 기업의 가치 창출 모델(value creation model)이라 할 수 있다. 그러나 회계정보에 기초한 재무보고서에는 그런 내용들이 없다. 혹시 이것이 넷플릭스 같은 인터넷 기반의 신생 기업들에게만 국한된 현상은 아닐까? 성숙 단계에 접어든 전통적인 기업의 투자자들은 정보에 대한 니즈가 달라서 재무보고서에 담긴 회계정보를 더 궁금해 하지 않을까? 그렇다면 전통적인 정유 산업에 속한 글로벌 정유 업체 엑손모빌의 경우를 살펴보자.

애널리스트의 관심사 : 엑손모빌
2012년 11월 1일, 경영진 프레젠테이션을 시작으로 엑손모빌의 2012년 3분기 실적 발표가 진행되었다. Q&A 세션의 첫 번째 질문자는 뱅크오브아메리카(Bank of America)의 애널리스트로, 그는 엑손모빌이 보유한 석유가스자산의 생산량 저하에 대해 질문했다. 곧이어,

엑슨모빌이 캐나다 에너지업체 셀틱(Celtic)을 3분기에 인수했던 사건이 과연 어떤 전략 변화를 의미하는지에 관한 질문이 이어졌다.

세 번째 질문은 또 다른 북미 정유업체를 인수한 엑슨모빌의 결정과, 엑슨모빌의 전반적인 인수합병 전략에 관한 내용이었다. 고객 수요에 대한 최근의 세계 시장 동향을 묻는 네 번째 질문이 끝나자, 인수합병에 대한 질문이 좀 더 이어졌다. 원유 시추기 가동건수(rig counts)와 예상 시추활동에 대한 질문도 잇따랐다. 멕시코 만, 알래스카, 캐나다 서부해안 지역의 신규 채굴권 확보에 대해 궁금해 하는 애널리스트들도 있었다. 엑슨의 가스개발사업 철수에 대한 질문이 이어졌고, Q&A 세션의 나머지 질문들도 비슷한 내용을 주제로 삼았다.

굉장히 익숙한 광경이지 않은가? 넷플릭스나 엑슨모빌이나 애널리스트의 질문 내용은 굉장히 비슷했다. 넷플릭스의 브랜드, 콘텐츠, 고객 현황이 애널리스트의 관심사였던 것처럼, 엑슨모빌의 경우에도 석유가스 자산이나 인수합병 같은 전략적 자원과 자산의 운용 효율성이 애널리스트의 주요 관심사였던 것이다. 여기서 중요한 결론은, 우리가 다양한 산업군에 속한 200개 기업의 콘퍼런스 콜을 전반적으로 검토한 결과 애널리스트의 관심사가 대부분 비슷하다는 사실이다. 물론, 기업의 공시 실적이 콘센서스 추정치나 경영진이 제시한 추정치를 크게 벗어나는 경우 이익과 매출에 대해 질의하는 경우는 있었다. 하지만 애널리스트의 주된 관심사는 재무제표에 나타난 과거의 숫자가 아니라(헨리 포드의 "역사란 대략 터무니없는 속임수이다"란 말이 또 다시 떠오르는 대목이다), 기업의 가치창출 프로세스(비즈니스 모델) 즉 전략적 자원의 배분과 운용의 효율성이었다.

다음 장에서 살펴보겠지만, 경제학 이론에 따르면 이러한 애널리스트의 관심사는 경쟁과 생존 논리가 치열한 비즈니스 분석에 핵심적인 이슈들이다. 우리는 이어지는 12장부터 15장까지 각각 네 가지 산업 분야를 대상으로 우리가 제안하는 새로운 정보 공시체계인 '전략적 자원과 실행에 대한 보고서'를 살펴보고자 한다. 투자자들에게 어떤 정보가 필요한지, 기업의 경영성과와 가치 창출활동을 통찰력 있게 분석하려면 어떤 정보가 필요한지 명확하게 이해할 수 있을 것이다. 하지만 먼저, 투자자들에게 당부하고픈 사항이 있다.

이익에 대한 의존은 그만

종합 건강검진을 마친 후 의사와의 면담 자리에서 의사가 "전체 콜레스테롤 수치가 195mg/dl이에요. 건강하시네요. 다음 환자 들어오세요"라고 한다면 기분이 어떨까? 분명히 당혹스럽고 실망스러울 것이다. 심전도, 혈압, 혈액, 소변, 골밀도 검사 결과는 모두 어떤지, 의사에게 상담했던 여러 가지 걱정되는 문제는 괜찮은지 궁금할 것 아닌가? 건강검진이 끝나면 대개 의사들이 생활습관을 바꿔보라고 조언해주지 않던가?

이것 말고도 실망스러운 이유는 여러 가지 있겠지만, 투자자 여러분은 이때 의사가 195mg/dl라는 콜레스테롤 수치만 언급하는 것이 재무제표의 '당기순이익' 수치만 중요시하고 당기순이익과 추정치의 일치여부에 집착하는 것과 전혀 다르지 않음을 알아야 한다. 기업이라는 복잡한 조직의 재무 상태와 경영성과를 하나의 지표에서 모두 알 수 있다는 믿음 자체가 어처구니가 없는 생각이다.

그럼에도 불구하고, 많은 투자자들이 이익과 매출 같은 한두 가지 지표에만 지나치게 많은 관심을 쏟고 있다. 우리가 이 사실을 어떻게 알았을까? 이익이나 매출 같은 정보가 공시되고 난 후 주가가 움직이는 모습을(비록 이 둘의 상관관계가 약화되긴 했지만) 수없이 지켜봤기 때문이다. 의사가 말해주는 콜레스테롤 수치의 경우 측정 방법이 (바라건대) 믿을만하고, 또 의사가 콜레스테롤 수치를 괜히 부풀려 말해줄 이유도 없지만, 기업 이익의 경우에는 과대 공시 가능성이 없지도 않다. 따라서 우리가 제안하는 기업 보고방식은 기업의 모든 상황을 한 눈에 알 수 있는 마법의 숫자, 즉 '이익' 같은 지표가 없다는 것을 첫 번째 전제로 한다. 이익, 사회적 책임, 환경 지속성의 세 가지 지표 역시 충분치 않다.[4] 온갖 경쟁과 급변하는 기술 환경에서 고군분투하는 글로벌한 기업 조직을 분석하기 위해서는 여러 가지 지표와 맥락적 정보가 어우러진 종합적인 체계가 요구된다. 다각적인 체계 이외의 다른 왕도는 없다. 우리가 3부에서 다루게 될 내용이 바로 이런 체계에 대한 제안이다.

1   2015년 3월 31일자 〈월스트리트저널〉 p. R²에서 기관 투자자들을 대상으로 기업의 지속가능성 평가 보고서에 대한 설문조사를 실시한 적이 있었는데(지속가능성 평가 보고서는 재무보고서에 대한 보완으로 많은 반향을 얻고 있다), 응답자의 79%는 동일한 산업 기업과의 상호비교가 어렵다고 답했으며, 74%는 지속가능성 리스크 정보의 적합성이나 영향력에 대한 내용이 만족스럽지 못하다고 대답했다.

2   우리가 취한 접근방법은 투자자를 대상으로 실시한 기존 설문조사 방식과는 완전히 다르다. 기존 방식의 경우, 응답자가 정확하게 대답하기 어려운 질문을 던지거나(가령, 재무보고서의 품질이 어떠했습니까? 규칙 또는 원칙에 기초한 기업회계기준을 적용해야 합니까? 같은 질문들) 특정 대답을 유도하는 질문을 하는 경우가 많았다(해당 기업의 환경적 성과에 관심이 있으십니까?라는 질문에 관심 없다고 대답할 사람이 있을까?). 반면, 콘퍼런스 콜에서 제기되는 질문들은 굉장히 세부적이고 정곡을 파고들기 때문에(애널리스트 한 사람에게 주어지는 질문 기회는 1~2개가 전부다) 투자자의 니즈를 제대로 반영한다.

3   2011년 중반 무렵, 넷플릭스는 동영상 스트리밍 서비스 사용을 유도하기 위해 DVD 대여료를 크게 인상하는 등 가격 정책에 변화를 주었다. 하지만 고객들은 이를 부정적으로 받아들였고, 수많은 사람들이 넷플릭스 서비스를 취소하기에 이르렀다. 넷플릭스는 새로운 가격 정책을 취소했고, 앞으로 브랜드를 회복하려면 3년여 기간이 소요될 것으로 예상했다.

4   뛰어난 회계학 사상가이자 시카고대학과 UC 버클리대학의 교수 윌리엄 바터(William Vatter)는 투자자들이 이익에 과도하게 의존하는 경향이 있다고 지적했다. "일반 사람(회계 비전문가)들은 회계사가 그들을 위해 재무제표를 작성했으며 재무제표의 최종 결과(이익)가 그들에게 중요한 정보라 생각하지만, 현실은 이와 다를 가능성이 크다…. (이익에 대한 의존을 방지할 수 있는) 가장 쉽고 효과적인 방법은 '일반 목적(general purpose)' 손익계산서의 개념을 버리고… 손익계산서 정보를 공공연하게 언급하거나 제시하지 않는 것이다." (The Fund Theory of Accounting and Its Implications for Financial Reports (Chicago: University of Chicago Press, 1947), pp. 75–76.) 다소 파격적이긴 해도 논점만큼은 올바른 주장인데, 회계학의 훌륭한 아이디어들이 대개 그러하듯 아무런 반향도 얻지 못했다.

11 CHAPTER
THE END OF ACCOUNTING

투자자와
기업을 위한 정보

이 장에서는 회계기준에 따라 작성된 오늘날의 재무제표를 보완할 수 있는 새로운 정보공시 체계로 '전략적 자원과 실행에 대한 보고서'(Strategic Resources & Consequences Report, 이하 '전략적 보고서')를 소개한다. 우리는 실적발표 콘퍼런스 콜에서 애널리스트와 투자자들이 궁금해 하는 공통적인 사항을 정밀하게 분석하고, 경제이론에 기초한 유용한 정보의 다섯 가지 속성을 도출한 다음, 해당 속성을 전략적 보고서의 근본적인 내용으로 정의했다.

기업의 지속적 경쟁우위

'기업이론theory of the firm'이나 '산업조직론industrial organization' 같은 경제이론에 따르면 기업이 추구해야 할 핵심 목표는 지속적 경쟁우위sustained competitive advantage를 확보하는 것이다.[1] 기업이 지속적 경쟁우위를 달성하게 되면 기업의 주주(투자자)에게는 만족스러운 수익이 돌아가고, 기업은 인재 확보가 가능하며, 또한 오래도록 사업을 운영할 수 있으므로 결국 고객에게도 이득이 된다. 지속적 경쟁우위를 최우선 목표로 추구하는 기업은 단기적 매출과 이익 상승을 노린 기업 인수합병, 주당순이익을 뻥튀기기 위한 자사주매입, 투자자에게 그럴듯한 숫자를 보여주기 위한 이익 조정 같은 근시안적 경영 기법을 사용하지 않는다. 따라서 지속적 경쟁우위 확보는 기업의 근본적이고 장기적인 목표이며, 투자자들에게 가장 중요한 관심사이다.

이는 곧 기업의 투자자와 기타 이해관계자(채권자, 공급업자, 고객, 정부기관 등)들이 재무보고서 같은 기업공시 정보를 통해 해당 기업이 얼마나 지속적 경쟁우위를 확보했으며 지속적 경쟁우위를 추구하는 데 있어 경영진의 전략이 얼마나 성공적이었는지 확인할 수 있어야 한다는 뜻이다. 넷플릭스와 엑슨모빌의 실적 발표 자리에서 애널리스트가 질문했던 사항도 모두 지속적 경쟁우위에 대한 내용이었다.

2015년 8월 10일, 구글Google은 알파벳Alphabet이라는 이름의 지주회사를 만들고 검색 사업을 다른 사업 분야에서 분리하는 대대적인 조직개편을 단행함으로써 기업의 전략적 투명성을 한층 강화시켰다. 이는 기업의 전략과 조직구조가 투자자들에게 얼마나 중요한지 잘 보여주는 사례다. 구글이 조직개편을 발표한 바로 다음 날, 구글의 주가는 4.3% 상승(시가총액 기준으로 210억 달러 상승)했는데, 이날 나스닥 주가지수가 1.3% 하락한 것을 감안하면 주목할 만한 움직임이었다.

지속적 경쟁우위를 확보하는 비결

그렇다면 지속적 경쟁우위를 확보할 수 있는 방법은 무엇일까? 가장 핵심적인 방법은 경제적 이윤economic profits을 지속적으로 창출하는 것으로, 여기서 경제적 이윤이란 매출에서 각종 영업비용과 자기자본 비용 같은 금융비용을 차감한 순액을 의미한다.[2] 경제적 이윤은 편향(10장에서 언급했던 회계의 보수적 원칙을 기억하자)적 회계처리, 무형자산(연구개발비, 브랜드 개발비 등)의 비용처리, 수익 비용 대응의 불일치(구조조정비용 등)로 얼룩진 현행 회계 이익 정보와는 완전히 다른 것이다.

또 경제적 이윤과 달리 회계상 이익에는 자기자본비용이 전혀 반영되어있지 않은데, 자기자본비용이란 이익잉여금을 포함해 주주가 기업에 투자한 자금으로부터 얻을 수 있는 대체 수익률을 말한다. 회계상 이익은 비교적 '달성'하기 쉽지만, 경제적 이윤을 창출하는 것은 어렵다. 장기적인 경제적 이윤을 창출함으로써 지속적으로 가치를 창조하는 기업은 경쟁에서 두각을 나타내곤 하는데, 이는 경제적 이윤을 달성하는 기업이 애초에 많지 않기 때문에 경쟁자를 제치고 '지속적 경쟁우위'를 확보할 수 있기 때문이다. 그렇다면, 장기적인 경제적 이윤을 창출하는 방법은 무엇일까?

그 비결은 기업의 자원과 자산을 효율적으로 운용하는 데 있다. 물론, 모든 자원이 이에 해당하는 것은 아니다. 건물, 기계장치, 항공기, 재고자산, 드릴 기계 같이 오늘날 재무상태표의 중요한 부분을 차지하지만 경쟁우위 확보에 아무런 도움도 되지 않는 자원은 열외다. 이런 자원은 다른 경쟁기업들도 얼마든지 보유할 수 있는 그냥 '상품'에 불과하기 때문에, 경쟁기업들과 차별화되는 데 하등의 도움을 주지 못한다.

화이자가 경쟁에서 이길 수 있었던 것은 연구실 실험 장비가 좋아서가 아니다. 다른 경쟁기업들도 모두 비슷한 실험 장비를 사용한다. 가치를 창조하는 자원(투입 요소), 즉 전략적 자원은 회계상 인식되는 자산과는 다르다. 전략적 자원은 다음과 같은 특징 세 가지를 갖고 있다.

1. **전략적 자원은 가치가 있다.** 특허가 적용된 제품이나 서비스가 높은 수익을 창출하듯이, 전략적 자원은 투입된 비용보다 더 많은 효익을 창출하

거나 효익 창출에 기여한다.

2. **전략적 자원은 희소하다.** 통신사의 무선 스펙트럼이나 항공사의 착륙권처럼 전략적 자원은 그 양이 한정되어 있다.

3. **전략적 자원은 모방이 어렵다.** 다른 경쟁기업이 전략적 자원을 취득하거나 생산하기란 쉽지 않다. 가치 있는 브랜드(가령 구글 같은 브랜드)를 모방하는 것은 현실적으로 불가능하다.

이러한 전략적 자원을 보유하고 운용하는 기업은 기존 경쟁기업은 물론 잠재적인 경쟁기업이 쉽게 따라할 수 없는 기업 전략을 구사할 수 있으며, 이를 통해 기업 가치를 창출하고 지속적 경쟁우위를 확보할 수 있다.[3] 아주 간단하다.

전략적 자원

경제학의 기업 이론, 특히 자원기반이론 resource-based theory 에서는 특허, 브랜드, 착륙권, 채굴권, 충성도 높은 고객, 기업 고유의 비즈니스 프로세스(넷플릭스의 콘텐츠 추천 알고리즘 등) 등 기업에 지속적 경쟁우위를 창출할 수 있는 전략적 자원을 가장 중요한 기업 자산으로 간주한다.[4]

하지만 아이러니하게도, 이런 전략적 자원의 대부분은 회계상 인식되지 않고 있다. 전략적 자원을 확보하기 위해 투입된 금액이 전부 당기에 비용 처리되기 때문에, 재무보고서로는 전략적 자원에 대한 유용한 정보를 확인하기 어렵다.[5] 우리는 이러한 현실을 보완해 투자자의 니즈를 충족할 수 있는 새로운 정보 공시체계인 '전략적 자원과 실행에 대한 보고서Strategic Resources & Consequences Report(이하 전략적 보고서)'를 제안하며, 이 보고서에 반영되어야 할 회계정보의 첫 번째 속성을 다음과 같이 정의했다.

- **유용한 회계정보의 속성 1** : 기업의 전략적 자원(자산)과 해당 자원의 특징, 가치 및 기타 제반 정보(기업이 보유 중인 특허 개수, 특허가 적용된 제품 및 서비스, 외부에 라이선싱한 특허 개수, 특허의 품질, 특허 침해 방지조치 등)를 제공할 것[6]

전략적 자원의 투자내역

하느님은 시나이 사막을 헤매던 이스라엘 백성들에게 매일같이 '만나'를 주셨다지만, 전략적 자원은 만나처럼 공짜로 얻을 수 있는 자원이 아니다. 전략적 자원을 얻기 위해서는 연구개발, 브랜드 강화, 기술 취득과 같은 집약적인 투자활동이 필요하다. 따라서 어떤 자원에 얼마만큼의 투자를 할당할 것인지는 기업 전반의 가치 창조 전략을 결정하는 중요한 역할을 한다.[7] 자원 투자에는 언제나 또 다른 전략적 대안이 존재하기 때문이다. 예를 들면 제약회사의 경우 신약을 개발하기 위해 자사 연구개발 활동에 자금을 투입해도 되지만, 신약을 이미 개발 중인 소규모 바이오테크 기업을 인수하는 데 똑같은 자금을 투입하는 것이 가능하다는 이야기다. 이때 어떤 대안을 선택하는지에 따라 향후 발생할 비용 규모와 신약 출시 시점이 달라지게 된다.

마찬가지로 통신회사의 고객 개발에 있어서도 직접 고객을 개발하는 방식과 이미 고객이 확보된 경쟁사를 인수 합병하는 대안이 존재한다. 전략적 자원을 직접 개발하는 것이 반드시 이로운 것만은 아니다. 1990년대 무렵 적자에 시달리던 IBM을 부활시킨 것으로 평가받는 루 거스너^{Lou Gerstner} IBM 회장은 취임 초기 IBM의 연구개발 예산을 30% 삭감하겠다고 발표했다. 사람들은 거스너 회장이 IBM의 미래는 안중에도 없고 단기적인 이익만 좇는다며 비판했지만, 거스너 회장은 IBM을 성공으로 이끌었고, 이는 곧 IBM의 모든 연구개발 활동이 생산적이지만은 않았다는 사실을 방증했다.

따라서 전략적 자원을 얼마나 효율적으로 개발, 취득할 수 있는지 여부는 경영진과 투자자의 주요 관심사다. 전략적 자원 개발의 효율성에 따라 전략적 자원이 개발되는 속도가 달라지고, 이는 기업의 신규 제품이나 서비스의 출시 시점, 전략적 자원이 개발되는 데 소요되는 비용, 전략적 자원으로 인해 창출되는 기업 가치에 전부 영향을 미친다. 우리는 이를 근거로 전략적 자원을 창출하기 위한 투자 내역을 유용한 회계정보의 두 번째 속성으로 정의했다.

- **유용한 회계정보의 속성 2** : 전략적 자원을 창출하기 위한 투자 내역 (지출 내역) 상세를 제공할 것(가령 통신회사나 인터넷사업자의 경우 고객 확보에 투자된 내역 등)

전략적 자원을 창출하기 위한 연구개발비의 경우 현행 손익계산서상에 연구개발비 항목으로 반영되고 있으나, 브랜드 개발/관리, 신기술 취득, 직원 교육, 비즈니스 프로세스 컨설팅, 미디어 콘텐츠 개발, 비즈니스 프로세스 시스템 도입 등에 투자된 내역은 판관비에 한꺼번에 묻혀 들어간 경우가 많아 세부적인 내용은 투자자들에게 전혀 공개되지 않고 있다. 우리는 사실 이자비용 같이 크게 중요하지 않은 비용항목은 손익계산서상에 따로 분리해 공시하면서, 이자비용보다 비용도 훨씬 크고 중요성도 높은 IT 시스템 투자 지출액은 전혀 공시하지 않는 현행 기업회계기준의 논리를 전혀 이해할 수 없다. 손익계산서에 표시된 연구개발비란 항목도 사실 새로운 기술을 개발하기 위한 '연구' 활동에 지출된 내역과, 기존 기술을 개선하기 위한 '개발' 활동에 지출된 내역을 분리해서 보여주지 않는 한 그다지 의미 있는 정보를 전달하지 못한다.[8]

 개발 활동보다 연구 활동에 투자하는 것이 리스크는 높지만 그만큼 더 많은 효익을 창출하기 때문에, 연구 활동과 개발 활동을 각각 분리해 보여주는 것이 투자자들에게 더 중요한 정보라 할 수 있다. 이처럼 전략적 자원을 창출하기 위한 투자 내역은 투자자의 니즈를 충족할 수 있는 핵심 정보이기 때문에, 우리가 제안하는 전략적 보고서에 반드시 포함되어야 할 사항이다. 전략적 자원의 투자 형태나 규모에 변화가 생기거나 경쟁기업들과 다른 투자 양상을 보이는 경우 기업의 가치와 생산성이 장기적으로 달라질 수 있으므로, 투자자라면 당연히 중요하게 눈여겨봐야 할 정보이다.

전략적 자원의 보존과 관리

법질서와 치안이 잘 유지되고 있는 나라에서는 기업의 유형자산이나 금융자산이 도난당할 확률이 극히 낮은 편이다. 기업의 매출채권이 사라지거나 토지가 눈앞에서 없어지는 일은 극히 드물다. 이에 비해, 전략적 자원을 보유한 기업들은 경쟁기업의 자산 침해 가능성에 언제나 깊이 시달리고 있다. 미국에서 매년 수천 건의 특허와 상표권 침해 소송이 발생하는 것만 봐도 기업의 전략적 자원이 얼마나 침해의 위험에 노출되어있는지 알 수 있다. 지적재산권처럼 법적인 보호를 받는 전략적 자원마저 경쟁기업의 침해에서 완전히 자유롭지는 못하다.[9] 문제는, 전략적 자원을 위협하는 요소가 경쟁기업의 침해만이 아니라는 사실이다.

파괴disruption란 기존 시장에서 널리 사용되어 온 기술을 완전히 대체하고 소멸시키는 새로운 혁신이 등장하는 현상을 일컫는 용어다(가령 개인용 컴퓨터는 워크스테이션을, 초음파는 엑스레이 촬영을, 디지털 카메라는 필름 카메라를, 위키피디아는 종이 백과사전을 파괴했다). 전략적 자원을 보유한 기업들이 경쟁기업의 자산 침해보다 더 두려워하는 것이 바로 이런 파괴적 혁신의 등장이다.[10] 파괴적 혁신으로 인해 기업의 핵심 기술이 위협 받았던 사례는 무수히 많다. 코닥, 아타리Atari(비디오 게임업체 – 옮긴이), 웨스턴유니온Western Union(과거 전보와 전신환을 취급하던 송금업체 – 옮긴이), 수많은 소규모 식료품업체(월마트가 등장하면서 모두 사라졌다), 여행사(온라인 여행 사이트의 출현으로 고사했다) 등이 바로 그런 예다. 따라서 현명한 기업들은 잠재적인 파괴적 혁신에 언제나 깨어있는 자세를 취하고, 파괴적 혁신의 조짐이 감지되면 기업을 보호하기 위한 적절한 조치를 취한다.

기업의 전략적 자원에 가해질 수 있는 침해와 파괴의 위험 수준이 심각하고, 침해와 파괴로 인해 기업의 비즈니스 모델이 위기에 처할 수 있다는 점까지 감안하면, 투자자와 다른 이해관계자들은 기업의 전략적 자원에 어떤 잠재적 위험이 있으며 그런 위험을 방지하고 전략적 자원을 보존하기 위해 기업이 어떤 조치를 취하고 있는지 정기적으로 파악할 수 있어야 한다. 전략적 자원을 보존하기 위한 조치는 기업 내부통제의 핵심 요소인 리스크 관리에 해당하는데, 실제로 이를 행하는 기업은 많지 않다.[11]

2000년대 초반 엔론, 월드컴WorldCom 등 일련의 기업 스캔들이 발생하며 기업의 내부통제 문제가 가시화되었고, 그 결과 2002년 사베인-옥슬리Sarbanes-Oxley법이 제정되어 오늘날에는 외부감사인의 내부통제 감사가 의무화되어 있다. 따라서 기업은 기업의 전략적 자원에 발생할 수 있는 침해와 파괴 리스크를 어떤 방식으로 진단하고 평가했는지, 리스크를 관리하기 위해 어떤 조치를 취하고 있는지 투자자들에게 자세히 설명하는 것이 필요하다. 우리가 여기서 자세히 설명해야 한다고 강조한 이유는 현행 재무보고서에 어김없이 등장하는 "재무 데이터 추정에는 오차가 발생할 수 있습니다" 같은 주옥같은 문구들 때문이다. 오차가 발생할 수 있다니, 너무 막연하지 않은가? 게다가 이런 문구를 자세히 읽는 사람도 별로 없다는 게 현실 아닐까?

반면 외부 업체의 리스크 관리 시스템을 도입하면 리스크에 대한 유의미한 정보를 얻을 수 있으므로, 경쟁업체의 특허 출원과 현황을

체계적으로 추적해 잠재적인 침해와 파괴 리스크를 판단하고 관리할 수 있다.[12]

전략적 자원의 진부화를 방지하는 것도 또 다른 방법이다. 브랜드의 경우 광고와 홍보를 통해 지속적으로 관리하지 않으면 시간이 지나며 브랜드의 가치(가격 경쟁력)가 떨어지게 마련이다. 기업이 확보한 고객층도 기업이 계속 관심을 갖고 커뮤니케이션하지 않으면 서서히 떨어져나간다. TV 시리즈 같은 미디어 콘텐츠도 후속편이 나와야 인기를 유지할 수 있다. 일부 특허의 경우 특허발명을 개선하면 존속기간을 연장할 수 있다. 대개 어떤 기업이 새로운 제품이나 서비스를 시장에 출시하면 경쟁자들이 그 제품이나 서비스를 보고 역으로 제조 원리를 알아내기 때문에, 기업의 경쟁력은 시간이 지나면서 약화되는 것이 일반적이다. 기업의 경쟁력을 공개하는 것이 훗날 파괴의 부메랑으로 돌아오는 셈이다. 그럼에도 기업은 전략적 자원이 진부화되지 않도록 지속적으로 노력해야 하며, 그러한 노력을 기업 문화의 일환으로 정착시켜야 한다. 그리고 이를 투자자들에게도 적극 알려야 한다.

마지막으로, 기업은 학습과 경험을 통해 조직의 지식을 축적해 나간다. 어떤 방법을 통해 기업 업무를 효율적으로 처리할 수 있는지 크고 작은 지식을 쌓아간다는 말이다. 이런 지식의 대부분은 직원들에게 내재되어 있어 암묵에 따라 전해지곤 하는데, 일부 기업들은 이런 암묵적인 지식을 명시적인 지식으로 만들기 위해 '지식관리 프로그램'을 도입하기도 한다. 가령, 컨설팅 회사는 컨설팅 자문업무가 끝나면 고객 경영진과 공식적인 디브리핑 debriefing 세션을 마련해 수행했던 업무에 대한 피드백을 축적하고 관리한다. 컨설팅 회사의 경우 조직의 지식이 잊히거나 사장되지 않도록 체계적으로 관리하는 것이 전략적 자원을 보존하기 위한 방법인 셈이다.[13] 우리는 이를 근거로 유용한 회계정보의 세 번째 속성을 아래와 같이 정의했다.

- **유용한 회계정보의 속성 3** : 경쟁기업의 침해, 파괴적 혁신의 출현, 규제환경 변화 등으로 기업의 전략적 자원에 어떤 리스크가 존재하는지, 경영진이 취한 리스크 조치는 무엇인지 명확히 제시할 것

전략적 자원의 운용

전략적 자원의 운용 현황은 기업이 얼마만큼의 가치를 창출하는지 직접 확인할 수 있는 부분이다. 가령 특허의 활용 현황을 보면 어떤 특허는 유휴 상태에 있지만, 다른 특허는 제품이나 서비스에 적용되어 수익을 창출하거나 외부에 라이선스되는 경우도 있을 것이다. 어떤 기업은 광대역 용량을 100% 사용하는 반면 또 다른 기업은 광대역 용량의 일부만 사용하는 경우도 있다. 또 어떤 기업은 고객 '빅데이터'를 세밀하게 분석해 매출 증대에 활용하지만, 데이터를 그냥 사장시켜 버리는 기업도 있을 것이다. 또 단독으로 연구개발 활동을 수행하는 기업이 있는 반면, 리스크와 비용을 공동부담하기 위해 다른 기업들과 손잡는 경우도 있다. 채굴권이 있으면 당장 탐사에 나서는 기업도 있고, 훗날을 기약하는 기업도 있다. 이렇게 전략적 자원에는 여러 가지 활용 대안이 존재한다.

기업이 전략적 자원을 어떻게 활용하는지에 따라 해당 기업의 경영성과는 달라질 수 있다. 하지만 현행 회계기준에 따라 작성된 재무보고서는 전략적 자원을 활용한 최종적인 결과만을 보여준다. 어떤 기업이 특허를 직접 사용하는지 라이선싱하는지, 보험 상품을 온라인으로 판매하는지 영업사원을 통해 판매하는지, 무선 주파수를 직접 사용하는지 또는 제3자에게 대여하는지, 고객에게 DVD를 대여하는지 온라인 스트리밍 서비스를 제공하는지 등, 최종 결과를 만든 배경에 대해서는 아무런 정보도 주어지지 않는다. 전략적 자원을 활용하는 방안에 여러 가지 대안이 있는 경우, 어떤 대안을 선택하는지에 따라 기업의 수익, 기업 경쟁력과 지속가능성은 달라지게 마련이다(가령 DVD 대여 사업은 사양길에 있지만 온라인 스트리밍 사업은 성장세를 기록 중이다).

그러나 현행 공시체계에서는 기업이 전략적 자원을 어떻게 활용하는지, 어떤 방식으로 기업 가치를 창출하는지(경영진이 콘퍼런스 콜 등을 통해 자발적으로 공시하지 않는 한) 아무런 정보도 제시되지 않는다. 투자자들이 기업의 매출과 이익 창출 배경을 이해하면, 해당 기업의 전략과 전략 실행을 판단할 수 있고 기업의 미래 경영성과에 대해 보다 정확하게 예측할 수 있다.

예를 들어, 특허 관련 매출이 라이선싱으로 인한 것인지(보다 장기적임) 특허 양도로 인한 것인지에 따라 해당 매출의 지속성은 달라질 수 있다. 또 연간 매출이 상승한 이유가 신규 시장 진입 덕분인지 물가 인상 때문인지에 따라 미래의 매출 성장률도 달라진다. 게다가 수많은 요인들이 기업의 매출과 이익에 영향을 미치고, 일부는 경영진의 통제 밖에 있다는 점을 고려하면(규제환경의 변화, 경쟁기업의 행동 등), 손익계산서에 나타난 최종적인 결과만 놓고 기업의 경영진과 이사진을 평가하기에는 무리가 있다. 따라서 기업의 경영성과를 보다 종합적으로 판단하기 위해서는 기업의 전략(전략적 자원의 운용 현황)과 전략에 대한 정보가 제공되어야 한다.

- ■ 유용한 회계정보의 속성 4 : 기업이 보유한 전략적 자원의 운용 현황
  - 전략적 자원을 통한 기업 가치 창출 전략

기업 창출 가치의 측정

기업의 경영진은 전략적 자원을 창출하고자 투자를 실행하고, 전략적 자원이 진부화하지 않도록 보존하며, 기업의 생산과 마케팅 활동에 전략적 자원을 개별적 또는 일괄적으로 적용하는(특허 라이선싱 등) 일련의 전략을 취한다. 이런 전략의 목적은 하나, 바로 가치를 창출해 시장에서 경쟁하고 투자자로부터 투자금을 공급받기 위해서다. 우리는 이를 근거로 전략적 자원의 창출-보존-활용 과정에서 창조되는 가치를 유용한 회계정보의 다섯 번째이자 마지막 속성으로 정의했다.

- ■ 유용한 회계정보의 속성 5 : 전략적 자원을 창출하고, 보존하고, 활용한 결과(기업이 창조한 가치)를 수량화한 자료로 나타냄

재무제표에 나타난 매출, 비용, 이익 등이 기업의 경영 실적을 나타

내는 수치임을 고려하면, 현행 회계제도가 앞의 다섯 번째 속성은 충족한다고 생각하는 사람도 있을 것이다. 하지만 회계상 재무제표에 나타난 수치는 굉장히 불완전하고 편협한 시각에서 인식된 결과물일 뿐이다. 재무제표는 주요 비용 항목, 특히 자기자본비용이 전혀 반영되어 있지 않다(회계사들을 제외한 일반 사람들 가운데 시스코의 자본 597억 달러(2015년 7월 25일 기준)를 공돈free money이라고 생각하는 경우도 있을까?).

반면 연구개발이나 브랜드개발 같은 투자활동 지출내역은 전부 비용항목으로 처리되기도 한다. 석유가스 매장량이나 고객 프랜차이즈가 증가하는 등 특정 회계기간 동안 주요 전략적 자원의 가치에 변동이 생기는 경우 이를 전혀 반영할 수 없게 되어있다. 1부에서 설명했다시피, 이렇게 현실을 왜곡하는 회계의 속성으로 인해 기업이 창출한 가치 정보(즉 이익)가 제 기능을 충분히 발휘하지 못하는 것이다.

우리는 기업이 창출한 가치를 다른 방식으로 측정하고자 한다. 우리는 정보의 소음을 야기할 뿐인 경영진의 추정과 가정이 회계상 이익 계산 과정에 상당 부분 녹아들어가 있음을 감안하여(9장 내용 참조), 이익 대신 현금흐름을 살펴보기로 했다. 우리가 집중적으로 살펴본 수치는 먼저 '영업활동으로 인한 현금흐름'이었다. 먼저, 우리는 손익계산서상에서 비용으로 차감되어 영업활동으로 인한 현금흐름을 감소시킨 전략적 자원 투자지출(고객 유치비용 등)을 현금흐름에 가산했다. 그 다음, 현금흐름 계산에 반영되지 않은 감가상각과 감모상각을 반영하기 위해 자본적 지출을 3~5년간 평균한 값을 현금흐름에서 차감했다. 마지막으로, 자기자본비용을 현금흐름에서 차감했다. 다음 12장과 18장에서 보다 실증적으로 살펴보겠지만, 이 같은 기업 가치 측정 방식은 회계상 이익이나 영업활동으로 인한 현금흐름을 활용한 방식보다 더 정확한 것으로 드러났다. 우리는 특정 회계기간 동안 기업이 보유한 주요 전략적 자원의 가치에 어떤 변동사항이 있었는지 실질적으로 측정 가능한 수준에서 변동 내역을 측정하고 반영했다(정유 업체의 경우 현존하는 매장량에서 창출할 수 있는 현금흐름의 현재가치를 측정했다).

전략적 보고서의 예시

지금까지는 기업 경제이론에 근거한 유용한 회계정보의 다섯 가지 속성에 대해 살펴보았다. 우리는 기업의 전략적 자원, 즉 기업 가치를 창출하기 위한 전략적 자원의 창출, 보존, 활용 내역이 유용한 정보의 핵심이라고 보았다. 우리는 이런 유용한 정보의 속성이 '전략적 보고서(우리가 제안하는 새로운 기업정보 패러다임)'에 각각 어떻게 반영되어야 하는지 다음 페이지 예시를 통해 설명하고자 한다.

다음의 예시는 독자 여러분들이 전략적 보고서의 일반적인 형태와 내용에 대해 대략적으로 감을 잡을 수 있도록 구성한 것으로, 여러분이 쉽게 이해할 수 있도록 다양한 산업에 해당하는 내용을 골고루 포함했다. 이어지는 12장부터는 4대 주요 산업에 해당하는 기업들을 대상으로 해당 기업의 실제 재무정보를 사용한 구체적인 예시와 분석을 제시할 것이다. 전략적 보고서의 개요를 나타낸 [표 11.1]을 함께 살펴보자 (표 안의 네모와 동그라미는 각각 정량적 정보와 정성적 정보에 해당한다).

보고서의 각 세로 열은 지속적 경쟁우위를 달성하기 위한 기업 능

표 11.1 전략적 자원과 실행에 대한 보고서(Strategic Resources & Consequences Report)

네모와 동그라미는 각각 정량적 정보(또는 금전적 가치)와 정성적 정보에 해당

예측오차의 차이

연구개발비($)
- 내부 연구개발
  - 연구
  - 개발
- 외부취득비용

고객유치비용($)

석유 및 가스탐사비($) 탐사활동
- 탐사 성공
- 탐사 실패
- 채굴권 취득

TV&영화
- 콘텐츠($)
  - 신규 제작
  - 후속 제작

스페트럼
- 외부취득($)
- 광대역

전략적 자원의 보유

특허&상표권 수량
- 출원
- 승인
- 총 특허 수
- 특허 관련 속성(품질)

고객
- 신규 고객
- 해지한 고객
- 총 고객
- 이탈 고객

석유 및 가스 매장량
- 탐사권
- 시추 장비 개수

브랜드
- 브랜드 개수
- 시장점유율
- 브랜드 가치($)

전략적 자원의 보존

특허 침해 가능성 추적

파괴적 혁신 리스크 완화 대책

전략적 자원의 진부화 방지 대책

지식관리 프로그램
- 프로그램에 참여하는 직원 수

인재 관리
- 인하우스/외부 교육($)
- 직원들의 조직 이탈율

전략적 자원의 운용

특허
- 상품/서비스 개발
- 매매/라이선스
- 기부
- 만료

석유 및 가스 채굴권
- 탐사 중인 비율(%)
- 산출 중인 비율(%)
- 유휴 비율(%)

제휴&합작투자
- 제휴 투자비용($)
- 제휴 건수
- 연구개발
- 제조

TV&영화 콘텐츠($)
- 스트리밍 횟수
- 시즌제, 시퀄 제작건수
- 해외시장 매출

창출한 가치

당기에 창출한 가치
영업활동으로 인한 현금흐름
- (+) 투자지출
- (−) 자본적 지출
- (−) 자기자본비용

석유 및 가스 채굴권
- 탐사 중인 비율(%)
- 산출 중인 비율(%)
- 유휴 비율(%)

력을 평가하는 데 핵심적인 다섯 가지 정보의 속성을 나타낸다. 좌측 열의 전략적 자원에 (분기별, 연도별로) 투자한 내역부터 시작해 전략적 자원의 보유 현황과 속성, 전략적 자원을 보존하고 관리하기 위한 조치, 가치 창출을 목적으로 한 전략적 자원의 운용 현황, 전략적 자원을 활용해 어떤 효익이나 생산성을 얻었는지가 각각 순차적으로 나열되며, 마지막 정보의 경우 기업이 창출한 총 가치를 요약해서 표시한다. 보고서에 나타난 대부분의 정보는 달러화 기준으로 측정된 금전적 가치이나, 일부 정량적 정보(신규 고객 숫자나 등록된 특허 개수 등)와 정성적 정보(특허 침해 가능성을 탐지하는 프로그램 등)도 존재하며, 후자의 경우 동그라미로 표시했다.

여기서 중요한 사항은 전략적 보고서에 있는 정보들 가운데 현행 기업 재무제표에 필수 공시사항으로 지정된 정보는 그리 많지 않다는 점이다.[16] 전략적 보고서의 내용은 대부분 기존 재무제표에 존재하지 않았던 새로운 정보로, 좀 전에도 말했지만 이런 정보의 목적은 기업이 지속적 경쟁우위를 달성하고 유지할 수 있는 능력을 평가하는 데 있다. 애널리스트와 전문 투자자들이 콘퍼런스 콜과 투자자 회의를 통해 입수하고자 하는 정보가 바로 전략적 보고서의 내용들이다. 뿐만 아니라, 전략적 보고서가 일반 회계기준에 따라 작성된 재무제표와 또 다른 점은 보고서에 포함된 대부분의 정보(신규 고객 수, 시장점유율 등)가 경영진의 추정, 예측, 가정이 아닌 사실관계라는 사실이다.

한 가지 유의해야 할 사항이 있다. 우리가 제안하는 전략적 보고서는 핵심성과지표$^{\text{KPI, key performance indicators}}$ 같은 기업의 성과지수를 나열하는 것이 아니다. 사실 기업의 성과지수를 사용하자는 주장은 이미 과거에 여러 차례 제안된 바 있다. 하지만 조직 인력의 다양성, 고객만족도, 온실가스 배출량과 같은 각각의 성과지수는 다른 성과지수들과 상호 관련성이 없고, 이런 성과지수가 기업 가치 창출에 과연 어떤 기여를 하고 있는지도 모호한 점이 많다(조직 인력의 다양성이 기업 가치에 얼마나 영향을 미칠까?).

반면 우리의 전략적 보고서는 기업의 전략, 행동, 결과를 한 눈에 파악할 수 있도록 과정과 결과를 동시에 제시하는 통합적 정보 공시체계로, 지금까지 어떤 기업 투자자나 이해관계자에게도 제공되지 않았던 내용들이다. 또 앞으로 사례 연구에서 다시 설명하겠지만, 통합적 정보 공시체계라는 특성 덕분에 전략적 보고서를 활용하면 비용-효익 분석도 수월해진다. 고객 유치 비용 대비 수익률, 콘텐츠 개발 비용 대비 수익률이 얼마인지 쉽게 파악할 수 있다는 이야기다. 이에 비해 기존 성과지수는 다른 지수들과 상호관련성이 없어 통합적인 분석이 어려웠다. 이렇게 전략적 자원의 투자부터 최종적으로 창출된 가치까지 기업 전략의 모든 단계를 종합적으로 조명하는 것이 바로 전략적 보고서의 가장 고유한 특징이다. 이제 전략적 보고서 하나만 있으면 기업의 전략(비즈니스 모델)과 전략의 실행 결과를 세밀하게 파악할 수 있다.

전략적 보고서는 전략적 자원의 개발, 활용과 창출된 가치를 논하는 보고서의 속성상 산업 특수적 industry specific 일 수밖에 없다. 보험, 유통, 헬스케어, 통신 등 기업이 속한 산업에 따라 근본적인 기업 전략과 비즈니스 모델은 달라질 수밖에 없는데, 현행 회계제도처럼 산업을 불문하고 모든 기업들에게 똑같은 재무성과 보고방식을 적용하는 것은 정보 유용성을 떨어뜨리는 행위일 뿐이다. 과연 은행, 병원, 통신회사가 똑같은 형식의 재무상태표로 각자의 자산 상태를 효율적으로 표현할 수 있을까? 마찬가지로, 정유, 바이오테크, 보험회사가 똑같은 형식의 손익계산서로 각자의 손익활동을 잘 나타낼 수 있을까? 이는 불가능한 일이다. 유의미한 기업 재무정보를 전달하기 위해서는 산업 특수적인 보고서가 필요하다. 다음 장부터 제시되는 산업별 사례 연구를 통해 여러분은 기업이 속한 산업에 따라 기업 경영성과와 창출된 가치를 분석하는 데 각각 다른 정보가 필요하다는 사실을 깨닫게 될 것이다.[15]

마지막으로, 우리는 기업 전략 공개에 대한 경영진의 우려를 충분히 이해하고 있다. 우리가 전략적 보고서에 제안하는 내용은 기업의 영업비밀을 침해하는 독점적인 정보나 계획이 아니다. 사례 연구를 보면 알겠지만, 우리가 전략적 보고서에 포함시키고자 하는 내용의 거의 모두는 일부 기업에서 이미 자발적 공시를 통해 투자자들에게 제공하는 정보들이다. 단, 지금까지의 자발적 공시 정보는 정해진 형식 없이 마구잡이로 제공되는 바람에 일관성이 떨어져 정보의 유용성이 매우 낮았지만, 전략적 보고서는 정보를 체계적으로 조직하기 때문에(전략적 자원의 투자, 활용, 결과 전체를 보여줌) 일관성과 비교가능성이 높다는 점이 다르다.

뿐만 아니라, 우리는 현행 공시요건이 기업 경영진에게 큰 부담으로 작용한다는 점도 잘 알고 있다. 전에도 설명했다시피, 오늘날 공시되는 정보가 투자자들에게 유용하지 않다고 해서 정보를 준비하는 경영진의 행정상 부담이 낮다는 의미는 아니다. 오히려 혼란스러움을 느낀 투자자들이 경영진에게 질문을 퍼부어 부담이 더 높아지는 현상을 낳곤 한다. 우리가 제안하는 전략적 보고서는 보고서를 처음 구성하는 세팅 단계에서는 상당한 노력이 투입되어야 할 것이나, 세팅 단계가 지나고 나면 공시 의무 이행에 부담을 덜 느끼게 될 것이다. 기업정보 공시의 부담을 완화할 수 있는 다양한 방안에 대해서는 16장에서 다시 이야기하도록 하겠다.

요약노트

우리가 제안하는 전략적 보고서의 목적은 투자자가 기업의 전략(비즈니스 모델)과 기업 경영진의 전략 실행 성과를 평가하고, 이를 기반으로 해당 기업이 지속적 경쟁 우위를 달성할 수 있는지 확인할 수 있는 핵심적인 정보를 제공하는 데 있다. 우리가 전략적 보고서에 포함하고자 하는 정보들은 전에 2부에서 살펴보았던 회계 유용성 하락의 원인 세 가지를 전부 해결할 수 있다.

먼저, 전략적 보고서는 기업의 무형자산에 대해 성실하게 보고한다(전략적 자원의 대부분은 무형자산이다). 또한 전략적 보고서는 본질적으로 사실관계(고객 이탈율, 보험 청구의 빈도와 크기, 특허 라이선싱 수입 등은 모두 사실관계에 대한 정보다)만을 다루기 때문에 현행 재무제표에 난무하는 주관적인 추정과 예측의 오류에서 벗어날 수 있다. 마지막으로, 전략적 보고서는 재무보고서와 달리 기업의 경상 거래 내역과 기업 가치를 좌우하는 중대한 사건을 일체 누락해 보고하지 않는다. 우리는 이러한 전략적 보고서의 장점이 현행 공시체계의 수많은 단점들을 보완할 수 있다고 생각한다.

1 보다 자세한 내용은 다음 논문들을 참고. "Industrial Structure, Market Rivalry, and Public Policy," Journal of Law and Economics, 16 (1973): 1-10. Michael Porter, "The Contribution of Industrial Organization to Strategic Management," Academy of Management Review, 6 (1981): 609-620. The introduction to this chapter draws on Nicolai Foss and Nils Stieglitz, "Modern Resource-Based Theory(ies)," in Handbook on the Economics and Theory of the Firm, Michael Dietrich and Jackie Kraft, eds. (Edward Elgar, 2011).

2 경제적 이윤이란 매출이 발생하는 과정에서 소비된 자원의 당기 비용(역사적 비용은 제외)과 자기자본비용을 기업의 총매출에서 차감한 결과이다. 예를 들면, 자산의 감가상각비용은 자산의 과거 가치(즉 취득가액)를 기준으로 한 회계상 비용이다. 반면, 경제적 감가상각은 자산의 진부화 정도를 파악해 감가상각비를 계산한다. 국민계정상의 경제적 이윤을 보면 감가상각비, 재고비용 등 회계적 이윤과 경제적 이윤의 차이 내역을 확인할 수 있다. 자세한 내용은 다음 웹사이트 내용 참고. www .bea. gov/national/pdf/chapter13.pdf. 경제적 이윤을 완벽하게 측정하기란 거의 불가능에 가깝다.

3 보다 자세한 내용은 다음 논문 참고. Jay Barney, "Firm Resources and Sustained Competitive Advantage," Journal of Management, 17 (1991): 99-120. 토지, 건물, 기계장치처럼 재무상태표에 인식되는 자산들에는 전략적 자원의 두 가지 특징이 결여되어 있다. 바로 희소하지 않고, 경쟁기업이 쉽게 취득하거나 모방할 수 있다는 점이다.

4 넷플릭스의 CEO는 최근 실적 발표 콘퍼런스 콜에서 넷플릭스의 전체 스트리밍 조회 수 가운데 4분의 3이 콘텐츠 추천 알고리즘에 기반을 둔 결과라고 발표했다.

5 기업회계기준에 따르면 직접 취득했거나 기업 인수합병 과정에서 취득한 전략적 자원(특허, 고객 명단 등)은 자산으로 인식되고 있다.

6 특허의 품질을 수량화할 수 있는 여러 가지 지표들이 개발되고 검증된 가운데 특허의 '인용도(forward citations)' 지수가 특허의 품질을 가장 잘 나타내는 지표 중 하나로 여겨지고 있다. 여기서 특허의 인용도란 어떤 특허가 이후에 등록되는 특허들에 의해 인용되는 횟수를 의미한다. 즉, 특허의 인용도가 높을수록 해당 특허가 과학 기술의 발전에 큰 영향력을 미쳤다는 것으로 해석할 수 있다. 한 연구에 따르면, 인용도가 높은 특허를 보유한 기업은 매출액과 주가 성장률도 평균보다 높다는 것이 밝혀졌다. 다음 논문 내용 참조. Dirk Czarnitzki, Katrin Hussinger, and Bart Leten, The Market Value of Blocking Patent Citations, working paper (Leuven: Katholieke University, 2011).

7 여기서 중요한 사실은 자원이나 자산이 아무리 가치 있고 고유하더라도 그 자체만으로는 어떤 가치도 창출하지 못한다는 점이다. 아무리 훌륭한 특허가 있어도 제품에 적용하고 마케팅하지 않으면 무용지물에 불과하다. 따라서 전략적 자원으로부터 가치를 창출하기 위해서는 일련의 계획과 조직이 필요하다. 기업의 경영진은 먼저 전략적 자원을 개발하기 위한 전략을 수립, 실행하고 경쟁기업보다 우위를 확보할 수 있도록 개발한 자원을 잘 보존하고 활용해야 한다. 우리가 제안하는 전략적 보고서를 활용하면 이러한 가치 창출 능력의 효율성, 즉 조직 자본의 능력을 판단하는 것이 가능하다.

8 연구 활동과 개발 활동을 실무적으로 분리하는 것이 불가능하다고 주장하는 사람들도 있는데, 이는 사실과 다르다. 미국 국립과학재단(National Science Foundation)과 통계국(Census Bureau)에서 연구개발 활동을 수행하는 미국 기업들을 대상으로 매년 실시하는 '기업 R&D 및 혁신조사(Business R&D and Innovation Survey)'에 따르면, 거의 모든 조사대상 기관들이 연구 활동과 개발 활동을 별도로 관리하고 있으며, 연구개발의 세부 내역 역시 분리해 보고하고 있음을 알 수 있다. 문제는 이런 중요한 정보가 재무보고서에는 누락되어 있다는 사실이다.

9 2013년도 한 해 무려 미국에서만 6,500건의 특허 침해소송이 발생했다. (PricewaterhouseCoopers, 2014 Patent Litigation Study, at www.pwc .com).

10 클레이튼 크리스텐슨의 《혁신기업의 딜레마》는 파괴적 혁신 이론의 고전으로 통한다.

11 "경영진은 기업 리스크 평가 시 외부환경의 잠재적인 변화에 따른 영향력 또한 고려해야 한다…." (p. 51). See Internal Control—Integrated Framework, Committee of Sponsoring Organizations of the Treadway Commission, December 2011, at www.ic.coso.org

12 물론, 일부 특허 보호대책은 기업의 대외비기 때문에 외부에 자세히 공시할 수 없다는 점에 대해서는 인정하는 바다.

13 핵심 인재들의 퇴사는 조직에 축적된 지식을 사장시키는 심각한 원인이다. 인재들이 지식을 남겨두지 않고 그대로 조직을 떠나기 때문이다. 가령, 제록스의 유지보수 기사들은 오랜 경력이 쌓이면서 매뉴얼에 제시된 기기 진단, 수리 방식보다 더 효율적인 자기만의 비법을 터득하게 된다. 제록스는 이렇게 직원들이 경험을 통해 축적한 지식을 매뉴얼에 지속적으로 반영함으로써 공식적인 지식 디브리핑 작업을 수행하고 있다.

14 우리가 제안하는 전략적 보고서의 일부 항목은 기존 연차보고서에 수록된 '경영진의 논의와 분석(Management Discussion and Analysis, MD&A)'과 중복되는 부분도 있으나, 경영진의 논의와 분석에서 제공되는 정보는 전략적 보고서처럼 내용이 간결하지도, 포괄적이거나 종합적이지도 않다는 문제가 있다. 대부분 경영진의 논의와 분석은 분량만 수십 장에 달하기 때문에 유용한 정보를 찾아내는 것조차 어려운 경우가 많다.

15 현행 회계제도와 공시체계에서도 보험, 영화제작, 소프트웨어, 미디어, 정유 등 기업이 속한 산업에 맞춤화된 산업 특수적인 공시규정이 필요하다는 목소리가 대두되는 추세이다.

12 CHAPTER
THE END OF ACCOUNTING

전략적 보고서:
미디어/엔터테인먼트

미디어/엔터테인먼트 산업에서 가장 중요한 전략적 자원은 고객이다. 특히, 대부분의 미디어/엔터테인먼트 기업들의 경우 자사 고객의 프로파일을 쉽게 파악할 수 있어 적극적인 고객 프랜차이즈 관리가 가능하기 때문에 고객의 중요성이 더욱 두드러진다. 또한 미디어/엔터테인먼트 산업 분야는 기업들 간 경쟁이 심하고 진입장벽이 낮아 지속적 경쟁우위 확보가 까다로운 편이다. 따라서 미디어/엔터테인먼트 기업의 투자자나 채권자들이 올바른 투자 의사결정을 내리고 경영진을 모니터링하기 위해서는 기업이 보유한 전략적 자원, 전략적 자원 관련 리스크, 운용 현황, 수익성 등에 대한 상세한 정보가 요구된다. 이 장에서는 먼저 시리우스 XM을 사례로 우리가 제안하는 '전략적 보고서'가 어떤 모습으로 구성되며 어떠한 이점을 제공할 수 있는지 살펴보고, 이어 미디어/엔터테인먼트 기업들의 일반적인 전략적 보고서 형식에 대해 살펴볼 것이다. 또 기업의 가장 주된 전략적 자원이 고객이라는 점을 감안하여, 고객의 평생가치를 측정하는 새로운 지표에 대해서도 소개하고자 한다.

미디어/엔터테인먼트 산업의 개요

미디어/엔터테인먼트는 우리 주변에서 흔히 접할 수 있는 케이블, 라디오 방송, 무선통신, 영화, TV, 인터넷 서비스, 신문과 잡지 산업 등 수많은 하위산업이 포진되어 있는 산업 분야로 오늘날 매우 빠른 성장세를 보이고 있다. 미디어/엔터테인먼트 산업의 가장 주요한 특징은 무선통신 기술이나 소셜 미디어 등 혁신적인 기술의 도입이 빠르고, 파괴적 혁신 기술이 빈번하게 등장한다는 점이다(가령 온라인 매체의 등장으로 인쇄 매체는 위기에 처했다). 또한 진입 장벽이 낮고 해외 시장 진출이 상대적으로 용이해 하위산업 내 경쟁이 치열하다는 것도 주요 특징으로 손꼽힌다.

이러한 미디어/엔터테인먼트 산업에서 가장 중요한 전략적 자원은 바로 고객이다. 특히 인터넷 서비스, 케이블, 위성 라디오 방송, 무선통신, 신문과 잡지 산업 등 고객 서비스 제공이 목적인 대부분의 기업들에게 고객의 중요성은 더욱 크다. 고객의 프로파일을 쉽게 파악할 수 있어 적극적인 고객 프랜차이즈 관리가 가능하기 때문이다. 사실 미디어/엔터테인먼트 산업에 있어 고객 관리야말로 경쟁력을 확보할 수 있는 최고의 전략이다. 고객 이외에 중요한 전략적 자원으로는 라이선스와 법적 권리(셀룰러 스펙트럼, 방영 판권 등), 콘텐츠(영화, TV 프로그램 등), 기업 고유의 비즈니스 프로세스(넷플릭스와 아마존의 고객 추천 알고리즘) 등이 있다.

미디어/엔터테인먼트 산업은 기업 간 경쟁이 심하고 진입 장벽이 낮기 때문에 지속적 경쟁우위를 확보하기가 매우 어렵다. 따라서 투자자와 채권자들이 성공적인 투자 의사결정을 내리고 경영진을 모니터링하려면 기업이 보유한 전략적 자원, 전략적 자원 관련 리스크, 운용 현황, 수익성 등에 대한 자세한 정보가 제공되어야 한다. 미디어/엔터테인먼트 기업들의 실적 콘퍼런스 콜에서 애널리스트가 가장 궁금해 하는 사항도 이와 같은 내용들이다. 그러나 전략적 자원의 투자지출비용(브랜드 개발, 고객 유치, 비즈니스 프로세스 개발 비용 등)을 당기 비용으로 처리해야 하는 회계기준상 전략적 자원이 제대로 반영되어 있지 않은 기존 재무보고서만으로는 기업의 현황을 제대로 파악하기 역부족이다. 현행 재무상태표에는 셀룰러 스펙트럼 같은 일부 자산들이 그나마도 현재 시가와는 거리가 먼 역사적 원가로 기록되어 있다.

뿐만 아니라 재무제표들 간에 상호 연계성으로 인해 재무상태표상 결함은 손익계산서상 결함으로 이어지게 된다. 예를 들면, 고객 유치나 브랜드 개발 같은 전략적 자원 개발 비용을 전부 비용 처리하면, 자산 규모도 과소 계상될 뿐만 아니라 당기순이익 역시 크게 줄어든다. 그 결과 미디어/엔터테인먼트 기업의 재무보고서 유용성은 심각하게 저하되었고, 콘퍼런스 콜에서도 확인할 수 있다시피 애널리스트들은 자산, 이익, 성과지표 같은 회계정보에 큰 관심을 보이지 않고 있다.

우리는 이러한 문제의 해결책으로 전략적 보고서라는 새로운 정보 공시체계를 제안한다. 우리는 먼저 시리우스 XM의 전략적 보고서를 사례로 제시해 전략적 보고서의 주요 장점에 대해 독자 여러분에게 설명하고, 그 다음 미디어/엔터테인먼트 산업의 일반적인 전략적 보고서 형식에 관해 언급하고자 한다.[1]

시리우스 XM의 이야기

시리우스 XM은 미국의 주요 위성 라디오 방송사로, 운전자 청취율 20%의 인기를 누리고 있는 미디어/엔터테인먼트 기업이다. 시리우스 XM은 음악, 코미디, 토크쇼, 스포츠 등 다양한 프로그램을 직접 제작하고 방송하며, 종종 라이브 쇼를 진행하기도 하고, GPS를 사용한 일기예보 서비스도 제공한다. 최근에는 모바일 기기를 대상으로 인터넷 라디오 서비스를 선보였을 뿐만 아니라, 운전자의 안전(자동차 사고 감지)과 편의(식당 검색)를 목적으로 한 양방향 텔레매틱스^{telematics}(자동차와 무선통신을 결합한 차량 무선인터넷 서비스 - 옮긴이) 서비스를 제공하고 있다. 시리우스 XM의 위성 라디오 단말기는 주로 자동차 제조기업과 딜러를 통해 배포되고 있다. 1990년에 설립된 시리우스 XM은 2014년 유료 가입자 수만 2천 1백만 명에 달했는데, 대표적인 인기 방송으로는 막장으로 유명한 하워드 스턴$^{Howard Stern}$ 쇼 등이 있다.

시리우스 XM의 2013년도 2분기 손익계산서를 보면 회사의 경영 성과를 어느 정도 파악할 수는 있으나, 뭔가 의문스러운 점이 있다. 2분기 매출은 전분기 대비 4.8% 상승(1분기 8억 9천 7백만 달러에서 2분기 9억 4천만 달러)했고, 당기순이익도 전분기 대비 1.5%의 미약한 증가율을 보였다. 그렇다면 시리우스 XM의 CEO가 당시 실적 콘퍼런스 콜을 시작하며 "시리우스 XM은 여러 가지 획기적인 사건과 새로운 기록을 달성하며 우수한 2분기 실적을 올리는 데 성공했습니다"라고 자신감을 표현한 이유는 무엇이었을까? 당기순이익이 1.5% 증가한 것이 획기적인 사건이었을까? CEO의 발언은 그냥 과장된 표현이었을까? 아니면 우리가 지금까지 주장했던 것처럼, 진짜 중요한 이야기는 회계상 수치로 드러나지 않았던 걸까?

가입자 규모의 증가

다음의 [표 12.1]은 시리우스의 전략적 보고서 내용이다. 물론, 시리우스가 직접 작성한 내용은 아니고, 시리우스가 자발적으로 공시한 비재무적 데이터, 애널리스트 질의에 대한 경영진의 대답, 기타 데이터를 토대로 우리 저자들이 재구성한 내용이다. 왼쪽에서 두 번째 열에 있는 '가입자'에 따르면 시리우스의 핵심 전략적 자원은 고객, 즉 라디오 서비스 가입자들이다. 보고서의 데이터에 따르면 시리우스는 2분기 동안 270만 명의 신규 가입자를 확보해 1분기보다 가입자 수가 8%나 증가하는 기록적인 성과를 올렸다.[2] 서비스 탈퇴자 수는 190만 명으로 비록 적은 숫자는 아니나, 1분기 탈퇴자 수인 210만 명보다는 낮은 수치이다. 2분기 순 가입자 수는 70만 명 이상으로 집계되며, 이 또한 기록적인 성과였다. 그러나 뭐니 뭐니 해도 가장 의미 있는 성과는 가입자의 월별 이탈율이 2%에서 1.7%로 감소했다는 점이다.

당기순이익 1.5% 증가라는 회계적 수치보다 전략적 보고서를 통한 고객 정보(특히 신규 가입자 수 증가와 이탈율 감소)가 기업의 실적을 긍정적인 관점에서 전달하고 있다는 차이점을 여러분도 금방 느꼈을 것이다. 시리우스의 CEO가 콘퍼런스 콜에서 자신감을 보였던 이유가 무엇 때문이었는지 쉽게 짐작할 수 있는 대목이다. 여기서 중요한 것은 '가입자' 데이터만으로도 기업의 주요 전략적 자원이 해당 분기동안 얼마만큼 증감했는지, 분기말 현황이 어떤지 종합적으로 파악할 수 있다는 점이다.

그러나 세상에 공짜 점심은 없듯이, 270만 명의 신규가입자 수를 얻기 위해서는 그만큼의 노력이 필요했다. 가장 좌측에 있는 '전략적 자원의 투자' 열을 보면 2분기에 발생한 가입자 유치 비용은 총 1억 3천 9백만 달러로 전분기의 1억 2천 7백만 달러보다 9.4% 상승했으며, 그 결과 전분기에는 51달러였던 신규가입자 1인당 유치비용이 당분기에는 52달러로 증가했다.[3]

이 가입자 유치 비용에는 신차에 시리우스의 라디오 단말기를 구

표 12.1 시리우스 XM의 전략적 보고서

네모와 동그라미는 각각 정량적 정보와 정성적 정보에 해당

2013년 2분기

(표 안의 수치는 왼쪽부터 각각 2013년 2분기, 2013년 1분기, 2012년 2분기)

전략적 자원에 대한 투자

가입자
- 가입자 유치비용 (백만 $)
  139; 127; 134
- 신규가입자 1인당 유치비용 ($)
  52; 51; 54
- 가입자 1인당 영업 및 마케팅비용 ($)
  2.8; 2.7; 2.6

콘텐츠 개발 비용
- 가입자 1인당 비용 ($)
  2.93;12.9

엔지니어링, 디자인 & 개발
- 가입자 1인당 비용 ($)
  0.6; 0.6; 0.3

전략적 자원의 보유

가입자
- 신규가입자 (백만)
  2.7; 2.5; 2.5
- 탈퇴자 (백만)
  1.9; 2.1; 1.9
- 총 유료가입자 (백만)
  20.3; 19.9; 18.7
- 월별 이탈률
  1.7%; 2.0%; 1.9%

FCC 라이선스 & 상표권 (백만 $)
2,494; 2,500; 2,520

(자동차 제조기업 및 딜러와의 단말기 공급 계약)

전략적 자원의 보존

(파괴적 기술 혁신
- 인터넷/클라우드)

(경쟁기업
- 애플 라디오
- 판도라
- 큐즈)

전략적 자원의 운용

마케팅 전략
- 신차 단말기
- 중고차 단말기
- 텔레매틱스

(신규 서비스
- 시리우스 XM 2.0
- My SXM
- 오리지널 프로그램)

마케팅 성과
- 신차시장 진입률
  69%; 67%; 67%
- 유료 서비스 전환율
  45%; 44%; 45%
- 전체 시장 진입률
  21%; 22%; 20%

전략적 자원이 창출한 가치

기업이 창출한 가치
영업활동으로 인한 현금흐름 (백만 $)
273; 169; 254
- (+) 투자지출
  85; 89; 71
- (-) 자본적 지출
  37; 26; 24
- (-) 자기자본비용
  91; 57; 56
- 계 (백만 $)
  230; 175; 245

고객 생애가치 (십억 $)
8.38; 6.76; 6.52

입해 설치하도록 자동차회사에 제공하는 수수료와, 라디오 단말기에 위성 서비스 기능을 추가하도록 라디오 제조업체게 제공하는 보조금이 포함되어 있다. 그런데 그 아래 가입자 1인당 영업 및 마케팅비용을 보면 전분기와 큰 차이가 없음을 알 수 있다. 즉 비용-효익 측면에서 봤을 때 시리우스가 2분기 동안 70만 명의 순 가입자를 얻은 것은 상대적으로 우수한 성과라는 의미다. 특히 기존 회계처리 방식과 달리 가입자 유치비용을 전부 비용 처리하지 않고 지속적인 미래 수입 창출원으로 보아 투자자산으로 간주했기 때문에, 비용-효익 효과가 더욱 높게 나타났다. 시리우스의 연간 이용료가 180달러임을 감안하면, 70만 명의 신규 가입자를 얻었으니 신규 가입자 유치 비용은 대략 1년 후면 상쇄될 것으로 추정된다. 또 가입자 이탈율이 월 1.7% 수준으로 낮다는 것은 신규 가입자들이 거의 5년 동안 라디오 서비스를 이용한다는 의미이기 때문에, 가입자 유치 비용 대비 상당한 이익을 거둘 수 있다는 결론이 도출된다.[4]

   이쯤 되면 중요한 질문이 하나 제기된다. 시리우스의 영업 및 마케팅비용에는 큰 변화가 없었는데 어떻게 신규 가입자 수가 크게 늘어날 수 있었을까? 경영진의 능력 때문이었을까? 아니면 하워드 스턴 쇼의 인기 때문이었을까? 사실 원인은 다른 곳에 있었다. 바로 2013년 2분기 미국 내 신차 판매량이 크게 증가했던 것이다. 자동차 판매가 부진했던 2007년 이후, 자동차 판매량은 2013년은 최고치를 기록(1천 5백만 대 이상)했다. 표의 '전략적 자원의 운용'에 나타나있다시피 시리우스는 새로 출고된 차량의 70%에 단말기를 설치하는 데 성공했고, 그 결과 큰 마케팅 비용을 들이지 않고도 2분기 가입자 수를 크게 증가시킬 수 있었다. 물론 신차 단말기 점유율이 이렇게 높아질 수 있었던 것은 시리우스가 전략을 잘 수행했기 때문이다.

그렇다면 이제부터는 시리우스가 신차와 중고차 시장을 대상으로 어떤 마케팅 전략을 실시했는지 살펴보도록 하자.

🖩・

> **• 투자자 인사이트 •**
> 투자자는 전략적 보고서를 통해 다음과 같은 정보를 얻을 수 있다.
> ① 비용(가입자 유치비용) 대비 효익(가입자 수 증가) 비교
> ② 고객 프랜차이즈를 위한 투자 대비 수익률 측정
> ③ 기업의 고객 전략 평가
> 이와 같은 정보는 기존 재무보고서에 전혀 존재하지 않았던 내용들로, 경쟁기업이 알아서는 안 될 민감한 대외비에 해당하지 않는다.

중요한 것은 전략

시리우스의 마케팅 전략은 무엇이었을까? 2천 1백만 명이나 되는 유료 가입자를 확보한 비결은 과연 무엇이었을까? 시리우스의 마케팅 전략은 지속가능할까?(즉 지속적 경쟁우위를 확보할 수 있는 전략일까?) 이는 기업의 투자자와 경영진들에게 굉장히 중요한 질문이다. 하지만 재무보고서에서는 이런 근본적인 질문에 대한 답을 찾을 수 없다. 재무보고서에 나타난 정보라고는 2분기 매출이 9억 4천만 달러라는 사실뿐, 이런 매출을 올리기 위해 어떤 전략과 행동을 취했으며 그중 어떤 전략이 성공하고 실패했는지는 찾아볼 수 없다. 기존 재무보고서의 단점 가운데 하나가 바로 원인은 밝히지 않고 결과(매출)에 대해서만 이야기한다는 사실이다.

그러나 분명한 것은, 시리우스의 기업 전략, 즉 비즈니스 모델에 대한 충분한 이해 없이는 경영진의 능력이나 매출의 지속가능성에 대한 평가를 제대로 내리기가 어렵다는 점이다. 이는 2013년 매 분기마다 열렸던 실적발표 콘퍼런스 콜 자리에서 시리우스의 매출이나 이익에 대해 질문한 애널리스트는 단 한 명도 없었지만, 많은 애널리스트가 기업 전략에 대해 궁금해 했다는 사실만 봐도 쉽게 짐작할 수 있다. 사람들의 관심사는 기업 전략이다.

시리우스의 기업 전략에 대한 종합적인 자료가 부재했던 관계로, 우리는 경영진 프레젠테이션, 애널리스트 질의에 대한 경영진 설명, 언론보도자료 등 다양한 경로를 통해 기업 전략에 대한 정보를 취합해 이를 '전략적 자원의 운용' 부분에 정리해 보았다(우측에서 두 번째 열). [표 12.1]의 '전략적 자원의 운용'을 보면 기업 전략의 핵심인 마케팅과 신규 서비스가 항목 별로 나타나있고, 그 아래 '마케팅 성과'에 각종 전략적 지표가 요약되어 있다. 실제 전략적 보고서에서는 '전략적 자원의 운용'에 제시된 정보를 통해 경영진의 기업 전략을 검토하고, 기업이 마주한 도전과제와 새로운 목표 등을 파악할 수 있다(동그라미 안에 서술되는 내용).

'전략적 자원의 운용'에 나타난 바와 같이 시리우스의 마케팅 전략은 신차 시장과 중고차 시장으로 나누어진다. 먼저, 새로 출시된 차량에 시리우스의 단말기를 설치하고 6개월 무료 체험기간을 제공하는 단말기 공급계약은 상당한 성공을 거뒀음을 알 수 있다('마케팅 성과'를 보면 신차 시장 진입율이 무려 69%다). 신차 판매량이 증가함에 따라 시리우스의 매출이 증가했고(이는 시리우스 XM의 통제 밖에 있는 요소다), 이는 신차 시장 진입율도 함께 올라가는 결과로 이어졌다. 하지만 2012년과 2013년 사이 신차 시장 진입율에 큰 변화가 없었다시피, 현재 70%에 달하는 진입율을 더 끌어올리기에는 다소 무리가 있을 것으로 보인다.

중고차 시장은 신차 시장보다 규모가 더 크긴 하지만, 고객이 분산되어 있어 타기팅targeting이 쉽지 않다. 시리우스의 중고차 마케팅은 중고차를 판매하는 자동차 판매상과 중고차 딜러들을 대상으로 하지만, 이들의 숫자는 고작해야 몇 천에 불과하다. 중고차 수리 서비스 딜러들과 중고차에 라디오 단말기를 설치하는 단말기 공급계약도 추진하고 있다. 종합해 보면, 시리우스의 마케팅 전략은 신차, 중고차, 자동차 수리 서비스라는 세 가지 분야에 집중하고 있다.

그렇다면 전략은 각 분야에서 얼마나 성공했을까? '마케팅 성과'에 나타난 데이터에 따르면 신차 시장 진입율은 70%에 이를 정도로 높지만, 과거와 큰 변화가 없는 것으로 보아 포화상태에 다다른 것으로 보인다. 유료 서비스 전환율(6개월 무료체험 이후 유료 서비스에 가입하는 비율을 의미하는 것으로, 우리 저자들 중 한 사람은 유료 서비스로 전환하지 않았다)을 증가시킬 수도 있겠으나, 이 수치 역시 45%에서 부동의 움직임을 보이고 있다.

그렇다면 중고차 시장이 공략이 까다롭긴 해도 잠재적인 성장력은 가장 크다고 할 수 있다. 하지만 2012년과 2013년 사이 전체 시장 진입율이 20%를 크게 벗어나지 못했다는 사실은 중고차 시장 진입이 그만큼 어렵다는 것을 방증한다. 결론적으로 시리우스 경영진의 가장 큰 골칫거리는 가입자 수 증가 정체로, 투자자들 역시 이 점을 크게 우려하고 있을 것이 분명하다. 사실, 2013년 상반기 상승세를 기록했던 시리우스 XM의 주가는 하반기부터 계속 정체를 거듭하며 부진에 빠졌다. 여러분은 그 이유가 무엇이었을지 이제 짐작할 수 있을 것이다.

물론, 고객의 눈길을 끄는 신규 제품이나 서비스를 출시하는 것도 좋은 성장 방편이다. 실제로 실적 발표 콘퍼런스 콜 중에는 시리우스 XM 2.0, my SXM 같은 신규 제품과 오리지널 프로그램, 텔레매틱스(운전자의 안전과 편의를 위한 양방향 서비스) 같은 신규 서비스가 개발 중이라는 경영진의 언급이 있었다.

그렇다면 시리우스는 신규 서비스 개발에 정말 적극적이었을까? 이를 증명할 수 있는 데이터가 충분치는 않으나, '전략적 자원에 대한 투자' 아래쪽에 있는 '엔지니어링, 디자인 & 개발비용'과 '콘텐츠 개발 비용'만 보면 신규 서비스 개발에 그다지 적극적이었던 것 같지는 않다. 가입자 1인당 콘텐츠 개발 비용(2.9달러)은 가입자 1인당 마케팅 비용(2.8달러)과 차이가 없고, 전분기나 전년 동기에 비해서도 별다른 변화가 없다. 연구개발비용(엔지니어링, 디자인 & 개발)도 가입자 1인당 0.6달러로 다소 낮은 수치다. 추측하건대 시리우스의 경영진이 비용절감을 통해 회계상 이익을 끌어올리는 데 주력하는 바람에(시리우스는 2013년에 3억 7천 7백만 달러의 당기순이익을 기록했다) 신규 서비스 개발

· 투자자 인사이트 ·

전략적 보고서 내 '전략적 자원의 보유'와 '전략적 자원의 운용'을 통해 시리우스의 전략과 전략 실행에 대해 세부적으로 분석할 수 있으며 기업의 향후 성장 가능성을 유추해 볼 수 있다. 전략적 보고서의 정보는 투자자들이 장기적인 안목에서 투자 의사결정을 내릴 수 있도록 한다.

이나 성장 전략이 저해된 것으로 보인다. 따라서 시리우스의 신규 서비스가 앞으로 얼마나 매출을 증가시킬지는 미지수로 판단된다. 성장 정체는 시리우스 XM의 최대 골칫거리임이 분명하다.

파괴적 혁신의 위협

시리우스의 성장이 정체되어 있는 상황을 감안했을 때, 시리우스가 달성한 업계 1위의 명성은 앞으로도 유지될 수 있을까? 먼저 긍정적인 면에서 보면, 시리우스는 브랜드 인지도가 높고, 위성 라디오 시장 내 거의 유일한 업체이다. 또 성장률이 비록 가파르지는 않아도 상당한 규모의 가입자 수를 확보한 상태이며, 시리우스에서만 활동하는 유명 라디오 방송인을 다수 보유하고 있다. 이는 거의 무적의 상태나 다름없다.

하지만 '전략적 자원의 보존' 열에 나타나 있다시피 기술 발전 속도가 빠르고 진입 장벽이 낮은 미디어/엔터테인먼트 산업의 특성상 경쟁과 파괴적 혁신은 무시할 수 없는 리스크 요소이다. 실제로 시리우스의 지배적인 시장 지위를 우려하는 기사들이 언론에 종종 등장하고 있으며,[5] 실적 콘퍼런스 콜에서도 시리우스의 잠재적인 경쟁 현황에 대한 질문이 여러 차례 제기되곤 했다.

사람들이 가장 궁금해 하는 내용은 인터넷, 즉 차량용 와이파이 기술이 위성 라디오 기술을 대체할 것인지, 또 애플이나 구글 같은 '거대 기업들'이 라디오 스트리밍 시장에 진출할지 여부였다. 애널리스트들이 혁신적인 기술과 경쟁의 위협에 대해 집요하게 질의하자, 시리우스 경영진은 시리우스가 위성 라디오와 인터넷 라디오라는 두 가지 전략을 추진하고 있다고 다소 에둘러 대답했다. 경영진은 그 이상의 자세한 언급을 원하지 않는 것처럼 보였는데, 시리우스의 연구개발비 액수가 상당히 낮다는 점을 감안하면 혁신적 기술 개발에 사실 크게 전념하고 있는 것 같지는 않다. 이렇게 해서는 투자자들의 확신을 얻을 수 없다.

잠재적 수익성이 높은 차량용 와이파이 기술을 개발 중인 애플, 구글 같은 경쟁기업들을 제지하고 시리우스가 언제까지 경쟁 우위를 유지할 수 있을지는 누구도 확신할 수 없으며, 시간을 두고 장기적으로 지켜봐야 할 것으로 보인다. 시리우스에 장기 투자를 계획 중인 투자자라면 이 문제를 반드시 고려해야 하며, 경영진과 이사회로부터 보다 많은 정보를 요구해야 한다.

기업이 창출한 가치

이제 전략적 보고서의 가장 우측에 위치한 정보를 살펴보자. 시리우스의 전략이 당분기 동안 얼마만큼의 가치를 창출했는지 실제 수치를 검토할 차례다. 이때 기업이 창출한 가치를 계산하는 방식은 회계상 이익 계산 방식과는 상당한 차이가 있다. 11장에서도 언급했지만, 우리는 영업활동으로 인한 현금흐름을 사용함으로써 경영진의 주관적인 추정이나 이익 조정의 가능성을 배제했다(현금흐름은 이익보다 조작 가능성이 낮다). 시리우스의 2013년 2분기 영업활동으로 인한 현금흐름은 2억 7천 3백만 달러를 기록했다('전략적 자원이 창출한 가치'의 상단 참조). 우리는 먼저 손익계산서상 비용으로 차감된 투자지출 항목인 '디자인 & 개발비용'과 '콘텐츠 개발 비용' 8천 5백만 달러를 영업활동 현금흐름에 가산했다.[6] 그 다음, 자본적 지출 3천 7백만 달러[7]와 해당 분기 자기자본비용인 9천 1백만 달러[8]를 각각 차감했다. 계산 결과, 시리우스는 2013년 2분기 동안 영업활동을 통해 총 2억 3천만 달러의 가치를 창출했다.

마지막으로, 우리는 시리우스가 보유한 전략적 자원들 가운데 가장 핵심적인 자원인 가입 고객의 생애가치lifetime value를 측정하는 새로운 지표를 제시했다. 우리의 새로운 지표가 중요한 이유는 위에서 계산된 가치와 회계상 이익만으로는 전략적 자원 가치의 변화, 즉 부가가치 창출 현황을 파악할 수 없기 때문이다. 기업의 가치를 간편하게 측정할 수 있는 방법으로 고객 생애가치customer lifetime value, CLV라는 지표가 있는데, 이는 고객 1인당 월별 마진율(고객 1인당 월별 매출액에서 영업비용을 차감한 금액)을 고객 이탈율로 나눠 계산한다. 고객 수가 크게 증대하지 않았다는 가정 하에, 이렇게 계산한 고객 1인당 생애가치에 총 고객 수를 곱하면 기업이 보유한 총 고객 생애가치를 구할 수 있다. 시리우스의 경우 2013년 2분기 총 고객 생애가치는 83억 8천만 달러로 추산되는데(보고서 참조), 이는 전년도 고객 생애가치보다 무려 30% 가까이 증가한 것으로 시리우스의 시가총액인 200억 달러의 상당 부분을 차지하는 규모다. 재무상태표상 자본 규모인 32억 달러가 무색해 보이는 숫자이다.[9]

전략적 보고서 분석 결과

우리가 시리우스의 사업 현황에 대해 입수할 수 있었던 비공식적 정보의 양이 제한되어 있었던 관계로, 지금까지 살펴본 시리우스의 전략적 보고서 분석에도 제한이 따를 수밖에 없었던 것이 사실이다. 전략적 보고서를 실제 재무 분석에 적용하려면 앞에서 살펴본 보고서 형식보다 더욱 포괄적인 내용이 필요하고, 보고서의 내용도 독립적인 회계법인으로부터 감사를 받아야 할 필요가 있다.

만약 시리우스의 경우라면, 가입자 수를 증가하기 위한 시리우스의 구체적인 전략 방식(달성하고자 하는 목표 가입자 수가 언급된 것이 좋다), 신규 서비스와 콘텐츠 개발에 대한 상세한 진행 상황, 시리우스의 경쟁우위를 장기간 지속할 수 있는 전략(차량용 와이파이 라디오 등), 시리우스가 창출한 가치와 고객 생애가치를 보다 세밀하게 분석할 수 있도록 투자지출액과 비용에 대한 자세한 분석 내역, 시리우스가 보유한 경쟁우위에 대한 기타 정보들이 더 필요하다. 그러나 이와 같은 정보를 더 입수할 수 없는 상황이므로, 이쯤에서 시리우스의 투자자들을 위한 재무 분석을 다음과 같이 제시하고자 한다.

시리우스 XM의 기업 운영 현황은 양호한 편이다. 시리우스는 2013년 2분기 기준 70만 명의 순 가입자를 확보하는 등 무난한 가입자 수 증가율을 보였다. 가입자 수가 증가하게 된 배경에는 신차 판매 증가, 엄격한 비용 통제를 통한 기업 가치 창출(시가총액 기준으로 연평균 5%의 가치 창출), 고객 생애가치 증가와 같은 다양한 요소들이 있었다. 시리우스는 당분기에도 시장 지배적인 위치를 점했으며, 향후 단중기적인 관점에서 봤을 때도 경쟁력을 계속 유지할 수 있을 것으로 보인다. 단, 장기적인 관점에서는 두 가지의 우려 요인이 존재하는데 첫째는 가입자 수 증가율이 상대적으로 부진하다는 점(신차시장 진입율은 이미 높고 포화상태에 도달했으며, 중고차시장 진입율은 성장이 느리다), 둘째는 애플이나 구글 같은 인터넷 기업들이 경쟁적 위협으로 작용할 수 있다는 점이다.

이러한 잠재적 우려에 대해 시리우스의 경영진이 어떻게 대처할 것인지에 관해서는 아직 분명하게 알려진 바가 없다. 따라서 안전성과 분산투자를 고려중인 투자자들에게는 추천종목으로 권하지만, 높은 차익과 성장을 노리는 투자자라면 다소 신중하게 접근할 필요가 있다.

전략적 보고서에 대한 니즈

우리는 2부에서 회계의 유용성을 하락시킨 주요 원인들에 대해 살펴보았다. 간단하게 다시 설명하면, 기업의 전략적 자원인 무형자산이 현행 재무제표에 제대로 반영되지 못하고 있다는 점, 경영진의 추정과 가정이 과도하게 사용되고 있다는 점, 그리고 재무제표가 기업의 중대한 비거래적 사건을 적절하게 반영하지 못하고 있다는 점이었다. 하지만 우리가 제시한 전략적 보고서에서는 위의 세 가지 문제점을 전혀 찾아볼 수 없다.

먼저, 전략적 보고서가 다루는 핵심 주제는 기업이 보유한 전략적 자원으로(대부분이 무형자산 성격인), 전략적 자원이 기업 가치에 기여하는 현황을 나타낸다. 또 전략적 보고서는 경영진의 주관적 의견이나 추정치가 전혀 반영되어있지 않다. 신규 고객 수, 고객 이탈율, 기업이 보유한 특허나 상표권 등은 모두 사실관계에 기초한 정보로 감사인 입장에서도 훨씬 수월하게 확인 가능하다. 뿐만 아니라, 자동차 제조업체들과 신규 계약을 체결했거나 새로운 상품을 개발 중인 경우 기존 재무보고서에는 이런 중요한 사건들이 반영이 될 때도 되지 않을 때도 있었지만, 전략적 보고서는 이를 전부 다 반영하고 있다. 이는 기존 회계정보와 분명히 다른 점이다.

기존 재무보고서는 단기적인 시각에서 과거 사실에 대한 정보를 제공하는데, 때로는 최근 종료된 분기나 회계연도의 경영 실적을 왜곡해서 나타내는 경우가 많다. 반면, 전략적 보고서는 미래지향적인 시각에서 기업의 전략과 전략 실행에 대해 설명하며, 기업이 경쟁우위를 유지할 수 있는 능력을 보다 장기적인 관점에서 평가한다. 투자자들이 지금까지 이익이라는 결과적 수치에만 집착했다면, 전략적 보고서는 기업의 전략, 전략 실행, 창출된 가치를 한눈에 조망할 수 있는 새로운 정보를 제공한다.

물론 여전히 회의적인 사람들은 우리가 제시하는 전략적 보고서가 투자자의 니즈를 정말 충족할 수 있는지 의문을 품을 수도 있다. 그런데 사실, 우리는 이에 대한 답을 알고 있다. 최근 이 책의 저자와 두 명의 동료들이 이동통신, 케이블, 인터넷, 소프트웨어, 인쇄매체 등 고객으로부터 구독료나 사용료를 받고 서비스를 제공하는 (시리우스 XM과 유사한) 미디어/엔터테인먼트 기업을 대상으로 심층 연구 분석을 실시한 적이 있었다.[10]

그들의 연구 주제는 투자자들이 기업 가치를 평가하는 데 있어 기업의 어떤 속성을 가장 중요하게 판단하는지, 즉 기업의 어떤 정보가 주가에 가장 큰 영향을 미치는지에 관한 것이었다. 기업의 주가, 수익률과 재무보고서의 다양한 수치(이익, 장부가치 등), 전략적 보고서의 주요 정보(신규 고객 수, 고객 이탈율, 고객 1인당 매출 등)들 사이에 회귀분석을 실시한 결과, 이익이나 장부 가치 같은 재무적 정보보다는 비재무적 정보가 기업 주가에 미치는 영향이 더 높은 것으로 나타났다.[11] 이는 투자자들이 전략적 보고서를 필요로 하며, 전략적 보고서의 정보를 실제로 활용하고 있다는 사실을 증명한다.

미디어/엔터테인먼트 기업의 전략적 보고서

이제 이 장을 마무리하며 미디어/엔터테인먼트 기업의 전략적 보고서 형식을 다음의 [표 12.2]와 같이 나타내 보았다. 이는 미디어/엔터테인먼트에 종사하는 기업이라면 누구나 적용 가능한 일반적인 보고서 형식이다.

표 12.2 미디어/엔터테인먼트 기업의 전략적 보고서

네모와 동그라미는 각각 정량적 정보와 정성적 정보에 해당

전략적 자원에 대한 투자	전략적 자원의 보유	전략적 자원의 보존	전략적 자원의 운용	전략적 자원이 창출한 가치
고객유치비용	고객 신규 고객, 총 고객, 고객 이탈율	파괴적 혁신 리스크	마케팅 전략 성과	영업활동으로 당기에 창출한 가치
연구개발비용	콘텐츠 영화, TV 시리즈	전략적 자원의 진부화 방지	신규 제품과 제품 성과	전략적 자원의 가치 변동 • 고객생애가치 • 브랜드가치 • 콘텐츠가치
신기술 취득비용	독점적 라이선스 및 권리	지식관리 프로그램	주요 현황 • 시장 점유율 • 콘텐츠 조회 수 • 발행 부수 • 진행 중인 제휴관계	
라이선스&법적권리 취득비용	조직적 자본	조직 내 지식 전수		
	브랜드, 상표권			
	제품 현황			

250

1 우리가 시리우스 XM을 사례로 선택했던 이유는 시리우스가 다른 미디어/엔터테인먼트 기업들과는 다르게 기업의 전략에 대해 꾸준히 자발적인 공시를 해 온 바, 우리의 전략적 보고서에 활용할 수 있는 데이터가 많았기 때문이다. 이 장과 앞으로 이어지는 장에서 제시될 전략적 보고서의 데이터는 실적 발표 자료, 경영진의 프레젠테이션 등 다양한 출처를 통해 입수한 정보이기 때문에, 일부 오차나 잘못된 내용, 일치하는 않는 데이터가 있을 수도 있다. 이는 우리가 데이터를 수집한 목적이 기업 분석이 아니라, 전략적 보고서의 잠재적인 가능성 확인이었기 때문이다.

2 [표 12.1]의 전략적 보고서에 나타난 수치는 왼쪽부터 각각 2013년 2분기, 2013년 1분기, 2012년 2분기에 해당한다.

3 그러나 2008년 1분기와 2013년 2분기를 비교할 경우 신규가입자 1인당 유치비용은 82달러에서 52달러로 크게 감소했다. 또한 가입자 유치 비용인 1억 3천 9백만 달러는 기업회계기준상 비용으로 계상된 1억 3천만 달러에 몇 가지 조정사항을 반영한 결과다.

4 가입자 이탈율이 월 1.7%인 경우, 한 명의 가입자가 시리우스 서비스를 사용하는 평균 기간은 59개월로 계산된다. '고객 생애가치' = 1/이탈율 = 1/0.017 = 58.8개월

5 다음 기사내용 참고. James Brumley, "Sirius XM Is Facing Some Serious Competition," InvestorPlace (January 6, 2014).

6 엄밀하게 따지면 '디자인 & 개발비용'과 '콘텐츠 개발 비용'을 투자지출 또는 자본으로 보아 영업활동 현금흐름에 가산한 경우, 이들의 감가상각비용을 계산해 영업비용에 포함시켜야 하는 게 맞다. 우리는 편의상 감가상각비용을 따로 반영하지 않았기 때문에, 기업이 실제로 창출한 가치는 우리가 계산한 2억 3천만 달러보다 조금 낮을 수 있다.

7 계산 편의상 지난 3~5년간 발생했던 자본적 지출을 평균하는 대신 해당 분기에 발생한 자본적 지출액을 그대로 사용했다.

8 여기서 9천 1백만 달러는 자기자본비용 2.5%(연 10%)에 2013년 2분기 말과 2012년 2분기 말의 자기자본 평균을 곱한 것으로, 자기자본비용 10%는 편의상 사용된 대용치이다. 시리우스의 '체계적 리스크'를 나타내는 β 계수는 야후! 파이낸스 자료를 사용했다. 우리가 사용한 β 계수가 1.65로 다소 높은 편이기 때문에, 자기자본비용이 실제보다 다소 과소평가되었을 수 있다.

9 미디어/엔터테인먼트 기업 여섯 곳의 고객 자산 가치(customer equity)를 분석한 다음 연구에 따르면, 고객 자산 가치와 우리가 계산한 고객 생애가치 결과는 놀라울 정도로 유사했다. 다음 연구논문 참고. Barak Libai, Eitan Muller, and Renana Peres, "The Diffusion of Services," Journal of Marketing Research, 46 (2009): 163–175.

10 Massimiliano Bonacchi, Kalin Kolev, and Baruch Lev, "Customer Franchise—a Hidden, Yet Crucial Asset," Contemporary Accounting Research, 32 (2015): 1024–1049.

11 비재무적 정보와 고객 생애가치를 종합적으로 고려했을 때 기업 주가에 미치는 영향이 가장 높은 것으로 나타났다.

13 CHAPTER
THE END OF ACCOUNTING

전략적 보고서 : **손해보험**

보험 산업은 손해보험, 생명 및 건강보험, 재보험(보험회사가 인수한 계약을 다시 인수하는 보험) 세 가지 분야로 나누어진다. 이 장에서는 보험의 세 가지 분야 가운데 기업 수와 고객 수에 있어 가장 규모가 큰 손해보험 분야를 중점적으로 손해보험사의 전략적 보고서 구성 방식에 대해 논의하고자 한다. 손해보험 산업은 다른 보험 분야에 비해 보험사 간 경쟁이 치열하고, 자연재해 등으로 인해 보험사의 리스크도 높은 편이다. 따라서 현명한 투자 의사결정을 내리려면 보험사의 전략과 전략 실행에 대한 자세한 정보가 필요하고, 특히 보험사의 가장 중요한 전략적 자원인 고객 프랜차이즈에 관한 정보가 필수적이다. 전략적 보고서는 투자자들에게 이 모든 정보를 제시할 수 있는 정보 공시체계이다.

보험 산업에 대해서는 굳이 장황하게 소개할 필요가 없을 것 같다. 거의 모든 사람들이 보험 상품에 가입한 경험이 있고, 대개 가입한 보험에 불만이 많기 때문이다(보험료가 너무 비싸거나, 절차가 너무 관료주의적이거나, 보험금 지급이 거절되는 등 불만에는 다양한 이유가 있다). 하지만 이는 보험 산업의 극히 지엽적인 단면일 뿐이다. 소수의 전문가를 제외한 일반 사람들에게 보험업이란 굉장히 낯선 산업 분야다. 일반적인 재무보고서 내용이 애매하고 모호한 편이라면, 보험사의 재무보고서는 아예 이해 자체가 불가능한 정도다. 이러한 어려움을 해소하고자 투자자들에게 꼭 필요한 정보만 전달하는 새로운 재무 보고 방식을 소개한다.[1]

손해보험 산업의 개요

보험 산업은 손해보험, 생명 및 건강보험, 재보험 세 가지 분야로 나누어진다. 먼저 손해보험은 자동차, 집, 사업 등에 발생한 재산적 손해를 전보하는 보험이고, 생명 및 건강보험은 사람의 생명과 건강을 보호하는 보험이다. 재보험은 원 보험사가 다른 보험사에 보험계약을 인수시켜 원 보험사의 리스크를 전부 또는 일부 경감시키는 보험을 말한다. 우리가 이 장에서 사례연구로 살펴보고자 하는 분야는 손해보험, 생명 및 건강보험, 재보험 가운데 기업 수와 고객 수에 있어 가장 큰 규모를 자랑하는 손해보험 산업이다.

손해보험사는 보험 상품을 판매(보험계약 인수)함으로써 보험영업수익을 창출하고, 동시에 고객으로부터 보험료를 받는 시점과 보험금을 지급하는 시점 사이에 긴 시차가 있다는 것을 활용해 고객 보험료로 구성된 막대한 자금을 운용, 투자영업수익을 올리기도 한다(보험사들은 총 보유자산 가운데 약 65%를 채권에 투자한다). 많은 보험사들의 주요 수익원이 이런 투자영업수익으로, 보험영업수익보다 투자영업수익이 더 높은 경우도 종종 있다.

손해보험은 지진, 테러, 홍수, 석면 같은 자연재해 리스크로 인해 다른 보험 산업보다 비즈니스 리스크가 훨씬 높은 편이다. 손해보험사가 재보험에 가입하는 이유가 바로 이 때문이다. 미국에서는 각 주마다 보험법을 규정해 보험 상품의 가격을 통제하는 등 규제를 가하고 있다. 특히 일반 고객을 대상으로 한 손해보험 분야는 기업들 간 경쟁이 매우 치열해서, 보험사들은 실로 어마어마한 액수를 광고비에 투자하고 있다(가이코^{Geico}의 도마뱀 캐릭터 게코^{gecko}, 프로그레시브^{Progressive}의 여자 캐릭터 플로^{Flo}를 떠올려보자). 손해보험사들 가운데 규모가 큰 회사들이 몇몇 있지만(스테이트팜$^{State Farm}$, 가이코, 올스테이트^{Allstate} 등) 딱히 업계 전체를 지배하는 회사는 존재하지 않는다.

손해보험사들의 가장 큰 문제 두 가지를 경제학자들의 용어를 빌어 표현하자면 역선택$^{adverse\ selection}$과 도덕적 해이$^{moral\ hazard}$를 꼽을 수 있다. 역선택이란 리스크가 높은 개인(가령 중병에 걸린 환자)이나 기업이 리스크가 낮은 사람들보다 보험금이 높은 상품에 가입하는 경향을, 도덕적 해이란 보험에 가입한 사람이 가입하지 않은 사람보다 위험한 행동을 할 가능성이 높고(주택 도난관리를 소홀히 하는 등) 극단적인 경우 보험사기를 저지르는 현상을 말한다. 역선택과 도덕적 해이는 올바른 고객 관리를 통해 어느 정도 문제를 해소할 수 있는데, 이에 대해서는 뒤에서 곧 살펴보도록 하겠다.

S&P에서 발표하는 보험 산업지수$^{Insurance\ Select\ Industry\ Index}$를 보면 알 수 있다시피, 손해보험 산업의 수익성은 대체로 양호한 편이다. 2006년부터 2015년까지 보험 산업지수의 연간 수익률 평균은 S&P 500 지수의 연간 수익률 평균보다 다소 낮았으나(전자는 7.84%, 후자는 9.14%), 2011년부터 5년간은 S&P 500 지수를 근소하게 앞서나갔다(연간 수익률 평균이 전자는 15.37%, 후자는 13.11%).

다른 산업의 투자자들과 마찬가지로, 보험 산업에 투자하는 투자자들 역시 투자 기업의 성장과 가치 창출 전략, 전략 이행을 중요하게 판단한다. 이는 우리가 보험사 10곳의 2012년과 2013년 실적 콘퍼런스 콜을 분석한 결과에서도 명백하게 드러났다. 2013년 5월 16일에 주최

되었던 프로그레시브의 투자자 회의에서는 기업 전략과 비즈니스 모델을 주제로 한 CEO와 CFO 프레젠테이션이 진행되었고, 경영진의 최우선 목표(가능한 빠른 성장과 '합산비율(보험료수익 대비 보험금비용의 비율)'을 96% 이하로 유지)와 목표 달성 상황에 대한 보고가 이어졌다. 애널리스트의 질의 역시 프로그레시브의 기업 전략에 초점이 맞춰져 있었다.

　이렇게 기업의 전략을 분석하는 데 있어 재무보고서는 큰 역할을 하지 못한다. 투자자들이 중시하는 기업의 전략적 자원, 전략적 자원에 대한 투자(특히 고객 유치), 기업 가치를 창출하는 근본적인 요소(보험료의 변화, 보험금의 빈도와 심도 등), 사업 리스크를 관리하고 전략적 자원을 보존하기 위한 대책 등이 재무보고서에는 거의 나타나있지 않기 때문이다. 간혹 경영진이 사업에 대해 장황하게 설명하는 부분(경영진의 논의와 분석 등)에 기업 전략 정보가 단편적으로 제시되는 경우도 있으나, 투자자들의 눈길을 끌기에는 내용 자체가 너무 길고 지루한 면이 있다(올스테이트의 2013년도 연차보고서는 무려 294페이지에 달한다). 재무보고서에 반영된 정보들도 내용이 불완전하거나(보험 갱신율이나 이탈율에 대해 공시하는 회사도 있고 공시하지 않는 회사도 있다), 정보를 측정하는 방법이 표준화되어있지 않아 경쟁기업들과 비교가 불가능하다. 바로 이러한 이유들 때문에 간단하고 표준화된 전략적 보고서가 필요한 것이다.

손해보험사의 전략적 자원

전략적 자원은 기업의 가치와 경쟁우위를 창출하는 원동력이다. 이전 장에서도 이야기했지만, 전략적 자원의 특징은 첫 번째 효익을 창출하며, 두 번째 희소하고(리스크가 낮고 충성도가 높은 고객의 수는 제한되어 있다), 세 번째 경쟁자가 쉽게 모방할 수 없다(신규 보험회사가 가이코의 업계 1위 명성을 곧바로 모방하는 것은 불가능하다)는 점이다.

보험사의 가장 중요한 전략적 자원은 고객으로, 경영학의 아버지 피터 드러커$^{Peter\ Drucker}$는 기업의 목적이 고객을 창출하는 것이라고 말한 바 있다. 따라서 보험사의 전략과 사업 성공의 핵심은 고객 관리에 있다. 즉 어중이떠중이 아무 고객이나 유치하는 것이 아닌 좋은 고객을 유치하고, 좋은 고객이 기업에 오래 머무르도록(보험계약을 갱신하도록) 하는 것이 중요하다는 말이다. 그러므로 투자자들에게 있어서는 고객 관리에 대한 정보가 기업의 경영성과와 미래 성장을 가늠할 수 있는 가장 중요한 요소이나, 기존 재무보고서에는 이런 정보들이 전혀 반영되어 있지 않다.

고객 이외에 중요한 전략적 자원으로는 브랜드(올스테이트의 이슈어런스), 지적재산권(차량에 부착되어 운전자의 운전 습관을 분석하고 보험료 할인 서비스를 제공하는 프로그레시브의 스냅샷^{Snapshot} 같은 신규 제품 특허), 실적이 훌륭한 보험 설계사 등이 있다.

다시 고객 이야기로 돌아가보자. 기업에 지속적 경쟁우위를 가져다 줄 수 있는 '좋은' 고객이란 누구일까? 좋은 고객이란 역선택과 도덕적 해이의 정도가 낮은 고객으로, 리스크가 낮고(안전 운전자) 조심성 있는(도난 관리를 철저히 하는) 사람들을 말한다. 훌륭한 고객 관리 전략은 회사로 하여금 좋은 고객을 대상으로 (가령 하트퍼드^{Hartford}는 미국 은퇴자협회^{AARP}와 협력해 은퇴자들을 대상으로 자동차 보험 상품을 판매하고 있는데, 대개 운전자의 연령이 높을수록 조심성이 높고, 주행 거리가 짧으며, 자동차 유지보수에 철저한 편이다) 경쟁력 있는 보험 상품을 제공하고 좋은 고객관계(보험청구금 관리)를 유지하도록 만든다. 이때 고객 관리의 핵심은 품질 좋은 '고객'을 오래 보유하는 것이다. 보험업계에서는 보험료 경쟁으로 인한 위험인수주기$^{underwriting\ cycles}$가 존재해서 이 주기에 따라 보험료와 회사의 이윤이 오르고 내린다. 따라서 고객에게 제시되는 보험료가 주기별로 변동하기 때문에 보험료가 낮아지는 주기에는 좋은 고객과 나쁜 고객이 한꺼번에 몰리게 되는데, 훌륭한 고객 관리 전략이 있으면 계약 갱신 시점에 나쁜 고객들을 걸러낼 수 있다.

보험사 고객 관리의 기본적인 두 축은 낮은 고객 유치 비용(광고, 보험 설계사 수수료 등)으로 신규 고객을 유치해 사업을 견실하게 성장시키는 것과, 낮은 영업비용(지급보험금을 최소화)으로 좋은 고객들을 오래 유지하는 것이다. 하지만 안타깝게도 보험사들이 공시하는 재무정보에는 고객 관리 전략이 왜곡되어 나타나고, 회사가 위험인수주기의 최고점과 최저점에 있는 경우 왜곡 현상이 더욱 두드러져 투자자들을 곤혹스럽게 만든다. 가령 어떤 회사가 성장을 유도하기 위해 보험료를 낮추면, 회사의 보험료수익은 낮아지고 리스크가 높은 고객이 몰려 손해액이 커지기 때문에 당기순이익이 전보다 줄어들거나 손실을 기록하는 결과가 생긴다. 하지만 이렇게 당기순이익이 낮아졌다고 해서 경영방식이 잘못되었다는 의미는 아니다. 회사의 고객 관리가 안정되고

보험료 하락이 효력을 발휘하기까지는 시간이 걸리기 때문이다.²

　보험사의 공시 정보가 왜곡되는 또 다른 이유는 수익-비용 대응의 원칙이 적절하게 지켜지지 않기 때문이기도 하다. 보험사들은 보험금 지급에 대비하기 위해 매년 준비금을 적립하는데, 전년도에 인식한 준비금을 당기에 수정할 경우 회계상 비용이 발생하지만 이에 대응되는 수익은 없다. 또 자동차 보험이나 산재보험은 보험사고 발생 시점과 보험금 지급 사이에 오랜 시차가 발생하기 때문에(간혹 수년이 걸리는 경우도 있다), 손해액(영업비용의 주요 항목으로 실제 발생한 손해액과 앞으로 발생할 손해액을 함께 인식)의 불확실성이 매우 높은 편이다.

　이렇게 앞으로 일어날지도 모르는 손해액까지 전부 당기 비용으로 인식하다보니, 보험사의 이익은 비보험 회사의 이익보다 불확실하고 변동성이 높을 수밖에 없다.³

　물론 이러한 불확실성과 변동성은 보험금 지급에 장시간이 소요되는 보험업 자체의 특성 때문이다. 그리고 솔직히 인정하건대, 손해보험사는 미래의 손해액 예측치에 대해 상세하게 정보를 공시하고 있다. 그럼에도 불구하고, 보험회사들의 기존 회계정보는 회사의 경영성과나 성장 잠재력을 파악하는 데 다소 부족한 면이 있다. 그렇다면 이제 전략적 보고서를 통해 보험사의 고객 정보부터 살펴보도록 하자.

전략적 보고서: 고객

　[표 13.1]은 손해보험사의 전략적 보고서 중 '고객' 부분만 따로 발췌한

표 13.1 전략적 보고서 – 고객

보유계약 (천 건)
• 32,831; 33,062; −0.7%
수입보험료 (백만 달러)
• 6,625; 6,463; 2.5%
평균 수입보험료 (달러)
• 자동차 : 462; 452; 2.2%
• 주택 : 1,115; 1,065; 4.7%
신규 계약 (천 건)
• 자동차 : 570; 542; 5.2%
• 주택 : 113; 101; 11.9%
보험계약 갱신율 (%)
• 자동차 : 88.7; 88.0; 0.8%
• 주택 : 87.0; 87.4; −0.5%

내용이다. 표의 숫자는 독자 여러분의 이해를 돕기 위해 올스테이트의 자료를 활용했으며, 왼쪽부터 각각 2013년 1분기, 2012년 1분기, 분기간 % 변동에 해당한다.[4]

올스테이트는 성숙단계에 진입한 대형 보험사이므로 연도별 변동폭이 크지 않다는 것을 염두에 두자. 올스테이트의 고객 규모를 파악할 수 있는 보유계약 수치를 보면 지난 12개월 동안 보유계약 건수가 0.7% 하락했음을 확인할 수 있다. 그러나 그 아래를 보면 총 수입보험료는 오히려 같은 기간 동안 2.5%만큼 증가했다.[5] 보유계약 건수는 감소하는데 수입보험료는 증가하는 상반된 결과가 나타난 원인은 그 아래 세 번째 항목에서 찾을 수 있다. 지난 12개월 동안 자동차 보험과 주택 보험계약의 평균 수입보험료가 각각 2.2%, 4.7% 상승하는 등 평균 수입보험료는 전체적으로 상승했다. 따라서 수입보험료가 소폭 (2.5%) 증가한 원인은 올스테이트의 전반적인 보험료 상승 때문이며, 신규 계약이나 고객 증가와 관련이 없다는 것을 유추할 수 있다.[6]

'합산비율(보험료수익 대비 지급보험금과 보험금비용의 비율)'이 높아지면 보험사들은 대개 수익성을 개선하기 위해 보험료 인상에 나서곤 한다(2012년 프로그레시브는 합산비율이 높아지자 자동차 보험료를 6.5%~10% 상향 조정했다). 하지만 보험료를 인상하면 고객 이탈이라는 부작용이 발생한다. 그런데 [표 13.1]의 마지막 항목인 보험계약 갱신율(고객 잔존율)을 보면 자동차 보험에서는 고객 이탈의 문제가 전혀 없었던 것으로 보인다. 자동차 보험 갱신율이 0.8% 증가했기 때문이다. 하지만 주택 보험료의 증가폭이 더 컸기 때문에(4.7%), 주택보험 갱신율은 0.5%만큼 하락했다.[7] 결론적으로 올스테이트는 자동차 보험료를 소폭 인상함으로써 심각한 고객 이탈 없이 영업수익을 어느 정도 증가시키는 데 성공했지만, 주택 보험료는 자동차 보험보다 높게 인상한 탓에 고객 이탈이 발생하는 부작용이 생겼다.

여기서 분명한 것은, 올스테이트의 보험 마진이 굉장히 낮다는 점이다. 얼마나 많은 잠재 고객들이 보험료 인상 때문에 올스테이트 보험 가입을 포기했는지는 알 수 없지만, [표 13.1]의 '신규계약'을 보면 상황이 그리 나빠 보이지는 않는다. 자동차 보험은 5.2%, 주택보험은 무려 11.9%나 신규 계약 건이 증가했기 때문이다. 2013년 1분기 동안 주택보험 신규 가입자는 늘고 기존 가입자는 이탈하는 흥미로운 현상이 발생한 것이다(이는 광고 효과 때문이었을까?).

그렇다면 앞으로 성장을 기대할 수 있는 분야는 무엇일까? 올스테이트의 경영진은 업계 최초로 선보인 온라인 보험서비스 '이슈어런스Esurance'를 꼽는다. 비록 고객층이 상대적으로 적긴 하지만, 이슈어런스의 수입보험료는 당분기에만 30.5%라는 견실한 성장을 기록했다.[8] 하지만 앞으로도 이런 성장세를 이어가기는 쉽지 않아 보인다. 이슈어런스는 신규 고객 유치 비용(대부분 광고비로 지출)이 높아 다른 사업 분야들보다 손실이 크고, 다른 경쟁기업들도 자체적으로 온라인 보험 상품을 개발해 선보이고 있기 때문이다. 이는 성장을 지속하려면 혁신이 반드시 필요하다는 의미다.

── • **투자자 인사이트** •──

올스테이트의 고객 프랜차이즈에 있어 가장 큰 문제점은 2012년 한 해 보유계약 건수가 증가하지 않았다는 점과, 영업수익이 소폭(2.5%) 증가한 원인이 보험료 인상으로 인한 것이라는 점이다. 손해보험 업계에서는 보험료 경쟁이 상당히 치열하기 때문에 보험료 인상은 지속적인 성장 전략이 될 수 없다. 대부분의 회사들이 보험료를 낮춰 고객 부담을 줄이고(가이코의 유명한 슬로건 "15분만 투자하면 15%의 보험료를 절감할 수 있습니다"를 생각해보자) 영업 효율성을 증대하는 경쟁 전략을 취하고 있기 때문이다. 실제로 2013년 실적 콘퍼런스 콜 중 애널리스트들이 보험료 인상에 대해 질의하자, 올스테이트의 경영진은 보험료 인상폭을 낮추는 중이라고 밝혔다. 올스테이트는 물론 대부분의 대규모 보험사들에게 성장은 중요한 문제가 되고 있다.

혁신적인 보험 상품과 서비스

대부분의 기업들은 혁신적인 제품이나 서비스를 개발해 새로운 수요를 창출하거나(휴대용 단말기, 코슈메디컬 등), 기존 경쟁기업을 밀어내 신규 시장에 진입함으로써 기업 성장을 추구하는 편이다. 하지만 보험사에게는 몇 가지 예외가 있다. 바로 보험사는 해외 시장 진입이 어렵고, 다른 금융 서비스 분야와 마찬가지로 경쟁자들이 신규 상품이나 서비스를 모방하기가 쉽다는 점이다.

프로그레시브의 스냅샷이 바로 후자에 해당하는 사례다. 스냅샷은 차량에 기기를 부착하면 30일 동안 운전자의 운전 습관을 분석한 다음 해당 운전자에 맞춤화된 보험 상품을 제공하는 서비스다. 프로그레시브는 스냅샷에 무려 6개의 특허를 보유하고 있으나, 하트퍼드와 올스테이트는 이에 아랑곳하지 않고 각각 '트루레인$^{True\ Lane}$', '드라이브 와이즈$^{Drive\ Wise}$'라는 유사한 보험 상품을 개발했다. 올스테이트는 드라이브 와이즈 덕분에 고객들이 평균 14%의 보험료를 절감할 수 있었다고 주장했다. 손해보험 업계 경영진들에 따르면, 앞으로는 운전자들의 운전습관 개선 방향까지도 알려주는 양방향 텔레매틱스 서비스가 대세가 될 것이라고 한다.

　최근에는 텔레매틱스 이외에도, 보험 설계사나 고객들이 회사가 제시한 보험료를 경쟁회사 보험료와 직접 비교할 수 있는 비교견적 서비스, 휴대용 단말기를 통해 보험견적을 받을 수 있는 '모바일 견적 서비스'가 등장했다. 이와 관련, 프로그레시브는 2013년 한 해 모바일 견적 문의가 8% 증가했다고 밝혔다. 뿐만 아니라, 오늘날에는 고객들이 보험사 담당자와 직접 소통할 수 있는 고객 서비스센터도 갖춰져 있다. 보험사들은 신규 서비스 개발을 통해 (약발이 비록 오래 가지는 않아도) 중요한 경쟁우위를 확보할 수 있으며, 특히 매년 보험사를 옮기는 10~15%의 철새 고객과 신규 고객을 유치하는 데 효과를 볼 수 있다. 때문에 많은 보험사들은 혁신에 뒤처지지 않도록 끊임없이 노력하고 있으며, 올스테이트도 예외는 아니다.

　전략적 보고서는 이를 반영할 수 있도록 '전략적 자원의 투자' 열에 '신규 상품/서비스' 항목을 마련하고, 회사가 개발한 혁신적인 상품, 서비스가 무엇이며 그 결과가 어떠한지 서비스센터의 사업 현황을 보고해야 한다(올스테이트의 전략적 보고서는 이 장 맨 끝에 있다). 이러한 정보가 제공되어야 투자자들은 회사의 경쟁우위가 얼마나 지속가능한지 파악할 수 있다.

보험 설계사의 역할

온라인, 전화, 우편을 통한 보험 상품 판매가 증가하는 추세이긴 해도, 보험 설계사는 여전히 보험 상품 판매에 있어 중요한 역할을 수행한다. 이러한 보험 설계사에는 두 가지 종류가 있다.

첫 번째는 특정 보험사에 소속되어 일하는 설계사, 두 번째는 한 보험사에 소속되지 않고 여러 보험사의 상품을 파는 독립적인 설계사다. 소속 설계사는 해당 보험사의 전략적 자원으로(이 장 맨 마지막의 전략적 보고서 참고), 설계사들의 숫자, 업무 생산성(설계사들의 신규 및 보유 계약 실적), 설계사들이 유치한 고객의 품질(회사의 다른 고객들과 비교했을 때 평균 손해액이 얼마나 되는지), 설계사 수수료 등은 보험사의 설계사 관리 전략을 파악할 수 있는 중요한 정보들이다. 하지만 올스테이트의 경우, 소속 설계사에 대한 정보는 자세하게 제공되지 않고 있다.

올스테이트 경영진은 콘퍼런스 콜 중 2012년 설계사에게 지급하는 인센티브와 상여에 변동이 생겨 설계사들의 숫자가 줄었다고 했지만, 더 이상의 구체적인 자료는 제시하지 않았다. 올스테이트 외에 다른 회사들이 공개한 정보는 이보다 더 적었다. 하지만 설계사에 대한 정보가 이렇게 부족함에도 불구하고, 마음씨 넓은 애널리스트들은 정보를 투명하게 공개하라고 경영진을 압박하지는 않았다. 설계사에 대한 정보를 공시하면 투자자들은 보험사의 경영성과를 더 잘 알 수 있는데, 이러한 정보가 외부에 알려진다고 해서 회사의 경쟁력에 위협이 되지는 않을 것으로 보인다.

보험사들이 경쟁하는 시장의 규모가 상대적으로 작고(전체 보험 고객의 10~15%와 신규고객들뿐이다) 보험료를 낮출 경우 회사의 마진이 낮아진다는 점을 고려하면(대부분의 보험사들은 영업비용이 전체 수익의 90%를 넘는다), 중대형 보험사들의 영업수익(매출)은 극적으로 변화할 일이 그렇게 많지 않다. 반면, 규모가 작거나 틈새시장을 공략하는 신규 보험사들은 성장률이 빠르고 영업수익 변화의 폭도 크다.

업무 효율성(효율적인 보험금 지급 관리, IT 기술 도입 등)을 증대하는 것도 이익을 증가시키고 회사의 가치와 경쟁력을 제고할 수 있는 좋은 방법이다. 회사의 '조직적 자본'은 이러한 업무 효율성을 좌우하는 핵심 요소로, 여기서 조직적 자본이란 가능한 한 효율적인 방법으로 업무 처리를 가능케 하는 회사의 특정 시스템, 프로세스, 업무방식, 지식 등을 일컫는다.[9] 지금부터는 보험사의 업무 효율성에 대해 살펴보도록 하겠다.

영업활동의 효율성

손해보험사의 업무는 매우 복잡하고 다양하다. 신규 고객을 취득하는 일부터 기존 '고객'의 품질을 관리하고, 사고 발생 시 고객 불편을 최소화할 수 있는 방법으로 보험금을 지급 처리해야 한다. 이와 동시에 회사가 보유하고 있는 자원을 효율적으로 운용하고, 회사 브랜드를 유지하고 개발하며, 리스크를 관리하고(보험계약의 리스크를 얼마만큼 재보험사에 전가할 것인지 결정하고 기타 여러 가지 리스크 관리 전략을 수립해야 한다), 직원들과 설계사들에게 보수를 지급하며, 거대한 백오피스를 순

조롭게 운영해야 한다. 이는 보험사 경영진들에게 엄청난 부담이자 도전과제이기도 하다.

경영진이 회사 업무를 효율적으로 운영할수록 회사는 많은 가치를 창출할 수 있고, 고객에게 경쟁력 있는 보험료 상품을 제공하여 경쟁 우위를 확보할 수 있다. 우리가 보험사의 업무 효율성에 대해 주시하게 된 것도 어찌 보면 당연한 일이다. 한 조사 결과에 의하면, 워런 버핏의 버크셔 해서웨이가 보유한 자회사인 가이코가 미국 손해보험사들 중 영업 효율성이 가장 우수한 것으로 손꼽히고 있다.[10]

일반적인 보험사의 재무보고서는 회계기준상 문제들로 인해 업무 효율성에 대한 정보가 제대로 반영되어있지 못하다. 손해보험사의 경우 문제는 더욱 심각하다. 미래에 발생할 지급보험금을 추정해 준비금을 설정하고, 이렇게 추정한 비용이 영업비용에서 차지하는 비율이 비정상적으로 높으며, 전년도에 인식한 준비금을 당기에 수정하는 일이 잦아 재무보고서의 이익 정보가 불확실하고 수익-비용 대응 원칙이 지켜지지 않기 때문이다. 또한 비용이 변동하는 근본적인 원인에 대해 아무런 설명도 제시된 바가 없기 때문에, 투자자들은 재무보고서만으로 조직적 자본의 효율성을 판단하기 어렵다. 따라서 주관적인 추정과 예측에 대한 의존도가 낮고, 경영진의 '조정' 가능성이 낮으며, 검증 가능한 사실관계에 기반을 둔 새로운 정보 공시체계가 필요하다.[11] 다음의 [표 13.2]는 이러한 필요성을 충족할 수 있는 전략적 보고서로, 표에 사용된 숫자는 올스테이트의 2013년 1분기, 2012년 1분기 데이터이다.

[표 13.2]는 보험사의 수익(수입보험료, 경과보험료)을 뒷받침하는 세 가지 비용 요소에 대한 도식이다. 첫 번째는 고객에게 지급한 청구 보

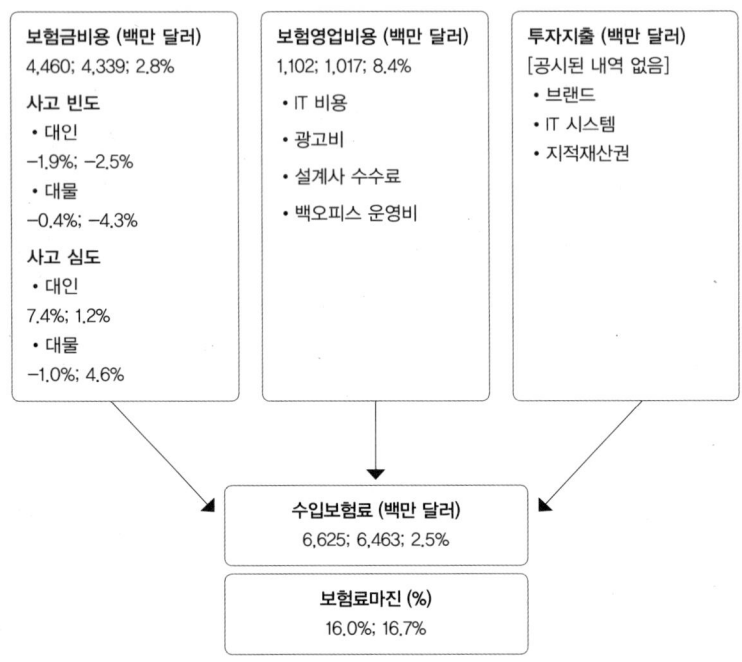

표 13.2 보험사의 영업활동 내역

험금을 뜻하는 보험금비용으로, 이는 보험사들의 영업비용 가운데 가장 큰 비중을 차지한다. 두 번째는 보험사 영업 과정에서 발생하는 보험영업비용, 세 번째는 브랜드, IT기술, 지적재산권 같은 전략적 자원을 위한 투자지출로, 후자는 현행 재무제표상 전부 영업비용으로 계상되어 있다. 이 세 가지 요소는 표의 화살표가 의미하는 것처럼 보험료 수익(수입보험료)을 뒷받침하고, 나아가 회사의 경영실적 결과를 대변하는 보험료마진(영업수익에서 보험금 비용과 영업비용을 차감한 것)과 보험료마진율을 결정한다.

많은 손해보험사들이 전략적 자원에 대한 투자지출을 손익계산서상 일반 영업비용으로 계상하고 있으며, IT 비용이나 광고비용 같은 주요 비용항목에 대해서도 세부적인 정보를 제공하지 않고 있다. 이로 인해 우리는 보험사의 영업활동을 구체적으로 분석할 수 있는 데이터를 입수하지 못했고, 아쉽게도 독자 여러분에게 전략적 보고서의 이점을 모두 보여주지는 못할 것 같다. 실제로 전략적 보고서를 작성할 때는, 먼저 보험금비용에서 전년도 준비금의 수정 효과는 제외하고, 미래의 지급보험금에 대비한 준비금은 보고서에서 제외하거나 적어도 실제로 지급한 보험금과 구분해서 표시하도록 한다. 또 IT 비용이나 광고비 같은 영업비용의 주요 항목들도 당기 발생 비용과 투자지출(지출에 대한 효익이 미래에 발생)로 구분한다.

예를 들면, 올스테이트가 온라인 보험 서비스 이슈어런스를 런칭한 후 초기 몇 년 동안 지출한 광고비용은 일반 영업비용이 아닌 브랜드 투자지출로 봐야 한다. 투자지출을 제외한 당기 영업비용과 실제 보험금비용만 보험료마진 계산에 반영하고, 이렇게 계산한 보험료마진으로 회사의 비용통제를 평가해야 한다. 전략적 자원의 투자지출 항목(맨 오른쪽)은 영업비용이나 보험금비용과 별도로 분석하며, 기업이 향후에 창출할 효익과 연관 지어 평가해야 한다(예를 들어, 광고가 향후 비즈니스에 미치는 효율성 분석).

영업비용 심층 분석

올스테이트 재무보고서에 따르면 회사의 보험금 비용([표 13.2]의 맨 윈

쪽)은 43억 3천 9백만 달러(2012년 1분기)에서 44억 6천만 달러(2013년 1분기)로 1년 동안 2.8% 상승했다. 하지만 이런 수치만으로는 손해보험사의 주요 비용항목인 보험금비용의 성격을 제대로 파악할 수 없다. 가령 어떤 요소들이 보험금비용을 결정하는지, 경영진의 '고객' 관리 상태가 어떤지 짐작하기 어렵다는 말이다. 하지만 지급된 보험금과 관련된 사고의 빈도와 심도를 분석하면(이런 정보를 제공하는 보험사들은 소수에 불과하다), 보험금의 성격을 더 잘 이해할 수 있다.

자동차 사고의 빈도는 자동차의 성능, 도로상태, 운전자의 운전 성향, 운전에 대한 집중도(운전 중 문자보내기 등)에 의해, 주택 사고의 빈도는 건설자재 품질 등에 의해 영향을 받는다. 올스테이트의 자료를 보면 2012년부터 사고 빈도가 지속적으로 하락하며 2013년 1분기에는 대인사고와 대물사고 빈도가 각각 1.9%, 0.4% 하락한 것으로 나타났다. 반면, 사고의 피해규모를 나타내는 사고 심도는 2013년 1분기에 대인사고 부문에서 무려 7.4%나 상승했다.[12] 올스테이트 경영진의 설명에 따르면 대인사고 심도는 2011년부터 지속적으로 상승했다고 한다. 2012년 2분기, 3분기, 4분기에 사고 심도가 각각 3.4%, 6.8%, 5.2%씩 증가했는데, 이는 큰 문제라 할 수 있다. 손해보험사의 지급보험금 가운데 대인사고(부상, 사망사고) 보험금이 가장 큰 부담이라는 것을 고려하면, 대인사고의 심도 증가는 투자자들이 우려할 만한 현상이자 기업 경영에 부정적인 사건이다.

의료비용 인플레이션으로 사고의 심도가 일부 증가한 것도 있지만, 2011년부터 2013년까지 올스테이트의 사고 심도가 급속하게 증가한 데는 또 다른 이유가 있었을 것이 분명하다. 올스테이트 경영진은 콘퍼런스 콜에서 사고 심도에 대해 아무런 언급을 하지 않았으나(애널리스트들이 사고 심도가 중요한 정보라는 것을 모르고 아무도 그에 대해 묻지 않았기 때문이다) 우리는 아마도 보험에 가입한 고객 품질이 저하된 것이 아니었을까 추측한다. 다시 말하면, 운전 습관이 거친 고위험 운전자들을 제대로 걸러내지 못해 회사의 고객 품질이 저하되었다는 말이다. 아마도 올스테이트의 온라인 보험(이슈어런스) 고객이 30.5% 급증하면서 그 부작용으로 고객 품질 하락이라는 예상치 못한 현상을 겪고 있는 것으로 보인다.

우리는 여기서 한 가지 실험을 진행했다. 투자자들이 실제로 보험사고의 빈도와 심도에 대한 정보를 필요로 하는지 확인하고자, 우리는 빈도와 심도 정보를 공시하는 보험사 10곳을 대상으로 2010년부터 2013년까지 4년 동안 회사가 매 분기마다 공시한 사고 빈도와 심도 정보를 수집했다. 그 다음 분기별 주가 수익률과 전년 동기 대비 이익 성장률(주가 수익률을 좌우하는 핵심 요인), 그리고 분기별 사고 빈도 및 심도 변화의 상관관계를 분석했다. 회귀분석 결과 사고 빈도 및 심도의 회귀계수는 통계학적으로 유의미한 값을 나타냈다(유의수준 2~3%). 이를 통해 우리는 사고 빈도와 심도의 변화가 실제로 주가에 영향을 미치며, 투자자들에게 유용한 정보임을 확인할 수 있었다.

우리는 [표 13.2]의 다른 두 가지 비용요소인 보험영업비용(영업비용은 8.4%의 무난한 증가율을 보였다)과 투자지출에 대해서도 심도 있게 분석하고 싶었으나, 올스테이트는 물론 그 어떤 회사들도 이들 항목에 대한 자세한 정보를 공시하지 않았다. 투자자들이 특히 꼼꼼하게 분석해야 할 손해보험사의 '주요 비용항목'은 광고비와 IT 비용이다.

프로그레시브의 경영진은 2013년 1분기 실적 발표 자리에서 지난 15년간 광고비용이 매년 15%씩 상승했다고 밝혔다(프로그레시브는 캐릭터 플로가 등장하는 TV 광고에 꽤 공을 들이고 있다). 하지만 비용-효익 측면에서 전략적으로 접근하려면 광고비용 대비 성과(효익)가 얼마나 있었는지 확인이 필요하다. 가령, 광고비를 15% 증가한 만큼 잠재 고객들의 보험 견적 요청도 매년 15% 상승했을까? 하지만 프로그레시브의 재무보고서에 따르면 영업수익은 전년대비 7% 내외의 증가율을 보였을 뿐이었다. 혹시 프로그레시브의 광고에도 한계효용체감의 법칙이 적용된 것일까? 그렇다면 앞으로는 광고비 상승폭을 억제해야 할까? 이슈어런스에 광고비 지출이 높다는 점을 감안하면, 광고비 상승이 이슈어런스 웹사이트의 조회 수나 가입 전환율(웹사이트 조회에서 보험상품 구매로 전환하는 비율)과 어떤 상관관계에 있는지 분석하는 것도 좋은 방법이다. 이슈어런스 광고도 더 이상 한계효용이 없다면 광고비를 정말 줄여야 할 수도 있다.

이는 보험설계사들도 마찬가지다. 회사가 설계사에게 지급하는 수수료와 설계사들의 영업 실적은 비례해야 한다.[13] 투자자들은 회사 경영진에게 이런 비용-효익에 대한 전략적 정보를 요구해 회사의 영업 효율성을 제대로 판단할 수 있어야 한다. 영업비용이 작년 대비 8.4% 상승했다는 정보만으로는 아무런 의미가 없다. 재무제표의 숫자는 심도 있는 분석을 위한 출발점에 불과하다. 따라서 전략적 보고서에는 보다 통찰력 있는 비용 정보가 공시되어야 한다. [표 13.2]의 맨 오른쪽에는 투자지출을 일반 영업비용과 따로 분리해서 표시했다. 보험사들은 제약업체나 소프트웨어 기업처럼 대대적인 기술 혁신에 매진하는 편은 아니지만, 회사의 자원을 효율적으로 사용하기 위한 비즈니스 프로세스나 시스템 같은 조직적 자본에는 투자가 활발한 편이다. 따라서 보험사가 브랜드, IT 시스템, 인적자원 개발(연수, 교육 등)과 혁신 기술(차량용 텔레매틱스 기기나 보험금 청구의 온라인화 등)에 투자한 내역을 보면 회사의 미래 성장률을 판단하는 데 용이하다. 하지만 우리가 살펴본 보험사 10곳 가운데 투자지출에 대한 정보를 공시하는 곳은 단 한 곳도 없어서, 아쉽게도 독자 여러분에게 투자지출에 대한 분석을 제시하기는 어렵게 되었다.[14]

마지막으로, 표의 맨 아래에는 회사의 영업활동 결과를 한눈에 파악할 수 있도록 보험료마진율(보험료 대비 보험료비용 비율)을 제시해 비용-효익 분석을 가능하도록 했다. 올스테이트는 2012년 1분기 16.7%의 보험료마진율을 기록했으나 2013년 1분기에는 16.0%로 근소한 감소율을 보였다. 이는 크게 우려할 만한 현상은 아니지만, 투자자 입장에서는 앞으로 주시해야 할 사안이다.[15]

- • 투자자 인사이트 • -

일반기업회계기준에 의한 재무보고서는 회사의 심각한 경영상 문제를 제대로 드러내지 못하고 있다. 올스테이트의 보험금 비용은 2013년 1분기 동안 2.8% 상승했는데, 이는 2012년 물가상승률인 2.1%보다 약간 높은 수치이므로 겉으로 보기에는 회사의 비용 측면에 큰 문제가 없어 보인다. 하지만 자세한 내막을 살펴보면 비용 상승의 주범인 대인사고 보험금이 계속해서 증가하고 있으며, 증가 속도도 점점 빨라지고 있음을 확인할 수 있다.

경영진은 이런 현상이 나타난 원인과 해결 대책을 제시해야 한다. 다행스러운 점은, 대부분의 보험사들과는 다르게 올스테이트가 사고 빈도와 심도 정보를 꾸준히 자발적으로 공시하고 있다는 사실이다. 보험사 투자자들은 사고 빈도와 심도에 대한 정보를 회사로부터 제공받아야 한다.

전략적 자원의 보존

전략적 자원의 보존은 보험사의 전략적 보고서 가운데 특히 유용한 정보를 담고 있는 부분이다. 보험사들은 전략적 자원을 보존하기 위해 고객 리스크를 관리하고, 우수한 고객을 유지하며, 고위험군 고객을 걸러내고 경쟁사에게 좋은 고객을 뺏기지 않도록 전략을 구상한다. 고객 관리에 대해서는 좀 전에 살펴봤으니, 지금부터는 리스크에 대해 이야기해보겠다. 보험은 사업 특성상 리스크가 높다. 보험사는 고객으로부터 리스크를 인수하여 말 그대로 리스크를 짊어지고 사업을 운영하며, 이때 리스크 풀(pool)을 어떻게 관리하느냐에 따라 회사의 가치와 경쟁력이 좌우된다.

보험사의 리스크를 구체적으로 살펴보자.

1. 보험인수 리스크 : 고객에게 지급하는 보험금 규모가 고객으로부터 수취한 보험료를 초과하는 리스크를 말한다. 석면이나 환경오염으로 인한 손해배상이 제기되는 경우, 보험계약을 인수하는 시점에는 손해배상의 규모를 전혀 짐작할 수 없기 때문에 보험사의 보험인수 리스크는 특히 높아지게 된다. 자연재해로 인한 보험금 지급액도 수십억 달러는 기본이다(2012년 허리케인 샌디 때를 생각해보자). 보험사들 간에 경쟁이 치열해져 고객을 유도하기 위해 보험료를 낮추게 되면, 고위험군의 고객이 많이 몰려들어 보험인수 리스크가 더욱 높아지게 된다.

2. 투자 리스크 : 주식과 채권 가격 변동으로 인해 발생하는 리스크다. 보험사들은 주식이나 채권 투자 규모가 크고 투자영업수익이 중요한 수입

원천이기 때문에, 예상치 못한 채권 금리 변동, 사채 발행인의 지급불능, 주가 하락과 같은 투자환경 리스크에 취약할 수밖에 없다.

3. 규제 리스크 : 규제당국이 보험료 인상을 통제하거나, 지진이나 수해처럼 보험사들이 기피하는 위험을 인수하도록 강제하거나, 보험사의 자본요건이나 기타 지급여력에 대한 규제를 변경함으로써 발생하는 리스크이다.

보험사들은 보험인수 리스크를 통제하기 위해 다양한 리스크 관리 기법을 사용하며, 특히 자연재해로 인한 잠재적인 리스크를 관리하기 위해 많은 노력을 기울인다. 예를 들면, 보험 약관에 보험사의 보상한도를 제한하는 조건을 포함하거나(포괄배상 책임보험의 한도를 1백만 달러로 설정), 다양한 지역과 산업 분야에 걸쳐 리스크를 분산하거나, 다른 보험사와 리스크를 공유하거나(리스크 풀 형성), 재해채권(캣본드 catbond)을 발행해 자연재해 발생 시 채권 원금을 피해 보상에 충당할 수 있도록 하는 등 다양한 리스크 관리 전략을 취하고 있다. 하지만 뭐니 뭐니 해도 가장 대표적인 리스크 관리 기법은 재보험이다. 재보험사는 원 보험사가 고객으로부터 인수한 보험계약상 리스크의 전부 또는 일부를 인수하고, 원 보험사가 고객으로부터 받은 수입보험료의 일부를 대가로 받는다. 일부 재보험사들은 '초과손해액 excess-of-loss' 계약을 통해 미리 정해진 한도에 이르기 전까지는 원 보험자가 손해액을 부담하고, 손해가 그 한도를 초과한 경우 초과손해액을 재보험자가 부담하도록 하고 있다. 이와 동시에, 보험사는 투자 리스크를 관리하기 위해 전통적인 투자 리스크 분산 방법을 적용하고 있다. 예를 들면 정크본드 같은 고위험 투자를 지양하고, 손실 위험을 헷징 hedging할 수 있는 파생

상품에 투자하고, 안전한 보험채에 투자하는 식이다(대부분의 보험사들은 채권 투자비율이 높다). 규제 리스크를 관리하기 위한 방법에는 규제당국과 입법기관에 로비활동을 펼치는 것이 일반적이다.

전략적 보고서는 '전략적 자원의 보존'(맨 가운데 열)을 통해 투자자로 하여금 보험사가 리스크 관리를 얼마나 효율적으로 수행하고 있는지, 보험사의 리스크 노출은 어느 정도인지 파악할 수 있는 충분한 정보를 제시해야 한다. 먼저 경영진의 리스크 전략이 무엇인지 서술 형식으로 설명하되 형식적인 문구는 피하는 게 좋다. 동시에 재보험사에 이전하는 리스크 규모와 지급하는 보험료에 대해 수량화된 지표를 제공하고, VaR(최대 예상 손실액) 같은 전통적인 리스크 지표도 포함하도록 한다. 규제 리스크와 관련해서는 보험료 인상에 대한 규제 상황과 규제당국이 강제할 수 있는 새로운 보험 종류에 대해 서술하도록 한다.

이때 염두에 두어야 할 사항은 전략적 보고서가 서로 아무런 관련 없는 지표들을 단순히 나열한 것이 아니라, 지표들이 상호 연결된 통합적 정보 공시체계라는 점이다. 따라서 사고의 빈도나 심도, 보험 갱신율 같은 정보를 보면 보험사의 리스크 수준을 파악할 수 있으며, 이는 보고서의 다른 정보들도 마찬가지다. 가령, 사고 심도가 증가세를 보인다는 것은 회사의 보험인수 리스크도 증가하고 있다는 의미다. 하지만 우리가 보험사들의 콘퍼런스 콜 자료를 검토한 결과 보험사의 리스크 문제에 대한 투자자들의 관심은 지대한 반면, 체계적이거나 유용한 리스크 공시 정보는 전혀 제공되지 않고 있다는 점을 발견했다.

뿐만 아니라 애널리스트 질의에 대한 대답도 충분하지 않아서 투자자들이 리스크에 대한 정보를 접할 수 있는 기회는 더욱 줄어들었다.

전략적 보고서는 바로 이러한 문제점을 해소할 수 있다. 전략적 보고서는 투자자에게 꼭 필요한 정보를 체계적이고 표준화된 방식으로 제시하는 통합적 정보체계이기 때문이다.

회사가 창출한 가치

보험사의 이익과 현금흐름 규모는 꽤 상당한 편이다. 올스테이트의 2014년도 당기순이익은 총 영업수익의 8.1%인 28억 5천만 달러, 영업활동으로 인한 현금흐름은 32억 4천만 달러를 기록했다. 그러나 이 수치에는 사업 활동에 필요한 비용인 자기자본비용이 반영되지 않았고, 또 보험사의 특성상 자기자본의 장부가치가 상대적으로 크다는 점을 고려하면 실제 이익은 공시된 이익보다 훨씬 더 낮을 수밖에 없다.

올스테이트의 사례를 살펴보면, 먼저 2014년도 자기자본 평균치는 220억 달러였고, 회사의 규모가 크고 영업 안정성이 높은 관계로 체계적 리스크가 상대적으로 낮아 자기자본비용은 8%로 계산되었다(β 계수 0.81). 따라서 자기자본 220억 달러에 자기자본비용 8%을 곱하면 연간 17억 6천만 달러의 자본비용이 발생하므로, 올스테이트가 2014년에 실제로 창출한 가치는 14억 8천만 달러(32억 4천만 달러-17억 6천만 달러)였음을 알 수 있다. 이는 올스테이트의 시가총액 300억 달러의 약 5%에 해당하는 수치로, 올스테이트가 성숙단계에 있는 대형 보험사라는 점을 감안하면 합리적인 수준으로 판단된다. 마지막으로 손해보험사의 전체적인 전략적 보고서 형식을 다음과 같이 나타내 보았다([표 13.3]).

표 13.3 손해보험사의 전략적 보고서 (네모난 동그라미는 각각 정량적 정보와 정성적 정보에 해당)

전략적 자원에 대한 투자

고객($)
- 고객유치비
- 광고비
- 고객서비스센터 운영비

IT 기술($)
- 지출비용

브랜드($)
- 광고비
- 브랜드 취득비용

신규 보험상품($)
- 상품개발비

조직적 자본($)
- 특허, 상표권
- 교육, 연수비
- 컨설팅 자문비

보험사 인수합병($)

전략적 자원의 보유

고객
- 보유계약 (천)
- 수입보험료 (백만 $)
- 평균 수입보험료 ($)
- 신규 계약 (천)
- 지역별 통계
- 보험계약 갱신율 (%)
- 보험료 변동률 (%)

보험 설계사
- 설계사 수
- 신규 실적 (천)
- 설계사 수수료

지적재산권
- 신규 보험상품
- 특허, 상표권
- 브랜드, 시장점유율

전략적 자원의 보존

재보험(%)
- 재보험 이전 리스크
- 지급 보험료

고객품질관리
- 전략
- 지표
- 집중 리스크

경쟁자 분석
- 신규 상품
- 보험료 전략

보험인수 리스크
- 리스크 경감 방안

규제 리스크
- 규제기관의 승인 완료
- 재무 중

투자 리스크
- 전략/리스크 측정

전략적 자원의 운용

보험금비용 (백만 $)
- 빈도(%)
- 심도(%)

보험영업비용 (백만 $)
- 광고비
- IT 시스템
- 설계사 수수료

경과보험료&수입보험료 ($)
- 보험료 및 보험료의 특성 변동

보험료마진 (%)

전략적 자원이 창출한 가치

- 단기에 창출한 가치($)
- 고객생애가치($)

1   이 장에서 언급된 보험 산업에 대한 전반적인 내용은 컬럼비아 대학 교수 도론 니심(Doron Nissim)의 다음 논문을 참조하였다. "Analysis and Valuation of Insurance Companies" (Columbia Business School, Center for Excellence in Accounting and Security Analysis, 2010).

2   이보다 심각한 문제가 있다. 바로 회사 경영진들이 당기순이익이 낮아져 콘센서스 추정치를 크게 밑돌 것을 두려워 한 나머지 보험료를 낮춰야 함에도 불구하고 쉽게 행동으로 옮기지 못한다는 사실이다.

3   미래에 지급될 보험금을 당기 비용으로 인식할 때 예상 지출액을 현재가치로 평가하지 않는 것도 이익을 왜곡시키는 원인들 가운데 하나다.

4   이 장에서 올스테이트를 사례로 선택한 이유는 우리가 분석한 손해보험사 10곳 가운데 올스테이트만이 유일하게 고객 관련 데이터를 공시했기 때문이다.

5   '수입보험료'는 해당 분기에 체결된 보험계약을 통해 고객으로부터 수취한 총 보험료를 의미한다. 이는 손익계산서상 보험영업수익으로 계상되는 '경과보험료'와 다른 개념으로, 경과보험료란 고객으로부터 받은 보험료를 보험 계약기간에 따라 안분한 뒤 현재까지 경과한 기간에 대한 보험료를 의미한다. 우리가 여기서 경과보험료 대신 수입보험료 개념을 사용한 것은 수입보험료가 수익-비용 대응의 관점에서 보험인수 관련 비용(고객 유치비용 등)과 더 적절하게 대응하기 때문이다(단, 일부 보험사들은 고객 유치비용을 미래로 이연하기도 한다). 뿐만 아니라, 수입보험료는 경과보험료의 선행지수이기도 해서, 수입보험료 대비 경과보험료의 비율을 통해 성장 현황을 파악할 수 있다. 올스테이트의 2013년 1분기 수입보험료 대비 경과보험료 비율은 0.980이었다(수치가 1보다 낮으면 보험료 성장이 마이너스라는 뜻이다).

6   같은 기간(12개월), 경과보험료 역시 2.1% 상승했다.

7   주택보험 고객 이탈을 분석함에 있어 보험사가 거절한 계약(리스크 관리 차원에서 고위험 고객의 계약을 거절한 것)과 고객이 갱신하지 않은 계약이 각각 얼마나 되는지 세분화해서 살펴보면 더 많은 정보를 얻을 수 있다.

8   올스테이트의 경영진에 따르면 이슈어런스의 신규 고객들이 대부분 경쟁사로부터 옮겨온 고객이기 때문에 올스테이트의 기존 보험 상품 매출에는 피해가 없었다고 한다.

9   조직적 자본과 조직적 자본의 측정에 대한 다음 논문 참조. Baruch Lev and Suresh Radhakrishnan, Organization Capital, working paper (New York University, 2015).

10   프로그레시브는 2013년도 투자자회의 자료에서 보험사들의 성과지표를 다수 제시했는데, 성과지표 자료에 따르면 가이코가 1위, 프로그레시브가 2위를 차지했다.

11   도론 니심 교수는 보험사들이 준비금을 이용해 이익을 '조정'하고 있다고 했다.

12   인용된 수치는 모두 자동차 보험과 관련된 데이터이다.

13   프로그레시브의 2013년도 투자자회의 자료에 따르면 보험 설계사를 통한 매출보다 설계사를 통하지 않고 고객이 직접 보험사와 계약한 보험 매출이 더 높은 것으로 나타났다. 그렇다면 프로그레시브는 설계사들의 실적을 장려하기 위해 인센티브 제도를 변경하는 등 특단의 조치를 취했을까?

14   많은 사람들이 투자지출에 대한 현행 회계처리를 불만족스럽게 생각하고 있다. 올스테이트 경영진은 '경제적 합산비율(economic combined ratio)'이라는 새로운 지표를 제시했는데, 이 지표에 사용된 일반 영업비용에는 브랜드 투자지출비용이 제외되어 있다.

15   우리가 계산한 보험료마진율은 회계기준으로 인한 정보의 왜곡현상이 반영된 숫자다. 따라서 보험료 비용에서 전년도 준비금 수정효과를 제외하고, 영업비용에서 브랜드와 IT 투자지출을 차감하고 보험료마진율을 다시 계산하면 [표 13.2]와 다른 결과가 나올 수 있다.

14 CHAPTER
THE END OF ACCOUNTING

전략적 보고서: 제약과 바이오테크

제약/바이오테크 기업들의 연구개발비 규모는 상대적으로 대단히 높은 편이다. 대형 제약사의 경우 연구개발비는 매출의 12~15%, 소규모 바이오테크는 매출의 15~20%를 차지할 정도다. 뿐만 아니라, 중대형 제약사들은 기존 의약품 라인업을 확대하고 연구개발 역량을 강화하기 위해 소규모 제약업체를 인수 합병하는 데도 적극적이다. 문제는 이렇게 기업에 중요한 연구개발 활동 내역이 현행 재무보고서에는 전부 '연구개발비'라는 단일 항목으로 표시되고 있다는 사실이다. 또한 제약/바이오테크 기업의 주요 전략적 자원은 출시 의약품과 의약품 관련 특허, 신약 파이프라인, 상표권, 지적재산권, 핵심 인적 자원 등으로 구성되어 있다. 기업들은 재무보고서와 실적 발표 프레젠테이션 자료에 일부 출시 의약품과 파이프라인에 대한 정보를 첨부하고 있으나, 일관적인 공시 규정이 존재하지 않고 제약사마다 제공하는 정보가 달라서 투자자들에게 큰 도움이 되지 못하고 있다. 따라서 이러한 문제점들을 해결할 수 있는 새로운 정보 공시체계인 전략적 보고서가 필요하다.

보험 산업과 제약/바이오테크 산업의 공통점은 거의 모든 사람들이 해당 산업의 고객이라는 점이다. 하지만 만족도가 높은 고객이 그리 많지 않다는 것 역시 두 산업의 공통점이다. 많은 사람들이 비싼 의약품 가격에 대해 불평하고, 사회적 의식이 높은 일부 사람들은 제3세계 국가에서마저 필수의약품의 특허권이 보호되어야 하는지 그 정당성에 의문을 제기하곤 한다. 또 잠재적 수익성이 높은 신약 연구개발에만 투자를 집중하고, 수익성이 낮은 희귀질병 치료제에는 별 관심을 보이지 않는 것도 문제로 지적되고 있다. 따라서 제약회사들은 기업 이미지 개선과 홍보활동에 아낌없이 투자하고 있으며,[1] 성공적인 신약 개발을 통해 지속적 경쟁우위를 확보하고 유지하는 것을 최우선 전략으로 삼고 있다.

전략과 전략적 자원

화이자의 CEO 이안 리드$^{Ian\ Read}$는 2013년 3분기 실적발표 자리에서 화이자의 전략에 대해 다음과 같이 말했다. "…[신약] 파이프라인을 강화하여 모든 사업 분야에서 진전을 꾀하고, 자본 운영의 건전성을 확충하며, 사업 계획을 실천에 옮김으로써 주주들에게 더 높은 가치를 제공할 것입니다." 현학적이거나 뜬구름 잡는 표현 없이 아주 간결하고 명료하다.[2] 머크의 CEO 역시 2013년 2분기 실적 콘퍼런스 콜에서 비슷한 표현을 사용했다. "…우리는 주요 출시 의약품과 혁신적인 신약 연구개발에 투자를 집중함으로써 성장의 기회를 극대화하고 주주 가치를 실현할 것입니다…. 또한 기업 자원을 건전하게 운용하고 효율적인 비용 관리를 추구할 것입니다." 한마디로 혁신적인 의약품 개발을 주도하고 비용 절감에 힘쓰겠다는 말이다. 좋은 전략인 것은 분명한데, 그렇다면 이런 전략을 어떻게 실행하고 있을까?

제약사의 연구개발 활동

제약사들의 연구개발비용 규모는 실로 어마어마하다. 대형 제약사의 경우 연구개발비는 매출의 12~15%, 소규모 제약사는 매출의 15~20%를 차지할 정도다. 뿐만 아니라, 중대형 제약사들은 의약품 라인업을 확대하고 연구개발 역량을 강화하기 위해 소규모 제약업체를 인수 합병하는 데도 적극적이다.

2015년 2월 5일 화이자는 호스피라$^{Hospira, Inc.}$를 170억 달러에 인수 합병했고, 같은 날 (합병 주관사인 투자은행들에게 뜻 깊은 날이었을 것이다) 아스트라제네카는 악타비스^{Actavis}를 인수했는데, 사실 악타비스는 한 달여 전 오든 맥킨지$^{Auden\ McKenzie}$라는 영국 제약사를 인수한 바 있었다.

회사 전체를 인수하는 대신 특정 사업부문만 인수하는 경우도 있다. 키테라 바이오파마슈티컬스$^{Kythera\ Biopharmaceuticals}$가 바로 그런 예로, 키테라는 2015년 2월 11일 악텔리온^{Actelion}이라는 제약사로부터 탈모 치료제와 관련된 임상 화합물과 지적재산권(특허)에 대한 전 세계 권리를 확보했다.

제약사들이 이런 인수 합병 전략을 택하는 이유는 신규 시장에 쉽게 진입하거나 기존 제품 라인업을 확대하기 위해서다. 제약사 대표상품의 특허기간이 만료되면 매출에 심각한 '구멍'이 발생할 수 있기 때문에, 기존 특허를 대체할만한 새로운 특허를 개발하기 위해 혁신 활동에 투자하는 경우도 있다. 화이자의 콜레스테롤 치료제 리피토는 연간 100억 달러의 매출을 벌어들일 만큼 효자상품 노릇을 톡톡히 했으나, 2011년 11월 특허 만료 후 화이자의 2012년 1분기 이익은 19%나 하락했다. 물론, 내부 연구개발이나 인수합병을 통해 취득한 역량을 발휘하기 위해서는 기존 수요를 활용하거나 신규 의약품에 대한 새로운 수요를 창출함으로써 의약품 시장 내 기회를 활용하고 충분한 자금을 확보해야 한다.

이때 중요한 것이 바로 비용 통제이다. 계획성 없는 연구개발 활동은 자칫 밑 빠진 독에 물붓기가 될 수 있기 때문이다. 상품 라인업을 다양하게 갖춘 대형 제약사는 대개 현금흐름이 좋아 연구개발 투자에 큰 무리가 없다. 예를 들어 2013년 존슨앤드존슨의 영업활동으로 인한 현금흐름은 무려 175억 달러를 기록했다. 그러나 소규모 벤처나 바이오테크 업체들은 종종 연구개발에 충당할 자금이 부족해 전략적 파트너를 찾거나 아예 인수합병시장에 매물로 나오곤 한다.[3] 따라서 비용을 엄격하게 통제해야 하며, 특히 제약사의 가장 큰 비용 항목인 영업 및 마케팅 비용(일반적으로 매출의 25~30%를 차지)을 잘 관리하는 것이 대단히 중요하다.

신약을 개발하고 승인받는 데 대개 8~10년이라는 오랜 시간이 걸린다는 점을 감안하면 제약사의 사업 목표는 분명 장기적일 수밖에 없지만, 투자자를 만족시키기 위해서는 흑자의 경영성과를 보여주고 배당도 종종 지급해야 한다. 이렇게 장기적인 사업 목표와 단기적인 실적을 동시에 달성하는 일은 제약회사들의 가장 큰 도전과제이다.

연구개발 활동에 대한 투자

일반기업회계기준에 따라 작성된 제약사의 재무보고서를 보면 제약사의 핵심 활동인 연구개발비에 소용된 지출이 전부 '연구개발비'라는 단일 항목으로 표시되어 있다. 이는 투자자들에게 유용한 정보가 아니다. 일례로 존스앤드존슨과 화이자의 연구개발비를 비교해보자. 존슨앤드존슨의 2013년, 2012년, 2011년 연구개발비는 각각 82억 달러, 77억 달러, 75억 달러를 기록했고, 화이자의 같은 해 연구개발 활동에 67억 달러, 75억 달러, 87억 달러를 지출했다. 이는 완전히 상반된 행보로, 존슨앤드존슨의 연구개발 활동은 계속 증가했지만 화이자의 연구개발 활동은 3년간 무려 23%나 감소했다. 연구개발 활동을 확대하는 것이 제약 산업의 일반적인 추세인데, 화이자는 이런 추세를 역행하는 새로운 전략을 택한 것이다.

그렇다면 화이자의 전략은 정확히 무엇일까? 2013년 중반 화이자는 세 개의 사업부문을 신설하겠다고 밝혔는데, 사업부문 신설과 연구개발비 23% 감소에 어떤 관련이 있었을까? 화이자 경영진에서 기업 전략에 대한 자세한 정보를 제공하지 않자 온갖 추측이 난무하기 시작했다. 2011년 2월 1일 로이터 통신은 "세계 최대 제약사 화이자의 CEO 이안 리드는 2012년도 이익 추정치를 달성하고자 연구개발 예산을 대대적으로 감축하였다…"[4]고 보도했다. 화이자가 2천여 명의 연구개발 인력을 정리해고한 정당한 사유가 무엇인지 모두들 궁금해 했지만, 화이자가 공시한 재무보고서와 첨부 자료만으로는 연구개발 전략에 어떤 변화가 있었는지 전혀 알기 어려웠다. 이에 따라 우리는 화이자의 전략적 자원 투자 전략을 종합적으로 판단하고 명쾌하게 이해할 수 있는 전략적 보고서를 제안한다.

투자자에게 기업의 연구개발 전략과 전략 실행을 설명하려면 연구개발 활동을 두 가지 관점에서 제시하는 것이 좋다. 즉 연구개발비 가운데 얼마만큼이 '연구' 활동(신약이나 신규 의약품을 개발하는 활동)과 '개발' 활동(기존 약품과 기존 기술을 개선하는 활동)에 지출되었는지 따로따로 보여주는 것이다.[5] '연구'와 '개발' 활동의 리스크와 효익이 상당히 다르고, '연구' 활동이 '개발' 활동보다 리스크와 효익이 둘 다 높기 때문에 이 둘을 분리해 제시하는 것은 매우 중요하다.

아스트라제네카의 유명한 제산제 프릴로섹^{Prilosec}을 예로 들어보자. 프릴로섹의 특허가 만료되던 2001년, 아스트라제네카의 이익은 심각한 타격을 입을 위기에 처했다. 하지만 아스트라제네카는 제네릭 제약사(특허가 만료된 의약품과 같은 물질의 약을 복제하는 제약사 - 옮긴이)들에게 시장을 내어주는 대신, 프릴로섹과 유사한 성분의 넥시움(Nexium)을 개발해 특허를 새로 취득했고, 이후 성공적인 마케팅에 힘입어 제산제 시장의 새로운 강자로 부상했다.[6] 이러한 '후속' 특허 개발은 연구개발 활동 중 '개발'에 해당하는 것으로, 아직 검증되지 않은 새로운 분야를 개척하는 것보다 리스크가 낮은 것이 특징이다. 이처럼 기업이 수행하는 연구개발 활동의 특징에 대한 정보가 주어져야만 그 기업의 연구개발 전략과 전략 실행을 평가하는 것이 가능하다.[7]

투자자에게 필요한 두 번째 정보는 기업이 어떤 방식으로 연구개발 예산을 배분하는지 시장을 세분화해 (가령 1차 치료제, 종양 치료제, 백신, 동물 의약품, 의료기기 등으로 나누어) 보여주는 것이다. 사업 인수를 통해 탈모 치료제 기술을 취득한 키테라의 사례처럼, 현재는 인수합병 정보로 연구개발의 방향과 목표를 간접적으로 가늠해 보는 것이 전부다. 기업이 어떤 연구개발 분야를 육성하고자 투자를 집중하는지에 대해 공시되는 다른 정보가 거의 없다는 말이다. 기존 재무보고서로는 콜레스테롤 치료제처럼 경쟁이 치열한 기존 시장에 얼마나 많은 연구개발 예산을 책정했는지, 또 신약 개발에는 예산을 얼마나 배정했는지 등 기업의 중요한 전략에 대해 파악할 수 있는 방법이 전혀 없다.[8] 그렇다면 이제 다음 [표 14.1]의 '전략적 자원의 투자' 열(맨 왼쪽)을 함께 살펴보자.

표 14.1 제약/바이오테크의 전략적 보고서

길리어드 사이언스의 2013년 3분기, 2012년 2분기 자료를 나타냈음

전략적 자원의 투자

연구개발비
- 내부 연구개발 (백만 $)
- 489; 384 (27%)

활동별 분류
- "연구" X X
- "개발" X X

제품별 분류
- 중앙 치료제 X X
- 항바이러스제 X X

외부취득비용
- X X
- 전략적 제품 투자
- X X

인적자원
- 교육, 연수비 (백만 $)
- X X

기타 취득비용($)
- 상표권
- 생산시설

전략적 자원의 보유 현황

출시 제품
- 상위 5개 제품의 총매출과
- 월별 매출 (십억 $)
  - X X
- 신규제품 매출과 재처방
- 율 스트리빌드 $144백만 (722% 성장)
- 상위 5개 제품의 시장점유율: 82%
- 로열티 수익 ($)
  - X X

파이프라인 제품
- 제품명, 파이프라인단계
- 향후 계획, 연내 계획
- 예상되는 시장 점유율과 시장 규모

전략적 자원의 보존

특허 만료
- 12개월 내
- 2~5년 내

시장점유율 변동
- 제품 X
- 제품 Y
- 제품 Z

(계류 중인 소송 및 규제환경의 변화)

특허, 상표권
- 등록된 특허 수
- 특허 분류코드별 정보

전략적 자원의 운용

매출 (십억 $)
- 2.7; 2.4 (15%)
- 판매수량 / 가격 / 환율변동 /
  - X
- M&A의 영향
  - X
- 처방약 매출 (월별)
  - X X

비용 ($)
- 영업 비용
  - X X
- 투자지출
  - 연구개발
  - 브랜드개발
  - IT

매출총이익 (%)
- X

창출한 가치

당기에 창출한 가치($)

영업활동으로 인한 현금흐름
- (+) 투자지출
- (−) 자본적 지출
- (−) 자기자본비용

284

연구개발 활동 분석

[표 14.1]은 미국 제약사 길리어드 사이언스의 전략적 보고서이다. 먼저 전략적 보고서의 맨 왼쪽 상단에 위치한 '연구개발비'를 보면 첫 번째 항목으로 내부 연구개발비가 나타나 있다. 내부 연구개발비는 2013년 3분기에 4억 8천 9백만 달러, 2012년 3분기에 3억 8천 4백만 달러로 1년 사이 27%가 증가했는데, 같은 기간 매출이 15% 증가한 것을 감안하면 비교적 큰 상승폭이다. 이는 길리어드에서 흥미로운 연구개발 활동이 진행되었다는 소리인데, 그렇다면 무엇을 목표로 한 활동이었을까?[9]

길리어드의 실적발표 날 경영진은 다음과 같이 언급했다. "전년 동기 대비 2013년 3분기의 연구개발비 지출이 높았던 이유는 길리어드의 모든 치료제 분야가 지속적으로 성장했고 종양과 HIV 임상시험에서 많은 진전이 있었기 때문입니다." 나쁘지 않은 설명이지만, 어떤 분야의 연구개발을 강화했는지는 여전히 알 수가 없었다. 또 연구개발비가 증가한 원인이 일시적인 것인지 (예를 들면 추가 임상시험의 진행) 지속적인지도 파악해야 하는데, 우리는 이에 대한 답을 찾을 수 없었다.

이상적인 상황이라면, 주요 치료제 분야별로 지출 상황을 나타내 기업이 어떤 활동을 중점적으로 추진하는지 보여주고, 또 '연구'와 '개발' 활동을 따로 분리해 기업의 연구개발 활동 전략과 리스크를 제시하는 것이 좋다. 그 다음에는 많은 기업들이 사내 연구개발 역량을 강화하기 위해 외부에서 특허를 취득하거나 외부에서 진행 중인 연구개발을 인수하므로, 이를 외부취득으로 분류해서 나타내도록 한다. 마지막으로, 신약 개발에 필요한 자금과 리스크 부담을 덜기 위해 많은 기업들이 다른 제약사나 심지어 경쟁사와 제휴나 합작투자를 추진하곤 하는데(머크와 화이자도 SGLT-2 억제 당뇨약을 공동 개발했다), 이런 제휴 활동에 지출된 금액도 '연구개발비' 항목에 별도로 표시한다. 가능하다면, 제휴나 합작투자로 어떤 결과가 예상되는지 추가적인 정보를 첨부하면 더 유용할 것이다. 전략적 보고서의 '연구개발비'를 보면 기업의 연구개발 전략에 어떤 변화가 있었는지 이해할 수 있어서, 가령 화이자의 연구개발비가 2011년부터 2013년 사이 25% 가까이 감소한 원인이 무엇인지 발견 가능하다.

'전략적 자원의 투자'의 나머지 부분은 인적자원과 비 연구개발 활동에 대한 내용들이다. 제약사에게 있어 영업사원(말쑥하게 차려입고 얼굴에 환한 미소를 띤 채 커다란 가방을 들고 의사 사무실을 방문하는 직원)은 대단히 중요한 전략적 자원이다. 사람들이 제약사를 비판하는 이유들 중 하나도 제약사의 마케팅과 영업비용이 연구개발비보다 높다는 사실이다. 어쨌든 영업사원의 연수와 교육은 제약사의 중요한 투자활동이므로(길리어드의 경영진은 새로운 만성 C형간염^{HCV} 치료제 개발 후 영업사원들에게 3개월간 연수를 실시했다고 실적 발표를 통해 밝혔다), 투자자들에게 지출 내역과 연수 관련 정보를 제공하는 것이 좋다.[10] 인적자원 투

- **투자자 인사이트** -

기업의 연구개발 활동이 어떻게 구성되어 있는지 자세히 살펴보도록 하자. 연구개발 활동 가운데 기초 '연구' 활동에 얼마나 많은 투자가 집중되는지, 또 기업이 새로 진출하는 치료제 분야가 무엇인지 파악하도록 한다. 경영진이 제시하는 이익 추정치를 활용하는 것보다 기업의 미래 성장성에 대해 더 많은 정보를 얻을 수 있을 것이다.

자 정보 아래에는 인수합병을 통해 외부에서 취득한 전략적 자원이나 생산 시설에 대한 정보를 제시하도록 한다.

제약사의 전략적 자원

제약/바이오테크 기업의 주요 전략적 자원은 출시 의약품과 해당 의약품과 관련된 특허, 개발 중인 신약 파이프라인, 상표권, 지적재산권, 핵심 인적 자원(연구개발부서에 소속된 저명한 과학자들) 등으로 구성되어 있다.[11] 제약사들은 현재 재무보고서와 실적 발표 프레젠테이션 자료에 출시 의약품과 파이프라인 정보를 첨부하고 있으나, 일관적인 공시 규정이 존재하지 않는 관계로 매번 정보의 내용과 형식이 들쭉날쭉하다는 문제가 있다. 또 제약사마다 제공하는 정보 내용도 달라 투자자들에게 큰 도움이 되지 못하고 있다.

예를 들어 2013년 3분기 길리어드의 경영진 프레젠테이션 자료를 보면, HIV 치료제의 시장점유율에 대한 정보가 매우 자세하게 제시되어 있다. HIV에 감염된 미국 환자들 가운데 82%가 진단을 받았고, 그중 73%가 항레트로바이러스 치료제를 사용하고 있으며, 그중 82%가 길리어드 치료제를 사용한다는 것이다. 이는 정보 유용성과 시장 점유율에 대한 이해도 면에서 아주 자세하고 좋은 설명이다. 반면 길리어드보다 규모가 큰 제약사인 암젠은 실적 발표 콘퍼런스 콜 어디에서도 시장점유율 정보를 제대로 제공하지 않았다. 또 길리어드는 신약 파이프라인에 대해서도 자세하고 종합적인 정보를 제시했지만, 암젠은 현황에 대해서만 간단히 보고했다("3기 건선 임상시험이 등록을 완료했으며…"). 그러나 출시가 곧 임박한 신약에 대해서는 암젠이 파이프라인 정보를 제공한 반면, 길리어드는 아무런 정보도 제시하지 않았다. 이렇게 제시되는 정보의 내용이 단편적이고 일관적이지 못하면 투자자 입장에서는 여러 기업을 상호 비교하기가 어려울 수밖에 없다.

'전략적 자원의 보유'는 전략적 자원에 관한 정보가 일관적이고 통일성 있는 방식으로 제시되므로 투자자들이 내용을 상세히 이해하고 기업 간 상황을 비교하기에 용이하다. [표 14.1]로 돌아가 전략적 보고서의 내용을 다시 살펴보도록 하자.

출시 제품

기존에 출시된 제품들과 관련해서는 톱셀러[top-seller] 제품의 매출 현황, 시장점유율, 특허 만료 정보가 가장 필수적이다. 보통 상위 4~5개 제품들이 제약사 매출의 대부분을 차지하기 때문에 이런 톱셀러의 매출 패턴을 분석하는 것이 특히 중요하며, 가능하면 월별로 분석해 분기 안에서도 매출 변동을 파악할 수 있도록 한다. 2013년 2분기 50억 달러의 매출을 기록한 암젠의 경우, 톱셀러의 매출과 전년 동기 대비 변화를 각각 세부적으로 공시했다(뉴라스타[Neulasta]의 매출은 14억 4천 4백만 달러로 전년 동기 대비 7% 증가, 엔브렐의 매출은 11억 5천 7백만 달러로 전년 동기 대비 9% 증가, 아나레스프[Aranesp]의 매출은 5억 2천 4백만 달러로 전년 동기 대비 2% 감소, 에포젠[Epogen]의 매출은 5억 2백만 달러 전년 동기 대비 4% 감소).[12]

출시된 지 얼마 되지 않은 신규 제품은 매출 이외에도 추가적인 정보(재처방율 등)가 있어야 시장 진입율을 제대로 파악할 수 있다. 화이자는 2013년도 3분기 실적 콘퍼런스 콜에서 그해 출시된 류머티스성 관절염 치료제 '젤얀즈Xeljanz'에 대해 "혁신적인 신약"(특정 분자 표적을 치료하는 메커니즘을 갖춘 신약)이라고 소개하며 이미 3천여 명의 의사들이 젤얀즈를 처방했고, 재처방율이 75%에 달한다고 설명했다.

제품의 시장점유율은 투자자들에게 제품의 브랜드 가치를 이해시킬 수 있는 좋은 정보이다.[13] 시장점유율은 이미 업계에서 통용되는 정보이기 때문에, 이를 투자자에게 공시한다고 해서 기업 경쟁력에 해가 되지는 않는다. 마지막으로, 기존 제품의 독점권 소멸(특허 만료 등)에 대한 정보도 기존 제품의 수명을 판단할 수 있는 중요한 지표 역할을 한다. 제약사 벤더나 특허국Patent Office에 문의하면 특허 정보를 받을 수는 있지만, 이를 투자자들이 일일이 조회하기에는 비용이 많이 든다.

다른 제약사와 공동으로 개발한 제품이 있는 경우 해당 제약사로부터 수취하는 로열티(길리어드는 타미플루 기술을 로슈에 이전하고 로열티를 받고 있다), 제약 특허나 브랜드의 매각이나 라이선싱을 통해 수취하는 로열티, 크로스 라이선스(공유) 계약에 대한 내용도 '출시 제품' 항목에 포함시키면 좋은 정보들이다.[14]

전략적 보고서를 활용해 앞에서 언급한 모든 정보를 간결하고 일관적인 형식에 따라 투자자에게 정기적으로 공시하면 얼마나 편리하고 유용할지 생각해 보자. 투자자들은 단편적인 정보를 여기저기서 수집하지 않아도 되고, 실적 콘퍼런스 콜에서 경영진에게 일일이 질문하는 수고를 덜 수 있다. 뿐만 아니라, 많은 제약사들이 우려하는 바와 같이 출시 제품에 대한 정보들을 외부에 공시한다고 해서 기업 경쟁력에 해가 되는 일은 절대 없다.

이 장에 제시된 다수의 사례에서 볼 수 있듯 일부 제약사들은 오늘날 제품에 대한 정보를 활발히 공시하고 있으며, 정보를 공시한다고 해서 경쟁력에 타격을 입는 일도 없다. 이미 업계의 경쟁사들도 다 알고 있는 정보를 기업의 주주, 투자자들과 공유하는 것이 뭐 그리 큰 문제가 되겠는가?

파이프라인 제품

'전략적 자원의 보유' 두 번째 항목인 파이프라인은 제약사 전략적 자원의 핵심이자 투자자에게 가장 유용한 정보를 설명하는 부분이다. 이는 과거 사실을 설명하는 회계정보와 달리 파이프라인은 기업의 미래 성장에 대해 엿볼 수 있는 미래지향적$^{forward\ looking}$ 특성을 지녔기 때문이다. 대부분의 경우 신약 개발 단계가 뚜렷하게 정의되어 있고 업계에서 통용되는 공통적인 기준이 있기 때문에, 제약사의 파이프라인 정보는 기업 간 상호 비교가 용이하다는 장점이 있다.

신약 개발은 표적 발굴에서 시작해 실험실 연구와 동물 실험 등을 포함한 전임상^{preclinical}시험, 인간을 대상으로 한 1, 2, 3기 임상시험, 미국 식품의약국^{FDA} 심사, 심사에 성공한 경우 승인과 마케팅으로 이어진다. 제약사들은 이러한 파이프라인 데이터를 오랜 기간에 걸쳐 축적하기 때문에, 투자자들은 축적된 데이터의 통계를 통해 유용한 정보를 얻을 수 있다. 가령, 제약사가 개발했던 모든 신약들 가운데 70%가 1기 임상시험을 통과하고, 30%가 2기 임상시험을 통과하고, 27%가 3기 임상시험을 통과하고, 마지막으로 20%만이 FDA 승인을 얻는다는 통계가 제시되면, 투자자들은 현재 파이프라인의 가치와 잠재력에 대해 더욱 정확하게 판단할 수 있다. 여기에 출시 가능성(1기 임상시험을 통과한 경우 시장에 출시될 가능성이 평균 10%, 2기를 통과하면 19%, 3기는 64%)과 시장 규모에 대한 정보가 함께 주어지면, 연구개발 활동이 창출하는 가치와 연구개발이 향후 매출과 경쟁력에 미치는 영향력에 대해 보다 명확하고 수량화된 관점에서 파악할 수 있다.[15]

다음의 [표 14.2]는 2015년 10월 27일 길리어드가 실적 콘퍼런스콜에서 발표한 파이프라인 정보 가운데 일부를 요약한 것이다. 표의 내용을 보면 혈액종양치료제의 잠재적 가치가 상당하다는 것을 짐작할 수 있다. 현재 10개의 혈액종양 치료제가 개발 단계에 있으며, 5개는 3기 임상시험, 2개는 2기 임상시험, 3개는 1기 임상시험을 거치는 중임을 알 수 있다. 종양치료제의 파이프라인 개수가 많고, 대부분이 후기 임상단계에 있다는 사실은 신약 개발이 실패할 리스크가 낮고 잠재력은 높다는 것을 뜻한다.

반면, 염증 및 호흡기 치료제와 기타 분야에서는 파이프라인이 상대적으로 적은 편이다. 이와 같은 파이프라인 제품 정보와 향후 1년 내 진전 계획(시장 출시계획 등)[16], 파이프라인 제품별 목표 시장 점유율과 예상 시장 규모를 한데 제시하면 투자자는 기업의 향후 매출과 성장에 대해 보다 정확하게 예측할 수 있다. 투자자들이 지금까지 의존해온 애널리스트 이익 추정치는 과거 회계자료를 주로 참고하고 파이프라인 분

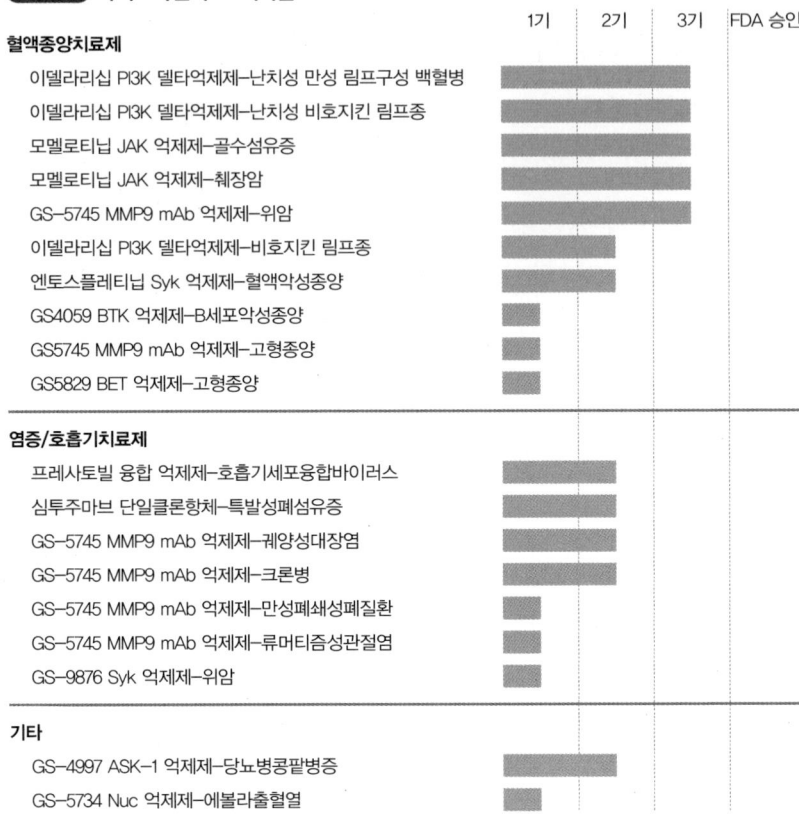

표 14.2 파이프라인 후보 의약품

출처 : 길리어드 사이언스 2015년 3분기 실적발표자료

석을 거의 반영하지 않았기 때문에, 파이프라인이 반영된 이익 예측이 애널리스트 추정치보다 더 장기적으로 신뢰할 만한 결과를 제시한다.

파이프라인의 잠재력에는 언제나 리스크가 따르게 마련이다. 이때 파이프라인 정보는 신약 개발의 리스크 분산 정도를 파악할 수 있는 중요한 지표 역할을 한다. 사실 신규 의약품 개발이란 엄청난 리스크를 수반하는 일이다. 향후 임상적용 가능성(과연이 약물이 기대했던 효능을 발휘할까?)과 시장 가능성(경쟁 제품 대비 성공할 수 있을까?)에 리스크가 존재하기 때문이다. 이런 리스크를 분산하는 방법 중에 하나는 포트폴리오 리스크 분산과 마찬가지로 서로 관련 없는 여러 개의 치료제 분야에서 신약을 개발하는 것이다. 길리어드 역시 HIV/AIDS, 폐질환, 종양, 호흡기, 심혈관 치료제 등 다양한 분야에서 신약을 개발하며 파이프라인의 리스크를 분산하고 있음을 확인할 수 있다. 길리어드는 이와 같은 효율적인 리스크 분산을 통해 향후 리스크 경감 효과를 기대할 수 있다.[17]

지금까지 많은 학자들이 연구를 통해 제약사의 파이프라인 정보가 주가에 유의미한 영향력을 미친다는 점을 실증적으로 분석하고 증명했다. 몇 가지 사례를 들면, 먼저 FDA의 승인 또는 거절 여부가 제약사의 주가에 중대한 영향력을 발휘하며, 특히 FDA 승인으로 인한 주가 상승보다 거절로 인한 주가 하락이 더 심각하다는 것이 밝혀졌다. 또 신약 승인 절차가 업데이트될 때마다 투자자들이 이에 반응해 주가가 움직인다는 것도 드러났다. 바이오테크 기업들의 기업공개를 연구한 결과에 따르면 파이프라인이 많이 진행된 기업일수록 신주 발행가액이 높은 것으로 나타나기도 했다.[18] 다시 말해, 이는 파이프라인 정보와 투자자의 의사 결정에 높은 상관관계가 있다는 의미다.

'전략적 자원의 보유' 맨 아래는 기업이 보유한 특허와 상표권을 나열하고, 당기에 등록된 신규 특허나 상표권, 특허 분류 코드에 대해 별도 항목으로 표시한다. 미국 특허국에서는 의료용품 특허의 경우 전기치료, 자기치료, 방사능치료, 초음파치료 등 다양하게 세분화된 치료 분야에 따라 특허를 유형별로 분류하고 있다. 따라서 어떤 기업이 새로운 분야에서 특허를 개발했다는 정보가 공개되면, 투자자로서는 해당 기업의 전략을 보다 장기적인 관점에서 판단할 수 있는 신뢰할만한 근거를 확보하게 된다. 뿐만 아니라, 신규 특허의 규모와 성장률을 보면 기업이 아이디어와 콘셉트를 상품화할 수 있는 능력이 얼마나 되는지도 판단할 수 있다. 기업이 등록한 특허 수와 특허 인용도, 특허 범위 같은 특허 품질이 높을수록 기업의 향후 수익성이 우수하다는 사실은 이미 다수의 연구에 의해 증명된 바 있다.[19]

> **· 투자자 인사이트 ·**
> 1, 2, 3기 임상시험 단계와 FDA 승인 절차를 거치고 있는 신약 제품이 몇 개나 되는지 전체적인 파이프라인 정보에 유의해 살펴보자. 파이프라인의 진행 단계를 보면 신약 개발의 리스크와 성장 잠재력을 동시에 파악할 수 있다. 또 경쟁사의 파이프라인 진행 단계와 비교함으로써 신약 개발의 상대적인 진척 상황을 평가할 수 있다. 기존 애널리스트 보고서의 정보로는 제약사의 성장 잠재력에 대해 이 정도로 자세히 분석할 수 없었다.

제약사의 전략적 자원 보존

제약/바이오테크 기업을 위협하는 요인은 크게 세 가지로 경쟁기업에 의한 시장점유율 변동, 주요 의약품의 특허 만료, 규제환경의 변화를 꼽을 수 있다('전략적 자원의 보존' 열에 표시).

시장점유율 변동

머크의 CEO는 2013년 3분기 실적 발표 중 다음과 같이 솔직한 입장을 밝혔다. "경쟁사 네 곳에 의해 머크의 '당뇨치료제 분야' 시장점유율이 매달 조금씩 줄어들고 있습니다." 머크가 당뇨치료제 시장의 70%를 점유하고 있다는 점을 고려하면 아직 크게 걱정할 일은 아니지만, 경쟁사들이 야금야금 시장점유율을 갉아먹고 있다는 사실이 당연히 유쾌할 리는 없다.

시장점유율에 중대한 변동이 있는 경우 투자자들은 이에 대해 알 권리가 있으며, 동시에 기업이 어떤 대책을 취하고 있는지에 대해 파악할 수 있어야 한다(머크는 당뇨치료제의 해외 판매를 증대하기 위해 많은 노력을 기울이고 있다고 설명했지만, 정확히 어떤 해외시장을 대상으로 무슨 노력을 기울이고 있는지 상세 데이터를 제시하지는 않았다).

특허 만료

제약사를 위협하는 두 번째 요인은 바로 의약품의 특허 만료다. 특히 제약사 주력상품의 경우, 특허 만료는 꽤 심각한 여파를 가져올 공산이 크다.[20] 우리는 이전 장에서 화이자의 인기상품 리피토의 특허 만료로 화이자의 매출과 이익이 타격을 받았다고 언급한 바 있다. 따라서 제약사는 투자자들에게 톱셀러 제품의 특허 만료 기간이 언제인지, 특허 만료로 인한 타격을 최소화하기 위해 어떤 대책을 취할 것인지 당연히 알려줘야 한다.

이 장 초반에서도 언급했지만, 프릴로섹의 특허가 만료되자 유사한 성분의 넥시움을 개발한 아스트라제네카의 사례는 성공적인 특허 만료 대책으로 꼽을 수 있다. 제네릭 제약사가 특허가 만료된 의약품을 복제하지 못하도록 '금지' 협약을 맺는 제약사들도 있고, 지적재산권을 보호하기 위해 소송에 뛰어드는 회사들도 있다. 유수의 제네릭 제약사인 테바^{Teva}와 암젠의 2011년도 소송이 바로 그런 사례로, 암젠은 신장병 치료제 센시파^{Sensipar}의 특허 만료(2018년)를 앞두고 테바가 센시파의 오리지널 기술을 복제하지 못하도록 특허 침해 소송을 걸어 승소한 바 있었다.[21] 기업의 전략적 자원, 특히 지적재산권을 보호하기 위한 전략은 복잡하고 까다로울 수밖에 없다. 기업은 대외비가 침해되지 않는 한도 내에서 투자자들에게 전략적 자원 보호 전략에 대해 자세히 설명하고, 전략의 결과에 대해서도 함께 공시해야 한다(소송의 승패, 경쟁기업들과의 협약 체결 여부 등).

규제환경의 변화

제약사를 위협하는 세 번째 요인으로는 FDA의 의약품 승인, 의료보험과 관련된 판례, 소비자 보호를 위한 집단소송과 같은 규제환경의 변화를 들 수 있다. 제약사가 보유한 의약품, 또는 의약품의 가격과 시장점유율을 위협할 만한 규제환경의 변화가 예상되는 경우, 해당되는 변화에 대해 자세하고 종합적인 분석을 공시하면 투자자들에게 좋은 참고가 된다.[22]

매출과 비용 분석

일반기업회계기준에 의한 매출(손익계산서상 최상단항목)은 숫자 자체로만은 큰 의미가 없다. 매출이 투자자들에게 유용한 정보가 되려면 매출에 가장 큰 영향을 미치는 4대 요인, 즉 판매 수량, 가격, 환율 변동, 인수합병을 분석한 다음 이를 '전략적 자원의 운용' 열에 별도로 나타내는 작업이 필요하다. 생각해 보면, 이렇게 기본적인 정보공시를 현행 회계기준에서 전혀 의무화하지 않는다는 사실이 오히려 놀라울 정도다.

환율부터 먼저 생각해보자. 전체 매출 가운데 해외 매출이 차지하는 비중이 높은 대부분의 제약사들에게 환율 변동은 기업 실적에 큰 리스크로 작용한다. 가령 머크의 2013년도 3분기 매출은 전년 동기 대비 4% 하락했는데, 경영진의 분석에 의하면 하락의 절반 정도가 환율 변동으로 인한 손실 때문이었다. 물론 환율 리스크는 경영진이 통제할 수 없는 대상이다. 하지만 환율 변동의 효과가 대개 일시적이라는 사실을 고려하면, 환율이 매출 증감에 미친 영향을 알아야 경영진의 경영성과와 향후 매출 성장을 보다 정확하게 판단할 수 있다.

매출을 판매 수량과 가격 관점에서 분석하는 것도 굉장히 중요하다. 판매 수량은 대개 기업의 마케팅과 영업 활동의 효율성에 따라 좌우되는 반면 가격은 기업의 가격 정책에 따라 달라지는 것으로, 최근에는 정부의 약값 규제와 같은 외부 정책에 점점 더 많은 영향을 받고 있다. 더불어, 인수합병을 진행한 경우 인수합병이 매출에 미친 영향에 대해서도 공시해야 한다. 인수합병을 하면 피합병 회사의 매출이 합산되어 단기적으로는 총매출이 상승하는 결과를 낳는다. 따라서 피합병 회사를 제외한 합병회사의 자체적인 매출만 고려해야 매출 성장률을 제대로 측정할 수 있다.

그러나 안타깝게도, 우리가 검토한 제약사들의 재무보고서 가운데 판매 수량, 가격, 환율 변동, 인수합병에 대한 매출 분석은 거의 찾아볼 수 없었다. 우리는 이렇게 매출에 대한 정보가 부족한 이유가 궁금했다. 매출에 대한 정보가 기업 경쟁력을 저하시키는 것도 아니지 않은가?

매출을 살펴보았으면 이제 비용을 분석할 차례다. 머크는 2013년 3분기 실적발표를 통해 회사의 의약품 제조공장 수를 95개에서 58개로 줄이고, 2014년에는 전년도보다 20억 달러 낮아진 50억 달러까지 비용을 절감하겠다고 밝혔다(다소 광범위한 수치긴 하다). 비용 절감은 제약사 사업전략의 핵심임에도 불구하고, 회사들이 기존에 공시했던 비용 정보는 사실 유용하지 못한 구석이 많았다. 가령, 전에도 언급했지만 우리는 연구개발, 브랜드 개발, 영업사원 교육에 지출된 금액은 현행 기업회계기준처럼 일반 영업비용으로 판단하는 대신 전략적 자원에 대한 투자지출로 간주한다. 따라서 기업이 연구개발, 브랜드, IT, 직원 교육 등에 중대한 투자를 하고 있다면, 손익계산서상 일반 비용에 포함된 해당 투자지출내역을 별도로 분리해 보여주는 것이 훨씬 유용하다. 순수하게 투자활동에 지출된 비용을 파악해야 기업의 혁신 활동에 대해 보다 집중적으로 평가할 수 있기 때문이다.

마지막으로, 아직 그렇다할 매출을 창출하지 못하는 스타트업과 소규모 바이오테크 기업은 월별 또는 분기별 현금소진율(cash burn rate, 현금과 현금성 자산 대비 순 현금 유출의 비율)을 보면 기업의 성장 지속가능성과 지급능력을 파악할 수 있다. 투자자들은 기업이 얼마나 오랫동안 재정적으로 유지될 수 있을지 알 권리가 있다. 매출과 비용 분석이 끝나면 그 아래 매출총이익을 제시한다.

회사가 창출한 가치

전략적 보고서의 마지막 항목은 회사가 당기에 창출한 가치로, 이전 장에서 살펴본 미디어/엔터테인먼트나 보험 회사들의 가치 계산과 방법은 크게 다르지 않다. 당기에 창출된 가치를 계산하려면 먼저 영업 활동으로 인한 현금흐름에 투자지출 항목(연구개발, 브랜드, 인적자원, IT 개발비용 등)을 가산하고, 그 다음 자본적 지출과 자기자본비용을 차감한다. 그런데 우리가 살펴본 제약사 10곳 가운데 일반 영업비용과 투자지출 내역을 별도로 공시한 기업이 전혀 없었던 관계로, 제약사가 당기에 창출한 가치를 여러분에게 사례로 보여줄 수 없게 되어 아쉽게 생각한다.[23]

일부 제약사들은 총 매출액 중 지난 3~5년 사이에 출시된 신규 의약품이 차지하는 매출 비중을 강조하기도 한다. 즉 기업의 혁신 활동이 얼마만큼의 매출을 창출하는지 보여주는 것이다.[24]

• **투자자 인사이트** •

전략적 보고서를 활용하면 파이프라인에 있는 신약 개발 과정(몇 가지 신약 개발 프로젝트가 1, 2, 3기 임상시험을 완료하고 다음 단계로 넘어갔는지 등)에 현재까지 얼마만큼의 연구개발 비용이 지출되었는지 파악할 수 있으므로 연구개발 활동의 비용과 효익을 판단하는 데 유용하다. 내부 연구개발이든 외부 취득이든 연구개발비는 증가하는데 파이프라인의 진척이 느리거나 아예 발전이 없으면, 그 기업은 연구개발비 지출이 비효율적이라는 의미다. 연구개발비는 증가하는데 특허 개발 활동이 지지부진한 경우도 마찬가지다.

반면에, 일반기업회계기준에 따른 재무보고서에는 기업 연구개발 활동의 효율성을 평가할 수 있는 어떤 자료도 존재하지 않는다. 전략적 보고서의 가장 큰 장점 중에 하나는 바로 보고서의 항목들이 서로 유기적으로 연관되어 있어 총체적인 기업 분석이 가능하다는 점이다.

이러한 '혁신 매출' 규모를 보면 기업이 얼마나 신속하게 신규 의약품을 출시할 수 있는지, 또 혁신을 주도할 능력이 있는지 파악할 수 있으며, 실제로 여러 학자들이 혁신 매출과 기업의 미래 주가 사이의 상관관계를 증명한 바 있다. 이렇게 기업의 경영성과를 보다 실질적으로 파악할 수 있는 지표들이 더 많이 공시되어야 할 것이다.

1 제약 산업은 기업들의 로비 활동이 가장 활발하게 이루어지는 산업 분야이다. 2014년 한 해 2억 2천 8백만 달러가 제약사들의 로비활동 비용으로 지출되었으며, 1998년부터 2014년까지는 무려 30억 달러의 로비활동 비용이 발생한 것으로 보고되고 있다(출처 : www.opensecrets.org/lobby). 로비활동 비용은 제약사들의 대외적인 이미지 개선뿐만 아니라, 제약사에 유리한 법률과 규제를 통과시키기 위해 지출된 내역이다.

2 특이한 점은 콘퍼런스 콜 초반 CEO가 어떤 회계적 수치도 언급하지 않았다는 사실이다.

3 1980년대 일부 제약사들은 연구개발비용을 충당하기 위해 회사의 연구개발 결과나 특허 포트폴리오를 담보로 투자자들에게 주식을 발행하기도 했다. 하지만 이런 방식의 연구개발비 조달방법은 그다지 널리 확산되지 못했다. 수익성 높은 특허는 회사가 보유하고 수익성이 떨어지는 특허만 담보로 제공할 것이라는 투자자들의 우려가 있었기 때문이었다.

4 다음 기사 참고. Ransdell Pierson, "New Pfizer CEO Slashes R&D to Save 2012 Forecast," Reuters, February 1, 2011.

5 조금 다른 관점에서 제기해볼 수 있는 질문은 '연구개발 활동이란 무엇인가?'이다. 기업회계기준상 연구개발 활동에 대한 정의가 따로 없기 때문에, 혁신기업처럼 보이고 싶은 일부 기업들은 연구개발비 규모를 부풀리기 위해 연구개발 활동과 '관련된' 각종 잡다한 비용들(유지관리비, 품질관리비 등)마저 연구개발비에 포함시키기도 한다.

6 다음 기사 참고. "Zombie Patents," The Economist (June 21, 2014), p. 72.

7 과연 기업의 '연구' 활동과 '개발' 활동을 분리하는 것이 가능한지 궁금한 사람들이 있다면, 미국 상무부(Department of Commerce)와 통계국(Census Bureau)에서 실시하는 'R&D 및 혁신조사(R&D and Innovation Survey)'의 다음 설문 내용을 살펴보자. 이 설문조사는 연구개발 활동을 수행하는 미국 기업들을 대상으로 매해 실시되고 있다.

- 귀사의 연구개발 활동 가운데 신규 생산라인에 투자되는 활동은 몇 %입니까?
- 귀사의 연구개발 활동 가운데 신규 과학기술 연구개발에 투자되는 활동은 몇 %입니까?
- 귀사의 연구개발 활동 가운데 기존 시장에 존재하지 않았던 신규 과학기술 연구개발을 위한 활동은 몇 %입니까?

특히 다음 질문을 자세히 살펴보자.

- 귀사의 연구개발 활동 가운데 연구(새로운 지식과 이해 습득을 위한 체계적이고 계획적인 활동)와 개발(연구결과를 기반으로 신규 상품, 서비스, 공정을 생산하는 활동)의 비중은 각각 얼마입니까? 설문은 기업의 연구 활동을 다시 응용연구와 기초연구 분야로 세분화하고, 연구실에 근무하는 모든 과학자와 엔지니어들이 연구와 개발 활동 중 어디에 해당하는지 %로 보고하도록 하고 있다. 즉 연구와 개발 활동에 대한 정보가 이미 정부기관에는 세부적으로 보고되고 있다는 말이다. 이제 이런 정보를 투자자에게 공개해도 되지 않을까?

8 현재 많은 제약/바이오테크 기업들이 치료제 개발 파이프라인에 대한 정보를 투자자들에게 자발적으로 공시하고 있다. 그러나 이러한 공시 정보는 어떤 환자를 대상으로 어떤 치료제 분야에서 신약을 개발하고 있는지가 대부분이고, 각 치료제 분야에 배정된 재정적 예산에 대한 정보가 없어 기업이 어떤 분야에 집중하는지 알 수 있는 방법이 전혀 없다.

9 한 가지 흥미로운 점은, 미국의 금융전문지 〈배런스〉가 북미 500대 기업의 경영성과를 조사한 결과 길리어드 사이언스가 경영성과 및 성장 부문에서 1위를 했다는 사실이다(2015년 5월 4일 발표). 하지만 그럼에도 불구하고, 〈배런스〉는 길리어드의 주주들이 "소비자, 제약사, 규제기관들로부터 의약품 가격에 대한 압박이 높아지고 있음을 고려하여, 경영진의 투명성을 제고하고 기존 가격 전략으로 인

한 잠재적인 리스크 완화 대책을 마련하라"고 이사회에 촉구할 가능성이 있다고 언급했다. 사업을 위협할 수 있는 리스크가 존재하는 경우 전략적 보고서를 통해 상세한 분석이 필요함을 시사하는 부분이다.

10 일반적인 연차보고서에는 "우리 임직원들은 당사의 가장 귀중한 자산입니다"와 같은 틀에 박힌 문구만 있을 뿐, 임직원들에 대한 투자나 현황(이직률 등)에 대한 실질적인 정보는 전혀 찾아볼 수 없다.

11 저명한 과학자들이 바이오테크 기업 성장에 어떤 역할을 하는지 분석한 다음 논문 참고. Lynne Zucker and Michael Darby, "Star Scientists and Institutional Transformation: Pattern of Invention and Innovation in the Formation of the Biotechnology Industry," Proceedings of the National Academy of Sciences, 93 (November 1996): 12709-12716.

12 우리가 검토한 바에 따르면 암젠을 제외한 다른 대형 제약사들은 톱셀러 제품의 매출을 따로 공개하지 않고 있다. 이미 제약사 벤더들이 대부분의 의약품 매출 현황을 매주 공개한다는 점을 고려하면 (단, 이들로부터 정보를 수집하려면 비용이 다소 발생하지만), 톱셀러 매출 내역을 공시한다고 해서 기업 경쟁력에 해가 되는 것은 아니다. 마음만 먹으면 경쟁사의 주별, 월별 매출 정보를 얼마든지 수집할 수 있다.

13 아일랜드 제약사인 엘러간(Allergan)은 2013년 4분기 실적발표를 통해 다음과 같은 상세한 시장점유율 데이터를 공개했다. "안과질환 치료제 시장 규모는 대략 202억 달러로 연간 12%의 속도로 성장하고 있으며, 엘러간의 안과 치료제 시장점유율은 16%이다. 녹내장 치료제 시장 규모는 대략 53억 달러로 연간 3% 속도로 성장 중이고, 엘러간의 녹내장 치료제 시장점유율은 27%이다." 이는 다른 제약사들로부터는 찾아보기 힘든 상세한 시장점유율 분석 결과다.

14 존슨앤드존슨은 2013년 3분기 실적발표 중 회사가 수취한 로열티 수익이 '기타영업손익'에 포함되었다고만 하고, 로열티 수익이 얼마인지에 대해서는 언급하지 않았다. 투자자들이 가서 직접 찾아보라는 말이다.

15 ClinicalTrials.gov에서는 제약사들의 임상시험 현황에 대해 공개하고 있으나, 웹사이트에서 제공되는 데이터의 완전성에 대해서는 다소 의문의 여지가 있다.

16 암젠은 2013년 2분기 실적발표를 통해 콜레스테롤 치료제 AMG 145의 3기 임상시험이 2014년 1분기 중으로 완료될 예정이라고 밝혔다.

17 각 치료제 분야에 투입된 연구개발비 정보가 있는 경우(이런 정보를 공시하는 기업이 많지는 않다), 허핀달 지수(Herfindahl-type measure, 해당 분야의 점유율을 %로 계산한 후 점유율의 제곱을 합산한 지수)를 사용하면 파이프라인의 다각화 정도를 수량화하여 여러 기업들과 비교 분석할 수 있다.

18 문단에서 언급된 연구논문들은 다음과 같다. Anurag Sharma and Nelson Lacey, "Linking Product Development Outcomes to Market Valuation of the Firm," The Journal of Product Innovation Management, 21 (2004): 297-308. Salil Sarkar and Pieter de Jong, "Market Response to FDA Announcements," The Quarterly Review of Economics and Finance, 46 (2006): 586-597. Rejin Guo, Baruch Lev, and Nan Zhou, "Competitive Costs of Disclosure by Biotech IPOs," Journal of Accounting Research 42 (2004): 319-355.

19 Ya-wen Yang, "The Value-Relevance of Nonfinancial Information: The Biotechnology Industry," Advances in Accounting, 23 (2007): 287-314.

20 〈이코노미스트〉는 "2010년과 2014년 사이 브랜드 약품의 특허 만료로 인한 제약사들의 매출 손실이 연간 780억 달러에 달했다"고 보도했다. 2015년 11월 7일, p. 59.

21 엘러간도 2013년 4분기 실적발표를 통해 다음과 같이 발표했다. "…텍사스 법원은 자사의 루미간(LUMIGAN) 0.01% 제품과 관련된 5개의 특허에 대해 모든 특허가 만료되기 전인 2017년까지 존속기

간이 인정된다고 판결했습니다."

22 제약소비자 보호를 위한 집단소송을 다룬 의학 뉴스레터 Rx Compliance Report의 2011년 8월 8일자 기사 참고.

23 한 가지 흥미로운 사실은 많은 제약사들이 추정(proforma) 재무제표를 비공식적으로 공시하고 있다는 점이다. 이때 추정 재무제표에서는 무형자산 감가상각 같은 여러 비용들과 일시적 손익항목을 제외하고 당기순이익을 산출한다. 가령, 머크도 2013년 3분기에 추정 재무제표를 작성할 때 인수합병 관련 비용, 구조조정 비용, 무형자산 감가상각비와 감액손실, 인수합병 후 통합비용, 퇴직 관련 비용, 글로벌 이니셔티브 관련 비용은 이익 계산 과정에서 전부 제외했다. 비경상적인 비용 지출과 일반 비용(미래에 창출되는 효익 없음), 투자(미래에 창출될 효익 있음)는 반드시 구분하는 것이 좋다.

24 글락소스미스클라인(GlaxoSmithKline, GSK)의 2014년도 연차보고서에는 총 매출액 230억 파운드 중 15억 파운드가 신규 의약품 매출이라는 정보가 실려 있다.

15

CHAPTER
THE END OF ACCOUNTING

전략적 보고서 : **석유/가스**

석유/가스 산업은 각 가정과 기업에 에너지를 공급하며 우리 경제를 움직이는 원동력 역할을 한다. 이러한 석유/가스 산업에 종사하는 기업들은 기업 규모에 상관없이 모두 (높은 유가변동과 지정학적 불확실성으로 인한) 불안정하고 예측 불가능한 환경에 노출되어 있기 때문에 기업 경영이 특히 까다롭고, 투자자들 입장에서는 기업을 평가하기도 쉽지 않다. 게다가 정유기업의 석유와 가스 자원은 그 어떤 기업의 전략적 자원보다 각종 리스크와 위험에 노출되어 있다. 정유기업의 사업은 주로 석유와 가스 탐사, 생산, 석유/가스 제품 판매로 이루어지며, 대규모 정유사들은 정제나 화학 사업을 하는 경우도 있다. 이러한 정유 사업은 자본집약적인 동시에 노동집약적이기 때문에, 비용 절감과 운영 효율성이 무엇보다도 중요하다. 따라서 전략적 보고서를 활용하면 기업이 보유한 전략적 자원이 무엇이며, 자원을 얼마나 효율적으로 운용하는지 한눈에 파악할 수 있다.

석유/가스 산업도 별다른 설명이 필요 없을 만큼 사람들의 일상생활과 밀접한 산업이다. 뉴스의 단골 소재인데다 한 국가와 국제 정책에 매우 큰 영향을 미치기 때문이다. 석유와 가스는 각 가정과 기업의 주요 에너지 공급원으로, 우리 경제를 움직이는 원동력이다. 그러나 사실 우리가 석유/가스 산업을 잘 알고 있다는 생각은 착각일 수도 있다. 석유/가스 산업은 대단히 복잡하기 때문에, 산업의 내부 시스템에 대해 제대로 이해하는 사람은 아주 극소수에 불과하다. 미국에서는 엑슨모빌이, 유럽에서는 로열더치셸Royal Dutch Shell과 BP브리티쉬 페트롤리엄가, 중국에서는 중국석유천연가스공사China National Petroleum가 친숙한 이름이지만, 이들 기업이 보유한 방대한 석유/가스 광구, 사업 운영, 광물자원 매장량, 정부 기관들과의 복잡한 이권 관계, 각종 정치 기술 관련 리스크는 대부분 사람들의 지식 밖에 있으며, 심지어 투자자들조차 제대로 이해하지 못하는 경우가 다반사다.

글로벌 정유기업들은 기업 규모도 상당해서, 2014년에 발표된 포춘 500대 기업 중 상위 25개 기업을 보면 중국석유화공집단공사^{시노펙}가 2위, 로열더치셸이 3위, 중국석유천연가스공사가 4위, 엑슨모빌이 5위, BP가 6위, 토탈^{Total}이 11위, 쉐브론이 12위, 필립스^{Phillips} 66이 23위를 차지하는 등 기업 규모 상위권에 주로 포진하고 있다.

이들 기업의 사업은 주로 석유와 가스를 탐사, 생산하는 업스트림^{upstream}과 정제, 마케팅하는 다운스트림^{downstream}으로 나누어지며, 일부 기업들은 화학이나 연구개발, 기타 관련 사업을 수행하기도 한다.[1] 이렇게 전 세계에 위치한 다양한 사업 포트폴리오를 단기적으로 또 장기적으로 (미래를 대비한 경쟁우위를 확보하고 충분한 석유/가스 매장량을 보유) 관리하고, 동시에 적정한 매출과 이익을 창출하는 것은 모든 산업을 통틀어 정유기업만이 경험하는 엄청난 부담이자 도전과제이다.

이러한 현상은 국제유가가 하락세로 접어든 현재(2016년) 더욱 심화되고 있다. 업스트림과 다운스트림 중 한 가지 사업에만 집중하는 로컬 중소 정유기업들도 복잡하기는 마찬가지다. 대기업이든 중소기업이든 모든 정유 기업들은 (높은 유가변동과 지정학적 불확실성으로 인한) 불안정하고 예측 불가능한 환경에 노출되어 있기 때문에 경영하기가 더욱 까다롭고, 투자자들 입장에서는 이런 기업을 평가하는 일이 쉽지 않다.

현행 재무보고서의 한계

석유/가스 기업의 현행 공시체계는 산업 특수적인 복잡성과 불안정성으로 인해 정보 유용성이 더욱 떨어진다. 정유기업들은 사업 포트폴리오를 강화하고 수익성을 높이기 위해 자원을 빈번하게 취득하고 매각하며 끊임없이 포트폴리오를 재배치하는데, 기존 재무상태표와 손익계산서로는 이러한 동적 포트폴리오 관리$^{dynamic\ portfolio\ management}$를 제대로 설명하는 것이 불가능하다. 뿐만 아니라, 기업의 매출과 이익이 증가하고 애널리스트 추정치를 상회하는 훌륭한 실적이 발표되면 투자자들은 마냥 반가워하겠지만, 기업의 장기보유 자원이 고갈되고 있다는 상황에 대해서는 아무도 알지 못한다.

 2016년 2월 21일, 엑슨모빌이 1994년 이래 처음으로 전년도 생산량을 대체할 수 있는 충분한 석유와 가스 매장량을 탐색하는 데 실패했다고 밝혔던 것도 바로 재무제표로는 이러한 상황을 설명할 수 없었기 때문이었다. 또 미국의 유전 서비스업체 슐룸베르거^{Schlumberger}의 SPM(해상계류시설, 정제한 원유를 수송하는 시설 - 옮긴이) 투자 협약처럼 석유탐사 프로젝트에 지분을 투자하고 탐사 리스크와 효익을 공동으로 부담하는 중요한 투자거래도 회계상으로는 전혀 인식되지 않는다.

 마찬가지로, 경쟁우위를 점하기 위해 원가절감 정책을 실행하는 경우 원가절감의 영향이 재무제표에 반영되려면 오랜 시간이 걸린다. 합작투자처럼 중요한 사업 계약이나 기업가치 창출에 핵심적인 정부계약이 체결되어도 재무상태표에는 여전히 아무런 변화가 없다. 한마디로 기존 회계제도는 복잡한 정유 산업을 충분히 설명하기에 역부족인 셈이다.[2]

 물론 미국 FASB와 SEC에서 정유기업을 대상으로 한 특별 공시규정을 도입한 덕분에 기업의 확인된 자원 매장량, 생산정(productive wells,

경제성 있는 원유, 가스가 집적되어 있는 유정 – 옮긴이), 할인현금흐름 등에 대한 자료가 공시되고 있으나(감사의 의무는 없음), 이러한 공시 정보만으로 전략적인 관점에서 정유기업의 사업 현황과 성장 잠재력을 이해한다는 것은 무척 어려운 일이다.

이와 같은 문제는 우리가 대규모 정유기업과 중소 정유업체 10곳의 실적 발표 자료와 투자자 프레젠테이션을 검토한 결과에서도 사실로 드러났다. 애널리스트와 투자자들이 기업 경영진에게 질의했던 내용은 대부분이 기업의 전략적 선택(석유제품의 매매거래), 사업 포트폴리오의 잠재적인 성장 가능성, 자원 탐사 계획과 결과, 유가 변동과 정부 규제가 기업 경영성과에 미치는 영향 등에 대해서였으며, 시추기와 유정 가동건수 같은 비재무적인 데이터를 요청한 사람들도 있었다.[3] 재무보고서상 숫자에 대해 질문한 사람들은 거의 없었다.

이전 사례연구들과 마찬가지로, 애널리스트의 주요 관심사는 정유사들의 전략적 자원과 자원 활용방식이라는 사실이 분명했다. 우리가 제안하는 전략적 보고서를 활용하면 정유기업의 전략과 전략 실행에 대해 보다 명확하게 이해할 수 있으며, 다소 복잡한 정유기업의 사업 운영에 대해 쉽게 파악하고 기업의 경영성과와 장기적 경쟁우위 확보 능력에 대해서도 정확하게 평가할 수 있다(보고서 예시는 이 장 맨 뒤에 수록). 그렇다면 먼저 정유사업의 핵심인 전략적 자원 투자현황에 대해 살펴보도록 하겠다.

정유기업의 자산 포트폴리오 관리

정유기업의 가장 중요한 사업 활동이자, 투자자들 입장에서는 가장 이해하기 어려운 활동이 바로 자산 포트폴리오를 재배치하고 관리하는 일이다. 정유기업이 끊임없이 석유/가스 광구를 취득하고 매각하는 것을 동적 포트폴리오 관리라고 하는데, 로열더치셸의 CEO는 자산 포트폴리오 관리 목적을 "…자본의 효율성과 성장 잠재력을 최적화하는 것"이라고 표현했다(2012년 3분기 실적 콘퍼런스 콜). 따라서 정유기업 투자가 장기적으로 성공하려면 투자자는 기업의 포트폴리오 전략에 대해 전반적으로 숙지해야 하고, 기업 경영진은 포트폴리오 전략을 성공적으로 이행하는 두 가지 요소가 동시에 갖춰져야 한다.

경영진이 새로운 자원을 포트폴리오에 추가했는가(취득했다면 취득원가는 얼마인가)? 기존 자원이 그저 고갈되고 있을 뿐인가? 자원을 매각한 이유가 등급이 낮은 자원을 제거함으로써 포트폴리오 품질을 개선하고자 함이었나? 아니면 단기자금이 필요해서 (그리고 당기순이익을 증가시키려고) 자원을 매각한 것인가? 신규 자원 취득으로 인해 리스크에 변동이 생겼는가? 이는 투자자들이 반드시 이해하고 있어야 할 포트폴리오 전략이다. 하지만 예외적인 몇몇 상황을 제외하면, 일반적인 재무보고서나 애널리스트 질의에 대한 경영진의 대답은 내용이 산발적이고 일관성이 부족하기 때문에 기업의 포트폴리오 전략을 종합적으로 판단하기에는 다소 무리가 있다. 경영진이 '건설적인 혼란'을 의도하고 일부러 이해하기 어려운 재무보고서를 내놓는 게 아닌지 궁금할 정도다.

물론, 미국의 중형 정유사 데본 에너지^Devon Energy Corp.처럼 자원 투자에 대해 투명하게 발표하는 예외적인 사례도 있다.[4] 데본의 CEO 존 리첼스^John Richels는 2013년 4분기 실적발표를 통해 다음과 같이 밝혔다. "올 2013년에는 재무적 성과 이외에도 사업 포트폴리오 측면에서 흥미로운 변화를 달성했습니다."

과연 어떤 변화가 있었던 것일까? 데본은 크로스텍스 에너지^Crosstex Energy와 엔링크 미드스트림^EnLink Midstream이라는 합작회사를 설립한 후 합작회사를 통해 데본이 미국 내 보유하고 있던 미드스트림 자산(송유관, 정유가공공장, 저장시설 등)을 공동운영하기로 했다. 해당 합작투자는 데본의 사업 포트폴리오 다각화, 자본 효율성 증대, 미드스트림 분야의 성장 가속화가 주요 목적이었다.[5] 데본의 CEO는 합작투자 덕분에 데본의 기업가치가 35억 달러(주당 8달러) 증대되었다고 말했다. 또 데본은 북미에 위치한 셰일오일 생산지역인 이글포드^Eagle Ford 자산을 취득했는데, CEO에 의하면 자산 취득 가격이 "기존 EBITDA 배수^multiple 보다 대단히 낮은 수준"이었다고 한다. 그리고 이글포드 자산을 취득한 대신, 데본의 비핵심 사업이었던 캐나다의 천연가스 자원을 28억 달러에 매각해 종전과 자산 규모를 비슷하게 유지했다. 리첼스 CEO는 캐나다 자원의 매각액이 2013년 EBITDA의 7배 수준이었다고 말하며, 매각 결과가 성공적이었다고 밝혔다. 데본의 발표 내용을 보면 사업 핵심이 수익성 낮은 천연자원에서 수익성 높은 셰일오일로 옮겨지고 있으며, 동시에 미드스트림 사업을 강화되고 있다는 것을 알 수 있다.

투자자들은 이러한 전략적 행보를 통해 데본이 2013~2014년은 물론 향후 석유/가스 산업 환경에 대비해 어떻게 사업 포트폴리오를 재배치하는지 평가할 수 있고, 동시에 자원 거래가 기업 주가에 어떤 영향을 미치는지 판단할 수 있다. 리첼스 CEO의 이야기를 좀 더 자세히 살펴보자.

데본은 핵심 개발광구 다섯 곳을 중점적으로 자산을 관리하고 있으며, 이중 세 광구는 북미에서 석유 부존량이 가장 높은 분지에 위치한 수익성 높은 자산입니다…. 이 개발광구들은 모두 사업 리스크가 낮고, 높은 마진을 확보할 수 있는 성장잠재력을 보유하고 있습니다…. 당사는 바넷Barnett과 애너다코Anadarko 셰일지역에 위치한 기존 광구에서 석유가 풍부한liquid-rich 셰일가스를 생산하고 있습니다. 당사는 해당 광구에서 상당한 양의 잉여현금흐름을 창출하고 있으며, 광구에서 추출할 수 있는 가스의 종류도 매우 다양한 편입니다…. 이렇게 상당한 규모의 균형 있는 자산 포트폴리오를 갖춘 덕분에 데본은 향후 각 광구별로 연간 20%의 꾸준한 성장률을 달성할 수 있을 것으로 보입니다.

연간 성장률 20%라는 구체적이고 검증 가능한 수치를 제시한 덕분에, 장밋빛 미래를 약속하는 CEO의 전망은 뜬구름 잡는 목표가 아닌 신뢰도 있는 약속으로 비춰진다.[6]

물론 포트폴리오가 방대한 대규모 정유기업들보다 데본 같은 중소형 정유사들이 포트폴리오 전략과 전략 실행에 대해 설명하기가 쉽고 간단한 것은 사실이다. 하지만 이는 정도의 차이일 뿐, 설명해야 할 내용의 본질은 동일하다. 보유 자원 수가 한정적인 데본은 각 자원에 대해 개별적으로 설명했지만, 대규모 정유기업의 포트폴리오는 자원에 대해 일일이 설명하기보다 지역별로 크게 분류해 분석하는 것이 좋다.

투자자들에게 중요한 정보는 기업의 포트폴리오 전략을 종합적인 관점에서 다룬 분석 결과다. 이는 실적 발표 콘퍼런스 콜에서 애널리스트들이 질의한 내용만 봐도 잘 알 수 있다. 가령, 2012년 3분기 로열더치셸의 실적 발표를 보면 한 애널리스트가 "먼저 북미 포트폴리오 전략으로 돌아가 보겠습니다. 조금 전 지역이나 자산 종류에 따라 취득과 매각을 균형 있게 진행한다고 말씀하셨는데요. 귀사는 퍼미안Permian 지역에서 20억 달러에 달하는 자산을 취득했고, 지난 12개월 동안 그 외에도 수많은 자원을 취득했습니다. 이렇게 취득은 여러 건이 있었지만, 북미에서 자산을 매각한 내역은 전혀 공시된 바가 없습니다"라고 언급했던 부분이 있다.[7] 따라서 기업 규모와 상관없이 모든 정유 기업은 포트폴리오 전략에 대한 명료한 분석을 제시해야 하며, 전략적 보고서의 맨 왼쪽에 위치한 '전략적 자원의 투자'를 활용하면 필요한 정보를 효과적으로 표시할 수 있다([표 15.1]과 [표 15.4] 참고).[8,9]

가장 상단에 위치한 '포트폴리오 전략'은 회사의 포트폴리오 관리 현황을 나타내는 부분으로, 투자(신규 취득, 탐사, 개발)와 매각 내역을 자원의 종류(석유, 가스 등)와 자원이 위치한 지역별로 세분화해 표시한다. 그 아래는 현재 진행 중인 탐사 활동에 대해 유정의 개수, 시추기의 개수, 진행 중인 탐사와 완료된 탐사를 해당 지역별로 분석한 자료를 제시한다.[10]

미국의 에너지기업 헤스Hess Corp.의 2013년 1분기 실적발표를 보면 경영진이 앞으로 175개의 유정을 개발하겠다는 계획을 밝히자, 한 애널리스트가 "회사의 자산 현황을 봤을 때 175개는 다소 낮은 목표가 아닌지" 질문하기도 했다. 또 2012년 3분기 로열더치셸의 실적발표

중에는 육상 시추기 개수가 전년도와 '비슷하게' 36~37개로 유지되고 있으나 건성 천연가스 시추기 개수는 31개에서 15개로 감소했다는 내용이 있었다(천연가스 가격 하락이 시추기 감소의 원인으로 추정된다).

'포트폴리오 전략'의 가장 마지막 항목은 회사가 보유하고 있는 '확인 매장량'이다.[11] 확인 매장량은 정유 기업의 생산능력을 판단할 수 있는 핵심 지표 가운데 하나로, 투자자는 확인 매장량을 통해 회사의 포트폴리오 관리 현황을 파악한다. 확인 매장량 정보는 회사가 포트폴리오를 재배치한 결과 전체적인 자원 보유량이 증가했는지 감소했는지 나타낸다. 가령 [표 15.1]을 보면, 데본의 확인 매장량이 살짝 감소한 것을 알 수 있다. 이때 확인 매장량을 석유, 가스, 비전통unconventional 자원으로 분류해 제시하면 더욱 유용하다. 아직 시추되지 않은 지역

• 투자자 인사이트 •

정유 기업의 자산 포트폴리오 전략은 기업의 미래 성장과 경쟁력을 좌우하는 핵심이다. 경영진의 설명을 들으면 기업이 늘 제대로 된 방향으로 나가고 있는 것 같지만, 과연 실제로도 그럴까? 포트폴리오의 지역적 이동(남미에서 북미로)이 정말 옳은 전략일까? 기업의 전략이 늘 일관적인가? 간혹 돌출적인 전략 실행은 없는가? 경쟁자들도 비슷한 전략을 취하고 있는가? 자산을 매각하는 이유가 전략적인 이유 때문인가? 또는 매각 차익으로 단기적인 이익과 현금흐름을 좋게 보이려는 것이 목적인가? 혹시 자사주 매입 자금을 확보하기 위해 자산을 매각하는 최악의 상황은 아닐까? 가스에서 석유로, 또는 석유에서 가스로 (또는 비전통석유로) 포트폴리오를 재배치하는 것이 과연 올바른 전략일까? 포트폴리오를 재배치한 결과 확인 매장량 규모는 증가했는가? 기업의 지정학적 리스크(가령 러시아의 지정학적 리스크)에는 어떤 변화가 있었는가?
정유 기업의 포트폴리오가 지역과 리스크 수준별로 다양하게 구성되어 있음을 고려하면, 이러한 의문점을 해소할 수 있는 확실한 정보를 제공해야 기업 투자자들을 안심시킬 수 있다. 뿐만 아니라, 기업이 석유/가스 자산 포트폴리오를 다각화하고 있는지, 포트폴리오의 성장을 위해 노력하고 있는지 여부도 투자자들에게 반드시 알려야 할 내용들이다. 이렇게 기업의 사업 전략을 장기적인 관점에서 검토하는 것은 당기 실적과 애널리스트 추정치를 단순히 비교하는 것보다 훨씬 더 중요하고 의미 있는 행동이다.

을 확인 매장량으로 전환할 때 발생하는 비용인 '발견 및 개발$^{Finding\ and\ Development}$' 항목도 상당히 중요한 평가 지표다.

2013년, 데본의 발견 및 개발 비용은 석유환산배럴$^{Boe,\ barrels\ of\ oil\ equivalent}$ 당 18달러로 계산되었는데, 다른 정유기업들이 이런 비용에 대해 공시하지 않아 상호 비교가 불가능한 상태에서는 데본의 지표가 큰

표 15.1 정유기업의 포트폴리오 관리
표에 나타난 수치는 데본 에너지의 2013년, 2014년 데이터를 사용하였음

포트폴리오 전략 (백만 $)				석유	가스	비전통석유
투자	2014	2013				
• 투자	$6,387;	238	(2,584%)	×	×	×
• 탐사	$322;	595	(−46%)	×	×	×
• 개발	$5,463;	5,089	(7.3%)	×	×	×
지역별(2014);				미국	캐나다	
취득				$6,386;	$1	
탐사				$270;	$52	
개발				$4,400;	$1,063	
매각	2014	2013				
자산 매각	$5,120;	419	(1,122%)	×	×	
탐사	2014	2013				
당기에 개발 완료된 유정	670;	831	(−19.4%)			
확인 매장량(백만 Boe):	2,754;	2,963;	(−7%)			

인수 및 합병
위치, 면적, 확인 매장량

합작투자 및 제휴탐사
목적, 파트너, 투자 내역, 면적

신규 체결 계약

의미가 없다(석유환산배럴은 1배럴의 원유가 연소될 때 방출되는 에너지의 양을 나타냄 – 옮긴이).

'전략적 자원의 투자' 하단에 위치한 항목은 인수합병, 합작투자, 기업 및 정부기관들과의 주요 계약 등 기타 투자 현황에 대한 내용을 나타낸다. 이때 매장량의 면적, 확인 매장량의 규모, 비용절감내역 등 구체적인 정보를 제시함으로써 투자활동에서 발생한 비용과 효익을 수량화된 지표로 평가할 수 있어야 한다. '전략적 자원의 투자'는 이 정도로 마무리하면 충분하다.

전략적 자원: 광구자산

정유기업의 가장 중요한 전략적 자원은 석유/가스 탐사 및 생산 활동을 수행할 수 있는 광구 자산이다(직접 보유하는 자산도 있고 리스 자산도 있다). 이러한 광구자산은 위치(북미, 인도네시아 등), 규모(대개 에이커 단위로 표시), 취득가액, 생산물의 종류(원유, 천연가스, 비전통석유)[12], 시추기와 유정의 개수 등 다양한 속성에 따라 분류할 수 있으며, 특히 광구의 확인 매장량을 수량(배럴로 표시)과 화폐적 가치(예상 현금흐름으로 표시)로 나타내면 유용한 정보가 될 수 있다. 광구자산의 속성을 나타내는 방법은 다음 [표 15.2]를 참고하자.

기존 재무보고서에도 기업이 보유한 광구에 대한 정보가 나와 있긴 하지만, 대부분이 수십 장에 걸쳐 장황하게 설명된 경우가 많고, 또 표준화된 일정 기준이 없기 때문에 기업이 공시하는 정보의 수준도 각 기업들마다 제각각이다. 이에 반해, 우리가 제안하는 전략적 보고서의 장점은 투자자들이 꼭 필요로 하는 정보를 간결하고, 여러 기업들 간 상호비교가 가능하고, 유용한 방식으로 제시할 수 있다는 것이다.

가령 전략적 보고서의 왼쪽에서 두 번째에 위치한 '전략적 자원의

표 15.2 전략적 자원의 보유

광구자산					
I	광구의 면적(천 에이커)		2014	2013	%
	개발 완료		2,317	4,328	−46.5
	미개발		3,926	8,411	−53.3
	계		6,243	12,739	−51.0
	주요 지역별:				
	미국		4,666	5,905	
	캐나다		1,577	6,934	
	자원 종류별:				
	석유	가스	비전통석유		
II	확인매장량(백만 Boe)				
		2,754;	2,963;	(−7%)	
	할인현금흐름(십억 $)				
		$20.5;	$15.7	(31%)	
III	생산 중인 유정 및 시추기 개수(2014)				
			유정	시추기	
	석유		7,165	×	
	가스		11,124	×	
	지역별				
	×	×	(×)		

정제능력

특허 및 상표권

주요 계약 및 합작투자

보유' 열을 살펴보면, 기업이 보유한 광구 자원들의 주요 속성이 일목 요연하게 나타나있다([표 15.2]는 독자 여러분의 이해를 돕기 위해 데본 에너지의 2013년, 2014년 데이터를 재구성한 것이다).

첫 번째 항목은 기업이 직접 보유한 광구와 리스 광구의 총 면적에 대한 정보(천 에이커로 표시)이며, 이를 다시 개발이 완료된 면적(2,317,000에이커)과 개발이 아직 완료되지 않은 면적(3,926,000에이커)으로 분류해서 표시했다. 표에 나타난 수치를 보면 2014년 말 데본의 광구 면적이 전년도 말에 비해 상당히 줄어들었음을 알 수 있는데, 이는 데본의 기업 구조조정 때문일 가능성이 크다. 그러나 이와 같은 전체 면적 정보만으로는 광구의 주요 속성을 전부 파악할 수 없기 때문에, [표 15.2]에 나타난 것처럼 지역적 분포와 생산되는 자원의 종류(원유 또는 가스)를 아래에 추가적으로 표시하면 좋다(데본의 경우 총 면적이 감소한 원인이 캐나다 광구 때문임을 알 수 있다).

물론 면적 정보만으로는 광구의 가치 창출 잠재력을 온전히 파악할 수 없다. 따라서 면적 아래 확인 매장량 정보를 추가해 광구 저류층 reservoir으로부터 생산이 가능할 것으로 (합리적으로) 확신할 수 있는 석유, 가스, 천연가스액(NGL) 매장량을 수량화해 보여주도록 한다.

이때 광구의 확인 매장량은 두 가지 지표로 표현할 수 있는데, 첫 번째는 석유/가스 매장량의 규모를 나타내는 Boe(석유환산배럴), 두 번째는 매장량의 경제적 가치를 나타내는 할인현금흐름(확인 매장량에서 생산, 판매할 수 있을 것으로 추정되는 석유/가스의 예상 매출액에서 비용을 차감하고 난 순수입을 현재가치로 환산한 수치)이다.[13] 기업이 새로운 광구를 취득하거나 탐사하면 확인 매장량이 증가하고, 광구에서 자원을 추출하거나 광구를 매각하면 확인 매장량이 감소한다. 표의 수치를 보면 데본의 확인 매장량이 2013년보다 7% 감소한 것으로 나타나는데, 광구 면적이 크게 감소한 것에 비해 확인 매장량 감소폭은 무난함을 알 수 있다(확인 매장량 감소는 성장잠재력이 그만큼 줄어들었음을 의미한다).

이때 기업 간 매장량의 생산능력을 상호비교하려면 매장량의 가채년수reserve life index를 판단하는 것이 좋다. 가채년수란 확인 매장량을 연간 총생산량으로 나눈 값으로, 데본의 경우 확인 매장량이 27억 5,400만 Boe, 연간 총생산량이 2억 4,230만 Boe이므로 가채년수는 11.37년이다(2014년도 일일 평균 총생산량이 67만 3천 Boe이므로 이를 연간으로 환산한 2억 4,230만 Boe를 사용했다). 물론, 이는 광구를 신규로 취득하지 않고 현재 상태로 유지한다는 가정 하에서다.

광구의 미래 가치와 성장 잠재력을 예상할 수 있는 또 다른 지표로는 할인현금흐름의 변화가 있다. 확인 매장량의 할인현금흐름은 광구의 취득, 매각, 자원 생산과 석유/가스의 향후 예상 가격에 따라 계속적으로 변화한다. 데본의 데이터를 보면 흥미로운 점을 하나 발견할 수 있는데, 바로 확인 매장량의 면적은 감소했음에도 불구하고 할인현금흐름이 31%나 증가했다는 사실이다. 물론, 할인현금흐름이라는 지표는 가정에 따라 크게 차이가 날 수 있음을 염두에 두어야 한다.

가채년수와 할인현금흐름 이외에도, 광구의 생산 활동(석유/가스 추출 활동)을 보면 매장량의 잠재적인 가치 창출 능력을 짐작할 수 있다. 광구의 생산 활동은 광구에 설치된 시추기와 유정의 개수를 통해 측정할 수 있는데, 이는 생산되는 자원의 종류(석유, 가스)와 지역별로 다시 세분화해 분석할 수 있다.

지금까지 설명했던 내용을 다시 요약하겠다. '전략적 자원의 보유'는 정유기업의 최대 전략적 자원인 광구자산에 대해 간결하면서도 종합적인 정보를 제시하는 부분이다. 여기서 광구가 보유한 가치는 면적, 확인 매장량, 생산 활동 등 세 가지 지표와 할인현금흐름을 통해 측정하며, 각 지표를 다시 주요 지역과 생산 자원별로 세분화해 나타낸다. 이는 정유기업의 투자자들에게 반드시 필요한 정보들이다.

마지막으로 [표 15.2]의 하단을 보면 정제능력, 주요 특허와 상표권, 각종 계약과 합작투자, 원유 트레이딩 등 광구자산 이외의 전략적 자원도 나타나 있다. 이러한 전략적 보고서의 정보는 기업의 전년도 수치와는 물론 기업 간 비교가 가능해 투자자들에게 유용하게 활용될 수 있다.

그동안 기업의 자원 매장량에 대한 정보가 투자자들에게 유용함을 실증적으로 증명하는 많은 연구가 진행되었는데, 이러한 연구 결과에 따르면 매장량에 대한 데이터와 기업의 주가에는 유의미한 상관관계가 존재함이 밝혀졌다.

마틴 보이어Martin Boyer와 디디에 필리온Didier Filion의 2007년도 논문에서는 여러 가지 지표들 가운데 확인 매장량과 주가의 상관관계가 가장 높다는 사실이 밝혀졌고, 조셉 마그리올로Joseph Magliolo의 1986년도 논문에서도 확인 매장량에서 창출되는 예상현금흐름이 주가에 큰 영향력을 미치는 것으로 드러났다.[16] 우리의 전략적 보고서 역시 기업의 미래를 예측하는 데 유용한 정보를 제시하기 때문에 투자자들에게 적합한 정보가 될 수 있을 것이다.

> **• 투자자 인사이트 •**
>
> 정유기업의 합작투자와 제휴활동은 중요한 수익 창출 활동이다. 그럼에도 불구하고, 많은 투자자들이 기업의 합작투자를 제대로 이해하지 않고 넘겨버리는 경향이 있다. 사실 우리가 검토했던 정유기업의 실적발표 콘퍼런스 콜에서도 합작투자 활동에 대해 질문하는 애널리스트는 거의 없었다. 하지만 합작투자와 제휴에 대해 충분히 파악하지 못하면, 기업의 잠재적인 경쟁력을 결정할 수 있는 중요한 요인을 놓치게 된다. 따라서 합작투자 활동의 투자수익률을 계산해 투자활동으로 인한 현금흐름이나 비용 절감 효과를 비교분석하는 것이 중요하다. 참고로, 기업 간 합작투자의 투자수익률은 투자자들뿐만 아니라 기업 경영진들도 제대로 모르고 있는 경우가 많다. 합작투자라는 것이 시작하기는 쉬워도 유지하는 데 비용이 많이 든다는 점을 고려하면, 기업이 현재 진행 중인 합작투자와 종료된 합작투자에 무엇이 있는지 정기적으로 검토하고, 각 투자활동의 비용과 효익을 분석하는 활동이 필요할 것으로 보인다.

정유산업의 리스크

정유기업은 그 어떤 기업들보다 많은 위협과 리스크에 노출되어 있기 때문에, 전략적 보고서를 통해 이러한 위협 요소들을 적절하게 보고하는 것이 중요하다. 다소 극단적인 경우이긴 해도 스페인 석유회사 렙솔^{Repsol}이 대주주로 있던 아르헨티나 석유회사 YPF가 2012년 국영화되었던 사례처럼, 일부 지역에서는 석유/가스 자산의 소유권이 하루아침에 사라져 버리기도 한다. 국영화나 강제수용까지는 아니더라도, 특정 국가에서 정유 사업을 하려면 끊임없는 분쟁과 분란을 감수해야 하는 경우도 있다(지난 20년간 BP와 러시아 정부 사이에 있었던 각종 갈등이 바로 그런 사례다).

안전 문제도 심각한 리스크 요소이다. 원유 유출이나 정제공장 사고는 한 번 발생했다 하면 그 피해 규모가 어마어마해서, BP는 2010년 멕시코 만 원유 유출 사고 이후 430억 달러 규모의 피해보상 준비금을 책정했다(2014년 10월 28일 블룸버그 보도).

    세계 각국의 규제환경 변화도 정유기업들로서는 무시할 수 없는 골칫거리다. 2013년 5월, 오하이오 주 영스타운^{Youngstown} 시의회는 프래킹^{fracking}(수압균열 방식으로 셰일 석유와 가스를 분리하는 공법으로 지진 및 환경오염 우려가 있음 - 옮긴이)을 금지하는 법안을 제안했지만, 정유기업 입장에서는 다행스럽게도 결국 법안은 통과되지 않았다. 미시건 주 나일스(Niles) 시의회에서도 2013년 8월 프래킹 금지 법안을 통과시켰지만, 해당 법안은 한 달 후 폐지되는 등(위키피디아 '미국 내 수압균열 석유시추' 항목 참고) 정유 산업을 둘러싼 규제환경은 끊임없이 변화한다. 뿐만 아니라, 정유, 특히 석탄 기업은 환경론자들의 비판에서도 자유롭지 못하다. 환경론자들은 늘 에너지 기업을 환경오염의 주범으로 지목하기 때문이다. 정유 산업은 이렇게 변동성이 크고 각종 정치, 규제환경에 크게 영향을 받기 때문에, 그 어떤 산업보다도 장기적인 계획을 세우거나 투자를 결정하기가 쉽지 않다.

    기존 재무보고서에 첨부된 사업 리스크 공시사항은 대개 기업 법무팀에서 작성한 형식적인 문구들인데,[15] 위에서 살펴본 바와 같이 정유 산업의 리스크 수준이 상당하다는 점을 고려하면 보다 분명하고 상세한 정보가 제시되어야 할 필요가 있다. 따라서 기업들은 전략적 보고서를 통해 현재 진행 중인 리스크과 잠재적인 리스크, 예상되는 피해액에 대해 자세히 공시하고, 특히 소유권 분쟁 가능성이 있는 자원, 기업에 불리한 규제환경 변화, 향후 주요 계약 조건이 변경되거나 개정될 것으로 판단되는 경우 기업에 어떤 리스크가 발생할 수 있는지 중점적으로 설명해야 한다. 물론, 리스크에 대한 공시는 법적인 문제가 되지 않는 한도 내에서 해야 한다.

다시 말하면, 가능한 모든 리스크 요소들을 의미 없이 나열하기보다, 현존하는 리스크와 잠재적인 리스크를 정확히 그리고 간결하게 제시하고, 예상되는 결과에 대해서도 함께 설명할 수 있어야 한다.[16] 그리고 마지막에는 이러한 리스크를 예방하거나 경감하기 위해 기업에서 어떤 대책을 강구하고 있는지 분명하게 밝혀야 한다.

정유기업의 가장 일반적인 사업 리스크라면 아마도 에너지 가격의 높은 변동성을 꼽을 수 있다. 실제로 석유, 가스보다 가격 변동성이 높은 자원이나 상품은 찾아보기 힘들 정도다. 가령 2000년대만 해도 2000년 배럴당 30달러를 밑돌던 원유가는 금융위기 직전인 2007~2008년 배럴당 140달러에 육박했고, 금융위기가 발발하자 40달러로 폭락했다가, 2011년 무렵에는 다시 120달러로 상승했다. 이후 2015년 중반 배럴당 60달러까지 떨어졌다가 2016년 초에는 28달러까지 완전히 내려앉았다. 이렇게 가격변동성이 높으면 정유기업의 전략과 경영성과에는 큰 타격이 가해지게 마련이다. 미국의 석유업체 아파치^{Apache}는 2015년 2월 25일 실적 발표를 통해 유가가 최근 38% 하락하면서 기업의 현금흐름이 17% 감소했으며, 그 결과 탐사와 생산 활동에 큰 압박을 받고 있다고 토로한 바 있다. 기업이 이와 같은 상황이라면, VaR(최대 예상 손실액)처럼 수량화된 리스크 지표를 통해 에너지 가격이 변동함으로써 현금흐름과 매출에 어떤 손실이 예상되는지 그 규모를 보여주는 것이 중요하다. 석유나 가스의 가격 변동성이 사업에 영향을 미친다는 사실은 투자자들이 이미 알고 있으니 새삼 경고할 필요는 없다. 투자자들이 필요로 하는 정보는 가격 변동에 따라 사업이 얼마나 민감하게 반응하는지, 사업의 리스크와 기업의 미래 성장을 판단할 수 있는 수량화된 지표이다. 따라서 금융권에서 금리 민감도를 분석하듯, 에너지 가격의 민감도를 측정하고 공시하면 투자자들에게 유용한 정보가 될 것이다. 요컨대, 전략적 자원에 대한 리스크는 어느 산업에서나 공통적으로 존재하지만, 정유 산업의 경우 리스크의 수준이 비교적 높은 편이고, 자산 포트폴리오가 다각화되어있지 않은 중소업체들은 리스크에 더욱 취약하다는 점을 잊지 말아야 할 것이다.

정유기업의 영업활동

정유기업의 사업은 주로 석유와 가스 탐사, 생산, 석유/가스 제품 판매로 이루어지며, 대규모 정유사들은 정제나 기타 화학 사업을 하는 경우도 있다. 이러한 정유 사업은 자본집약적인 동시에 노동집약적이기 때문에, 비용 절감과 영업활동의 효율성이 무엇보다도 중요하다. 그러나 우리가 검토했던 정유기업들의 실적발표 콘퍼런스 콜 중 비용 절감과 영업 효율성에 대해 질문한 애널리스트는 단 한 명도 없었다. 우리는 적잖이 놀랐다. 투자자라면 기업이 효율성을 추구하기 위해 어떤 고유의 메커니즘을 갖고 있는지, 또 어떤 비즈니스 프로세스(직원 교육, 하도급 계약 등)를 통해 경쟁기업들로부터 차별화를 꾀하는지 당연히 알아야하기 때문이다. 효율성을 추구하는 일이 비록 '흥미로운' 것은 아니더라도 기업의 성공에 필수적이며, 특히 기업 운영이 어려운 시기에 빛을 발한다.

표 15.3 전략적 자원의 보유 - 정유사의 영업활동

I	생산량(백만 Boe/day)			
	763;	766	(0%)	
	매출(십억 $)			
	20.17	20.10	(0%)	
	매출요인			
	가격	수량	환율	취득/매각
	×	×	×	×
II	매장량 대체비율			
	169	×	(×%)	
III	영업비용			
IV	매출총이익			

출처: 옥시덴털 페트롤리엄의 2012년, 2013년 데이터

전략적 보고서의 두 번째 열인 '전략적 자원의 보유'는 기업의 생산량과 '매출' 정보에서 시작된다. 미국의 석유회사 옥시덴털 페트롤리엄Occidental Petroleum을 예로 들어 보자. 옥시덴털은 2013년 일일 평균 석유생산량이 26만 6천 배럴로 2012년보다 4.3% 상승했으며(총 생산량은 76만 3천 Boe/day), 2013년도 총매출은 201억 7천만 달러로 전년도와 비슷한 수준이라고 공시했다.

엑슨모빌 이외에도 여러 기업들이 생산량에 대한 세부 자료를 제시하고 있다. 매출의 경우, 매출 변동의 원인과 향후 영향력을 판단하려면 가격, 수량, 환율 변동, 광구 취득/매각의 네 가지 관점에서 매출을 각각 분석할 필요가 있다(취득/매각을 고려하는 것은 인수합병 효과가 제거된 유기적 성장을 파악하기 위해서이다. [표 15.3]의 세 번째 항목 참조). 우리가 검토했던 기업들 가운데 매출을 한두 가지 요인별로 분석한 곳은 있었으나(데본은 2014년 연차보고서에서 당기에 매출이 변동한 원인이 수량

(71%)과 가격(29%) 때문이라고 설명했다), 네 가지 요인을 모두 종합적으로 분석하여 제시한 기업은 찾아보기 어려웠다. 이러한 정보는 투자자들에게 반드시 필요한 내용이자, 외부에 공시한다고 해서 기업 경쟁력에 해가 되는 기밀 사항도 아니다.

 정유기업의 생산량과 매출은 사업의 지속가능성이라는 중요한 문제로 이어진다. 석유, 가스, 광물 등 채굴산업의 특성상 생산량이 늘면 기업의 자원은 그만큼 고갈되기 때문이다. 따라서 기업이 지속가능한 성장을 추구하려면 기존 자원을 새로운 자원으로 대체하고, 신규 매장량을 추가로 확보해야 한다. 이러한 자원 고갈과 확보를 파악할 수 있는 지표로 매장량 대체비율$^{reserve-replacement\ ratio}$이 있다. 매장량 대체비율이란 특정 기간의 생산량 대비 취득과 탐사를 통해 확보한 신규 확인 매장량을 나타낸 수치로, 지속가능한 정유 사업을 유지하려면 매장량 대체비율이 항상 100%를 넘어야 한다. 옥시덴털은 2013년 말 기준 매장량 대체비율이 169%를 기록했다고 발표했으며, 당기 중에 4억 7천만 배럴의 신규 매장량을 확보한 덕분이라고 설명했다. 옥시덴털은 해당 신규 매장량을 발견하고 개발하는 데 77억 달러가 소요되어 배럴당 16.4달러의 원유생산비용이 발생했다고 언급했는데, 이는 정유기업의 장기적인 생산 패턴을 분석하고 다른 기업들과 상호 비교할 수 있는 중요한 지표이다. 매장량 대체비율 다음에는 총 영업비용과 배럴당 영업비용을 표시한다. SEC에서는 석유 및 가스의 단위당 평균 판매가격과 평균 생산비용을 각 지역별로 공시하도록 의무화하고 있다.

 정유업체 헤스^{Hess}는 2013년 1분기 실적발표를 통해 배럴당 현금영업비용이 21.2달러, 배럴당 감가상각비와 감모상각비가 19.2달러였다고 밝혔다. 이는 경쟁기업들의 영업비용 및 시가와 비교할 수 있어 의미 있는 정보이다. 또 영업비용이 있으면 매출총이익을 구할 수 있고, 경영진의 주관적인 추정이 배제된 현금매출총이익을 계산할 수 있다.

> **• 투자자 인사이트 •**
>
> 고정비 대비 변동비의 비율을 나타낸 '영업 레버리지(operating leverage)'는 매우 중요한 정보임에도 불구하고 투자자들이 재무 레버리지(financial leverage)에만 치중한 나머지 종종 간과하는 요소이다. 영업 레버리지가 높은 기업은 대개 유지관리비, 감가상각비, 유형자산 보험료 등 기업의 장기 유형자산 비중이 높아 고정비 지출이 많이 발생한다. 고정비는 단기간에 조정이 불가능하기 때문에, 시장 상황이 변동할 때(수요 감소 등) 기업의 이익은 타격을 받게 된다. 반대로, 시장 상황이 좋아져 수요가 증가하면 기업의 이익은 (한계 역량 내에서) 가파르게 증가한다. 영업 레버리지를 보면 시장 상황에 대한 기업 이익의 민감도를 파악할 수 있기 때문에 중요한 지표가 된다. 정유기업은 비유동 자산과 장기 자원의 비중이 크기 때문에 영업 레버리지가 높은데, 영업 레버리지가 높을수록 시장 상황에 대한 이익의 민감도는 함께 증가한다. 따라서 정유기업의 투자자라면 기업의 리스크를 판단할 수 있는 영업 레버리지 정보를 중요하게 살펴야 할 것이다.

회사가 창출한 가치

이전 장에서 살펴본 다른 기업들의 가치 계산 방법과 마찬가지로, 정유기업의 당기 창출 가치 역시 영업활동으로 인한 현금흐름에서 시작해 투자지출을 가산하고 자본적 지출과 자기자본비용을 차감하는 순서로 계산한다.

다음의 [표 15.4]는 지금까지 설명한 정유기업의 전략적 보고서 내용을 종합한 것이다. 전략적 보고서를 활용하면 기존 재무보고서와 공시자료처럼 수백 페이지에 걸쳐 장황하게 설명할 필요 없이 투자자에게 필수적인 정보만 간결하게 압축해 전달할 수 있다는 점을 주목하자.

표 15.4 석유/가스의 전략적 보고서

네모와 동그라미는 각각 정량적 정보와 정성적 정보에 해당

전략적 자원의 투자

포트폴리오 전략 (백만 $)
- 투자
- 매각
- 탐사
- 확인매장량

인수 및 합병

합작투자 및 제휴탐사

신규 체결 계약

전략적 자원의 보유 현황

광구자산
- 광구의 면적
- 확인 매장량
- 할인현금흐름 (백만 $)
- 생산 중인 유정 및 시추기

정제능력

특허 및 상표권

정부기관과 체결한 계약

전략적 자원의 보존

리스크 요인

지정학적 요인, 규제환경 변화, 주요 계약의 변경 등 기업의 전략적 자원을 위협하는 요인 & 기업의 리스크 대책

파괴적 기술 혁신의 등장

에너지 가격의 민감도

전략적 자원의 운용

I. 영업활동
- 생산량
- 매출
- 가격 수량 환율 취득/매각

II. 매장량 대체비율

III. 영업비용 (백만 $)
- 총 영업비용
- 배럴당 영업비용

IV. 매출총이익 (%)

창출한 가치

단기에 창출한 가치($)

영업활동으로 인한 현금흐름
- (+): 투자지출
- (−): 자본적 지출
- (−): 자기자본비용
- (=): 가치창출

1 일부 정유기업들은 원유 트레이딩 사업을 하는 경우도 있는데, 원유 트레이딩 사업 실적은 대개 다운스트림과 통합해서 공시되기 때문에 정보의 유용성이 더욱 떨어진다.
2 정유기업의 탐사활동비용을 회계 처리하는 방식에는 두 가지가 있다. 첫 번째는 '성공원가(successful efforts)' 방식으로, 건공(dry well, 석유가 발견되지 않은 유정 - 옮긴이)을 탐사한 비용은 전액 비용 처리된다. 두 번째는 '전부원가(full cost)' 방식으로, 건공을 탐사한 비용은 모두 자산화된다. 어떤 회계 처리 방식을 사용하느냐에 따라 결과가 크게 달라지므로 기업 간 비교가능성이 떨어지는데, 대부분의 대형 정유기업들은 '성공원가' 방식을 사용한다.
3 애널리스트 질의와 경영진의 대답은 대부분 이런 식으로 진행된다. "귀사의 글로벌 사업 포트폴리오에 궁금한 점이 있습니다. 발표된 자산 (매각) 계획 이외에도 포트폴리오를 향후 추가적으로 재구성할 가능성이 있습니까?", "현재로서는 어떤 매각 계획도 없습니다." (헤스의 2013년 1분기 실적발표)
4 우리가 제시하는 기업 사례들은 독자 여러분의 이해를 돕기 위한 것으로 절대 해당 기업의 투자를 추천하는 것이 아님을 분명히 하고자 한다.
5 미드스트림 사업이란 업스트림에서 생산된 석유/가스의 수송, 보관, 마케팅하는 활동이다.
6 데본의 COO(최고운영책임자)는 2013년 4분기 실적발표를 통해 차기연도 자본적 지출 예상액을 각 광구별로 언급해 정보의 투명성과 신뢰도를 더욱 높였다. "…퍼미안은 15억 달러, 이글포드는 11억 달러, 캐나다의 중유 유전 개발은 11억 달러… 바넷와 애너다코의 셰일가스 지역은 6억 달러의 지출이 예상됩니다…." 우리가 검토한 다른 정유기업들 가운데는 자본적 지출 예상액을 공시하기 거부한 경우도 있었다.
7 정유기업들은 일반적으로 취득과 매각 규모를 비슷하게 유지하는 편이다. 아파치 경영진의 2015년 2월 25일 프레젠테이션을 보면 지난 5년간 신규 취득한 자산이 155억 달러, 매각한 자산이 148억 달러로 취득과 매각 규모가 매우 비슷하다는 점을 알 수 있다. 해당 프레젠테이션은 석유와 천연가스의 취득, 매각 내역에 대해서도 차트를 통해 자세히 보여주었다.
8 영국에서는 정유기업을 대상으로 사업 전략과 주요 경영성과 지표를 공시하도록 의무화하고 있다. 특히, 경영진의 사업 지속가능성에 대한 보고서(viability statement)는 상당히 흥미로운 내용이다. 이러한 공시 규정은 유용한 정보를 제공하기 위한 올바른 조치이나, 기존 재무보고서와 마찬가지로 내용이 너무 길고 장황하다는 문제가 있다. BP의 2014년도 보고서만 해도 장장 68페이지에 달하기 때문에, 핵심 정보를 파악하기가 쉽지만은 않다. 반면, 우리가 제안하는 전략적 보고서는 간결하고, 전혀 복잡하지 않으며, 투자자 친화적이다.
9 독자 여러분의 이해를 돕기 위해 데본 에너지의 2013년, 2014년 데이터를 사례로 사용하였다.
10 미국 SEC는 정유기업이 탐사 중인 생산정과 건공의 개수, 개발이 완료된 생산정과 건공의 개수를 공시하도록 의무화하는 등 여러 가지 공시 규정을 제정하고 있다.
11 SEC는 확인 매장량을 다음과 같이 정의하고 있다. "석유와 가스의 확인 매장량이란 지질학적 및 공학적 자료 분석에 따라 현재의 경제적 조건, 운영방법, 정부 규제사항 등을 고려했을 때 이미 발견된 저류층(reservoir)으로부터 상업적 생산이 가능할 것으로 합리적으로 확신할 수 있는 석유 및 가스 매장량이다."
12 국제에너지기구(International Energy Agency)는 비전통 석유를 다음과 같이 정의하고 있다(2013). "비전통 석유란 오일샌드, 초중질유, 가스액화연료, 기타 액화연료 등의 다양한 석유자원으로 구성되어 있다. 대개 비전통 석유는 전통석유 대비 개발 및 생산비용이 더 많이 든다."
13 SEC와 FASB에서는 정유기업의 확인 매장량과 할인현금흐름 정보공시를 의무화하고 있다. 또한 기업 경영진이 확인 매장량 수치를 유리하게 조작하는 것을 방지하기 위해 공시 기준을 상세하게 제시하고 있다. 우리가 제안하는 전략적 보고서는 대부분이 사실적인 데이터이나, 확인 매장량은 예외적

으로 경영진의 추정치를 사용한다.

14 Martin Boyer and Didier Filion, "Common and Fundamental Factors in Stock Returns of Canadian Oil and Gas Companies," Energy Economics, 29 (2007): 428–453. Joseph Magliolo, "Capital Market Analysis of Reserve Recognition Accounting," Journal of Accounting Research, 24 (1986): 69–108.

15 데본의 2014년도 연차보고서를 보면 사업 리스크에 대한 내용이 4페이지에게 걸쳐 빡빡하게 기술되어 있는데, 석유와 가스 가격이 변동할 가능성이 있다. 추정매장량은 확실성이 높지 않다 등 투자자들이 이미 아는 내용이 대부분이다. 이러한 공시사항은 구체성과 실제성이 떨어지기 때문에 정보 유용성이 떨어진다.

16 합작투자와 관련된 중요한 리스크 요소 가운데 '제3자 리스크(합작 투자자가 아닌 제3자로 인해 발생하는 리스크)'가 있는데, 리스크의 심각성에도 불구하고 쉽게 간과되는 경향이 있다.

17 SEC에서는 석유 및 가스의 단위당 평균 판매가격과 평균 생산비용을 각 지역별로 공시하도록 의무화하고 있다.

PART

4

실무적인 문제

우리는 지금까지 기존 재무보고서의 정보 유용성이 크게 저하되었다는 점을 증명하고, 기업의 전략과 전략 실행에 대해 공시할 수 있는 새로운 기업정보 패러다임인 전략적 보고서를 제안했다. 이제 4부에서는 전략적 보고서를 활용하기 위한 실무적인 이슈 세 가지를 다음과 같이 분석하고자 한다.

- **도입**: 우리가 제안한 전략적 보고서를 기업에서 실제로 도입할 수 있으려면 어떤 방법이 필요할까?
- **회계제도 개선**: 현행 회계제도와 공시체계가 유용한 정보를 전달할 수 있도록 개선하려면 어떤 변화가 필요할까?
- **투자분석의 개선**: 투자자들이 전략적 보고서를 통해 더 나은 투자 의사결정을 하려면 기존 재무, 증권분석 방식에 어떤 변화가 필요할까?

16 CHAPTER
THE END OF ACCOUNTING

어떻게
도입할 것인가

이 장에서는 투자자들에게 지금까지 어떤 재무보고서에도 존재하지 않았던 유용한 정보를 제공하기 위해 우리의 전략적 보고서를 실무적으로 도입할 수 있는 방법에 대해 논의하고자 한다. 기업 경영진들이 이미 엄청난 공시업무 부담에 시달리고 있다는 점을 감안했을 때, 강제적인 규정을 도입하지 않으면서도 경영진이 자발적으로 전략적 보고서를 공시하도록 유도할 수 있는 방법은 없을까? 너무 순진한 바람은 아닐까? 하지만 우리는 분명 방법이 있다고 생각한다. 기업으로부터 유용한 정보를 이끌어낼 수 있는 자발적인 방법과 그 근거에 대해 지금부터 살펴보도록 하겠다.

정보공시의 동기부여

지금까지 우리는 11장부터 15장에 걸쳐 투자자를 위한 새로운 기업정보 패러다임에 대해 살펴보았다. 우리는 경제학 이론에 근거해 어떤 정보가 기업의 경영성과와 실적을 평가하는 데 적합한지 규정하고, 이러한 정보를 애널리스트들이 실제로 요청하고 있다는 것을 확인했다. 또 기업이 유용한 정보를 공시하는 사례가 비록 빈번하지는 않지만, 일단 공시되는 경우 해당 기업의 주가에 상당한 영향을 미친다는 사실도 증명했다. 이는 다시 말해 성공적인 투자 의사결정을 위해 투자자들이 필요로 하는 정보들이 제대로 공급되지 않고 있다는 이야기다.

그렇다면 과연 어떻게 해야 투자자들에게 꼭 필요한 정보를 정기적으로, 일관성 있게 제공할 수 있을까? 현실적으로 생각하면, 이미 각종 공시 업무에 시달리는 기업 경영진에게 또 다른 공시 의무를 부과하는 것은 꽤 부담스러운 일일 수 있다. 경영진 입장에서 추가적인 정보공시를 반대하는 것은 어찌 보면 너무도 당연한 반응이다.[1] 그렇다면, 우리의 전략적 보고서는 가망 없는 제안일까?

기업으로 하여금 어떤 정보(제품 속성에 대한 정보부터 안전, 환경, 재무에 대한 정보까지)를 공시하도록 유도하는 가장 전통적인 전략은 규제를 통해 강제적으로 공시를 의무화하는 것이다.[2] 하지만 우리는 전략적 보고서를 강제로 의무화하는 것을 원치 않는다. 1부에서 각종 그래프 분석을 통해 살펴보았듯, 어떤 정보를 강제로 공시한다고 해서 그 정보가 반드시 유용하게 사용되는 것이 아니라는 점을 충분히 깨달았기 때문이다. 기업이 유용한 정보를 공시하도록 유도하는 더 좋은 대안이 분명 존재할 것이다.

우리는 경제학자들이 '현시선호revealed preferences'라고 일컫는 현상이 바로 그 대안이라고 생각한다. 휴대전화나 시리얼을 구매하는 소비자들이 가장 우수한 품질의 저렴한 제품을 요구하듯, 투자자들은 기업으로부터 가장 유용한 정보를 달라고 요구해야 한다. 이에 따라, 우리는 투자자들이 기업으로부터 유용한 정보(기업의 경영성과와 주가를 예측할 수 있는 정보)를 적극적으로 요구하는 것이 첫 번째 요건이 되어야 한다고 생각한다.

화이자의 파이프라인 공시 내용이 어떻게 발전했으며 정보 이용자들의 역할이 얼마나 중요한지 지금부터 소개하는 사례 연구를 살펴보도록 하자.

화이자의 파이프라인 정보공시

제약/바이오테크 기업의 사업 성장에 있어 신약 개발(파이프라인)의 규모와 진행 상황만큼 중요한 것도 없을 것이다. 따라서 제약회사들 사이에 경쟁이 치열하다는 점을 고려하면, 파이프라인 정보가 기업 밖으로 절대 새어나가서는 안 될 귀중한 비밀이라 짐작할 만도 하다. 그런데 신기하게도, 화이자는 모든 파이프라인에 대한 정보를 기업 웹사이트에 발표하고 있으며(www.pfizer.com/research/science_and_technology/product_pipeline), 매 분기 파이프라인 업데이트를 통해 신약 프로젝트 진행과 FDA 허가신청 현황, 마케팅 정보를 전부 공개하고 있다. 화이자의 신약 개발 진행상황을 알고 싶은 투자자는 웹사이트에 접속해 파이프라인 정보와 화이자가 실시간으로 업데이트하는 FDA 승인 결과, 신약 발견 소식 등을 확인할 수 있으므로, 화이자의 성장 가능성을 보다 분명하게 파악할 수 있다.

뿐만 아니라, 화이자는 인수합병, 제휴, 특허 라이선싱, 사업부 매각 등 파이프라인에 직접적인 영향을 미칠 수 있는 사업 계획에 대해서도 제공하고 있다. 여기서 중요한 것은 화이자가 이례적인 사례가 아니라, 대부분의 제약회사들이 세부적인 파이프라인 정보를 정기적으로 공시한다는 사실이다. 아마 파이프라인 공시 규정이 잘 갖춰진 덕분이라 추측하는 사람들도 있을 것이다. 하지만 그렇지는 않다. 파이프라인 정보는 순전히 자발적 공시 내용이다. 그렇다면 원인이 무엇일까?

우리는 1990년대 초반부터 화이자의 연차보고서(10-K)를 검토한 결과 화이자가 과거에는 파이프라인 정보공시에 그다지 적극적이지 않았다는 사실을 알게 되었다. 가령, 1993년도에 발행된 연차보고서를 보면 FDA가 8개의 신약을 검토 중이라는 내용이 파이프라인 정보의 전부였다. 하지만 1994년 이후, 화이자가 제공하는 파이프라인 정보는 양과 질 측면에서 조금씩 개선되기 시작했다. 1994년도 연차보고서에는 15개의 화학물질이 선행개발 중이라는 사실이 언급되었고, 1995년이 되자 48개의 제약 합성물이 개발 단계에 있다는 추가 사실이 공시되었다(이들 합성물 가운데 일부는 1995년 이전부터 개발되었음에도 불구하고 공시되지 않았던 것이다). 1998년이 되자 화이자는 후기 임상단계에 있는 8개의 약물 이름과 치료 분야를 최초로 공개했고, 1999년에는 파이프라인 정보를 추가적으로 확대하기에 이르렀다. 2001년 연차보고서에는 앞으로 1년 내 미국 및 유럽에서 승인, 판매될 것으로 예상되는 5개의 신약 정보를 싣고, 2002년 중으로 허가신청을 계획 중인 2개의 신약에 대해서도 발표했다. 뿐만 아니라, 다른 제약사들과 공동으로 진행 중인 신약 개발에 대해서도 공시했다.

이러한 추세는 2003년에도 계속 이어져, 화이자는 향후 5년간 20개 신약의 승인 허가를 신청할 계획이라고 발표했다. 파이프라인 정보를 꾸준히 강화해나가던 화이자는 드디어 2011년 2월, 웹사이트에 공시된 파이프라인 정보를 매 분기마다 업데이트하기 시작했다. 지난 20년간 화이자의 파이프라인 공시 내용이 어떻게 변화했는지에 대한 자세한 내용은 부록의 [표 16A]를 참고하도록 하자.

파이프라인 정보의 개선 원인

화이자의 경영진이 회사의 비밀스러운 제약 개발 정보를 공시하게 된 동기가 무엇이었을까? 갑자기 정보의 투명성에 대한 믿음이 생긴 걸까? 그랬을 수도 있겠지만, 우리는 파이프라인 정보에 대한 애널리스트의 지속적인 요청이 가장 주요한 요인이었을 것이라 생각한다. 아래 사실관계를 살펴보자.

우리는 2001년, 2002년, 2003년, 2005년, 2010년, 2015년 각 1분기에 진행된 실적발표 Q&A 세션에서 애널리스트들이 화이자에 어떤 파이프라인 정보를 요청했는지 직접 검토했다. 우리가 2001년부터 자료 검토를 시작한 이유는 [표 16A]에서 볼 수 있듯 2001년부터 2003년까지 화이자의 공시내용이 대폭 증가했기 때문이고, 실적발표 Q&A 세션은 사업 전략의 주요 이슈, 경영 성과, 미래 성장에 대한 애널리스트의 질문과 경영진의 대답을 확인할 수 있는 자료였기 때문이었다.

우리는 각 Q&A 세션별로 애널리스트가 질문한 총 질문 개수와 파이프라인과 관련된 질문 개수를 세어보았다.[3] 애널리스트의 질문 개수를 세어본 결과, Q&A 세션마다 적게는 20개(2001년)부터 많게는 30개(2015년)의 질문이 제기되었음을 확인했다. 그러나 [표 16.1]의 그래프에 나타난 바와 같이, 파이프라인 질문 개수와 전체 질문에서 파이프라인이 차지하는 비중은 눈에 띄게 감소했다.

2001년, 애널리스트의 파이프라인 관련 질문 개수는 12개로 총 질문의 60%를 차지했는데, 이는 신약 개발 현황에 대한 애널리스트의 관심이 지대하다는 것을 방증했다(동시에 재무보고서에 파이프라인 정보

표 16.1 파이프라인 관련 질문 개수와 비중

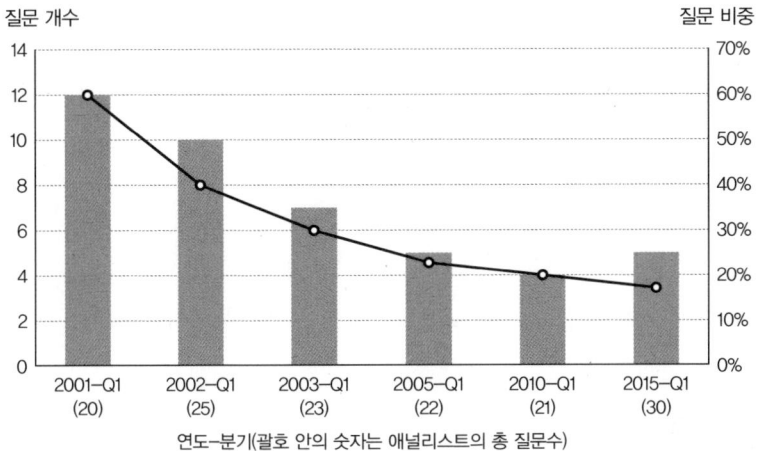

연도-분기(괄호 안의 숫자는 애널리스트의 총 질문수)

출처: 화이자 2001~2015 실적발표 콘퍼런스 콜

가 부족했다는 뜻이기도 하다). 하지만 화이자가 파이프라인 공시 정보를 점점 늘려감에 따라 애널리스트의 질문 개수는 서서히 줄어들기 시작했고, 2015년이 되자 질문 개수는 5개(총 질문의 17%)까지 감소했다. 파이프라인 정보도 수요 공급 법칙을 따르는 전형적인 사례였던 것이다.[4]

애널리스트 질문을 분석한 결과, 우리는 화이자의 파이프라인 정보 공시 수준이 개선된 것은 애널리스트의 지속적인 정보 요청 때문이라는 점을 분명하게 알 수 있었다.[5] 이는 화이자가 정보의 투명성에 관심이 없었다는 이야기가 아니다. 화이자는 애널리스트의 질문에 신속하게, 정확하게 대답하라고 어떤 강요도 받지 않았다. 우리가 화이자의 사례를 제시한 이유는 기업으로부터 유용한 정보를 이끌어낼 수 있는 강력한 동인이 투자자로부터 나온다는 점을 증명하기 위해서였다.[6]

이처럼 투자자의 역할이 중요한 것은 기업이 투자자의 정보 요구를 계속 묵살했을 경우 상당한 후폭풍이 예상되기 때문이다. 기업의 '침묵'은 뭔가 안 좋은 일을 숨기고 있다는 것으로 간주되곤 한다. 심지어 "투자 시장에서 무소식은 나쁜 소식"이라는 말이 있을 정도다. 또 경제학에서 이야기하는 '완전 공개$^{full\ revelation}$' 원칙에 따라, 어떤 기업이 특정 정보를 공시할 경우 다른 기업들도 이를 따라야 할 '의무'가 생긴다. 실제로, 파이프라인 정보를 세부적인 내용까지 공시하는 것은 오늘날 제약업계의 일반적인 규범으로 자리 잡았다. 이에 따라, 우리는 애널리스트와 기관투자자들이 기업으로부터 유용한 정보를 적극 요청하는 것이 전략적 보고서를 실무적으로 도입하기 위한 첫 번째 단계라고 생각한다. 고압적인 규정은 경영진의 반발만 불러일으킬 뿐, 전략적 보고서가 실제로 도입되기까지는 10년 이상의 오랜 시간이 걸릴 수도 있다.

우리에게 필요한 것은 기업 주주들이 기업으로부터 유용한 정보를 지속적으로 요구하는 것뿐이다. 물론, 모든 애널리스트와 투자자들이 정보의 투명성을 원하지 않는다는 점을 우리는 잘 알고 있다. 경영진과 두터운 친분을 형성한 애널리스트와 기관투자자들은 경영진으로부터 직접 필요한 정보를 들을 수 있기 때문에, 오늘날처럼 정보 유용성이 떨어지는 환경이 오히려 그들에게는 득이 될 수 있기 때문이다. 그럼에도 불구하고, 우리는 기업공시 수준이 개선되면 상당히 많은 애널리스트와 투자자들이 혜택을 얻을 수 있다고 믿는다. 우리는 이들이 기업으로부터 유용한 정보를 기꺼이 요구할 것으로 기대한다.

SEC의 역할

앞에서 살펴본 대로 투자자들의 정보 요구는 기업으로부터 정보공시를 유도하는 데 효과적이지만, 문제는 기업의 대응이 느리고 공시 정보가 기업마다 서로 다르다는 데 있다. 화이자만 해도 파이프라인 정보공시 수준이 개선되는 데 10년이 넘는 시간이 걸렸는데, 우리가 제안하는 전략적 보고서는 파이프라인보다 훨씬 더 방대한 정보공시를 요구한다. 우리 저자들은 전략적 보고서가 살아생전에 활용되는 모습을 보고 싶기 때문에, 우리를 도와줄 지원군이 필요하다. 대표적으로 미국 SEC나 다른 국가의 회계규제 제정기관들이 전략적 보고서의 도입을 가속화시켜줄 수 있을 것으로 생각한다.

사실 SEC는 기업의 재무보고방식을 개선하는 데 깊은 관심을 갖고 지난 수년간 다양한 노력을 기울여온 바 있다. 회계정보의 왜곡을 방지하고, 에드가(Edgar, SEC에서 운영하는 공시시스템 - 옮긴이), XBRL 등을 통해 기업보고서의 접근성을 높이며, 회계기준과 재무제표의 품질을 개선하기 위한 노력이 바로 그런 사례들이다. 또 이 책을 집필하는 현재, SEC는 2014년부터 제안해 온 공시 효율성 제고 방안을 위한 대응을 준비하고 있다. 그러나 1부에서 다양한 사례를 통해 증명했듯이, SEC의 노력은 회계정보 유용성 측면에서 그다지 큰 성공을 거두지 못했다. 우리는 이러한 실패의 이유가 투자자들이 어떤 정보를 필요로 하는지, 또 각 산업별로 투자자의 필요를 충족할 수 있는 정보가 무엇인지 구체적이고 실증적인 검증이 부족했기 때문이라고 생각한다.

반면 우리의 전략적 보고서는 투자자의 니즈와 산업별 특성을 모두 충족하기 때문에, SEC의 지지를 받을 수 있다면 과거 그 어느 때보다 재무보고의 효율성을 성공적으로 개선할 수 있을 것이라 확신한다. 사실 SEC는 '기업 개요'처럼 자주 변경되지 않는 기업정보의 공시를 강화하는 '핵심 공시'의 원칙을 추구하는데, 이는 전략적 보고서의 방향과도 잘 부합한다.[7]

SEC의 지지와 지원은 앞으로 전략적 보고서가 기업에서 실무적으로 활용되는 데 튼튼한 기반이 되어줄 것이다. 우리가 12장부터 15장을 통해 전략적 보고서의 4가지 사례를 제시했던 것처럼, SEC에서도 각 산업마다 경영자와 투자자 그룹을 구성해 산업별로 특수화된 전략적 보고서를 구상할 수 있다. 이는 전략적 보고서에 비교가능성이란 중요한 요소를 더해줄 수 있을 것이다. 오늘날 투자자들의 투자 의사결정에 있어 동일한 산업 내 기업들을 상호 비교하는 데 어려움이 있다는 점을 고려하면, 각 산업이나 업종별로 통일된 보고서 형식을 제정하는 것은 효율적인 공시를 가능케 하는 필요조건이다. 따라서 SEC와 기타 회계규제 제정기관들은 기업공시의 효율성을 개선하는 데 있어 앞으로 여러 가지 중요한 역할을 담당할 것이다.

산업협회의 역할

산업협회는 기업의 정보공시 개선에 그다지 활발하게 관여하지 않는다. 산업협회는 해당 산업 제품의 소비를 촉진하고, 회원 개발 프로그램을 제공하고, 산업에 유리한 법과 규정이 제정되도록 로비활동을 펼치는 데 주로 관심이 있기 때문이다. 물론, 산업별 특성을 잘 대변하는 재무지표를 만들어 해당 산업에서 널리 활용하도록 하는 경우는 종종 있다. 가장 대표적인 사례로는 반도체 기업 투자자들이 널리 활용하는 출하/수주 비율$^{book\text{-}to\text{-}bill\ ratio}$(기업의 수주액을 출하액으로 나눈 것으로 반도체 업계의 선행지표)이 있다. 또 세계금위원회$^{World\ Gold\ Council}$가 일반기업회계기준보다 금 채굴원가를 더 정확히 반영할 수 있는 새로운 규정을 제정하기 위해 전문가 집단을 구성한 것도 비슷한 사례라고 할 수 있다.

2013년 6월, 세계금위원회는 가이드라인을 통해 '총 생산원가$^{all\text{-}in\ sustaining\ costs,\ AISC}$'라는 이름도 낯선 새로운 지표를 제시하고 탐사부터 폐쇄까지 한 번의 채굴주기에서 발생하는 모든 비용을 추적할 것을 제안했다.[8]

이들이 제안한 총 생산원가는 포괄적인 개념이라 광산 현장에서 발생한 원가, 광산 사용료, 각종 제세, 사후 처리비용, 탐사비용, 조사비용, 자산화된 탐사지출내역, 판관비 등이 모두 포함되나, 자산 감액손실이나 퇴직수당 같은 일회성 비용은 제외되기 때문에 일반기업회계기준보다 기업의 반복적인 거래를 나타내기에 적합하다. 그리고 총 생산원가를 해당 기간의 생산량으로 나누면 생산량의 단위 원가도 측정할 수 있다. 실제로, 한 광산업체의 CFO에 따르면 광산업계의 대부분 기업들은 일반기업회계기준에 따른 비용과 총 생산원가를 함께 공시한다고 밝히기도 했다. 이는 해당 산업의 기술과 환경에 대한 이해도가 높은 산업협회가 우리 전략적 보고서의 도입과 실행에 귀중한 역할을 할 수 있음을 보여준다.

경영자의 역할

물론 기업으로부터 자발적인 정보공시를 이끌어내기 위해서는 기업 경영자들의 협조가 필수적이다. 우리는 경영자들이 전략적 보고서의 장점을 이해하고, 또 경영자들에게 적절한 동기부여가 제공될 경우, 그들이 우리의 전략적 보고서를 얼마든지 지지해줄 것이라 믿는다. 그 이유는 다음과 같다.

회계정보의 유용성이 급속하게 저하되고 있다는 사실을 기업 경영자만큼 잘 알고 있는 사람들도 없을 것이다. 기업의 자발공시 규모가 점점 증가하고 있는 것도 바로 이런 이유 때문 아닐까? 추정^{proforma} 재무제표를 예로 들어보자. 2003년에는 상장기업들 가운데 추정 재무제표를 공시하는 비중이 20%에 불과했으나, 2013년이 되자 그 비중은 40% 이상으로 증가했다.[9] 과거에는 비^{非}일반회계기준$^{non-GAAP}$에 따른 추정 재무제표상 정보가 '경영자의 희망사항', '근거 없는 믿음', '비용을 무시한 이익' 등으로 불리며 조롱거리가 되곤 했다. 하지만 2003년 SEC가 일반기업회계기준에 따른 재무제표와 추정 재무제표 이익의 조정 내역을 공시하도록 의무화하고, 동시에 투자자들이 추정재무제표 이익에 더 강하게 반응한다는 실증연구 결과가 발표되면서,[10] 추정 재무제표 이익과 기타 non-GAAP 정보의 지위가 향상되었다.

Non-GAAP상 이익의 장점이 뭐가 되었든 간에, 다른 기준의 사용빈도가 증가하고 있다는 사실은 경영자가 그만큼 일반기업회계기준에 신뢰를 잃고 있다는 의미로 해석된다. 이러한 현상은 non-GAAP에 따른 이익 정보에만 국한되지 않는다. 이 장 초반에 설명했다시피, 제약사의 파이프라인 정보나 통신사, 인터넷 기업, 보험사, 미디어 기업의 고객 정보 같은 비재무적 정보의 자발 공시가 증가하는 것도 경영자들이 회계정보의 유용성이 하락하고 있다는 것을 인지하고 있다는 증거이다.[11] 문제는 이런 자발공시의 내용이 산발적이고 일관성이 부족하며, 기업들 간 통일된 형식으로 공시되지 않아 투자자의 활용도가 높지 않다는 점이다. 우리의 전략적 보고서가 보완하고자 하는 부분이 바로 이것이다.

우리는 이 책 1부에서 회계정보의 유용성이 하락했다는 점을 확인했다. 그리고 위의 사례를 통해 경영자들이 회계정보 유용성 하락에 대해 직감적으로 인지하고 있음을 증명했다. 이 두 가지는 경영자들이 우리의 전략적 보고서를 지지해야 할 당위성을 제공한다. 하지만 이것만으로는 경영자의 전폭적인 지지를 얻기 힘들 수도 있다. 기업 입장에서는 더 많은 정보를 공개하는 것에 대한 우려가 당연히 존재하기 때문이다.

소송과 경쟁력에 대한 우려

우리 제안을 따를 경우 잠재적인 소송 위험이 생기거나 경쟁에 민감한 정보를 공시해야 되지 않을까 걱정하는 사람들이 분명 있을 것이다. 기업 입장에서는 당연히 우려할 만한 점이지만, 전략적 보고서로 인해 그러한 일이 발생하지는 않으니 걱정하지 않아도 좋다.

먼저, 전략적 보고서의 대부분은 검증이 어렵지 않은 사실관계를 다른다. 신규 고객 수, 보험사고의 빈도와 심도, 개발 특허 수와 라이선싱된 특허 수, 시추기와 유정 가동건수 등은 모두 사실관계에 대한 데이터이다. 이러한 데이터에는 경영진의 주관적 판단이나 예상, 추정의 결과(공정가치)가 반영되지 않기 때문에, 잠재적인 소송 위험을 야기하지 않는다. 기업이 의도적으로 사실관계를 오도하지 않는 한, 전략적 보고서로 인해 소송에 휘말릴 염려는 없다는 이야기다. 뿐만 아니라, 전략적 보고서의 데이터는 외부 감사인으로부터 쉽게 감사받을 수 있는 내용이기 때문에 소송 위험에 대해서는 전혀 걱정할 필요가 없다.

경쟁사에 알려져서는 안 될 민감한 정보를 공시해야 되는 것에 우려가 있을 수 있으나, 12장부터 15장의 각 산업별 사례에서 살펴보았듯 우리가 전략적 보고서에 포함시키고자 하는 내용의 상당 부분은 많은 기업들이 이미 공시하거나 발표했던 데이터이다. 단지 지금까지는 이러한 정보를 포괄적으로 보여주는 체계적인 방식이 없었을 뿐, 많은 정보들이 이미 자발적으로 공시되어 왔고 기업의 경쟁력에는 아무런 해를 끼치지 않았다. 따라서 전략적 보고서가 기업 경쟁력에 위해를 준다는 걱정은 하지 않아도 될 것으로 보인다.

마지막으로, 경영진 입장에서는 "이걸 뭐 하러 해야 되나" 싶은 생각이 들 수도 있다. 유용한 정보를 공시하려면 데이터를 잘 정리해 보여주고(필요한 데이터는 기업에 대부분 있기 때문에 데이터를 처음부터 수집할 필요는 없다), 투자자들이 궁금해 하는 것에 귀 기울이는 등 많은 노력이 필요하기 때문이다. 우리는 이러한 경영진의 노력에 합당한 보상이 주어지는 것이 좋다고 생각한다. 실제로, 정보의 투명성을 높이고 기업공시 활동을 적합하게 개선하는 경우, 소위 경제학에서 '정보의 비대칭'이라고 부르는 현상이 사라지면서 기업과 기업 경영진 모두 보상 효과를 누릴 수 있게 된다.

간단히 요점만 설명하면, 회계정보의 유용성이 저하되면 투자자들은 기업의 성장 가능성을 예측하기 어렵기 때문에(6장 참고) 기업의 주가가 하락하고 자기자본비용이 높아지게 된다.[12] 따라서 회계정보의 유용성 저하는 기업과 기업 경영진 입장에서도 바람직하지 않은 현상이다. 이는 기업에 대한 정보가 불확실할수록 주가 하락폭과 주가 변동성이 커지기 쉽다는 수많은 연구 결과에 의해서도 증명되고 있다. 특히 기관투자자의 비중이 낮고 담당 애널리스트 숫자가 적은 중소기업의 경우 기업 정보가 더욱 한정되어 있어 이러한 현상이 더욱 극심하다.[13] 따라서 기업 경영진이 공시정보 품질에 책임지고 회계정보의 유용성을 보강하는 것은 경영진 스스로에게도 이로운 일이다. 대부분의 경영진은 이를 알고는 있지만, 어떻게 해야 공시를 개선할 수 있는지 좋은 방법을 모르는 경우가 많다. 이에 따라 우리는 체계적이고, 검증된 우리의 전략적 보고서를 문제 해결 방안으로 제시한다.

이 정도면 대부분의 경영진들이 우리의 제안을 지지해 줄 것이라 생각한다. 하지만 그들 역시 쉬고 싶고 놀고 싶은 인간이기에, 경영진을 설득할 수 있는 이유 한 가지를 더 제시하고자 한다.

경영진의 공시 부담

지금으로부터 몇 년 전, 우리 저자들이 공시방법 개선에 대해 논의하던 자리에서 한 CFO가 이렇게 이야기한 적이 있었다. "많은 경영진으로부터 호응을 얻고 싶으시다면, 새로운 공시 규정을 하나 제안하실 때마다 기존 규정들 가운데 폐지해야 할 것도 함께 언급하시면 어떨까요? 기업에 더 많은 공시의무를 부담시키는 것은 좋은 전략이 아닌 것 같습니다."

그의 조언은 현명했다. 그렇다면, 현행 공시 부담을 어떻게 줄여야 기업들이 우리의 전략적 보고서를 도입할 수 있을까? 지금까지 우리가 제시한 각종 대안들이 다소 온건한 편이었다면, 지금부터 이야기할 내용은 상당히 급진적이다. 따라서 우리의 공식적인 제안이라기보다, 한번 고려해볼 만한 내용 정도로 받아들이길 권한다.[14]

첫 번째는 분기보고서를 폐지하고 반기와 연간 감사보고서만 현재대로 유지하는 것이다. 여기서 중요한 것은, 투자자들이 반기 중 경영성과를 파악할 수 있도록 3개월에 한 번씩 기본적인 재무상태에 대해서만 공시하는 것이다. 이때 공시할 내용은 매출, 매출원가, 매출총이익 세 가지로만 제한하고, 완전한 형태의 손익계산서나 재무상태표, 현금흐름표는 따로 공시하지 않는 것으로 한다. 이렇게 하면 경영진의 공시부담을 크게 덜 수 있을 것이다. 감사보고서를 발간하고 실적발표 콘퍼런스 콜을 준비하는 부담이 4번에서 2번으로 줄고, 특히 매 분기 콘센서스 추정치에 부합해야 하는 실적 부담도 덜 수 있다. 경영진으로서는 다행스러운 일이다.

게다가 분기보고서가 없다고 해서 세상이 어떻게 되는 것도 아니다. 가까운 예로, 영국과 호주 등의 국가에서는 분기보고서 제출이 의무화되어있지 않다. 물론 영국의 경제규모가 미국보다 훨씬 작긴 하지만,

영국의 자본시장(재무보고서 발간 주기를 결정하는 요인)은 규모와 발전 정도가 매우 상당한 편이다. 이는 영국의 상장기업 개수가 미국 상장기업 개수의 절반이라는 점만 봐도 분명하게 드러난다. 뿐만 아니라, 분기보고서가 없기 때문에 영국 자본시장이 미국보다 효율적이지 못하다거나 주가가 정확하지 않다는 (즉 주가가 기업 상황을 제대로 반영하지 못한다는) 증거는 없다. 물론 영국 기업들도 원하면 분기보고서를 발간할 수 있지만, 분기보고서를 실제로 제출하는 기업은 많지 않은 것으로 알고 있다. 분기보고서를 요구하는 투자자들이 많았다면, 당연히 기업은 투자자의 요구에 따라 분기보고서를 발간했을 것이다.

분기보고서 폐지의 가장 큰 장점은 단기 실적 목표를 달성해야 하는 경영진의 부담을 완화할 수 있다는 것이다. 일반적으로, 경영진이 단기 실적에만 치중하다 보면 기업의 장기적인 성장에 관심을 덜 기울이게 되고, 때로는 이익 조정의 가능성도 있다고 알려져 있다.[15] 공시 기간이 짧으면 짧을수록 이익 변동성이 높아지기 때문에(기간이 길면 일시적인 변동 효과가 제거된다), 경영진의 목표나 콘센서스 추정치에 맞추기 위해 이익을 조정해야 할 '필요성'이 높아지게 된다. 따라서 보고서 공시 주기를 현행 3개월에서 6개월로 조정하면 경영진으로서는 이익을 목표에 맞춰야 하는 부담을 크게 덜 수 있고, 동시에 단기 실적에만 집중하는 근시안적 경향도 해소할 수 있다.

그렇다면, 분기보고서가 사라질 경우 투자자들이 필요로 하는 많은 정보가 없어지는 것 아닐까? 우리는 그렇지 않을 것이라 생각한다. 먼저, 우리는 기업의 매출과 매출원가 정보는 3개월마다 그대로 공시하되, 완벽한 형식의 분기보고서만 폐지하자고 이야기했다. 따라서 투자자들은 기업의 주요 경영성과에 대해 분기마다 업데이트된 정보를 얻을 수 있다. 둘째, 공시 주기와 공시정보의 품질은 어느 정도 상호 대체관계에 있다. 우리의 전략적 보고서를 도입할 경우 공시정보의 품질을 개선할 수 있다는 것은 분명하므로, 향상된 공시 품질이 분기보고서가 사라지는 아쉬움을 대체할 수 있을 것으로 판단된다.[16]

마지막으로, 우리는 대기업의 CFO 25명을 대상으로 분기보고서를 폐지할 경우 투자자들이 겪는 정보 손실의 여파가 어느 정도일지, 분기보고서 폐지가 경영진의 행정업무 부담을 크게 줄일 것인지 직접 물어보았다. 조사 결과, 응답자 가운데 3분의 1만이 분기보고서 폐지로 인한 정보 손실 여파가 상당할 것이라고 대답했으며,[17] 응답자 25명 중 20명은 분기보고서가 폐지되면 행정업무 부담이 보통 또는 상당한 수준으로 줄어들 것이라 예상했다. 이는 경영진이 우리의 제안을 긍정적으로 받아들인다는 신호이다.[18]

요약노트

기업이 전략적 자원과 전략적 자원의 운용 상황에 대해 연도별 또는 반기별로 공시하도록 유도하려면 어떤 방법이 필요할까? 무엇보다 가장 중요한 것은 기업으로부터 유용한 정보를 적극 요청하는 투자자와 애널리스트의 역할이다. 화이자의 파이프라인 공시 사례에서 볼 수 있었듯이, 투자자들이 기업의 전략에 대한 정보를 요구하면 기업은 대개 투자자의 요구에 (시간이 다소 걸리더라도) 응하게 마련이다. 기업 정보

공시의 효율성 증대를 위해 노력하는 SEC 및 각종 산업협회의 지원과 협조가 따를 경우, 기업의 전략적 정보공시는 더욱 박차를 얻어 기업 간 상호비교가 가능한 통일된 보고서 형식을 정립하는 데 큰 도움이 될 것으로 보인다.

우리가 제안하는 전략적 보고서를 실무적으로 담당하게 될 기업 경영진은 현행 회계정보의 단점을 이미 잘 알고 있으므로, non-GAAP 재무보고에 열린 시각을 갖고 있다. 실제로 non-GAAP 공시를 실시하는 기업들은 증가하고 있으나, 이러한 공시는 내용이 산발적이고 일관성이 부족하다는 점이 문제로 지적되고 있다. 우리가 제안하는 전략적 보고서를 활용하면 기존 자발공시 내용을 효율적이면서도 기업 간 상호비교가 가능한 방식으로 전달할 수 있다. 나아가 투자자의 정보 불확실성을 제거하여 기업의 주가는 높이고 자기자본비용은 절감할 수 있으며, 전략적 보고서를 도입하는 대신 분기보고서 공시의무를 폐지하면 경영진의 행정 부담도 크게 덜 수 있다. 이러한 장점들은 기업 경영진의 입장에서도 매력적인 동기부여가 될 것으로 보인다.[19]

· 부록 16 · ❶

표 16A 화이자의 파이프라인 정보 변화, 1994년~2014년

연도	공시일자	파이프라인 공시 내용의 주요 변화
1994	3/24/1995	(1) 15개의 새로운 화학물질이 선행개발 단계에 있음. 이름은 공개되지 않음
1995	3/29/1996	(2) 48개의 제약 합성물이 초기 개발 단계에 있음. 이름은 공개되지 않음
1996	3/28/1997	해당사항 없음

1998	3/26/1999	(3) 후기 임상단계에 있는 8개의 신약 이름과 치료 분야 (4) 두 제약사와 공동으로 진행 중인 신약 개발 현황
1999	3/27/2000	(5) 임상시험이 진행되고 있거나 계획 중인 5개의 신약 이름과 치료 분야 (6) 개발이 중단된 1개의 신약 이름과 치료 분야
2000	3/25/2001	해당사항 없음
2001	3/28/2002	(7) 미국과 유럽에서 승인 단계에 있으며 향후 1년 내 판매될 것으로 예상되는 5개의 신약 이름과 치료 분야 (8) 차기연도에 허가신청을 계획 중인 2개의 신약 이름과 치료 분야 (9) 3기 임상단계에 있는 1개의 공동 개발 신약
2002	3/27/2003	(10) 유럽과 일본에서 승인받은 신약 이름과 치료분야 (11) 다른 제약사와 공동으로 진행 중인 3개의 신약 개발 현황
2003	3/10/2004	(12) 유럽과 일본에서 승인 제출한 5개의 신약 이름과 치료 분야 (13) 향후 5년간 FDA 승인 제출 계획 중인 20개의 신약
2004	2/28/2005	해당사항 없음
2005	3/1/2006	(14) 파이프라인에 영향을 미칠 수 있는 인수합병 및 라이선싱 계약
2006	3/1/2007	해당사항 없음
2007	2/29/2008	해당사항 없음
2008	2/27/2009	해당사항 없음
2009	2/26/2010	해당사항 없음
2010	2/28/2011	(15) 온라인에 게시된 파이프라인 정보를 연 2회 업데이트
2011	2/28/2012	(16) 온라인에 게시된 파이프라인 정보를 연 4회(분기별) 업데이트
2012	2/28/2013	해당사항 없음
2013	2/28/2014	해당사항 없음
2014	2/27/2015	해당사항 없음

1   19세기 말, 뉴욕증권거래소(New York Stock Exchange)에서 기업 경영진들에게 기업의 연간 매출액을 정기적으로 공시하라고 요청한 적이 있었다. 그러자 경영진들은 "기업 매출액은 경쟁사들이 악용할 수 있는 매우 민감한 정보"라고 설명하며 증권거래소의 요청에 반대했다. 오늘날에는 경영진의 핑곗거리가 더욱 그럴듯해져서, 새로운 공시 규정이 제안될 때면 투자자들에게 별 도움이 안 된다, 공시하는 데 비용이 많이 든다, 주주들이 소송할 위험이 있다, 경쟁력이 약화된다, 등등 여러 가지 이유로 반대를 정당화하곤 한다.

2   이 책을 저술하고 있는 현재, 미국 식품의약국(FDA)에서는 외식업체로 하여금 피자, 샐러드, 팝콘, 치킨 윙, 립요리 등 모든 음식의 칼로리 정보 공개를 의무화하는 규정을 제안했다.

3   크레디트스위스퍼스트보스턴(Credit Suisse First Boston)의 애널리스트 헨 코유(Hen Koyu)의 질문을 예로 들어보자. "(정신질환 치료제인) 지오돈(Geodon)과 관련해서 질문하겠습니다. 유럽 시장에서는 지오돈을 언제쯤 출시할 계획인지 궁금합니다…." (화이자의 2001년 4월 18일 실적발표).

4   우리는 실적발표 자료를 맥락적인 관점에서 검토한 결과 화이자가 애널리스트의 정보 요구에 충실히 부응해왔다는 점을 확인할 수 있었다. 먼저 예를 하나 들어보자. 2001년 4월 18일, 크레디트스위스퍼스트보스턴의 헨 코유는 화이자가 새로 개발한 치료제의 유럽 출시 계획에 대해 질의했다. 이듬해 3월 28일, 화이자는 2001년도 연차보고서를 통해 2002년 중으로 미국과 유럽에서 5개의 신약을 승인, 출시할 예정이라고 밝혔다. 또 다른 예도 있다. 뱅크오브아메리카의 린 개프(Lynn Gaffe)는 2002년 4월 17일 콘퍼런스 콜에서 화이자의 글로벌 마케팅 헤드 팻 켈리(Pat Kelly)에게 이렇게 물어보았다. "유럽 내 신약 승인 상황에 대해 알려주시겠습니까?" 질문에 대한 켈리의 대답은 간단했지만, 화이자가 다음 해 3월 27일에 공시한 연차보고서를 보면 유럽 특정 국가에서 승인받은 신약에 대한 정보가 추가적으로 공시되기 시작했음을 알 수 있다. 뿐만 아니라, 파이프라인을 강화하기 위해 추진했던 인수합병의 결과에 대한 질문이 제기되자, 화이자의 경영진은 2005년도 연차보고서부터 자사 파이프라인을 강화할 것으로 예상되는 인수합병(완료된 건과 진행 중인 건 모두) 상세정보를 공시하기 시작했다.

5   2000년대 초반 우리 저자들 중 한 사람이 SEC의 소위원회에서 재무보고 개선방안을 추진하던 당시, 여러 기업 경영진들 가운데 화이자의 CFO가 언급했던 내용이 특히 기억에 남는다. "애널리스트가 정보를 요구하면 우리는 공시 수준을 개선함으로써 그러한 요구에 부응합니다."

6   여기서 강조하고 싶은 것은 '유용한 정보'를 요구해야 한다는 것이다. 가령, 어떤 기업이 환경오염을 야기했다고 주장하며 관련 정보를 요구하는 등 정치적인 의도가 담긴 정보를 공시하라고 하면 기업이 이에 선뜻 응할 리 없다.

7   Keith Higgins, Disclosure effectiveness: Remarks before the American Bar Association Business Law Section, Spring Meeting, April 11, 2014. US Securities and Exchange Commission.

8   Tom Whelan, "All-in sustaining costs and all-in costs," Ernst and Young, American Mining & Metals Forum, September 2013.

9   Jeremiah Bentley, Theodore Christensen, Kurt Gee, and Benjamin Whipple, Who Makes the Non-GAAP Kool-Aid? How Do Managers and Analysts Influence Non-GAAP Reporting Policy? working paper (Salt Lake City: Marriott School of Management, Brigham Young University, 2014).

10 Nilabhra Bhattacharya, Ervin Black, Theodore Christensen, and Chad Larson, "Assessing the Relative Informativeness and Permanence of Pro Forma Earnings and GAAP Operating Earnings," Journal of Accounting and Economics, 36 (2003): 285-319. 위 논문의 결론은 "분석 결과에 따르면… 추정 재무제표상 이익이 GAAP 재무제표상 이익보다 더욱 유용할 뿐더러 변동성도 낮다"고 언급하고 있다.

11 CFO를 대상으로 설문을 실시한 결과 다음과 같이 언급한 응답자가 있었다. "제가 만나본 대부분의 투

자자들은 회계를 이해하지 못하며, 회계상 숫자를 신경 쓰지 않습니다." 그다지 놀라운 사실은 아니다.

12 기업 이익의 예측 불확실성이 높아질수록 애널리스트 추정치의 표준편차가 커진다는 [표 6.1]의 실험 결과를 기억해보자. 보험사 프로그레시브는 2001년부터 월별 손익계산서를 공시한 이후 주가 변동성이 크게 안정된 모습을 보인 바 있는데, 이는 유용한 회계정보가 기업 성과에 긍정적인 영향을 미칠 수 있다는 사실을 잘 보여주는 사례이다.

13 Mary Billings, Robert Jennings, and Baruch Lev, "On Guidance and Volatility," Journal of Accounting and Economics, 60 (2015): 161–180. 해당 논문은 경영진의 이익 제시가 투자자의 불확실성을 줄이고 주가 변동성을 완화할 수 있다고 주장한다.

14 최근 미국 FASB는 기업공시 요건을 간소화하고자 노력하고 있다. 이는 분명 칭찬받아 마땅한 일이나, 우리 저자들이 알기로는 지금까지 그 어떤 조치도 기업의 공시부담을 실질적으로 감소시키지는 못하였다.

15 경영자의 단기 실적주의를 주제로 지금까지 수많은 연구 결과가 발표되었다. 다음 논문은 그들 중 하나이다. William Galston, 2015, Clinton Gets It Right on Short-Termism, The Wall Street Journal, July 29.

16 분기보고서의 장점에 대한 실증적 연구는 매우 흔치 않은 편으로, 그나마 존재하는 연구 결과들도 서로 상반된 결과를 보이고 있다. 한 연구결과에 따르면 분기보고서는 기업의 정보 투명성을 제고하는 것으로 밝혀졌는데(Arthur Kraft, Huai Zhang, and Renhui Fu, 2012, "Financial Reporting Frequency, Information Asymmetry, and the Cost of Equity," Journal of Accounting and Economics, 54: 132–149), 해당 연구는 연차보고서와 분기보고서의 정보만을 비교했다. 우리는 분기보고서를 폐지하는 대신, 반기보고서는 현재대로 유지하고자 한다. 반면, 싱가포르 법인들을 대상으로 실시한 다른 연구에서는 "…분기공시 의무가 정보의 비대칭 현상을 완화하지 않는다"고 설명했다 (Peter Kajuter, Florian Klassman, and Martin Nienhaus, Causal Effects of Quarterly Reporting— An Analysis of Benefits and Costs, working paper (University of Muenster, Abstract, 2015). 기업의 월별공시에 대해 연구한 또 다른 논문은 공시 주기가 잦다고 해서 정보 투명성이 개선되는 것은 아니라는 결론을 제시했다. (Andrew Van Buskirk, "Disclosure Frequency and Information Asymmetry," Review of Quantitative Finance and Accounting, 38 (2012): 411–440).

17 분기보고서를 폐지하는 대신 분기별 매출과 매출원가는 공시한다는 조건에 대해서는 언급하지 않았다. 해당 설문조사는 분기공시 의무를 완전히 폐지한다는 것을 전제로 한 것이다.

18 일부 정부기관이나 단체들이 선호하는 '자연적 실험(natural experiments)' 방식에 따라, SEC는 처음부터 분기보고서를 전면적으로 폐지하기보다 몇몇 산업분야에서 분기보고서를 실험적으로 폐지하고 몇 년 동안 경과를 지켜봐도 좋을 것이다.

19 CFO 설문조사 결과, 응답자 25명 가운데 19명은 분기보고서가 폐지될 경우 기업의 비즈니스 모델에 대한 공시 내용을 확대하겠다고 대답했다.

17

CHAPTER
THE END OF ACCOUNTING

회계제도의 개선

이 장에서는 회계정보의 유용성 저하를 개선할 수 있는 방법으로 현행 회계제도와 재무보고방식(일반기업회계기준)의 개정을 제안하고자 한다. 우리의 제안은 크게 세 가지로 나뉘는데, 이는 회계기준 제정기관이 지금까지 보여 온 점진적이고 소심한 접근방식과는 크게 차별화된 것이다. 우리는 대대적인 회계제도 개선이 있어야만 회계정보의 유용성을 개선할 수 있을 것으로 기대한다.

회계제도 개선의 필요성

우리는 이 책의 초반에서 현행 재무보고서에 등장하는 회계정보의 유용성이 지난 수십 년 동안 크게 저하되었음을 증명하고, 이어 회계정보 유용성이 저하된 주요 원인에 대해 짚어보았으며, 이러한 문제를 해결하고 투자자의 니즈를 충족할 수 있는 전략적 보고서를 소개했다. 이제 우리에게 남아있는 질문이 하나 있다. 과거지향적인 현행 회계제도와 재무보고방식을 앞으로 어떤 방식으로 개편하고 변화시켜야 투자자의 니즈를 충족하고 미래지향적인 전략적 보고서를 보완할 수 있을까?

1부에서 살펴본 바와 같이, 회계기준 제정기관의 점진적이고 소심한 접근방식은 회계정보의 효율성을 개선하기에는 역부족이다. 이는 우리가 그냥 하는 말이 아니라, 실제로 많은 연구에 따라 증명된 사실이다. 미국 FASB가 지난 40년 동안 제정한 회계기준의 역사를 추적한 최근의 한 연구 결과에서도 우리의 주장이 옳다는 것이 밝혀졌다.¹ 네 명의 회계학자들이 1973년부터 2009년까지 제정된 147개의 회계기준이 투자자들에게 어떤 영향을 미치는지 조사했는데 현실은 기대와 많이 다르다는 것이 드러났다(회계기준의 대부분은 자산, 부채, 수익, 비용의 인식 요건, 현금흐름 표시방식 등에 상당한 영향을 주었다). 제정된 회계기준의 무려 75%가 투자자의 투자활동에 아무런 영향을 미치지 않았던 것이다.

회계기준 제정기관에서 주장하는 바와 같이 새로운 규정이 도입됨으로써 정보의 투명성이 향상되고 투자기업에 대한 투자자의 불확실성이 해소된다면, 기업의 자본비용은 감소하고 주가는 증가할 것으로 예상된다. 그런데 연구 결과에 따르면, FASB의 새로운 회계기준으로 인해 기업의 회계처리 방식이 변화함에도 불구하고, 해당 회계기준의 75%는 기준이 실제로 제정되고 공표된 날 부근의 기업 주가에 어떤 움직임도 가져오지 못했다. 이보다 더욱 심각한 사실은 새로 제정된 회계기준의 13%가 오히려 주가하락을 야기했다는 것이다. 오직 12%만이 투자자의 투자활동을 개선하는 데 일조했다. 지난 40년에 걸쳐 회계기준 제정에 대대적인 노력이 투입되었음에도 불구하고, 주된 수혜자로 예상했던 투자자들은 정작 아무런 효익을 누리지 못한 것이다.² 이제 무엇이 잘못되었는지 돌아보고 개선방안을 궁리해야 하지 않을까?³

현행 회계제도와 재무보고방식이 앞으로 개선되어야 할 방향은 분명하다. 먼저, 회계기준 제정기관들은 기업 가치를 창출하는 무형자산의 비중이 점점 증가하고 있다는 현실을 인정하고, 무형자산을 제대로 반영할 수 있는 회계기준을 마련해야 한다. 그리고 두 번째, 주관적인 판단과 추정이 적용될 수밖에 없는 공정가치 평가가 회계감사의 주요 업무가 되어서는 안 된다. 마지막으로, 회계정보가 복잡해지고 불투명해짐으로써 정보의 유용성이 저하되고 있다는 사실을 내부적으로 받아들여야 한다. 회계제도와 재무보고의 주요 본질은 기업의 핵심적인 사실관계를 다루는 일이다. 이는 회계를 근본적인 관점에서 다시 생각해야함을 뜻한다.

위에서 언급한 세 가지 개선사항에 대해 지금부터 자세히 설명하고자 한다. 바라건대 투자자와 회계규제 제정기관은 물론, 학계와 업계에서 열린 마음을 갖고 진지하게 개선사항을 살펴봐 주었으면 하는 바이다. 우리가 지금부터 설명하는 모든 내용은 오랜 고민과 검토의 산물이며, 회계 전문가들의 귀중한 의견과 조언을 참고한 제안이라는 점을 염두에 두었으면 한다.

무형자산의 자산화

현재 미국에서는 소프트웨어, 바이오테크, 인터넷, 대체에너지, 무선통신, 나노테크 등 무형자산 집약적인 산업이 발전하기 훨씬 전인 40여 년 전에 제정된 고루한 회계기준(SFAS No. 2, 1974)이 연구개발비 회계처리에 그대로 적용되고 있다(연구개발은 무형자산을 창출하는 주된 활동이다). 해당 회계기준에 따르면, 기업 내부적으로 연구개발 활동에 지출된 내역은 전부 당기에 일반비용으로 처리해야 한다.[4] 물론 연구개발비뿐만 아니라, 브랜드, 노하우, 비즈니스 프로세스 등 다른 모든 무형자산의 개발비용 역시 당기 비용으로 처리해야 한다고 규정하고 있다. 미국 기업들의 유무형자산 투자 비중을 나타낸 8장의 [표 8.1] 그래프를 보면 이 회계기준이 얼마나 시대에 뒤떨어졌는지 다시 한 번 확인할 수 있다.

기업의 무형자산 투자가 가파르게 증가하고 있음에도 불구하고 대부분의 무형자산은 회계상 자산으로 인정받지 못하는데, 투자 비중이 점점 감소하는 유형자산은 여전히 재무상태표에 자산 위치를 굳건히 지키고 있으니 아이러니한 현상이 아닐 수 없다. 심지어 미국 상무부의 경제분석국Bureau of Economic Analysis에서 제정한 정부회계기준도 소프트웨어, 연구개발, 브랜드 개발 등 무형자산 투자에 지출된 내역은 당기 비용 처리하는 대신 자산으로 인정하도록 허락하고 있다.[5]

이런 문제를 제기하면 회계사들은 아마도 무형자산에는 불확실성이 존재하고 가치 평가가 대단히 까다롭기 때문에 재무상태표에 무형자산의 가치를 제대로 반영하기 힘들다고 반박할지도 모른다. 하지만 재무제표에는 이미 각종 추정과 가정이 난무하고 있지 않은가? 우리의 제안을 들어보자.

우리는 무형자산을 현재 시가(공정가치)에 따라 평가하라고 제안하려는 것이 아니다. 정부회계에서 무형자산을 회계처리하는 방식대로, 우리는 무형자산에 투입된 객관적 원가를 자산화해 재무제표에 표시할 것을 제안한다. 무형자산의 시가평가는 감정평가 전문가에게 맡기고, 재무제표에는 무형자산에 지출된 객관적인 사실관계만 반영하자는 말이다. 어차피 유형자산을 회계처리하는 방식도 취득원가를 계상하는 것이지 않는가. 물론 이를 비판하는 사람들도 있을 것이다(우리가 지난 수년간 비판을 직접 접했기 때문이다). 그들은 무형자산의 과거 원가를 기록하는 것이 과연 무슨 의미가 있으며, 투자자들이 과거 원가를 통해 무슨 정보를 얻을 수 있는지 묻곤 한다. 그러면 우리는 이렇게 대답한다. 투자자들이 오늘날 재무상태표에서 확인할 수 있는 정보는 기업이 보유한 유형자산(건물, 토지, 기계장치 등)의 취득원가뿐이다. 재무상태표에 무형자산이 더 추가된다고 해서 엄청난 정보가 되는 것은 아니지만, 무형자산이 지금처럼 완전히 배제된 것보다는 나을 것이다.

여기서 중요한 사실은 무형자산을 자산화하는 목적이 재무상태표의 사실성을 높이기 위해서가 아니라는 점이다. 어차피 투자자들이 기업의 자산 가치를 보고 투자를 결정하지는 않기 때문이다. 우리가 무형자산 자산화를 주장하는 목적은 당기 비용과 장기적인 투자 지출을 구분함으로써 손익계산서가 기업 실적을 보다 정확하게 반영할 수 있도록 하고, 나아가 손익계산서상 이익이 기업의 경영성과를 대변하는 유용한 지표로 만들기 위해서다.[6]

회계의 기본원칙 가운데 하나인 수익-비용 대응의 원칙은 수익을 창출하는 데 발생한 모든 비용(원가)을 관련 수익에 적절하게 대응시킬 경우 기업의 경영성과를 가장 정확하게 나타낼 수 있다는 논리를 바탕으로 한다. 즉 수익-비용 대응 원칙에 따라 당기순이익을 산출했을 때 기업 실적을 가장 적절하게 나타낼 수 있다는 것이다. 그런데, 만약 이동통신업체 버라이즌이 향후 3~4년간 수익을 창출할 것으로 예상되는 신규 고객을 확보하기 위해 투자한 비용(통신사 대리점에 지급한 커미션 등)을 전부 당기에 비용처리하면, 수익-비용 대응에 심각한 불일치가 발생하게 되고(4년에 걸쳐 비용으로 인식해야 할 내역이 1년 만에 비용 처리되었기 때문이다), 결과적으로 이익을 왜곡하는 현상이 발생한다.[7] 소프트웨어도 한번 구축하면 향후 4~5년간 수익을 창출할 것으로 예상되지만, 소프트웨어 구축에 발생한 비용은 전부 당기에 비용처리하는 것도 마찬가지의 사례이다.

수익-비용이 가장 심각하게 불일치하는 경우는 물론 연구개발비 항목이다. 연구개발 활동에 투입되는 비용은 그 어떤 무형자산 개발비보다 규모가 크고, 연구개발의 효익 역시 대단히 장기간 지속된다. 따라서 연구개발의 효익이 장래기간에 걸쳐 발생할 예정임에도 불구하고 관련 비용을 전부 당기에 비용처리할 경우 연구개발 활동이 많은 기업일수록 당기 수익이 과소계상되고, 당기의 이익과 미래의 이익이 둘 다 심각하게 왜곡되는 결과를 낳는다.[8] 이렇게 연구개발비를 당기에 비용처리해 이익이 과소계상되면, 경영진은 실적에 대한 우려로 연구개발비 지출에 소극적인 모습을 보이는 등 더욱 심각한 현상이 발생할 가능성이 있다. 실제로, 영국 기업을 대상으로 한 최근 논문에 따르면 연구개발비 회계처리 방식을 당기 비용에서 자산화로 변경한 기업들의 연구개발비 지출이 크게 증가했다는 것이 밝혀졌다.[9] 회계처리 방식이 개선되면 기업에 긍정적인 변화가 발생한다는 것을 알 수 있다.

다시 말해, 무형자산 투자지출을 당기에 비용처리하는 현행 회계처리 방식은 기업의 이익(경영성과를 나타내는 지표)에 부정적인 영향을 미친다. 이러한 현상은 성장기업과 쇠퇴기업에서 특히 두드러지게 나타나는데, 활발한 경제 환경에서 사업을 운영하는 기업이라면 대부분이 이익 왜곡을 경험하고 있다는 의미다. 무형자산의 비용처리가 이익을 왜곡하는 현상과 왜곡된 이익이 투자자를 잘못 오도하는 결과에 대해서는 8장에서 이미 설명한 바 있다. 일반적으로, 무형자산 투자비중이 높은 기업이 무형자산을 자산화하는 대신 당기에 전부 비용으로 처리하면 이익과 장부 가치가 낮아지게 된다. 하지만 ROE나 ROA 같은 수익성 지표는 오히려 높아지게 되는데, 이는 수익성 계산 공식의 분모에 무형자산이 반영되지 않기 때문이다. 무형자산 투자비중이 낮은 기업의 경우에는 이와 반대의 현상(이익의 과대계상)이 발생한다.

무형자산 비용처리가 수익성 지표에 미치는 왜곡의 정도는 실제로 어마어마하다. 연구개발 성장률이 매년 증가하는 구글을 예로 들어보자. 구글의 2013년도 당기순이익은 무려 129억 달러로, 재무상태표상 자기자본으로 ROE를 계산하면 14.8%라는 수치가 나온다. 하지만 구글의 연구개발비를 자산화한 뒤 5년 동안 감가상각할 경우, 2013년도 당기순이익은 166억 달러(기업회계기준상 이익보다 29% 높다), ROE는 18.4%(기업회계기준상 ROE보다 24% 높다)로 산출된다.[10] 당기순이익의 규모가 막대한 구글 같은 기업은 이익이 조금 왜곡된다 한들 대세에 지장이 없을 수 있으나, 막대한 연구개발비로 인해 이익이 축소되거나 손실을 기록하는 수많은 기업들에게 무형자산의 비용처리는 크나큰 영향이 아닐 수 없다.[11] 정부회계기준이 무형자산 지출액의 자산화를 허용하자 국가 경제지표가 크게 달라졌던 것처럼, 기업회계기준도 무형자산을 자산화할 경우 기업 실적에 큰 변화가 생길 것으로 예상한다.[12]

내용연수가 유한한 무형자산을 자산화하면 당연히 감가상각 이슈가 발생한다. 유형자산의 감가상각도 사실 자산이 미래에 창출할 효익과 진부화 가능성을 고려한 회계 추정의 결과이다. 무형자산의 경우 내용연수가 분명하게 정해져있는 특허(20년), 저작권, 기타 법적 권리 등은 잔존 유효기간을 내용연수로 사용해 감가상각을 실시하면 될 것이다. 소프트웨어처럼 사용 기간(3~5년)에 대한 업계 표준이 있다면, 업계에서 통용되는 사용기간을 내용연수로 설정해 감가상각을 실시한다(시스코는 2015년도 연차보고서 주석을 통해 메타클라우드 테크놀로지Metacloud Technology 인수 과정에서 취득한 무형자산을 매년 33.3%의 상각률로 감가상각한다고 밝혔다). 또한, 브랜드처럼 사용기간이 일정한 무형자산은 영업권의 손상여부를 검사하듯 매년 손상평가를 실시해 하락된 가치만큼 무형자산 금액을 조정하면 될 것이다.[13] 이러한 무형자산 상각방법은 유형자산과 마찬가지로 합리적이고 실용적인 상각이 가능하다. 기업이 보유한 무형자산 개수가 많은 경우, 내용연수가 과다 추정되는 자산이 있는 반면 과소 추정된 자산도 있으므로 각각의 효과가 상쇄되는 결과를 얻을 수 있다. 여기서 중요한 것은 무형자산의 감가상각에 적용된 내용연수를 세부적으로 공시함으로써 투자자가 다른 기업의 감가상각 현황과 비교할 수 있도록 해야 한다는 점이다.

마지막으로, 무형자산의 자산화가 필요하다는 것은 실증적 연구결과에서도 그 당위성을 찾을 수 있다. 과거의 여러 연구[Lev and Sougiannis, 1996]에 따르면 투자자들은 연구개발비를 단순히 비용으로 인식하기보다 기업 가치를 창출하는 자산으로 인식하는 경향이 있으며, 이는 최근 연구[Oswald, Simpson, and Zarowin, 2015]에서도 거듭 밝혀진 바 있다.[14] 브랜드 가치, 소프트웨어, 조직적 자본 등에 대한 연구 결과도 무형자산과 기업 가치에 양의 상관관계가 존재함을 증명했다. 또 최근에는 국제회계기준[IFRS]에 따라 연구개발 활동에서 발생한 '개발'비를 자산화했을 때 투자자들이 이를 유형자산이나 투자자산과 마찬가지로 기업에 중요한 자산으로 인식한다는 연구 결과도 발표되었다.[15]

무형자산, 특히 연구개발 활동의 미래 효익이 불확실하다는 이유로 연구개발비의 비용처리를 정당화하는 사람들도 있지만, 이는 지나친 일반화에 불과하다는 것도 증명되었다. 최근 한 연구에 따르면, 일반적으로 연구개발 활동에 수반되는 리스크가 유형자산의 리스크보다 더 심각하지 않다는 것이 밝혀졌다(간헐적으로 발생하되 엄청난 여파를 야기하는 파괴적 혁신의 리스크는 예외다).[16]

종합해 보면, 국제회계기준과 정부회계기준에서는 이미 무형자산과 연구개발비의 자산화를 일부 허용하고 있으며, 수많은 연구 결과에 의해 무형자산의 자산화는 그 필요성을 점점 인정받고 있는 추세다. 상황이 이러할진대, 회계기준 제정기관이 더 이상 구태의연한 회계기준에 따라 무형자산 비용처리를 고집해야 할 이유가 있을까? 이제 21세기에 보다 걸맞은 새로운 회계기준을 마련해야 하지 않을까?

무형자산의 정보 수준 개선

위에서 제안한 대로 무형자산을 자산화하기만 해도 기업 재무보고의 결과가 지금보다 크게 개선될 것은 분명하다. 하지만 무형자산에 대한 투자자의 이해를 보다 개선하려면 또 다른 조치들이 필요하다. 대부분의 기업들이 재무보고서 주석을 통해 유형자산과 투자자산의 세부사항을 공시하고 있는데, 무형자산이 갖는 엄청난 중요성을 감안하면 무형자산에 대한 세부적인 공시가 없다는 게 오히려 이상하지 않은가? 무형자산 개발에 지출된 원가를 매출원가나 판관비에 한꺼번에 묻어두기보다 주요 무형자산별로 각각 보여줘야 하지 않을까? 만약 여러분이 투자자라면, 기업의 기술 개발, 브랜드 확장, 직원 교육, 고객 유치, 비즈니스 프로세스 개발 투자 규모가 얼마나 되는지 궁금하지 않을까? 기업의 투자 동향과 성과를 파악하고 (가령, 인적자원의 품질이 하락하고 있지 않은지) 이를 다른 경쟁기업들과 비교하면 좋지 않을까?

이는 모든 투자자들이 원하는 바이나, 기존 재무보고서를 통해서는 얻을 수 없는 정보들이다. 많은 기업들이 다양한 특허 포트폴리오를 보유하고 있으나, 보유한 특허를 상세하게 공시하는 기업은 드물다. 기업이 보유한 특허를 관련 기술 분야별(가령 전력 측정, 전파방향 탐지, 전도성 마스터 특허 등)로 분류하면,[17] 투자자는 기업이 어떤 기술 전략을 추진하는지 판단할 수 있고, 새로 진출한 분야나 중단한 분야가 무엇인지도 파악할 수 있다.[18] 각 분야별로 분류된 특허는 잔존 내용연수, 시판 또는 개발 중인 상품에 적용된 특허, 외부에 판매되거나 라이선싱된 특허, 만료기간이 가까운 특허 등 특허 세부사항에 따라 다시 세부적으로 분류한다. 많은 기업들에게 있어 특허 포트폴리오는 가장 중요한 기업 자산임에도 불구하고, 일반기업회계기준에서는 특허에 대한 유용한 정보공시를 전혀 의무화하지 않고 있다.

현재 당기비용으로 처리되는 연구개발비 정보도 투자자들에게는 그다지 유용성이 많지 않다. 연구개발비가 3% 증가한들 그 결과가 무엇인지, 그 돈이 어디에 쓰였는지 전혀 알 길이 없다. 또 연구개발 활동의 성격이 무엇인지, 즉 '연구(장기적인 목적을 위한 신규 기술 투자)'와

'개발(단기적인 목적의 기존 기술 개선)' 활동에 대한 설명도 전혀 찾아볼 수 없다.[19] 하지만 이러한 정보들이 있어야 기업이 단기적인 목표를 달성하기 위해 장기적인 성장(연구 활동에 대한 투자)을 희생하고 있지 않은지 판단할 수 있으므로, 기업의 리스크와 성장성을 파악하기 위해 필수적으로 제시되어야 한다. 이런 특허정보가 기업의 영업 비밀을 침해할 수 있다고 염려하는 사람들도 있다. 그러나 20~30여 년 전 제약사의 파이프라인 정보를 공시해야 된다고 주장했을 때도 당시에는 기업 경쟁력에 해가 된다는 반대 의견들이 있었지만 현재는 파이프라인 공시가 더욱 일반화되고 내용도 점점 포괄적으로 변하는 추세이다.

한 가지 분명히 해둘 것은, 무형자산의 세부적인 공시를 요구하는 우리의 제안이 IT나 과학기반 기업에만 해당되는 것이 아니라는 점이다. 무형자산은 경제 전반의 거의 모든 산업에서 기업 가치를 창출하는 역할을 담당한다. 가령 소비재산업에서는 브랜드가, 정유산업과 유통산업에서는 조직적 자본이, 금융산업에서는 IT가 기업가치에 중요한 무형자산이다. 따라서 우리의 제안은 거의 대부분 기업들의 정보공시 수준을 개선시킬 것으로 본다. 우리는 기업에 지속적으로 효익을 제공할 것으로 예상되는 무형자산을 자본화하는 것은 물론, 핵심 무형자산의 속성에 대해서도 상세하게 공시할 것을 제안하는 바이다. 기업들이 무형자산 정보를 정기보고서에 공시하도록 현행 회계제도인 일반기업회계기준을 개정하면, 투자자는 보다 통일되고 일관성 있는 정보를 얻을 수 있을 것이며, 그 결과 보다 효율적인 투자 분석을 실행할 수 있을 것이다.

이제 두 번째 제안으로 넘어가 보자.

회계 추정치의 사용 제한

우리는 9장에서 오늘날 재무보고서에 경영진의 주관적인 추정이 너무 많이 사용되고 있으며, 회계정보 유용성이 저하되는 이유가 바로 주관적인 추정의 남용 때문이라고 지적한 바 있다. 실제로, 지난 20년간 미국 FASB가 제정한 대부분의 회계기준은 자산과 영업권의 감액손실, 자산과 부채의 공정가치 평가, 스톡옵션비용 등 주관적인 추정과 예상에 근거한 회계처리 방식을 다루고 있다. 하지만 시가가 딱히 존재하지 않는 비거래 자산과 부채를 시가 평가하도록 강제하는 일부 규정들은 규정의 실효성 자체에 큰 의문을 낳는다.[21] 이러한 규정은 투자자가 기업의 가치를 제대로 파악하는 데 오히려 방해가 될 뿐이다.[22] 따라서 회계정보 유용성 저하의 주범인 경영진 추정과 예측을 대대적으로 축소한 획기적인 회계제도와 공시체계가 필요하다. 추정치 사용이 증가하고 있는 현상을 되돌릴 때가 된 것이다.

만약 여러분 가운데 회계제도를 굳이 개정할 필요가 있는지 의아한 사람이 있다면, 투자 의사결정의 기반이 되는 당기순이익 같은 회계정보가 사실관계(급여, 임차료, 현금 매출 등), 합리적인 추정치(대손충당금, 하자보수 충당금 등), 추측과 조작 가능성이 높은 추정치(자산과 영업권의 감액손실, 자산과 부채의 공정가치 평가, 스톡옵션비용 등)가 뒤섞인 결과라는 것을 상기해보자. 여기서 가장 심각한 문제는 이익을 구성하는 요소들 가운데 과연 얼마만큼이 사실관계이고 추정치인지, 추정치 비중이 증가하는지 감소하는지 여부를 전혀 알 수 없다는 데 있다. 이는 매우 우려할 만한 현상이다. 기업이 공시한 이익 정보와 시가총액의 상관관계가 점점 저하되는 이유가 바로 여기에 있다(3장의 [표 3.2] 참고).

이에 우리는 두 가지를 제안하고자 한다. 첫 번째는 일부 추정치의 사용을 완전히 폐지하는 것이고, 두 번째는 추정치의 신뢰도를 향상시키는 것이다.

재무제표는 사실 관계만

먼저, 회계사는 실제 시장에서 거래되지 않는 자산과 부채를 평가하는 일에 더 이상 개입하지 않아야 한다. 회계사의 역할은 해당 자산을 취득원가대로 계상하고 자산의 본질적인 속성(자산의 연령, 명목적 가치, 특징 등)에 대해 주석사항에 적절하게 공시함으로써 투자자들이 그를 보고 자산의 현재가치를 추정할 수 있게 하는 것이다.[23]

지난 20년 동안 자산과 부채의 공정가치 평가에 대한 회계기준을 고안해 온 회계규제 제정기관에는 퍽 달갑지 않은 주장이겠으나, 솔직히 말해서 회계사는 가치평가 전문가들이 아니다. 재무제표에서 비거래 자산과 부채의 공정가치 정보가 사라진 뒤로도 공정가치에 대한 수요가 높게 지속된다면, 감정평가사나 정보공시 업체가 그 역할을 대신할 것이다.[24] 재무보고서는 사실관계와 '사실관계에 가까운' 정보, 즉 신뢰도가 높고 검증이 가능한 정보 전달에만 집중해야 한다. 회계 accounting의 어원이 세다counting라는 점에서 알 수 있듯, 회계의 본질은 사실관계 전달이기 때문이다.[25] 객관성과 거리가 먼 자산, 부채의 공정가치 평가제도를 폐지하는 경우, 재무제표의 이익은 평가손익으로 인한

잡음에서 자유로워짐으로써 더욱 유용한 투자정보로 거듭날 수 있을 것이다.[26]

추정치의 정확성 검증

여론조사나 기상 예보의 경우 예측 결과와 실제 결과(당선 결과, 실제 날씨)를 금방 비교할 수 있기 때문에 예측이 엇나갔을 경우 조사업체나 예보기관의 평판에 나쁜 영향을 미친다. 따라서 조사업체나 기관은 예측의 정확성에 만전을 기울인다. 하지만 이와는 반대로, 재무제표에 사용되는 수많은 추정치와 가정을 만들어내는 기업 경영진은 추정치의 정확성에 큰 신경을 쓰지 않는다. 믿기 어렵겠지만, 추정치의 정확성을 입증할 방법이 없기 때문에 평판 (및 법적) 문제에서 자유롭기 때문이다. 대손충당금이나 하자보수 충당금 같은 기본적인 추정치마저도 실제 비용과 충당금을 비교 대조한 내역이 체계적으로 제공되지 않기 때문에, 재무보고서를 통해 추정치의 정확성을 확인하는 일은 불가능하다.[27] 경영진의 부주의는 물론, 조작 가능성이 농후한 환경이 조성되는 것이다.

지금으로부터 몇 년 전, 러셀 런드홀름$^{Russell\ Lundholm}$ 교수는 재무제표에 사용된 추정과 예측의 정확성을 개선할 수 있는 간단하면서도 획기적인 방안을 발표했다. 기업의 이익 계산에 가장 큰 영향을 미친 주요 추정치 5~7개와 실제 결과를 비교해 투자자에게 정기적으로 공시하자는 주장이었다.[28] 추정치와 실제 결과 사이에 큰 편차가 계속해서 관찰되는 경우 투자자들은 그 이유가 무엇인지 물어볼 것이고(왜 매분기 대손충당금의 규모가 실제 발생한 대손보다 작은지), 이는 자칫하면 경영진의 평판에 금이 가는 결과를 낳을 수 있다. 따라서 경영진의 평판에 대한 우려는 추정치의 정확성을 개선하는 강력한 동기부여가 될 것이다.

문제는 런드홀름 교수의 주장이 몇 년 전부터 다양한 논문에 언급되며 그 장점을 인정받았음에도 불구하고, 우리 저자들이 알기로 회계규제 제정기관에서는 이 대안을 한 번도 진지하게 논의하지 않았다. 누군가 이를 반대하는 사람이 있나 궁금할 정도다.[29]

이에 우리는 런드홀름 교수의 주장대로, 경영진의 주요 추정치와 가정, 실제 결과, 추정치와 실제 간의 편차가 큰 경우 그 원인이 무엇인지 대해 연차보고서에 상세하게 공시할 것을 제안한다. 추정치의 정확성을 검증할 수 있는 새로운 규정을 만들고, 동시에 비거래 자산, 부채의 공정가치 평가제도를 폐지하면 회계정보의 객관성 향상에 큰 변화가 생길 것으로 기대한다.[30]

이제 마지막 세 번째 제안을 설명할 차례다.

회계규제 완화

우리 저자들이 규제의 역학관계에 대해 한 가지 법칙을 발견한 것이 있다. 바로 규제제도는 시간이 지나면서 처음에 의도했던 것보다 항상 더 복잡해진다는 법칙이다. 소위 규제를 위한 규제가 생겨나는 것이다. 정말 이런 법칙이 존재하는지 궁금하다면, 미국의 의료보험 개혁

법안인 오바마케어^{Obamacare}(정식 명칭은 환자보호 및 부담적정보험법$^{Patient\ Protection\ and\ Affordable\ Care\ Act}$)를 생각해보자. 오바마케어 법안은 2009년 처음 가결되었을 당시 1,990페이지였으나, 4년 후에는 무려 2만 페이지로 불어났다. 또한 금융감독개혁안인 도드-프랭크 금융개혁법$^{Dodd-Frank\ Wall\ Street\ Reform\ and\ Consumer\ Protection\ Act}$ 역시 발표 당시에는 848페이지에 불과했으나, 2013년 7월이 되자 13,789페이지까지 늘어났고, 분량은 지금도 점점 증가하고 있다.[32]

이러한 현상은 미국에만 국한된 것이 아니다. 가장 대표적으로, 유럽연합$^{European\ Union}$의 규제 범위와 강제성, 복잡성은 타의 추종을 불허한다. 회계규제도 이러한 법칙의 예외는 아니다. 일반 기업은 물론 글로벌한 기업의 조직과 운영은 복잡하게 마련이지만, 이러한 기업 현황을 나타내는 회계와 재무보고에 대한 각종 규제는 기업 운영보다 훨씬 더 복잡하다. 기업의 사업 환경이나 사업 운영이 너무 복잡해서 이해하기 어렵다는 사람은 없어도, 오늘날 회계규정과 공시사항(가령, 금융기관의 리스크 공시 사항)이 너무 복잡한 나머지 이해 능력 밖에 있다고 한탄하는 경영자나 투자자들이 많다는 사실이 이를 여실히 증명한다(회계학을 전공한 사람들도 어려워하기는 마찬가지다). 우리는 회계를 가르치는 입장에서 사람들의 불만에 충분히 공감한다.

이 책 1부에서 증명한 바와 같이, 기업공시 체계에 대한 규제가 점점 더 복잡해지면서 회계정보의 유용성은 오히려 저하되는 부작용을 겪게 되었다. 어떤 정보가 전달하는 메시지가 이해하기 어렵고, 그 정보에 담긴 논리가 분명하지 않으면, 사람들은 그 메시지에 주의를 기울이지 않는다.[33] 텔레비전에서 제약 광고가 나올 때 마지막에 등장하는 경고 문구에 아무도 집중하지 않는 것이 바로 이런 이유 때문이다. 또 3~6장에서도 증명했지만, 회계정보에 대한 투자자의 관심이 점점 하락하는 현상 역시 정보의 메시지를 이해하기 어렵기 때문이다.

문제는 복잡한 회계규정 때문에 투자자들이 회계정보에 단순히 등을 돌리는 것에서 끝나지 않는다는 데 있다. 규제가 복잡해질수록 규제 대상이 되는 거래나 사업이 덩달아 복잡해지는 반직관적인 상황이 발생하는 것이다.[34] 이는 곧 악순환의 시작이다.

사례를 하나 들어보자. 리스 회계처리에 대한 규정(리스거래를 자산으로 계상하는 규정)이 여러 가지 생겨나면서, 기업들은 리스거래가 금융리스로 인식되는 것을 방지하기 위해 리스 계약을 불필요하게 수정하고 변경하며 전보다 더 복잡한 계약을 만들게 되었다. 이처럼 기업 사건을 기록하고 보고하는 방식이 복잡해지자 일부 기업들은 기업정보를 공시하지 않기 위해 아예 비상장 상태를 유지하거나 상장을 폐지하기도 한다. 복잡한 회계제도의 부작용이 이만저만이 아닌 것이다.

회계제도가 복잡해진 이유는 무엇일까?

이 질문에 대한 일반적인 대답은, 애당초 기업의 비즈니스가 복잡하기 때문에 회계제도가 복잡해졌다는 것이다. 하지만 이는 사실과 다르다. 매출의 회계처리를 예로 들어보자. 기업이 매출을 인식해야 하는 시점은 과연 언제인가? 믿기 어렵겠지만, 매출 인식시점에 대한 질문은 FASB가 지난 15년 동안 고민해 온 논제로, 지난 2014년 드디어 700

페이지에 달하는 회계 기준서가 마무리되는가 싶었으나, FASB는 기준서를 아직은 공표할 때가 아니라고 판단했는지 계획을 1년 뒤로 연기했다.[35]

회계규제 제정기관은 왜 이렇게 회계기준을 복잡하게 만드는 것일까? 가장 주된 이유는 현존하는 거래와 계약 내용은 물론, 잠재적인 거래와 계약에 대해서도 가능성과 중요도에 상관없이 전부 기준서에 반영하려 시도하기 때문이다.[36] 하지만 이는 쓸데없는 노력의 낭비일 뿐이다. 기업의 거래는 너무도 다양하고 유동적이기 때문에, 아무리 상세한 회계규정이 제정되어도 규제를 회피하려고 마음만 먹으면 얼마든지 변칙적인 거래를 만들어낼 수 있기 때문이다.

이렇게 새로운 종류의 거래가 등장하면, 회계규제기관은 해당 거래를 규제할 수 있는 또 다른 기준을 만들어내 회계제도를 더욱더 복잡하게 만든다. 결국 전방위적이고 완벽한 회계기준을 만들겠다는 무모한 도전이 끝도 없이 이어진다. 그 결과 일반 투자자는 물론 전문가들마저도 기준을 이해하는 데 어려움을 겪고, 기업은 공시의무를 수행하느라 점점 많은 비용을 지출하고 있지만, 회계규제 제정기관들은 정작 이러한 부작용에 대해서는 잘 모르고 있다.[37] 회계기준이 복잡할수록 회계사의 수요가 많아지고 자신들만의 전문 영역으로 만들 수 있기 때문에 회계사들이 복잡한 규제를 좋아하는 것 아니냐는 주장은 당연히 억지논리에 불과하다.

완벽한 회계기준을 만들기 위한 무의미한 도전은 리스 회계처리기준의 역사에서 잘 드러난다. 지난 수십 년 동안, 회계규제 제정기관은 리스 거래의 실질이 특정 자산의 취득과 자산 취득을 위한 채무 거래인 경우(즉 금융리스에 해당할 경우), 리스 이용자는 해당 자산의 취득가액을 자산으로 계상하고 채무는 부채로 인식하도록 하는 규정을 추진해온 바 있다. 그러나 이런 금융리스 규정이 도입되자마자, 기업들은 새로운 자산과 부채가 재무상태표에 추가되는 현상을 피하기 위해 기존 리스계약의 조건을 재빨리 변경해버렸다. 그 결과, 또 다른 규정이 도입되어야 할 필요성이 생겨난 것이다. 실제로 리스 회계처리기준은 규제기관들의 안건에 또 다시 올라있다.[38]

보다 단순한 회계제도

그러나 리스 회계처리기준을 보면 복잡한 회계제도를 해결할 수 있는 현실적인 방안이 무엇인지 실마리를 얻을 수 있다. 바로 회계기준을 복잡하게 만들 필요 없이, 공시를 자세히 하는 것이다.

리스를 예로 들면, 완벽한 금융리스 규정을 만들기 위해 공연히 노력하기보다 기업이 향후 지급할 리스료를 연도별로 공시하도록 하는 것이 하나의 방법이다.[39] 복잡하고 난해한 회계처리 대신, 있는 사실을 그대로 공시하는 것이다. 리스료는 기업의 다른 채무들과 마찬가지로 기업이 향후 지급해야 할 의무이기 때문에, 향후 지급할 리스료를 현재가치로 계산해 재무상태표의 부채 금액에 가산하면 기업의 실제 부채 규모를 짐작할 수 있다. 하지만 리스 계약이란 언제든 중단될 수 있으므로 리스료가 기업의 부채가 아니라고 판단되는 경우라면, 향후 지급할 리스료를 굳이 자산화할 필요는 없다. 매우 간단한 해결 방법이다.

매출의 회계처리도 같은 방법으로 해결할 수 있다. 먼저, 어떤 상품이나 서비스에 대한 통제가 판매자로부터 구매자에게 이전되어 판매자가 아무런 의무를 부담하지 않아도 되는 경우를 매출로 정의한다(대부분의 매출거래가 이에 해당한다). 소프트웨어 판매처럼 제품 판매 이후 판매자가 유지관리나 업데이트 같은 의무를 부담해야 하는 경우라면, 이미 제공된 서비스와 향후 제공될 서비스로 매출액을 안분해 전자는 매출로, 후자는 이연매출로 인식하도록 한다.

　위의 두 가지 상황에 해당되지 않는 산업 특수적인 매출 거래가 있다면 해당 거래 내용을 재무제표 주석 부분을 통해 자세히 공시하고, 거래 당사자들이 이를 어떻게 회계처리하는지 분명하게 제시하며, 외부감사인은 거래의 경제적 실질을 정확히 판단하고 검증해 투자자들에게 보여주도록 한다. 이렇게 되면 회계기준 제정의 구심점이 회계기준 자체에서 실무적인 거래 정보로 옮겨진다. 기업에 특화된 거래가 있는 경우 경영자가 이를 직접 공시하는 것은 회계기준 제정기관에서 정보를 통제하는 것보다 훨씬 더 바람직한 방식이다. 규제기관에서는 기업의 잠재적인 거래 내용을 미리 예측할 필요가 없다. 회계기준이 끊임없이 개정되고 있는 현실에서 알 수 있다시피, 모든 거래를 예측한다는 것은 어차피 무의미한 행동이다.

　복잡한 거래를 수행하는 일부 기업들의 경우, 경영진과 감사인이 회계정보 공시 오류라는 법적 책임을 제한하기 위해 규제당국에 관련 회계기준을 제정하라고 먼저 요청하는 경우도 있다. 일반기업회계기준에 따라 거래를 기록했다는 것이 경영진과 감사인 입장에서는 적절한 책임 방어수단이 될 수 있기 때문이다. 회계제도가 지금처럼 복잡해진 것은 이런 기업들의 요청이 하나 둘씩 축적된 원인도 존재한다. 또, 업계 내 영향력이 높은 기업이나 산업 협회에서 자기들에게 유리한 회계기준을 제정하도록 압력을 행사하는 경우도 있다. 이는 업계와 규제기관 모두 윈-윈할 수 있는 상황으로, '규제 대상 산업이 규제기관을 지배하는' 일종의 '규제포획regulatory capture' 현상으로 이어진다.[40]

회계규제 제정기관에서 기업의 개별적인 요구를 수용하지 않기만 해도, 회계제도의 복잡성은 지금보다 훨씬 개선될 수 있을 것이다. 일반적이지 않은 기업 거래를 기관에서 일일이 규제하기보다 해당 기업의 경영진과 감사인에게 맡기고 대신 거래 정보를 자세히 공시하게 하면, 회계정보는 지금보다 훨씬 더 혁신적으로 개선될 수 있을 것이다. 이는 사실 '원칙중심의 회계principles-based accounting'가 추구하는 목표와도 일치한다(이 목표가 이루어진 적은 없다).[41]

안타깝게도, 현재 회계기준과 재무보고방식은 경영진과 감사인으로 하여금 공시 정보가 세세한 기준을 충족하는지 여부를 확인하는 규제 준수활동으로 전락해 버렸다. 기업이 공시하는 내용이 거래의 특징과 경제적인 환경을 잘 반영하는지 경영진이 판단하고 결정할 수 있는 가능성이 사라진 것이다. 하지만, 시장 환경을 고려했을 때 리스계약이 취소될 가능성이 높은 경우에도 과연 리스를 자산화(즉 리스거래를 자산 및 부채로 계상)하는 것이 과연 옳은 일일까? 회계기준은 기업의 거래를 보고하는 경영자와 감사인이 기업의 외부환경과 경제적 여건을 충분히 고려하여 그 내용을 자세히 공시할 수 있는 여건을 만들어 줘야 한다. 회계는 일방적인 지시가 아닌, 실험적인 노력을 통해 개선되는 것이다.

요약노트

현행 회계제도와 재무보고방식(즉 일반기업회계기준)을 다음 세 가지를 중심으로 개정하는 경우 향후 회계정보의 유용성 개선에 큰 도움이 될 것으로 판단한다. 우리가 제안하는 방안은 다음과 같다.

- 오늘날 기업환경에서 기업 가치를 창출하는 전략적 자원인 무형자산의 중요성을 고려하여 (무형자산 투자비중의 지속적인 상승을 보여주는 8장의 [표 8.1] 참고) 전략적 자원에 지출된 내역을 전액 당기비용으로 처리하는 대신 투입된 원가를 자산화해 재무상태표에 반영하고, 감가상각과 손상차손을 인식한다. 또한 관련 무형자산의 속성에 대해서도 자세하게 공시한다.
- 실제 시장에서 거래되지 않는 자산과 부채를 시가평가하지 않는다. 자산과 부채의 공정가치는 투자자들이 평가할 사항이다.
- 산업 특수적이고 일반적이지 않은 기업 거래까지 세세하게 규정하는 복잡한 회계제도를 개선한다. 복잡한 기업 거래가 있을 경우, 거래 내용의 회계처리와 보고는 기업 경영진과 감사인이 결정해야 한다.[42]

11~15장에서 제안했던 전략적 보고서를 기업들이 적극 활용하고, 동시에 회계규제 제정기관에서는 회계제도를 적절하게 개정한다면, 유용한 정보를 필요로 하는 투자자의 니즈를 충족할 수 있을 것이다.

마지막으로 강조하고 싶은 것이 있다. 회계규제 제정기관은 물론,

세상에 그 누구도 남들의 비판을 달가워하는 사람은 없다. 규제기관에서 우리의 제안을 얼마든지 무시할 수 있다는 말이다. 하지만 비판을 무작정 덮기보다, 현행 회계기준과 각종 규제들이 투자자에게 큰 도움이 되지 않는 현실에 대해 진지하게 고려해 보길 바란다. 회계기준의 유용성이 저하되고 있다는 증거는 3~7장뿐만 아니라, 이 장 초반에 언급된 각종 연구결과(374페이지 주석 1, 3 참고)에 잘 드러나 있다. 지금이 바로 회계제도 개정이 절실하게 필요한 시점이 아닐까?

1 Urooj Khan, Bin Li, Shivaram Rajgopal, and Mohan Venkatachalam, Do the FASB Standards Add Shareholder Value? working paper (Columbia Business School, 2015).

2 이러한 연구조사 결과만으로는 주가에 반영되지 않은 잠재적인 효익을 파악할 수 없다. 가령, 회계기준이 복잡해지고 규제가 강화되면서 회계(감사) 전문가들은 업무 특수를 누렸을 것이다. 잃는 사람이 있으면 얻는 사람도 있게 마련이다.

3 국제회계기준도 회계정보의 유용성 개선에 큰 도움이 되지는 못했다. 44개국에서 실시된 한 연구조사에 따르면 "IFRS(국제회계기준)와 US GAAP(미국 일반기업회계기준)이 주가를 유용한 정보로 만들지는 못했다"고 한다. 다음 논문 내용 참고. Jacqueline Wang and Wayne Yu, "The Information Content of Stock Prices, Legal Environment, and Accounting Standards," European Accounting Review, 24 (2015): 490.

4 연구개발비 회계처리 기준이 얼마나 비논리적이고 현실적이지 못한지 다음 사례를 살펴보도록 하자. 해당 회계처리 기준의 '결론도출근거(Basis for Conclusions)' 중 제41절에 따르면 "연구개발 활동으로 인해 관련 수익이 창출되고 난 이후에도, 연구개발과 수익 창출의 직접적인 관련성에 대해서는 증명된 바가 없다"고 했다(관련 수익이 창출되었으면 직접적인 관련성을 증명할 수 있는 것 아닐까?). 그러나 연구개발 활동과 관련 수익의 높은 상관관계를 증명하는 실증적 연구는 여러 차례 진행된 바 있다(가령 브로닌 홀(Bronwyn Hall)의 논문 "Innovation and Productivity," (Nordic Economic Policy Review, 2 (2011): 167–203)을 보면, "제품 연구개발 활동과 수익 창출성 간에 유의미한 양의 상관관계가 있음이 증명되었다"). 그런데 해당 회계기준 제44절에 따르면, "회계 목적상 (자산으로) 인식되기 위해서는 해당 자산이 취득 또는 개발된 시점에 자산의 미래 경제적 효익을 객관적으로 측정하고 확인할 수 있어야 한다." 이 논리에 따르면, 취득 시점에 미래 경제적 효익을 '객관적으로 측정'할 수 없는 주식 같은 자산은 자산성에 대한 논쟁의 여지가 없음에도 불구하고 자산으로 계상할 수 없다는 말이다. 이뿐만이 아니다. 제45절에서는 "대부분의 연구개발비가 발생 시점에서는 미래 효익이 불확실하다"고 규정한다. 그러나 오늘날 비즈니스 환경의 경쟁이 치열하고 기술 변화의 속도가 빠르다는 점을 고려하면, 대부분 기업 자산(인수합병으로 취득한 사업과 영업권 등)의 미래 효익은 불확실한 것 아닐까? 요지는, 이렇게 구태의연한 기준이 21세기 미국 기업의 연구개발비 회계처리에 그대로 적용되고 있다는 사실이다.

5 Dylan Rassier, "Treatment of Research and Development in Economic Accounts and in Business Accounts," BEA Briefing (March 2014): 1–8.

6 Anup Srivastava, "Why Have Measures of Earnings Quality Changed over Time?" Journal of Accounting and Economics, 57 (2014): 196–217. 해당 논문은 기업의 무형자산 비중이 증가하면서 이익이 왜곡되는 현상에 대해 언급하고 있다("기업의 무형자산 비중이 증가하면서 이익 정보의 품질이 감소한다고 가정하였다….").

7 기업 고객 수가 정체되거나 감소하는 사업 안정기에는, 고객 유치비용을 전부 당기에 비용처리하든 자산화한 후 내용연수에 따라 상각하든 이익에 미치는 결과에는 큰 차이가 없다. 하지만 이렇게 안정기에 접어든 기업이 드물기 때문에, 고객 유치비용을 당기 비용 처리하느냐 자산화하느냐는 기업 이익에 큰 영향을 미치게 된다.

8 주석 1에서 언급한 FASB 관련 연구 결과, 연구개발비를 당기 비용처리하는 회계기준으로 인해 투자자 손실이 가장 크다고 한다. (Khan et al., 2015).

9 Dennis Oswald, Ana Simpson, and Paul Zarowin, Capitalization vs. Expensing and the Behavior of R&D Expenditures, worki

10 Baruch Lev, Bharat Sarath, and Theodore Sougiannis, "R&D Reporting Biases and Their Consequences," Contemporary Accounting Research (Winter 2005): 977

11 하지만 무형자산 관련 지출을 자산화해야 한다는 주장에 반대하는 사람들도 있다. 이들은 자산화의 무용론을 주장하며, 투자자들이 무형자산을 자산화해야 된다고 판단하면 관련 자산에 지출된 비용을 이익에 가산함으로써 이익을 직접 재계산하면 될 것이라고 주장한다. 하지만 이는 현실적으로 불가능하다. 뒤에서 다시 설명하겠지만, 연구개발비를 제외한 기타 무형자산 관련 지출(브랜드, IT 개발비 등)은 손익계산서에 따로 구분되어 나타나지 않기 때문에 투자자들이 이익을 직접 재계산하기가 불가능하다. 뿐만 아니라, 이는 연구개발비도 마찬가지지만, 무형자산 지출을 '자산화'해 당기 이익을 재계산할 때, 과거에 자산화된 무형자산의 감가상각비용을 고려해야 한다. 문제는 이때 감가상각비용이 얼마가 되어야 하는지 전혀 알 수 없다는 점이다. 다시 말해, 투자자들이 임의로 무형자산을 자산화하고 이익을 재계산하는 것은 불가능하다.

12 "독일 연방통계청(Destatis)에 따르면, 정부의 연구개발비를 자산화하기 시작한 첫 해 국내총생산(GDP) 수치가 과거대비 '현저하게' 증가한 결과를 보였다." 관련 논문 참고. Nina Adam, "Business Investment Is Changing Its Stripes," The Wall Street Journal (August 17, 2005), p. A2.

13 브랜드를 소유한 기업이 더 이상 해당 브랜드로 인한 가격 프리미엄을 형성할 수 없는 경우, 브랜드는 자산으로서의 가치를 잃는다(바이엘(Bayer)의 아스피린을 생각해 보자).

14 Baruch Lev and Theodore Sougiannis, "The Capitalization, Amortization and Value-Relevance of R&D," Journal of Accounting and Economics, 21 (1996): 107–138. Oswald et al., 2015.

15 최근 한 연구에 따르면 IFRS 규정에 따라 연구개발비를 자산화하는 기업은 연구개발 전략과 관련된 중요한 정보를 공시하게 된다고 한다. 예를 들어, 완료된 연구개발 프로젝트의 상업성, 진행 중인 연구개발 프로젝트의 기술적 타당성(소프트웨어의 베타테스트 등)과 같은 정보는 투자자의 입장에서 큰 도움이 된다. 다음 논문 참고. Ester Chen, Ilanit Gavious, and Baruch Lev, The Positive Externalities of IFRS R&D Rule: Enhanced Voluntary Disclosure, working paper (New York: New York University, Stern School of Business, 2015).

16 Baruch Lev, Suresh Radhakrishnan, and Jamie Tong, R&D Volatility Drivers, working paper (New York: New York University, Stern School of Business, 2015).

17 미국 특허국은 대략 1,000가지의 기술 분야에 따라 특허를 분류하고 있다.

18 다음 논문은 기업의 특허분류 정보를 근거로 기술 전략의 변화를 거시적인 관점에서 연구하였다. Deborah Strumsky, Jose Lobo, and Sander van der Leeuw, Using Patent Technology Code to Study Technological Change, working paper (Charlotte: University of North Carolina, 2010).

19 우리는 14장의 주석 7을 통해 미국 통계국이 매년 실시하는 'R&D 및 혁신조사'에 '연구'와 '개발' 활동에 대한 정보가 이미 세분화되어 보고되고 있음을 언급한 바 있다.

20 최근에 발표된 다음 연구조사 결과, 암 연구를 하는 기업의 경우 장기적인 연구 활동에 대한 투자가 낮다는 것이 밝혀졌다. 저자들은 이렇게 강조했다. "민간 연구들로 인해 장기 연구개발 프로젝트 투자가 왜곡되고 있다…." Eric Budish, Benjamin Roin, and Heidi Williams, "Do Firms Underinvest in Long-Term Research? Evidence from Cancer Clinical Trials," American Economic Review, 105 (2015): 2044–2085.

21 시가평가의 흥미로운 사례로 과거 엔론의 경우를 꼽을 수 있다. 엔론은 30년짜리 가스공급계약을 맺으면서 가스 계약의 가치를 시가평가(공정가치평가)함으로써 이익을 부풀렸다.

22 Khan, Li, Rajgopal and Venkatachalam, 2015.

23 단, 금융기관은 예외적이다. 금융기관은 그 어떤 기업들보다 복잡한 자산과 부채를 보유하고 있기 때문에, 자산과 부채의 취득원가 및 공정 가치가 함께 공시되어야만 투자자들에게 유용한 정보로 활용될 수 있다.

24 스톡옵션 회계처리에 대한 내용을 살펴보자. 스톡옵션 비용처리가 의무화된 2005년 이전에는, 스톡옵션에 대한 내용이 재무보고서의 주석 부분에 공시되었다. 투자자들은 주석에 공시된 정보를 통해 스톡옵션이 이익에 미치는 영향을 자체적으로 계산했다.

25 이 책의 초벌원고를 검토한 한 독자는 "아무것도 없는 것보다 대략적인 수치라도 있는 게 낫다"는 상투적인 반응을 보였다. 즉 신뢰도가 떨어지는 회계 추정치라도 정보로서의 가치가 있다는 말이었다. 하지만 우리는 이에 동의하지 않는다. 첫째, 우리가 9장에서 증명한 바와 같이, 회계 추정치 사용의 증가는 회계정보의 유용성을 저하시킨 주범으로 지목되고 있다. 이는 곧 '적당히 괜찮은' 추정치만으로는 유용한 회계정보가 될 수 없다는 말이다. 둘째, 위의 독자는 회계 추정치가 유익한 정보가 되려면 일단 정보가 편향되지 않아야 하고(즉 경영진은 의도적으로 추정치를 조작하지 않아야 한다), "투자자들이 추정치에 내재된 잡음의 정도를 충분히 파악하고 있어야 한다"고 했다. 이는 맞는 이야기일 수도 있지만, 추정치에 사용된 잡음에 대해 효과적으로 공시할 수 있는 방법은 없다. 바로 이런 이유들로 인해 우리는 신뢰도가 떨어지는 회계정보 추정치를 아예 사용하지 않는 것이 좋다고 생각한다.

26 다음 논문은 자산, 부채의 공정가치 평가가 재무제표 이익에 미치는 부정적인 영향에 대해 상세하게 논하고 있다. Ilia Dichev, On the Balance Sheet-Based Model of Financial Reporting, Center for Excellence in Accounting and Security Analysis (New York: Columbia Business School, 2007).

27 믿기 어렵다면 다음의 사례를 함께 살펴보도록 하자. 대손충당금의 경우, 기업의 현금흐름표를 보면 당기에 계상된 대손상각비(추정치)의 규모를 파악할 수 있다. 이후 차기에 거래처로부터 매출채권을 일부 회수하지 못한 경우, 기업은 해당 매출채권을 제각하고 제각한 내역에 대해 공시한다. 그러나 이렇게 제각된 매출채권의 규모는 특정 기간의 추정치와 직접 비교해 정확성을 확인하는 것이 불가능하다. 어떤 분기(또는 연도)에 제각된 매출채권이 직전 분기(연도)의 대손충당금에 대응하는 것인지 전전 분기(연도)에 대응하는 것인지 알 수 없기 때문이다. 다시 말해, 재무보고서상의 사실관계와 추정치를 일대일로 비교할 수 있는 방법은 없다. 이는 하자보수 충당금의 경우도 마찬가지다. 재무보고서에 아예 공시되지 않는 수많은 다른 추정치 정보는 물론 말할 것도 없다.

28 Russell Lundholm, "Reporting on the Past: A New Approach to Improving Accounting Today," Accounting Horizons, 13 (1999): 315–323.

29 일반기업회계기준은 구조조정 비용과 같은 일부 항목의 경우 추정치와 실제 발생 비용을 비교 공시하도록 의무화하고 있다. 또한 손해보험사는 과거 10년 동안 적립한 손해준비금 내역을 매년 공시하여 추정치와 실제 발생 비용을 종합적으로 비교하고 있다. 하지만 이는 예외적인 일부 상황에 해당한다. 예외에만 그치지 말고, 전반적인 회계처리를 대상으로 추정치와 실제를 공시하면 어떨까?

30 지금으로부터 몇 년 전 카네기 회계학 교수인 유지 이지리에 의해 흥미로운 제안이 제시되었다. 이지리 교수는 3개의 열로 구성된 손익계산서를 제시하며, 첫 번째 열에는 실제 수익, 비용 정보를 제시하고, 두 번째 열에는 추정치의 수익, 비용을 나타내며, 세 번째 열에는 현행 손익계산서와 마찬가지로 모든 수익, 비용의 '총계'를 보여주자고 주장했다(이지리 교수의 다음 논문 참고. Cash Is a Fact, but Income Is a Forecast, working paper (Pittsburgh: Carnegie Mellon University, 2002)). 이렇게 사실과 추정치를 명확하게 구분해 제공하면 투자자에게는 매우 유용한 정보가 될 것이다.

31 1,990페이지 법안이 2009년 11월 8일 '컴퓨터를 이용한 법 연구(Computational Legal Studies)'에 제시된 내용이다. 그로부터 4년 후 2013년 5월 13일, 미국 공화당원 리처드 허드슨(Richard Hudson)은 폭스뉴스의 프로그램 '폭스 앤 프렌즈(Fox and Friends)'에 출연해 다음과 같이 이야기했다. "오바마케어 도입은 관료주의의 악몽이 되었습니다. 무려 159곳의 정부기관, 이사회, 프로그램들이 새로 생겨나 2만여 페이지에 달하는 오바마케어 관련 규제를 시행하고 있죠."

32 JoeMont, "Three Years in, Dodd-Frank Deadlines Missed as Page Count Rises," Compliance Week (July 22, 2013).

33 〈배런스〉가 티켓 판매 회사 큐빅(Cubic Corp.)의 실적에 대해 보도한 다음 사례를 살펴보자. "9월 말 종료하는 당 회계연도의 이익은 30% 감소할 것으로 예상되며… 이익 감소의 주요 원인으로는 이연법인세 자산의 손상차손을 꼽을 수 있습니다…. 이러한 현상은 투자자의 혼란을 야기할 것으로 우려됩니다." 어처구니가 없는 내용이다. 일반 투자자는 물론 회계학을 전공한 사람들 가운데 이연법인세 자산의 손상차손으로 이익이 30% 감소했다는 의미를 이해할 사람이 몇이나 되겠는가?

34 Chester Spatt in "Complexity of Regulation," Harvard Business Law Review Outline, 3 (2012): 1–9.

35 2015년 7월, FASB는 매출인식에 대한 회계기준을 또 한 번 1년 뒤로 미루겠다고 제안했다.

36 얼마나 발생 가능성이 희박한 거래까지 기준서에 포함되는지 다음의 예를 살펴보자. 수익인식에 대한 회계기준을 보면 산업별로 특징적인 거래들에 대한 세부적인 내용이 포함되어 있다. 과거에는 보험 브로커나 설계사 같은 손해보험 중개인의 경우 서비스를 제공(보험계약 체결)하고 고객으로부터 보험료를 수취할 수 있을 것으로 합리적으로 판단되는 시점에 수익을 인식했다. 그러나 일부 보험 계약이 변동 가능하거나 우발적이라는 지적과 함께(변동 가능하거나 우발적인 보험계약을 체결하는 브로커가 그렇게나 많을까?) 새로운 회계기준이 제정되었다. "변동 가능한 보험 계약의 경우 보험사가 수취할 수 있는 보험료를 가장 정확히 예상할 수 있는 방법을 사용해야 하며, 여기에는 기대가치(expected value) 접근법과 발생 가능성(most likely) 접근법이 있다. 기대가치 접근법은 다양한 발생 가능성의 가중치를 고려해 보험료를 계산한다. 반면, 발생 가능성 접근법은 발생 가능한 액수 가운데 가능성이 가장 높은 보험료를 계산한다." (FASB and IASB, Revenue Recognition Standard, Insurance Intermediary Industry Supplement, July 7, 2015, p. 3.) 우리는 혹여 제자들이 우리를 찾아와 저 말이 무슨 뜻인지, 저 말이 왜 중요한지 물어볼까 두렵다.

37 FASB는 회계기준을 만드는 데 발생하는 비용을 간과할 수 없다고 하지만, 일반기업회계기준이 점점 더 복잡해지고 규모가 확대되는 것을 고려하면 이런 주장의 신뢰도에 의문이 간다.

38 2016년 2월, FASB는 새로운 리스 회계처리 기준을 발표했다.

39 현행 리스 회계처리 기준은 최소 리스료(minimum lease payments)에 대한 내용만 규제하고 있으며, 조정리스료(contingent rentals)나 합리적으로 예상할 수 없는 염가구매선택권에 대해서는 언급하지 않고 있다. 이에 우리가 제안하는 바는 조정리스료와 염가구매선택권에 대해서도 공시의 범위를 확대하자는 것이다.

40 금융전문사이트 Investopedia에서 인용한 것으로, 규제포획이라는 개념은 노벨 경제학상 수상자인 조지 스티글러(George Stigler)의 논문 "The Theory of Economic Regulation," Bell Journal of Economics, 2 (1971): 3–21에서 최초로 언급되었다.

41 2002년에 도입된 사베인-옥슬리 법은 원칙중심의 회계를 추진한 바 있었으나, 주목할 만한 반향을 얻는 데는 실패했다. 그러나 회계기준의 유용성을 연구한 논문 결과에 따르면 원칙중심의 회계가 규정 중심(rules-based)의 회계보다 정보 유용성 면에 있어 더 뛰어나다는 것이 밝혀졌다. (Urooj Khan, Bin Li, Shivaram Rajgopal, and Mohan Venkatachalam, Do the FASB Standards Add (Shareholder) Value? working paper (New York: Columbia University Business School, 2015).

42 "경영진에게 회계정보를 조작하라고 기회를 주는 꼴"이라 반박하는 회계사들이 있을지 모르나, 이는 사실과 다르다. 경영진이라고 모두가 회계정보를 조작하는 것이 아닐뿐더러, 정보를 '조작'하는 극소수의 사람들은 아무리 금지를 시켜도 어떻게든 방법을 찾아낸다.

18 CHAPTER
THE END OF ACCOUNTING

투자분석의 개선

이제 마지막 장에서는 지금까지 분석했던 내용을 종합해 오늘날 기업의 경영성과와 장기적인 경쟁력을 보다 명확하게 분석할 수 있는 새로운 투자 분석기법을 제시할 것이다. 여러분이 과거 경영대학원에서 배웠던 ROE, ROA 같은 회계정보 기반의 수익성과 유동성 지표는 이제 잊도록 하자. 그러한 전통적이고 단기적인 분석은 정확한 정보에 기초한 것도 아닐뿐더러, 미래 예측 정확성도 크게 떨어진다. 우리가 제안하는 새로운 투자기법은 지속적 경쟁우위의 핵심인 기업의 전략적 자원에 초점을 맞추고, 전략적 자원의 보유와 운용의 효율성을 집중적으로 분석한다. 기존 투자분석 기법과는 근본적으로 다른 접근 방식이다.

전략적 자원 분석

여러분의 주치의가 III-XX-MMXVI XI:XLV에 진료 예약을 통지했다고 가정해 보자. 당장 주치의를 바꿔버리고 싶은 충동이 들겠지만, 가만히 생각해 보면 영화의 엔딩 크레딧이나 미국 슈퍼볼 명칭에서 비슷한 문자를 봤던 기억이 날 것이다(2015년 이후부터 바뀌었다). 하지만 그게 무슨 뜻인지는 여전히 갈피가 잡히지 않는다.

그렇다면 구글신이 등장할 차례다. 구글에 따르면 이는 로마 숫자로, 주치의가 2016년 8월 20일 11:45분에 진료를 예약했다는 뜻이다. 고대부터 전해져 내려온 투박한 로마 숫자 체계와 상인과 회계사들이 썼던 고풍스럽고 신기한 선수판(선수판이 무엇인지는 구글신에게 다시 물어보자)을 오늘날 더 이상 사용하지 않아도 되는 것은 모두 13세기 수학자인 레오나르도 피보나치Leonardo Fibonacci 덕분이다.

피보나치는 1202년에 발간된 그의 저서 《계산의 서$^{Liber\ Abaci}$》를 통해 오늘날 전 세계적으로 통용되는 아라비아 숫자(사실은 인도 숫자)를 유럽 상인들에게 소개했다.[1] 우리가 갑자기 왜 피보나치 이야기를 꺼냈을까? 여러분이 수십 년 전 경영대학원에서 배웠던 '구시대적인' 투박한 투자분석 기법(재무제표상 '이익'에 초점을 맞춰 분기 실적과 애널리스트 추정치를 비교하고 재무보고서와 복잡한 스프레드시트를 통해 미래 이익과 주가를 예측하는 분석)에서 벗어나려면 피보나치 같은 사람이 또 한 번 필요하기 때문이다. 회계정보에 기초한 기존 투자분석 기법에 염증을 느낀 수많은 투자자들이 개별 기업 분석을 완전히 포기하고 인덱스 펀드에 투자하는 것이 오늘날의 현실이다. 이제 회계와는 작별을 고할 때가 왔다. 지금이 바로 새로운 투자분석 기법이 필요한 시점이다.

11장에서 살펴본 바와 같이 기업이 성장하고 경쟁우위(기업의 핵심 목표)를 지속할 수 있으려면 전략적 자원의 보유와 효율적인 활용이 가장 중요하다. 전략적 자원이란 희소하고, 모방이 어려우며, 가치 있는 자산을 말한다. 개발 중인 신약의 임상시험 성공 여부, 항공기의 가동률, IT 기업의 출하/수주 비율, 보험사의 보험계약 갱신 현황, 인터넷, 통신 기업의 고객 이탈율과 같은 정보는 전략적 자원의 본질적인 성과와 직결되기 때문에, 과거지향적인 이익이나 수익 정보보다 기업의 미래 성과와 경쟁우위를 예측하는 데 훨씬 더 적합하다. 제약사의 특허와 신약 파이프라인, 정유사의 광물 매장량과 탐사중인 자산, 항공사의 착륙권$^{landing\ rights}$, 보험사의 고객 프랜차이즈 정보 역시 마찬가지다.

전통적인 투자분석은 매출, 이익, 수익률$^{ROE,\ ROA}$, 지급능력 같은 증상에 초점이 맞춰져있다. 하지만 이러한 증상은 전략적 자원을 활용하고 난 결과에 대한 정보이므로(특허를 활용한 신약을 만들어 매출을 창출하는 것) 1부에서 보았다시피 미래 예측능력이 제한되어 있다.[2] 이에 반해, 우리의 제안은 기업의 미래 경영성과를 결정하는 전략적 자원이 무엇인지, 즉 미래에 대한 결정요인causal factor에 초점을 맞춘다. 가령 어떤 제약사가 지금 당장은 매출이 우수하고 이익이 콘센서스 추정치를 상회하더라도, 파이프라인(전략적 자원)이 빈약하다면 향후 실적은 쇠퇴할 공산이 크다. 또 어떤 보험사가 고위험 고객을 배제하는 등 고객 품질을 개선하는 중이라면, 이익이 비록 지금은 낮아도 결과적으로는 상승할 것이다. 따라서 전략적 자원을 활용하고 난 결과보다 전략적 자원의 미래 잠재력을 염두에 둘 경우 훨씬 개선된 투자결정을 내릴 수 있다.

솔직히 말하면, 우리가 제안하는 분석 방식은 과거에 사용했던 단순한 분석 기법들보다 더 복잡하고, 더 다차원적이며, 기업 비즈니스 모델의 심층적인 분석을 요한다. 그리고 대부분의 사람들, 특히 투자자들은 주가수익률을 과거 평균과 비교하는 등 경험적 근거를 활용하거나, 한두 가지의 지표만 보고 현상을 파악하려는 경향이 있다(경제 동향을 파악하기 위해 GDP 성장률과 실업률을 분석하거나, 경영성과를 측정하기 위해 매출과 이익을 보는 것이 이에 해당한다). 이러한 경향은 오캄의 면도날Occam's razor과도 같아서, 상황이 단순할 때는 별 문제가 없지만[3] 오늘날 기업환경과 같은 복잡한 체계에 당면했을 때는 문제가 발생한다. 작금의 투자 환경에서는 보다 포괄적이고 심층적인 분석, 곧 전략적 자원과 실행에 대한 보고서를 심층적이게 활용하는 투자분석 기법이 필요하다.[4]

경영성과와 경쟁우위의 판단

한 가지 명확히 해둘 점이 있다. 바로 전략적 자원(희소하고, 모방이 어려우며, 가치 있는 자산)이 없는 기업은 제아무리 매출과 이익이 높고 유형자산과 투자자산의 규모가 커도 장기적으로는 경쟁우위를 지속하기 어렵다는 사실이다. 가장 대표적인 사례로 델^{Dell}을 꼽을 수 있다.

1984년 설립된 델은 제조사가 일방적으로 제품을 생산하는 것이 아니라 소비자로부터 주문을 받아 생산하는 '수주생산^{build-to-order}'이라는 독특하고 혁신적인 비즈니스 모델을 추구했고, 덕분에 PC 산업계의 선두주자로 발돋움했다. 델은 규모의 경제를 통해 한동안 성장세를 구가했으나, 안타깝게도 경쟁력 있는 가격에 '주문사양생산^{configure-to-order}' 모델을 추구하는 다른 경쟁사들에게 선두자리를 빼앗기고 말았다. 선두자리에 안주하던 델은 기업 혁신에 관심을 갖지 않았다(델의 연구개발비용은 실제로 업계 내 최하위 수준이었다).[5] 결국 경쟁사들에 의해 전략적 이점도 잃고 다른 전략적 자원도 개발하지 못한 델은 2005년 중반부터 주가가 하락하기 시작해 이듬해는 반 토막 나는 지경에 이르렀으며, 다시는 예전의 고가 수준을 회복하지 못했다.

여기서 주목할 사실은 2000년대 초 델이 전략적 자원과 경쟁우위를 잃어가는 동안에도 델의 회계상 실적(매출, 이익 등)은 여전히 우수했기 때문에 기업 펀더멘털 약화를 확인할 수 없었다는 점이다.[6] 따라서 재무보고서를 활용한 전통적인 투자기법으로 델의 경영성과를 평가한 투자자들은 델의 경쟁우위가 사라져 가는 것을 전혀 눈치 채지 못했고, 2005~2006년 주가 폭락을 경험하고 나서야 현실을 깨달았다. 델의 실패는 회계정보를 사용한 투자 의사결정이 무익하다는 것을 증명할 수 있는 완벽한 사례이다. 자, 그렇다면 우리가 제안하는 투자분석 기법은 어떤 것일까?

1단계: 전략적 자원의 재고조사

여기서 재고조사란 재무상태표상의 재고(원재료, 재공품 등)를 말하는 것이 아니다. 기업의 재고는 경영성과와 무관한 경우가 많다.[7] 우리가 말하고자 하는 것은 투자분석의 첫 번째 단계가 기업의 전략적 자원 현황과 운용 현황에 대해 면밀하게 조사하는 일이 되어야 한다는 의미다. 다시 말해 기업운영에 중요한 모든 자산, 즉 경쟁우위를 확보할 수 있는 기업의 고유한 자산이 무엇인지 재고조사를 실시하는 것으로, 이러한 자산들은 기존 재무상태표에는 반영되어 있지 않다(심지어 경영진조차 망각하고 있는 경우도 있다). 다양한 산업에 해당하는 전략적 자원의 사례를 소개한다.

인터넷, 미디어, 보험, 통신 기업의 고객 프랜차이즈

기업의 총 고객 수, 신규 고객 성장률, 이탈율[8], 고객 프랜차이즈의 총 가치(계산 방식은 12장 참고) 등을 자세히 분석하자. 가령 신규고객증가, 이탈률 감소, 고객 프랜차이즈 증가는 기업 투자에 긍정적인 신호이고, 이와 반대는 기업 투자에 부정적인 신호다. 피터 드러커의 명언 "기업의 목적은 고객을 창출하고 유지하는 것"을 명심하자. 고객 정보가 존재하는 기업이라면 고객 프랜차이즈 평가가 반드시 이루어져야 한다.

신약 파이프라인

제약사, 바이오테크 기업의 파이프라인 상태를 살펴본다. 임상시험 중인 신약의 최근 진척 상황, 후기 임상 단계(3기 임상시험 또는 FDA 승인 중)에 있는 의약품과 의료기기의 개수, 다양한 치료제 분야에 걸친 포트폴리오의 다각화 정도(리스크 판단에 중요), 개발 중인 주요 신약의 시장규모(성장 잠재력) 등을 파악하자. 이처럼 제약사의 신약 개발 현황에 대해 다각도로 분석하면 주요 전략적 자원의 리스크와 잠재 수익을 함께 파악할 수 있다. 또 기존에 출시된 제품에 관해서는 치료제 시장의 규모(가령 HIV 치료제의 시장규모가 얼마나 큰지), 주력 제품의 특허기간(만료 정보)에 대해 알아보자. 이는 제품 포트폴리오의 지속가능성을 살펴볼 수 있는 주요한 지표들이다. 투자규모가 어느 정도 이상이라면, 제약사 벤더를 통해 주력 제품의 월별 처방율 정보를 입수해 제약사의 경쟁우위에 문제가 없는지 미연에 확인하도록 한다. 이처럼 신약 파이프라인과 기존 제품 라인업은 제약사와 바이오테크 기업의 주요 전략적 자원으로, 이 두 가지에 대한 근본적인 분석은 투자 포트폴리오의 기회와 취약점을 드러내 주식의 매매 타이밍을 포착하는 데 도움이 될 것이다.

소비재, 유통, 숙박, 레저, 전자제품 제조 기업의 브랜드

굉장히 많은 사람들이 브랜드와 인지도의 개념을 헷갈려하곤 한다.

폴라로이드^{Polaroid}는 지금도 사람들 사이에 인지도가 높은 기업 이름이지만, 사실 폴라로이드는 2001년 파산했다. 제록스는 사람들에게 가장 널리 알려진 이름 가운데 하나지만, 제록스의 제품이나 서비스가 경쟁사에 비해 훨씬 더 우수하거나 차별화되는지는 다소 의문이 든다. 다시 말해, 제록스는 가치 있는 브랜드가 아닐 수도 있다. 반면, 나이키와 제록스는 정반대다. 나이키, 애플, 스타벅스, 바이엘 아스피린은 경쟁사보다 높은 가격에 제품을 판매하면서도 높은 시장 점유율을 장기간 유지하고 있다. 이처럼 프리미엄 가격(프리미엄 가격은 우수한 품질과 서비스에 대한 암묵적인 보장을 의미한다)을 책정하고도 시장점유율 선두를 유지할 수 있는 기업은 브랜드를 갖고 있다.

투자자와 기업 경영진은 기업이 가치 있는 브랜드를 갖고 있는지, 브랜드가 기업 운영에 어떤 영향을 미치는지 평가해야 한다. 주요 제품의 시장점유율을 조사하고 경쟁사 제품가격과 비교해 보면 해당 기업이 브랜드를 보유하고 있는지, 브랜드가 기업 운영에 어떤 영향을 미치는지 확인할 수 있다. 브랜드를 보유한 기업은 장기적으로 경쟁우위를 유지할 수 있으며, 투자자는 브랜드 보유 기업을 매력적인 투자처로 인식한다. 주가가 적절하게 형성되는 것은 물론이다.

핵심 인재

제약사, 특히 바이오테크 기업의 저명한 과학자, 엔터테인먼트, 스포츠 기업의 스타, 금융기관의 유능한 펀드매니저와 딜 메이커$^{deal\ maker}$ 등이 이에 해당한다. 이러한 기업에 투자를 고려하고 있다면, 기업의 장기적인 핵심 인재 관리가 주요 분석 사항이 되어야 한다. 바이오테크 기업 과학자의 과학 학술논문 투고 기록과 인용수, 펀드매니저의 투자 실적 등, 정량적이고 객관적인 지표를 중점적으로 살펴보는 것이 좋다. 핵심 인재들이 유입과 유출 현황에 대해 분석하고, 핵심 인재를 경쟁사에게 빼앗기는 상황을 각별히 주의해서 살펴보도록 하자.[9] 특히 중소기업의 핵심 인재 보유 여부는 투자분석에 있어 중요한 요소다.

IT, 과학기반 기업, 인터넷 서비스 기업의 특허

특허가 이런 기업들의 주요 전략적 자원인 것은 맞지만, 특허 수나 특허등록률 같은 수치에 현혹되면 안 된다. 대부분의 특허들은 가치 없는 매몰비용일 뿐이다. 여러분이 중시해서 살펴보아야 할 부분은 기업이 보유한 특허가 수익을 내는 제품으로 이어졌는지 및 특허의 잔존기간(최대 20년)과 범위(제품에 실제로 적용된 특허의 범위가 어느 정도인지)에 대해서다. 또한 제품이나 서비스에 적용되지 않은 특허의 경우 해당 특허를 매각하거나 라이선싱해 수익을 창출하는지도 확인한다. 특허 포트폴리오를 자세히 분석하려면 특별한 전문성이 요구되므로, 특허에 대한 분석은 투자 규모가 크거나 인수합병을 진행하는 경우에만 진행한다(특허를 분석하려면 해당 기업의 협조가 필요하다).

요컨대, 투자 후보기업의 전략적 자원에 대한 포괄적인 분석과 검토(즉 전략적 자원의 재고조사)는 본격적인 투자분석의 첫 번째 단계이다.[10] 2000년대 초반 델의 사례에서 확인할 수 있다시피, 기업에 핵심 전략적 자원이 없다면 투자가 과연 옳은 결정인지 심각하게 고민해 봐야 한다. 물론 전략적 자원의 존재는 투자를 위한 필요조건일 뿐 충분조건은 아니다. 기업이 전략적 자원을 유지하고 보호하기 위해 노력하지 않는다면 전략적 자원은 점점 약해지고 만다. 따라서 2단계 투자분석이 필요하다.

2단계: 전략적 자원의 창출과 보존 모니터링

기업은 전략적 자원을 끊임없이 유지하고, 개선하고, 대체해야 한다. 고객의 기호와 행동 변화(온라인 구매 비중 증가), 기술혁신 (셰일가스 프래킹), 경쟁 등으로 인해 기업의 기존 전략적 자원은 그 가치와 역할이 점점 저하된다. 따라서 기업은 전략적 자원에 끊임없이 투자하고 개선하며, 때로는 새로운 자원으로 대체하기도 해야 한다.

이에 우리가 제안하는 전략적 투자 분석은 전략적 자원에 대한 투자 현황 모니터링이 가장 핵심적이다. 제품과 공정 연구개발, 기술 취득, 브랜드 취득과 유지(판촉, 광고), 전략적 인수합병(제약사의 바이오테크 스타트업 인수), 연구나 마케팅을 위한 제휴와 합작투자, 조직적 자본을 창출하기 위한 IT 투자 및 컨설팅(넷플릭스와 아마존의 추천 알고리즘), 정유사의 채굴권 취득, 항공사의 착륙권 취득 활동 등이 이에 해당한다.

여기서 중요한 것은 투자의 규모가 아닌 투자의 전략적 역할이다. 특히, 투자가 전략적 자원의 진부화(주력제품의 특허만료), 기술변화, 경쟁으로 인한 '공백'을 메꿔주는지 아니면 불필요한 자원이 늘어날 뿐인지 잘 살펴보아야 한다. 즉 사업과 기술 환경의 어려움에도 불구하고 기업이 전략적 자원을 잘 유지하고 성장시키는지 또는 그 반대인지 판단해야 한다. 투자자들에게 인기 있는 투자처는 전략적 자원이 잘 갖춰졌을 뿐만 아니라 그 자원이 '최신'의 상태로 유지되고 성장하는 기업이다. 고로 전략적 자원의 긍정적인 움직임을 찾도록 하자.

전략적 자원 유지의 핵심은 전략적 자원이 침해, 파괴적 혁신, 진부화로부터 안전하게 보호되는지 확실히 하는 것이다. 대부분의 유형자산과 달리 전략적 자원은 특정 위협에 노출되어 있다. 기업 경영진은 경쟁사와 협력사를 정기적으로 모니터링하여 기업의 특허, 브랜드, 노하우가 침해되지 않는지 확인하는가? 만약 침해가 발생할 경우 이에 적극적으로 대응하는가? 기업은 파괴적 혁신(기존 기술을 위협하는 새로운 기술의 출현)을 끊임없이, 효과적으로 모니터링하고 있는가?[11] 임직원의 기술역량, 주요 비즈니스 프로세스 등 기업 노하우의 진부화에 대처할 수 있는 방안이 마련되어 있는가(직원 교육 등)? 임직원의 지식은 정기적인 디브리핑과 지식 관리 시스템을 통해 정기적으로 공유되고 있는가(퇴사를 앞둔 임직원의 경우 더욱 중요하다)? 규제기관이나 환경론자들이 정유기업의 채굴활동을 반대하는가? 요컨대, 경영진은 기업의 전략적 자원을 보존하기 위한 효율적인 시스템을 마련해 두었는가?

일상적인 업무에 치이다 보면 장기적인 안목을 취하기가 어려워 경영진이 전략적 자원 보존 시스템을 마련하지 못할 수가 있다. 오늘날 금융기관 등에서는 리스크 관리가 일반화되어 있다. 가치 있는 전략적 자원을 보유한 기업들은 전략적 자원에 대해서도 유사한 리스크 관리를 수행해야 한다. 사람들은 전략적 자원을 적극적으로 보호하고 성장시키는 기업에 투자하길 원한다. 따라서 다음번에 경영진에게 질의할 기회가 있다면 다음 분기 이익보다는 전략적 자원에 대한 정보를 요청하도록 하자.

3단계: 전략적 자원의 운용 관찰

전략적 자원을 포함한 모든 자산은 스스로 가치를 창출하지 않는다. 가치를 창출하려면 효과적인 운용이 필요하다. 이러한 전략적 자원의 운용 분석은 우리가 제안하는 투자분석의 세 번째이자 마지막 단계로, 전통적 투자분석과 가장 유사한 부분이 많다.

일반 유형자산은 물론 전략적 자원을 얼마나 성공적으로 운용했는지 여부는 기업이 창출하는 가치를 보면 알 수 있는데, 대개 유기적 매출(인수합병 효과가 제거된 매출)이 성장하고 잔여 현금흐름(아래 참조)이 양으로 나타난다. 대부분의 애널리스트와 투자자들은 여전히 이익 정보에만 집착하는 경향이 있으나, 우리가 2장과 5장에서 지적한 바와 같이 회계정보에는 명백한 단점이 존재한다. 이에 반해, 우리는 11~15장에서 제안한 바와 같이 '잔여 현금흐름'$^{residual\ cash\ flow}$'을 중시함으로써 현행 회계정보에 만연한 주관적인 추정과 예측, 이익 '조작'의 가능성을 배제한다.[12]

잔여 현금흐름의 계산 방법을 구체적으로 살펴보면 다음과 같다(여기서 '잔여'는 자본비용을 차감한 후를 의미하며, 현금흐름 계산 사례는 12장을 참고하자).

잔여 현금흐름
- 영업활동으로 인한 현금흐름(현금흐름표 정보)
- (+) : 당기 비용처리된 투자지출(연구개발비, IT, 브랜드 개발비용)
- (−) : 일반적인 자본적 지출(3~5년에 걸쳐 상각)

- (−) : 자기자본비용
- (=) : 당기에 창출한 가치

이전 장들과 마찬가지로 우리는 잔여 현금흐름의 유용성을 검증하기 위해 잔여 현금흐름과 재무제표상 선행지표(이익, 영업활동으로 인한 현금흐름)의 실증적 비교분석을 실시했다. 여기서 실시한 실증 비교분석은 2장의 실증분석과 같은 방식으로, 각 지표의 예측 정확성과 수익률의 관계를 분석했다(자세한 내용은 2장 부록 2.1 참고). 우리는 지표를 활용해 높은 수익률을 얻을수록 해당 지표의 정보 유용성이 높을 것으로 가정했다. 다음의 [표 18.1]은 이러한 실증 분석 결과로, 차기 잔여 현금흐름을 정확히 예측했을 경우의 수익률(좌측 막대), 영업활동으로 인한 현금흐름을 정확히 예측했을 경우의 수익률(중간 막대), 이익을 정확히 예측했을 경우의 수익률(우측 막대)을 2009년부터 2013년까지 5년간 평균한 값을 나타낸다. 2012년을 제외하면 모든 연도마다 잔여 현금흐름이 평균적으로 더 높은 수익률로 이어졌음을 알 수 있다. 이는 곧 투자정보 유용성 면에서 다른 잔여 현금흐름이 이익, 영업활동으로 인한 현금흐름보다 더 우월하다는 것을 증명한다.

어떤 기업의 잔여 현금흐름이 꾸준히 양의 수치를 기록한다는 것은 체계적인 가치 창출을 의미하기 때문에, 해당 기업은 매력적인 투자대상이다. 그렇다고 이것이 투자 의사결정에 충분조건은 아니다. 잔여 현금흐름이 다른 대안들보다 낫다는 의미일 뿐, 이 역시도 과거지향적인 지표이기 때문이다. 성공적인 투자 결정을 내리려면 잔여 현금흐름과 함께 세 가지 정보를 추가적으로 고려해야 하는데, 바로 기업이 보유한

표 18.1 잔여 현금흐름의 우월성

잔여 현금흐름, 영업활동으로 인한 현금흐름, 이익을 정확히 예측했을 경우의 수익률

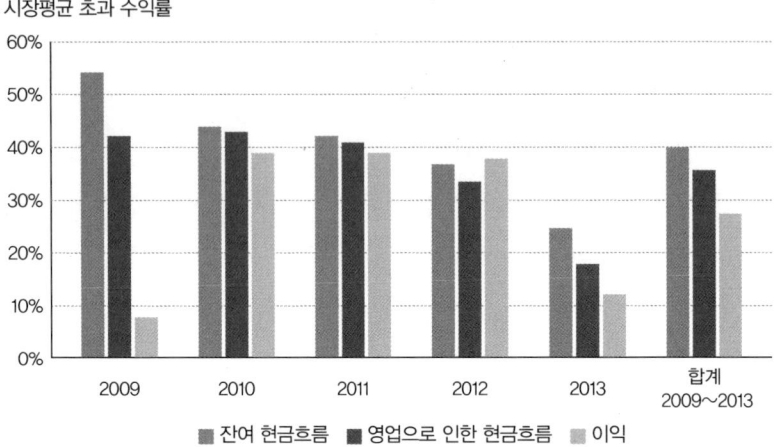

전략적 자원, 전략적 자원에 대한 투자, 전략적 자원을 침해, 파괴적 혁신, 규제 리스크로부터 보존하는 방법이다(이는 전략적 보고서의 핵심 구성요소들로, 이 장 초반에 자세히 언급했다). 이 세 가지 정보에서도 긍정적인 흐름이 관찰되는 경우에만 기업의 가치 창출을 장담할 수 있다.

요약노트

우리가 이번 마지막 장에서 제시한 투자분석 기법은 전통적인 재무분석과는 확연한 차이가 있다. 전통적인 투자분석은 과거 지향적이며 미래 예측능력이 매우 제한적인 경영성과 지표(매출, 이익, ROE/ROA)를 분석한다. 이에 반해, 우리가 제안한 투자분석 기법은 기업이 보유한

전략적 자원, 전략적 자원으로부터 효익을 얻기 위한 투자, 보존, 운용 등 미래지향적이고 근본적인 동인에 초점이 맞춰져 있다. 이처럼 전략적 자원의 장단점과 자원운용의 성공 여부를 분석하면 기업의 미래성과를 보다 명확하게 파악할 수 있다.

우리의 분석기법은 기업의 수많은 자원과 전략의 조합을 분석해야 하므로 전통적 방식보다 복잡하고 까다로울 것이나, 우리는 이를 상쇄하는 장점이 있다고 믿는다. 일반기업회계기준에 따른 기존 재무보고서는 우리 투자분석에 필요한 모든 정보가 나타나 있지 않다. 우리가 제안하는 투자분석을 실시하려면 기업이 먼저 전략적 보고서에서 요구되는 핵심적인 정보를 공시해야 한다(전략적 보고서 공시정보는 12~15장 참고). 하지만 기업이 정보를 공시할 때까지 기다리고만 있을 필요는 없다. 12~15장에서 제시했던 사례분석처럼, 여러분도 기업의 실적발표와 경영진 프레젠테이션 자료를 통해 부분적이나마 전략적 분석을 실시해 보도록 하자. 고객 프랜차이즈 분석, 정유사의 '동적 포트폴리오 관리' 분석은 여러분의 투자 의사결정을 한층 더 효율적으로 만들어 줄 것이다.

1 John Steede Gordon, "The Man Behind Modern Math," Barron's (August 24, 2015) (or VIII-XXIV-MMXV), p. 45.
2 뿐만 아니라, 2부에서 언급한 바와 같이 회계정보가 가진 한계와 왜곡 현상으로 인해 전통적인 투자분석의 미래 예측 능력은 더욱 떨어진다.
3 영국의 철학자 윌리엄 오캄(William of Ockham, c. 1287-1347)에 따르면 최소한의 가정을 전제로 한 명제, 즉 단순한 명제가 가장 훌륭한 명제라고 한다.
4 일반 펀드나 상장지수펀드(ETF)를 매수할 때 '상위권 상품'을 선택하는 것처럼, 경험의 법칙에 기반해 투자를 결정(단순하고 1차원적인 결정)하는 행위도 좋은 수익률을 보장받지는 못한다. 다수의 연구결과에 따르면 최근 수익률만 보고 펀드를 선택하는 것은 실패할 가능성이 높다는 것이 밝혀졌는데, 이러한 현상이 발생하는 원인은 바로 '평균 회귀'의 효과 때문이다(사람들은 평균 회귀에 대해 알고만 있을 뿐 실제로 주의를 기울이지는 않는다). 비즈니스는 물론 스포츠, 연예 등 한 분야에서 상위권을 차지하기 위해서는 능력도 중요하지만 운 같은 다양한 요소들도 중요한데, 운은 대개 오래 가지 못한다. 무엇이든 한때는 상위권에 있었더라도 언젠가는 평균으로 수렴하게 마련이라는 뜻이다.
5 델, 애플, 휴렛팩커드, IBM, 마이크로소프트의 2001년~2005년간 '연구개발 집약도(매출액 대비 연구개발비용의 비율)'를 평균하자 각각 0.9%, 6.0%, 5.1%, 5.6%, 16.8%로 나타났다.
6 델의 매출은 2011년 전까지 계속 증가했으며, 이익 역시 2005년까지 매해 성장했다.
7 재고 변화가 매출 변화와 크게 차이 나는 경우는 예외다(가령 재고 변화량이 매출 변화량보다 50% 이상 높은 경우). 이는 매출이 예상보다 저조하거나, '죽은 재고'가 존재하거나, 경영진이 이례적인 매출 증가를 예상했을 때 발생한다. 이유가 뭐든 찜찜한 상황이다.
8 보험사의 경우 고객의 보험 계약 취소율을 뜻한다.
9 많은 명문대학교에서는 교수들의 논문 투고기록과 논문의 영향력(인용수), 유명 교수진의 유출입을 수량화해 분석하고 그 결과를 정기적으로 발표하고 있다.
10 여기서 언급한 전략적 자원 외에 산업 특수적인 자원(항공사의 착륙권, 정유사의 채굴권 같은 법적 권리)이 존재하는 경우, 투자 분석 시 추가적으로 고려하도록 한다.
11 해당 질문들은 실적 콘퍼런스 콜에서 애널리스트가 실제로 질의했던 내용이다.
12 〈이코노미스트〉는 경영진의 이익 조작에 대해 다음과 같이 논평했다("The Story and the Numbers," October 31, 2015, p. 36). "재무상태표 수치나 손익계산서에 나타난 이익보다 현금흐름(현금 유입에서 현금 유출을 차감한 결과)을 조작하는 것이 훨씬 어렵다. 오늘날 재무상태가 부실한 기업 5곳 가운데 4곳은 과거 현금흐름이 취약했던 것으로 드러났다."

Epilogue

모두를 위한 변화

한 가지 안타까운 점은, 과거 경험상 훌륭한 근거가 반드시 사회적인 변화로 이어지지는 않는다는 사실이다. 사람들은 타성에 젖어있고, 특정 이해관계에 따라 기존 관습을 그대로 유지하고 싶어 하며, 규제기관은 자신들이 옳은 방향으로 나가고 있다고 굳게 믿고 있다. 즉 우리가 아무리 좋은 근거를 제시했어도 새로운 제안이 쉽게, 당장 실행되기는 어렵다는 말이다. 변화를 일으키려면 우리의 근거와 제안을 지지해줄 사람들이 필요한데, 특히 이해 관계자들이 적극적으로 나서 변화를 주도해야 한다.

우리의 제안이 실행되면 투자자들은 정보의 질 개선으로 혜택을 받게 되고, 기업 경영진 역시 정보 투명성의 이점을 누릴 수 있다(자기자본비용 절감, 주가 상승, 신뢰도 제고 등). 우리는 이러한 이해관계자들이 회계제도와 공시체계의 새로운 변화를 조직하고 주도해 줄 것을 간곡히 권고하며, 그 과정에서 우리의 도움이 필요한 경우 언제든 여러분을 지원할 것을 약속한다.

회계는 필요 없다

1판 1쇄 발행 | 2017년 9월 12일
1판 3쇄 발행 | 2022년 3월 25일

지은이 바루크 레브, 펭 구
옮긴이 신지현
펴낸이 김기옥

경제경영팀장 모민원
기획 편집 변호이, 박지선
커뮤니케이션 플래너 박진모
경영지원 고광현, 임민진
제작 김형식

표지 디자인 투에스 **본문 디자인** 디자인허브
인쇄 제본 민언프린텍

펴낸곳 한스미디어(한즈미디어(주))
주소 121-839 서울특별시 마포구 양화로 11길 13(서교동, 강원빌딩 5층)
전화 02-707-0337 | **팩스** 02-707-0198 | **홈페이지** www.hansmedia.com
출판신고번호 제 313-2003-227호 | **신고일자** 2003년 6월 25일

ISBN 979-11-6007-180-1 (13320)

책값은 뒤표지에 있습니다.
이 책은 저작권법에 따라 보호받는 저작물이므로 무단 전재와 무단 복제를 금합니다.